KB067706

우리가
미디어다!

We the Media : Grassroots Journalism by the People for the People
by Dan Gilmor

We the media

우리가
미디어다!

댄 길모어 | 김승진 옮김

이후

우리가 미디어다!

지은이 ㅣ 댄 길모어
옮긴이 ㅣ 김승진
펴낸이 ㅣ 이명희
펴낸곳 ㅣ 도서출판 이후
편집 ㅣ 김은주
편집 도움 ㅣ 문용우

표지 디자인 ㅣ Studio Bemine

첫 번째 찍은 날 ㅣ 2008년 12월 18일

등록 ㅣ 1998. 2. 18(제13-828호)
주소 ㅣ 121-746 서울시 마포구 동교동 165-8번지 엘지팰리스 827호
전화 ㅣ 대표 02-3141-9640 편집 02-3141-9643 팩스 02-3141-9641
홈페이지 ㅣ www.e-who.co.kr
ISBN ㅣ 978-89-6157-021-3 03300

이 도서의 국립중앙도서관 출판시도서목록(CIP)은 e-CIP 홈페이지
(http://www.ni.go.kr/cip.php)에서 이용하실 수 있습니다.
(CIP 제어번호: CIP 2008003662)
책값은 뒤표지에 있습니다.

언론의 자유는 언론을 소유한 사람들에게만 해당되는 말이다.

— A. J. 리블링

뉴스가 마음에 들지 않는다면 (…) 직접 나서서 만들어라.

— 웨스Wes '스쿠프Scoop' 니스커

| 차례 |

한국어판 서문_
미디어의 민주화를 위한 몇 가지 원칙   9

보급판 서문_
미래는 풀뿌리 저널리즘을 원한다   21

초판 서문_
이제 우리 모두를 위해 대화에 참여하자   29

제1장_
토머스 페인에서 블로그까지, 그리고 그 너머   46

제2장_
웹에서 읽고 쓰기   80

제3장_
문턱이 낮아지다   111

제4장_
뉴스메이커들, 형세를 역전시키다   145

제5장_
피통치자의 동의   178

제6장_
직업 저널리스트들, 대화에 참여하다   212

제7장_
기존 독자들이 참여하다   252

제8장_
　　다음 단계　　　　　　　　　　　　　　　　286

제9장_
　　낚시, 스핀, 진실의 경계선　　　　　　　　　311

제10장_
　　판사와 변호사가 납신다　　　　　　　　　337

제11장_
　　제국의 역습　　　　　　　　　　　　　　364

제12장_
　　우리 자신의 뉴스를 만들기　　　　　　　405

에필로그_
　　오픈 소스 저널리즘은 즐겁다　　　　　　413

감사의 말　　　　　　　　　　　　　　　　421

　　웹사이트 목록　　　　　　　　　　　　　426

　　용어 설명　　　　　　　　　　　　　　431

　　찾아보기　　　　　　　　　　　　　　433

　　옮긴이의 말_
　　'우리'가 미디어다!　　　　　　　　　　440

◆ 일러두기

....

1. 인명이나 지명, 그리고 작품명은 될 수 있는 한 '외래어 표기법'(1986년 1월 문교부 고시)과 이에 근거한 『편수자료』(1987년 국어연구소 편)를 참조했다.

2. 주석에는 '저자 주'와 '옮긴이 주'가 있다. 저자의 주석은 번호를 달아 각 장의 마지막에 모아 두었으며, 옮긴이의 주석은 해당 쪽의 아래에 각주로 달아 두었다.

3. 단행본, 전집, 정기간행물에는 겹낫쇠(『 』)를, 논문이나 논설, 기고문, 단편 등에는 홑낫쇠(「 」)를, 방송이나 단체, 회사, 인터넷 사이트와 블로그의 이름에는 꺽쇠(〈 〉)를, 개념어에는 작은 따옴표(' ')를 사용했다.

미디어의 민주화를 위한 몇 가지 원칙

한국에 처음 가 본 지는 거의 20년쯤 되었고, 그곳에서 '시민 기자'라는 획기적인 시도를 한 〈오마이뉴스〉 사람들을 만나 본 지는 7년이되었다. 오연호 대표를 비롯한 〈오마이뉴스〉팀을 만나고서 나는 전세계를 휩쓸고 있는 디지털 혁명에서 한국이 왜 선도적인 나라가 되었는지를 이해할 수 있었다. 세계에서 인터넷 인프라가 가장 잘 구축되어 있다고 하는 한국은 테크놀로지에 익숙한 사람들이 기발하고 새로운 실험을 할 수 있는 여건을 제공하고 있었다. 한국에서 만난 사람들은 시민 미디어가 우리의 미래에 왜 그렇게 중요한지를 이해할 수있게 도와주었고, 〈오마이뉴스〉는 이 책의 초판을 쓰는 데 큰 영향을주었다.

『우리가 미디어다!』가 처음 출간된 이후 몇 년간, 시민 미디어의세계는 먼 길을 걸어 왔다. 새로운 세기에 우리에게 필요할 저널리즘의 생태계를 만들어 내기까지는 더 먼 길을 걸어야 할 것이다. 나는 우리가 그 방향으로 잘 나아갈 수 있다는 데 대단히 낙관적이다.

낙관을 뒷받침하는 긍정적인 징후는 얼마든지 찾을 수 있다. 사람들이 시민 저널리즘의 중요성을 점점 더 많이 인식하고 있고, 시민 저널리즘의 역할에 대한 긍정적인 기대도 높아지고 있다. 언론사를 포함한 다양한 기업, 기관들이 시민 미디어와 관련된 여러 가지 실험에 시간과 자금을 투자하고 있다. 새로운 사업 모델들이 시도되고 있다. 놀라운 아이디어들이 도처에 있다.

그러나 우려스러운 점들 (다시 말하면 더 나아질 수 있는 여지들) 역시 얼마든지 찾을 수 있다. 사업 모델들이 불확실한 수준이고, 당연한 일이겠지만 실패하는 사례도 많다. 신뢰성이나 윤리에 관련한 문제도 심각해지고 있다. 또한 우리의 자녀들이 (그리고 우리 자신도) 꼭 받아야만 하는 '미디어 리터러시'(Media Literacy, 미디어 정보를 작성, 판단, 활용하는 능력)에 대한 교육을 만들어 내지 못했다.

그럼에도, 시민 저널리즘이 이제 궤도에 올랐다는 점을 부인할 사람은 없을 것이다. 거의 대부분의 사람들이 시민 저널리즘에 대해 들어서 알고 있으며, 〈구글〉에서 '시민 저널리즘citizen journalism'을 치면 수백만 건의 검색 결과가 나온다. 또한 기존 언론 매체들 역시 시민 저널리즘에 대한 요란한 정책들을 계속해서 내놓고 있다.

올해(2008년) 미국 대선에서는 뉴스 보도가 폭발적으로 쏟아졌는데, 이 중에는 시민 기자들이 취재하고 보도한 것이 기존 언론 매체와 직접적으로 경쟁한 사례도 많았다. 시민 미디어에서는 또 동영상이 중요한 요소가 되었다. 2006년 버지니아주 상원 의원 선거에서는 그 유명한 "마카카Macaca" 동영상 때문에 당초 우세하던 후보가 낙선했다.■ 휴대전화는 (전화 통화 이외의 목적으로도) 점점 더 많이 사용되고 더 많은 관심을 끌게 될 것이다. 또한 카메라를 든 평범한 사람들이 찍은 중요한 사건 사진이 전문적인 사진기자가 찍은 것보다 더 많아지리라는 것도 분명하다.

기존의 언론 매체가 시민 미디어를 받아들이는 것은 더딘 편이었지만, 이들도 중요한 시도들을 해 오고 있다. 이제 대다수의 신문에는 기자 블로그가 있다. 이것은 좋은 출발이다. 하지만 더 미래 지향적인 언론사들은 독자들이 저널리즘의 실제 과정에 참여할 수 있도록 하고 있다. 이것이야말로 흥미로운 대목이다.

예를 들면 프랑스의 『르몽드』는 독자 블로그를 제공하고 있는데, 이 새로운 작가(기자)들 중에는 (독자 블로그를 통해) 온라인에서 유명 인사가 된 사람들도 있다. 『포트마이어스 뉴스프레스』는 시 정부에 대한 취재에 도움이 될 만한 내용들을 제공해 달라고 독자들에게 요청해 더 양질의 저널리즘을 만들 수 있는 정보들을 얻는다. 독일 일간지 『빌트』는 독자들에게 '시민 파파라치'가 되어 달라고 요청하고 있다. 내 생각에 이것은 사생활 침해의 문제를 일으킬 소지가 있기는 하지만, 어쨌든 미래를 예고해 주는 움직임 중 하나임에는 틀림없다. 스웨덴의 『아프톤블라뎃』은 블로그 포털을 제공한다. 로이터 통신은 더 많은 독자에게 아프리카 블로그를 전하기 위해 〈글로벌 보이스 온라인〉과 합작을 맺었다.

■ 재선에 도전한 공화당의 조지 앨런 후보가 유세 도중 인도계 청년을 가리키며 '마카카(원숭이를 뜻함)'라고 말한 장면이 담긴 동영상이 인터넷을 통해 알려졌다. 당초 앨런 후보가 우세했으나 근소한 차이로 낙선했다.

그러나 기존 언론 매체의 경제학은 계속해서 흔들리고 있다. 주요 언론사들에서 대규모 정리해고가 이뤄지고 있으며 뉴스 업계에 대한 비난도 많다.

시민 미디어 역시 사업 모델을 찾는 데 고전하고 있다. 이제까지 여러 좋은 아이디어들이 보이기는 했지만 어느 것도 단단한 토대를 갖추었다고는 볼 수 없고, 좋은 아이디어로 출발한 신생 기업들이 실패하는 사례도 잇달았다.

콘텐츠의 질이 충분히 좋고 광고주들이 시장성에 대한 잠재력을 포착하는 경우에는 틈새 미디어나 시민 미디어 뉴스 사이트도 빠르게 성장할 수 있다. 예를 들면 〈기가옴〉(http://gigaom.com)의 옴 말리크가 상당한 투자를 받게 되었을 때 새로운 저널리즘의 형성에 관심을 가져온 많은 사람이 고무되었다. 『가디언』은 3천만 달러에 온라인 미디어인 〈콘텐트넥스트미디어〉를 인수했다. 이스라엘에서는 〈오마이뉴스〉를 모델 삼아 설립된 시민 저널리즘 사이트 〈스쿠프Scoop〉가 거대 통신회사인 〈오렌지〉와 굵직한 광고 계약을 했다. AP통신은 〈나우퍼블릭〉과 계약을 해서 시민들이 찍은 사진을 보도에 이용할 수 있게 되었다.

기부·투자 재단도 진지한 관심을 기울이기 시작했다. 일례로, 〈나이트 재단〉의 '21세기 뉴스 프로그램'은 떠오르는 미디어 시장의 잠재력 있는 여러 프로젝트에 자금을 지원하고 있다.(이 재단은 내가 하고 있는 일에도 일부 자금 지원을 했다.)

성공 사례들도 있지만 실패 또한 많았다. 〈백펜스닷컴〉의 실패는 많은 사람을 놀라게 했다. 하지만 이것은 유일한 실패 사례가 아니다. 〈오마이뉴스〉의 일본판도 풍부한 자금 지원과 스태프들의 성실한 노력에도 불구하고 성공적이지 못했다. 내가 개인적으로 가장 실망한 것은, 혁신적인 비영리 사이트 〈라디오 오픈 소스Radio Open Source〉에 투자된 자금이 손실을 본 것이었다.

그러나 실험과 시도는 가속화되고 있다. 디지털 미디어에서 혁신적인 시도를 하는 데 필요한 비용이 크게 줄었다는 게 한 이유일 테다. 미디어를 만드는 도구는 이미 많이 나와 있기 때문에, 새로운 미디어를 만드는 데 필요한 가장 중요한 투자는 이제 돈이 아니라 시간이다.

아이디어와 도구는 어디에나 있다. 수천 가지가 있겠지만 세 가지만 예를 들어 보자면 다음과 같다.

1. 억압적 정권에 대한 정치적 비동의를 밝힌 '튀니지 감옥 지도Tunisian Prison Map'와 같은 지도 매쉬업.■
2. 〈애플〉의 아이폰이나 〈노키아〉의 N95와 같은 새로운 휴대 통신 기기. (이는 새로운 미디어가 발전하는 데 핵심적인 역할을 했다.)
3. '아프리카 사회 정의를 위한 주간 뉴스 포럼'이라고 부르는 아프리카의 포드캐스팅 팜바주카 뉴스.

이것들의 공통점은 자료 조사나 심층 취재 등에 대한 감각이다. 새로운 실험과 시도는 지역에 따라, 이용 가능한 기술과 네트워크에 대한 접근도에 따라, 교육 수준과 지역 경제 수준에 따라, 그리고 문화에 따라 다르다. 휴대전화 사용의 측면에서는 미국이 서유럽이나 동아

■ mashup, 다양한 출처에서 나온 콘텐츠를 통합한 웹사이트나 소프트웨어.

시아보다 뒤쳐져 있지만, 웹 개발에서는 미국이 앞서 있다. 아프리카에서는 인터넷 접근도가 매우 떨어지지만 대신 휴대전화는 정보 교환뿐 아니라 상거래에서까지도 매우 강력한 도구가 되어 가고 있다.

나를 가장 고무되게 하는 최근의 현상들은 시민 저널리즘에 대한 것이라기보다는 더 광범위한 시민 미디어에 대한 것이다. 즉 테크놀로지를 민주적으로 사용해 정보와 메시지를 더 널리 전파하는 것이다. 남아프리카에서 학생들은 휴대전화를 서로 정보를 전달하는 데뿐 아니라 단문 메시지를 통해 하이쿠 같은 짧은 시를 짓고 알리는 데에도 사용한다. 단문 메시지가 갖는 글자상의 제약은 이러한 형식의 문학에 딱 적격이다.

가능성은 무궁무진하다. 그중에서도 나는 저렴하게 프로젝트를 시도해 볼 수 있는 영역 몇 가지를 제안하고자 한다. 일부는 나 자신이 적극적으로 추진하고 있는 것이기도 하다.

하나는 폭발적으로 성장하고 있는 휴대성, 이동성의 영역이다. 이를 가능하게 하는 여건들이 이미 많이 있다. 우리는 이제 인터넷을 컴퓨터에서만 하는 것이라 생각하지 않는다. 〈애플〉이나 〈노키아〉의 휴대 '전화기'는 전화 통화 자체보다 다른 기능이 점점 더 큰 비중을 두고 있다. 이런 도구들이 기능이나 품질 면에서 더욱 개선되면서, 우리는 원하는 때, 원하는 곳에서 정보를 교환할 수 있을 뿐만 아니라, 집합적인 지식에도 유용한 내용을 보탤 수 있다. 각각의 콘텐츠에 시간 정보와 지리 정보를 더할 수 있는 도구들이 얼마나 큰 잠재력을 가질지 생각해 보라.

관심을 가지고 새롭게 시도해야 할 또 다른 영역은 아직 거의 개척

되지 않은 영역이다.

〈마이크로소프트〉 연구자인 마크 스미스의 말을 빌리자면, "모든 사람이 자신의 이야기를 할 수 있게 되는 데서 그치는 것이 아니라 바코드나 전자 태그 등을 통해서 모든 사물도 말을 할 수 있게 되는 것"이다. 이것의 잠재력은 경이적일 것이다.

새로운 실험과 시도에 관한 나의 철학은 간단하다. 오픈 테크놀로지를 이용하고, 우리가 하는 일들에 대해서도 모두 공개하라. 비밀리에 작업하는 프로젝트에서 정말로 끝내주는 아이디어가 나오고 개발되는 경우도 어쩌다 있기는 하겠지만 대부분의 좋은 생각들은 당신이 하는 일을 알고 그에 관심을 갖고 있는 다른 사람들이 제공해 주는 정보에서 나올 수 있다. 그리고 이미 존재하는 도구들을 사용하라. 다 있는데도 그것을 다시 만들어 내려고 하는 것은 적은 비용으로 실험을 해야 하는 상황에서는 생산적인 시간활용이 못 된다. 우리가 필요로 하는 도구들은 대부분 이미 나와 있다. 누구나와, 그리고 모두와 협업을 하라. 위험을 감수하고 주인 의식을 가져라. 실리콘밸리에서는, 위험을 감수하는 문화는 성공의 전제 조건이다. 시도하는 데 비용이 적게 들고, 따라서 실패하는 데 따르는 비용도 적다는 것은, 새로운 시도로 기회를 잡으려 하지 않는 데 대한 변명의 여지를 없애 버리고 있다.

새로운 미디어에 대한 반발도 많다. 때로는 잘못 알려진 정보에 기반한 반사적인 공포와 혐오이기도 하고, 때로는 진지한 비판이기도 하다. 비판 중에는 시민 미디어에 반대하는 주장을 펴기 위해 다른 사람의 말을 왜곡하는 등 정직하지 않은 방법론을 사용하는 것들도 있다. 이런 종류의 비판은 기존 매체들이 덥석 받아들이는 경향이 많다. 기존 매체들은 이런 비판을 좋아한다. 그리고 안타깝지만, 진실을 알려고 굳이 노력하지 않는다.

그래도 우리는 비판들에 귀를 기울여야 한다. 부정직한 비판이라고 해도 생각해 보아야 할 문제를 던져 줄 수 있다.

건전하고 정직한 비판자들이 우려하는 점은 무엇보다도 언론이 대규모로 아마추어화되면서 언론의 질이 떨어질 수 있다는 점일 것이다. 또한 윤리적인 문제들도 제기되었다. 이들 비판자들은 전통 매체의 윤리 기준(종종 어겨지기도 하지만)에 따르면 취재 대상이 저널리즘에 개입하는 것은 옳지 않다고 주장한다. 이런 비판들은 시민 미디어의 신뢰성이라는 문제에서 매우 타당하다. 이러한 비판에 "기존 매체 역시 윤리적인 문제가 있지 않느냐."고 반박하는 것만으로는 문제가 해결되지 않는다. 우리는 문제점을 인정해야 하고 문제를 해결하려 노력해야 한다.

최근 새로운 미디어 영역에서 몇 가지 안 좋은 행위가 드러났는데, 나는 이러한 문제들이 드러나서 비판을 받는 것을 기쁘게 생각한다.

예를 들어 〈미국 전역을 월마트화하자〉라는 블로그는 월마트와는 관련이 없는 두 사람이 운영한다고 알려져 있었지만, 실제로는 이것이 월마트의 홍보 책략이었던 것으로 드러났다. 게다가 제이슨 칼라니카스가 "멍청하고 사악한 방법"이라고 지적한 '페이 퍼 포스트Pay per Post' 광고 방식▪은 윤리적인 이슈가 전통 매체뿐 아니라 블로거의 세계에

▪ 광고주와 관련된 내용을 올릴 때마다 광고비를 주는 방식.

서도 중요한 문제임을 드러내 준다.

온라인상의 예절과 교양에 대한 오래된 우려와 관련해서 몇몇 사람은 블로거들이 코드나 태그 시스템을 통해 자신의 접근방식이나 관점을 밝히도록 해야 한다고 주장하고 있으며, 이에 대한 토론이 벌어지고 있다. 이것은 가치 있는 토론이지만, 블로거들에게 다른 사람이 만든 코드를 사용하라고 하는 것은 별 호응을 얻기 어려울 것 같다.

그러나 향상된 테크놀로지를 통해 시민 미디어, 그리고 나아가 모든 저널리즘의 신뢰성을 향상시킬 수 있는 기회도 많다. 내가 자문을 하고 있는 〈뉴스트러스트〉는 그러한 프로젝트의 하나다. 이곳은 "사람들이 양질의 저널리즘과 믿을 수 있는 뉴스를 판별해 낼 수 있도록 돕기 위해" 사회적 네트워킹 등과 같은 여러 개념을 복합적으로 사용한다. 이 사이트의 사용자들은 뉴스를 인기도만이 아니라 질까지 따져 순위를 매긴다.

미디어 포화 상태인 우리 시대에서 '미디어 리터러시'를 더 향상시켜야 할 필요가 있다는 점이 분명해지고 있다. 사람들이 단순히 뉴스의 소비자가 아니라 미디어를 만들어 내는 시대에는 '미디어 리터러시'의 교육이 더 중요해진다.

이것을 '따라하기'와 같은 가이드라인보다는 지켜야 할 '원칙'으로 생각해 보면 좋을 것이다. 이것은 미디어 생태계에서 우리가 하는 역할에 따라 조금 달라진다.

뉴스의 생산자인 우리도 생산하는 시간보다 더 많은 시간 동안은 뉴스의 소비자다. 우리가 소비자일 때는 다음 원칙들을 생각해야 한다.

의심하라: 모든 매체에 대해 의심해 보아야 한다. 우리가 읽고 보고 듣고 있는 것이 믿을 만하다는 것을 당연하게 여기지 말아야 한다는 뜻이다. 어느 종류의 미디어든, 그게 전통 뉴스 매체이건, 블로그건, 온라인 동영상 이건 간에 말이다.

판단력을 이용하라: 모든 것에 대해 의심하라는 것은 모든 것을 동일하게 의심하라는 것이 아니다.

끊임없이 질문하라: 상식을 가진 사람이라면 텔레비전 광고만 보고 자동차를 사지는 않는다. 더 많은 정보를 알아보고 난 후에 결정을 한다. 이것은 저널리스트들이 하는 취재와 비슷한 것이다. 주어지는 것만을 보고 듣고 읽어서 중요한 의사 결정을 내리는 것은 어리석다. 우리는 더 좋은 결정을 내릴 수 있도록 더 많이 취재해야 한다.

독립적으로 생각하라: '자기만의 방'에서 빠져 나와야 할 필요가 있다. 우리가 동의하지 않는 사람들의 이야기도 듣고, 이해하지 못하는 문화와 사람들에 대해서도 알기 위해서 말이다.

미디어 테크놀로지를 배우라: 젊은 층들은 이미 테크놀로지를 잘 배우고 있다. 하지만 이들이 커뮤니케이션이 설득을 위해 어떻게 디자인될 수 있고 우리가 어떻게 조작될 수 있는지를 잘 이해하고 있는지에 대해서는 확신하지 못하겠다. 우리는 휴대전화로 사진 찍는 법이나 블로그에 글 올리는 법을 배우는 것을 훨씬 넘어서서 미디어가 어떻게 작동하는지에 대해 스스로도 배워야 하고, 아이들도 가르쳐야 한다.

저널리스트들도 이 원칙들을 모두 고려해야 한다. 그러나 뉴스를 생산하는 사람들, 다른 사람들에게 저널리즘의 방식으로 무언가를 알리고 싶은 사람들은 여기에 몇 가지 원칙을 더 알아야 한다. 저널리스트들(아마추어든 프로든)은 다음 원칙들을 지켜야 한다.

깊이: 기자들은 해당 주제에 대해 가능한 한 많은 것을 배우려고 노력해야 한다. 기사를 허술하게 만들지 말고, 기사에 필요한 것보다 훨씬 많은 것을 조사하고 취재해야 한다. 최고의 기자들은 전화 한 번이라도 더 하려고 하고 자료 하나라도 더 확인하려고 한다.

정확성: 이것은 모든 좋은 저널리즘의 출발점이다. 사실에 틀림이 없도록 하고, 그것을 다시 한 번 확인하라. 주장을 진위를 확인하려면 어디를 봐야 하는지를 알아야 하고, 사실과 비사실을 명확하게 구분해야 한다.

공정성: 균형 잡힌 이야기를 쓰든지 어느 한 쪽의 손을 들어 주는 의견을 쓰든지 간에, 만약 당신이 사실들을 편파적으로 다루거나 반대 의견들을 부정직하게 다룬다면 독자들은 속았다고 느끼게 될 것이다.

독립성: 이것은 여러 가지 의미가 있을 수 있지만, 생각의 독립성이 가장 중요할 것이다. 전문 기자들은 이해관계에서 상대적으로 독립적일 수 있지만, 가끔 취재원에 너무 깊이 밀착이 되어 독립성을 잃을 때도 있다.

투명성: 당신의 동기, 배경, 재정적 관심 사항 등 해당 주제와 관련이 있는 것이면 무엇이든지 드러내라.

뉴스 소비자와 생산자를 위한 이러한 원칙들은 훌륭한 미래 저널리즘의 기반이 될 것이다. 시민 저널리즘과 기존 저널리즘 모두에 말이다.

미디어의 민주화는 저널리즘, 그리고 더 크게는 정보의 세계에 더 다양하고 생생한 생태계를 만들 수 있도록 도와준다. 스스로를 통치하는 사회는 질 좋은 정보들을 많이 필요로 한다. 나는 우리가 그러한 정보들을 가지고 있다고 믿는다. 앞으로 십 년, 이십 년간은 혼란스럽겠지만, 그것을 이루기 위해 열심히 노력만 한다면, 충분히 노력을 기울일 가치가 있는 결과를 보게 될 것이다.

2008년 11월
미국에서▪

▪ 이 서문은 최근 시민 미디어의 세계에서 벌어지고 있는 발전상과 드러난 문제점 등에 대해 〈시민 미디어 센터〉 웹사이트 http://citmedia.org/에 올린 글을 수정한 것입니다.

미래는 풀뿌리 저널리즘을 원한다

2004년 7월 이 책의 초판이 나온 이래, 풀뿌리 미디어의 성장은 내가 예상했던 것을 뛰어넘었다. 천성적으로 낙관적인 사람인 나는, (초판에서) 평범한 사람들이 현대 디지털 커뮤니케이션 도구를 이용해서 점점 더 많이 자신의 이야기를 펼쳐 놓게 되리라고 내다봤다. 그런데 그러한 공론의 장이 이렇게나 빨리 발달하리라고는 (낙관적인) 나조차도 예상하지 못했던 것이다. 또 시민 기자들의 글을 CNN, BBC, 『워싱턴포스트』같은 주류 언론이 그렇게 빠르게 받아들여서 게재하기 시작하리라는 것도 예상하지 못했다.

'포드캐스트podcasts'를 생각해 보자. 포드캐스트 서비스는 〈애플〉의 아이팟 같은 MP3 플레이어나 그 밖의 다른 전자기기들로 디지털 음성 파일을 전송해 주는 것이다.■■ 이것의 사용자가 엄청나게 많아져서

■■ 현재는 동영상 포드캐스팅 서비스도 있다.

'포드캐스트'라는 말이 신조어가 아니라 마치 원래부터 항상 있어 온 단어처럼 여겨질 정도가 되는 데는 시간이 얼마 걸리지 않았다.

이 책이 나온 지 두 달 뒤인 2004년 8월 28일, 닥 설즈는 "포드캐스팅과 함께 하는 DIY 라디오"라는 흥미로운 글을 블로그에 올렸다. "내가 듣고 싶을 때 듣고 싶은 것을 골라 들을 수 있고 그것을 다른 사람도 들을 수 있게 공개할 것인지도 결정할 수 있는" 새로운 미디어가 등장하리라는 예상이 담긴 글이었다. 그날 〈구글〉 검색에서 '포드캐스트'의 일간 검색 수는 24회였다.

내가 이 글을 쓰고 있는 2005년 10월 말 현재, '포드캐스트'는 인터넷에서 흔히 쓰이는 기능 중 하나가 되었다. 하고 싶은 말이 있는 수만 명의 사람들이 자신의 말, 음악, 매쉬업 등을 〈애플〉의 〈아이튠〉 사이트 같은 여러 통로를 통해 전 세계에 내보내고 있다. 기존의 라디오 방송국들도 프로그램을 포드캐스트로 방송한다. 가장 오래된 형태의 매체인 신문까지도 자사 홈페이지를 통해 음성 포드캐스팅을 제공하고 있다.

요즘 〈구글〉에서 '포드캐스트'라는 단어의 검색 수는 일간 1억 회가 넘으며, 이 숫자는 날마다 증가하고 있다.

이러한 변화는 가속화되고 있는가?

참여 매체('we media')는 여러 가지 방식으로 점점 더 빠르게 형성, 발전되어 왔다. 지난 1년여만 보더라도 두드러진 사례를 여럿 찾을 수 있다.

　　　　　　　　　　　·

　1. 2004년 9월 초 CBS 뉴스의 앵커 댄 래더는 당시 논란이 일었던 조지
　　 W. 부시 대통령의 (텍사스 주) 방위군 복무 경력에 대해 잘못된 내용을

경솔하게 보도했다. 방송이 나간 뒤, 블로거들은 방송의 근거로 사용된 메모 내용의 신빙성에 의문을 제기했다. 결국 CBS는 보도 내용을 철회해야 했다. 이 사례는 블로거들이 세계 각지에서 사실관계를 확인하고 검증하는 감시단의 역할을 하고 있음을 보여 준다. 그리고 이 일은 부시 대통령의 재선에 도움이 되었을 것이다.

2. 2004년 말 남아시아에 무시무시한 쓰나미가 닥쳐 수십만 명의 목숨을 앗아 갔다. 피해 규모로 볼 때 근래 들어 발생한 자연재해 중 최악에 해당하는 참사였다. 이 소식을 전하는 데는 (신문, 방송 등) 대중 매체가 물론 큰 역할을 했지만, 거대한 파도가 해변을 쓸어 가는 장면을 담은 관광객의 비디오라든가 (평범한 시민들이) 블로그에 올린 글과 사진 같은 것들도 인류의 기억 속에 남을 저널리즘의 일부가 되었다.

3. 우리는 2005년 7월 런던의 폭탄 테러를 한 장의 사진 이미지로 기억하게 될 것이다. 흐릿한 사진 속에, 한 남자가 연기로 가득 찬 런던 지하철을 빠져나오고 있다. (그 사람의) 앞쪽에서는 또 다른 사람이 숨을 쉬어 보려고 옷으로 코와 입을 가리고 있다. 이 사진은 휴대전화에 달린 카메라로 찍은 것인데, 텔레비전에 방영이 되고 전 세계 신문의 1면을 장식하면서 그날의 사건, 하면 떠오르는 대표 이미지 중 하나가 되었다.

4. 허리케인 카트리나가 뉴올리언스를 강타했을 때, 그리고 지나간 직후에, 『뉴올리언스 타임스피카윤』의 기자들은 블로그를 만들었다. 한동안은 이 블로그가 신문 1면 역할을 했다. 이곳에 담긴 알찬 보도를 통해 지역 주민들은 무슨 일이 벌어지고 있는지 알게 되고, 서로에게 아는 내용을 이야기할 수 있었다. 한편 〈인터딕터〉(http://livejournal.com/users/interdictor)라는 사이트에서는, 어느 블로거가 물난리로 덮인 뉴올

리언스의 한 고층 건물에서 글과 동영상을 올리면서 카트리나 사태에 대해 그 자신만의 인상적인 내용들을 보태 주었다.

5. 〈아메리카온라인〉은 제이슨 칼라카니스가 설립한 최대 규모의 블로그 네트워크 〈웹로그Inc〉를 천오백만 달러가 넘는 가격에 인수했다. 〈웹로그Inc〉의 유명 블로그들에는 매일 수십만 명의 방문객이 찾아온다. 한편, 온라인으로 지역 뉴스와 지역 광고를 제공하기 위해 설립된 버지니아주의 신생 기업 〈백펜스닷컴Backfence.com〉은 이 사업 모델을 더 많은 지역에 적용하기 위해 상당한 규모의 벤처 자금 투자를 받았다.

이 사례들은 모두 풀뿌리 저널리즘이라는 공통점을 가진다. 이것들은 성장하고 변화하고 있는 정보의 집결지다. 나는 이러한 풀뿌리 정보 공간들이 얼마나 빠른 속도로 성장하는지에 놀랐고 '주류' 언론과 일반 대중 모두 이것을 점점 더 많이 받아들이고 있다는 사실에 고무되었다.

풀뿌리 저널리즘은 시민이 만드는 미디어라는 더 광범위한 현상의 일부분이다. 즉 점점 강력하고 복잡해지는 전 지구적 대화의 한 형태라고 할 수 있다. 자신을 표현할 수단과 여력이 있다면 사람들은 그렇게 할 것이다. 비용을 많이 들이지 않고도 효과적으로 자신을 표현할 수 있다면 사람들은 뉴미디어의 영역으로 빠르게 들어올 것이다. 또한 (사람들의) 메시지가 전 세계의 독자에게 닿을 수 있다면 이들은 말 그대로 "세계를 바꿀 수 있을 것"이다.

이 책의 초판이 나온 이후, 내 개인적인 세상도 크게 바뀌었다. 2005년 초, 나는 칼럼니스트로 10년, 블로거로 5년 일했던 『새너제이 머큐리 뉴스』를 떠났다. 풀뿌리 미디어를 일구고 확산시키는 프로젝트에

전념하기 위해서였다. 첫 번째 실험은 〈바요스피어닷컴bayosphere.com〉
이었다. 이것은 자발적으로 참여한 시민 기자들과 함께, 샌프란시스
코 베이 에어리어와 이곳 경제성장의 핵심축인 테크놀로지에 대해
다루는 사이트였다. 대부분의 시민 저널리즘이 그렇듯이 〈바요스피
어〉의 수익 모델은 여전히 불확실하다.■

더 최근에, 나는 좀 더 큰 야망을 가지고 다른 프로젝트를 진행해
오고 있다. 시민 기자들에게 리서치, 지지자, 교육, 도구, 인지도를
제공하는 비영리 기구를 만드는 것이다. 아직 이름을 짓지는 못했지
만, 목표는 분명하다. 시민 미디어를 일구고, 증진시키고, 그에 대해
연구하는 기구가 될 것이다.■■

그와 동시에, 나는 뉴스 업계에 종사자들에게 이렇게 설파해 오고
있다. 청중을 대화로 끌어들일 수 있는 시민 저널리즘 테크놀로지를
반드시 받아들여야 한다고 말이다. 반대에 많이 부닥치지 않을까 생각
했지만, 오히려 뉴스 업종의 많은 이들이 (시민 저널리즘이라는) 새로운
영역에 뛰어들었다. 신문이 포드캐스팅을 시작했다는 사실은 저널리
즘의 커다란 전환을 보여 주는 작은 사례에 불과하다.

기존 언론들(신문, 잡지, 방송, 그리고 이들의 인터넷 사이트 등)이 새로운
시도를 한다는 것은 신문 업종의 사업 모델이 위기에 처했다는 사실과

■ 〈바요스피어〉 웹사이트는 2008년 현재 운영되지 않고 있다. 저자 댄 길모어는 옮긴이에게
  보낸 전자우편에서 "(결국에는 실패했지만) 〈바요스피어〉의 경험에서 많은 중요한 점들을
  배울 수 있었다"고 말했다.
■■ 현재 댄 길모어는 하버드 대학의 〈인터넷과 사회를 위한 버크만 센터〉와 애리조나 스테이트
  대학의 월터 크론카이트 언론대학원이 운영하는 〈시민 미디어 센터The Center for Citizen
  Media〉에서 '디지털 미디어 기업정신 센터'라는 프로젝트를 진행하고 있다.

관련이 있는 것 같다. 신문 산업의 수익 모델은 **빠른** 속도로 토대가 흔들리고 있다. (적어도 수입의 상당 부분을 안내 광고에 의존하는 지역 신문의 경우는 그렇다.) 내가 전에 일했던 〈나이트 리더〉■는 수백 명의 편집 관련 일자리를 없앴다. 〈나이트 리더〉뿐 아니라, 정신을 못 차릴 정도의 변화와 위협에 직면한 많은 거대 신문사들이 그렇게 했다. 토대가 흔들리면 사람들은 굉장히 창조적이 되거나, 업계에서 밀려난다.

재정 문제는 신문에만 국한된 일이 아니다. 내 텔레비전 리모컨의 비디오 작동 버튼 중에는 한 번 누르면 30초를 건너뛰게 해 주는 버튼이 있다. 요즘 나는 텔레비전 프로그램을 본방송 시간대에 보는 일이 거의 없기 때문에, 프로그램 중간에 들어 있는 광고를 보는 일도 거의 없어졌다. 또한 한때는 내가 테크놀로지 뉴스를 접하는 주요 통로였던 업계 전문지 역시 인터넷 매체와의 경쟁으로 위험에 처했다.

새로운 기업들이 이러한 (광고의) 틈새를 채우며 파고들고 있다. 〈백펜스닷컴〉은 워싱턴 DC 교외의 두 지역에서 사람들끼리 지역 소식을 서로 전할 수 있게 해 주는 사이트인데, 최근 미국의 다른 지역으로도 이 서비스를 확장하기 위해 벤처 투자자들에게서 상당한 금액의 투자를 받았다. 또 다른 사례로는 〈그린스보로101〉(greensboro101.com)을 들 수 있다. 노스캐롤라이나주의 블로그들을 모은 사이트인데 독자뿐 아니라 광고주도 많은 관심을 보이고 있다.

기업들도 **빠른** 속도로 이러한 변화에 동참하고 있다. 크고 작은 여러 기업이 블로깅을 도입하고 있으며, 기업인들은 "고객과의 (직접적

■ Knight Ridder, 미국의 신문 체인.

인) 대화"가 기존의 다른 방법들보다 훨씬 더 효율적인 커뮤니케이션 방법일 수 있다는 점을 진지하게 고려하기 시작했다. 홍보나 마케팅 담당자뿐 아니라 일부 최고경영자들도 이러한 방향으로 눈을 돌리고 있다. 나는 저널리즘의 새로운 물결이 가져올 위험과 기회에 대해 기업에서 강연을 해 달라는 요청을 자주 받는다.

테크놀로지 자체의 흐름도 빠르고 거대하다. 인터넷은 서로 떨어져 있는 다양한 종류의 콘텐츠와 기능을 한데 통합해 새로운 정보 서비스를 만드는 장이 되어 가고 있다. 프로그래머 아드리안 홀로바티가 만든 〈시카고크라임〉(chicagocrime.org) 사이트가 그 좋은 예다. 〈시카고크라임〉은 〈구글〉의 지도 검색 서비스와 정부가 제공하는 범죄 정보를 통합해, 어떤 종류의 범죄가 어느 지역에서 발생했는지를 하나의 웹사이트에서 보여 준다. (『워싱턴포스트』가 홀로바티를 영입했다는 소식에 나는 매우 고무되었다.) 뿐만 아니라, (〈시카고크라임〉 말고도) 지도라는 것 자체가 다양한 부가 정보들을 담는 일종의 플랫폼이 되어 가고 있다. 다른 이들이 필요한 정보를 찾을 수 있게끔 돕고 싶어하는 평범한 사람들에 의해서 말이다.

이 책의 초판에서 나는 몇 가지 우려스러운 점에 대해서도 언급했었다. 내가 예상했던 것만큼 심각한 문제들은 아니었다고 말할 수 있으면 얼마나 좋을까. 하지만 그렇게 말할 수가 없다.

특히 정부와 기득권을 가진 거대 기업 세력이, 평범한 사람들이 정보를 가장 잘 이용할 수 있다는 것을 인정하려 하지 않은 채 정보를 통제하려고 기를 쓰면서, 내가 우려했던 최악의 방향으로 가려 하고 있다. 정보 숨기기와 사람들 감시하기가 (풀뿌리를 억누르는) 정부의 방식이라면, 저작권법 오남용하기와 기득권 활용하기는 업계의 방식이다. 이에 맞서 (힘껏) 싸우지 않는다면, 열린 인터넷과 시민 저널리즘의 시대는 허락을 받아야만 자신의 목소리를 낼 수 있는 통제된 시스템에 곧 자리를 내어 주고 말 것이다.

이런 우려에도, 나는 여전히 낙관주의자다. 무선 데이터나 P2P 등의 분야에서 벌어지는 기술 변화의 속도는 정보를 통제하려고 혈안이 된 세력을 계속 압박하고 있다. 많은 것이 변했지만 '우리가 미디어'라는 것의 기본 전제들은 변하지 않았다. 나는 우리가 굉장히 근사하고 약간은 두렵기도 한 어떤 시대의 초기 국면에 와 있다고 생각한다. 그 새로운 시대는 사람들이 뉴스에 대한 통제권을 다시 얻어낼 수 있는 시대일 것이다.

여기서 아마추어가 프로페셔널을 몰아내야 한다고 주장하려는 것이 아니다. 나 역시 그런 것은 바라지 않는다. 우리에게 필요한 것은 아마추어와 프로페셔널이 활발히 공생하는 생태계다.

잘만 된다면 우리는 미디어의 새로운 시대로, '뉴스 행동주의'라고 칭할 만한 시대로 나아가게 될 것이다. 주변에서 벌어지는 일들에 더 많이 참여하는 만큼, 그리고 이러한 참여를 저널리즘적인 활동으로 연결하는 만큼, 사람들은 더 좋은 시민이 되어 갈 것이다. 미래는 그들을 필요로 한다.

2005년 10월

이제 우리 모두를 위해
대화에 참여하자

세월이 흘러도, 어떤 순간들은 우리 기억 속에서 멈춰 있는 듯이 여겨진다. 모든 문화에는 그런 응결된 순간들이 있다. 너무나 중요해서, 아니면 개인적으로 너무나 큰 의미가 있어서, 특정한 사건이 일상적으로 흘러가는 뉴스의 흐름을 넘어서는 경우 말이다.

나이가 어느 정도 된 미국인이라면 프랭클린 루스벨트 대통령의 사망 소식을 들었을 때 자신이 어디에서 무엇을 하고 있었는지를 정확하게 기억하고 있을 것이다. 존 F. 케네디 대통령의 암살을 너무나 분명하게 기억하고 있는 세대도 있다. 또한, 아주 어린 아기가 아니었다면 미국인들은 2001년 9월 11일에 비행기가 초고층 건물과 충돌하는 것을 보거나 들은 순간을 잊을 수 없을 것이다.

1945년, 사람들은 (루스벨트 대통령 사망) 속보를 들으려고 라디오 주위로 모여들었고, 숨진 대통령에 대해, 또 대통령직을 이을 사람에 대해 알기 위해 라디오 옆에서 귀를 기울였다. 신문은 호외를 발행했고 그

후 며칠, 몇 주간 상세한 관련 보도로 지면을 도배했다. 잡지는 속보를 전하는 일에서는 한 발 물러나 있었지만 깊이 있는 분석 기사들을 내놓았다.

이와 비슷한 일이 1963년에도 있었는데, 이번에는 더 새로운 매체를 통해서였다. 대다수 사람들은 케네디 대통령 사망 속보를 텔레비전을 통해 알게 됐다. 나는 앵커인 월터 크론카이트가 뿔테 안경을 벗고 눈을 깜빡여 눈물을 털어낸 후, 시청자들에게 대통령의 사망 소식을 전하던 가슴 아픈 순간을 기억하고 있다. 신문과 잡지는 예전과 마찬가지로 모든 방법을 동원해서 사건의 경위와 정황을 심층 분석한 기사를 내보냈다.

2001년 9월 11일 이후의 패턴도 비슷했다. 우리는 그 끔찍한 사건을 보고 또 보았다. 뉴스 소비자들은 방송이 그 무시무시한 광경을 생생하게 보여 준 덕분에 '무슨 일이' 벌어졌는지 알게 되었고, 인쇄 매체와 방송의 심층 기사를 통해 '어떻게'와 '왜'에 대해서도 알게 되었다. 저널리스트들은 훌륭하게 자신의 역할을 해냈고, 내가 저널리스트의 일원이라는 사실을 자랑스럽게 여기도록 만들어 주었다.

그런데 예전과는 뭔가 다른, 그것도 본질적으로 다른 일이 벌어지고 있었다. 뉴스가 평범한 시민들에 의해서도 만들어지고 있었던 것이다. 이제까지 역사의 초고가 어떻게 기록될지를 결정하는 것은 '공인된' 언론사들의 몫이었다. 그러나 예전에는 청중에 불과하던 사람들이 이제 역사의 초고를 쓰는 데 참여하고 있다. 이런 일은 인터넷 때문에 가능했다. 아니, 인터넷 때문에 불가피했다.

9·11 이후의 무섭고 당황스럽던 나날 동안, 온라인 네트워크의 가치

를 아는 사람들은 새로운 유형의 뉴스 보도를 십분 활용해 정보를 얻었다. 전통적인 의미에서의 뉴스 매체가 아닌 전자우편, 메일링 리스트, 온라인 채팅 그룹, 개인 인터넷 저널 등을 통해서, 미국의 주류 언론이 제공할 수 없었거나 제공하려 하지 않았을 많은 의미 있는 내용들을 받아볼 수 있었던 것이다.

우리는 뉴스의 미래를 목격하고 있었고, 어느 면에서는 우리 자신이 그 미래의 일부분이었다.

그 '뉴스의 미래'는 내가 2년 전 이 책의 초판 집필에 몰두하던 당시에 예상했던 것보다 더 빨리 다가왔다. 2004년 가을, 우리는 부시 대통령의 복무 의혹과 관련한 CBS 보도가 오보였음을 블로거들이 밝혀내는 것을 보았다. (이 일은 CBS의 저명한 뉴스 앵커 댄 래더가 은퇴하는 결정적인 이유가 되었다.) 또한 2004년 말 남아시아에서 일어난 쓰나미가 20만 명 이상의 목숨을 앗아갔을 때는 일반인이 찍은 동영상이 이 끔찍한 사태를 생생하게 전하기도 했다.

2005년 7월 7일 아침, 런던 지하철에서 자살 폭탄 테러가 발생해 테러리스트를 포함한 수십 명이 숨졌을 때, 우리는 다른 어느 것보다 생생하게 그날의 사건을 담은 한 장의 사진을 보았다. (나는 이날이 '시민 저널리즘'의 위력을 전 세계가 알게 된 날이라고 생각한다.) 다른 사람들과 함께 연기가 가득 찬 객차에서 도망치던 사람이 자신의 휴대전화 카메라로 찍은 사진이었다. 이 사진은 인터넷에 올라오고, 신문과 잡지에 게재되고, 전 세계 텔레비전에 방영됐다. 이 사진은 주류 언론 매체의 관심도 끌었다. 나는 『뉴욕타임스』와의 인터뷰에서 이렇게 말했다. "저널리스트들이 역사의 초고를 쓴다는 말이 있다. 그런데 이제 어느 면에서는 보통 사람들이 역사의 초고를 쓰고 있다. 이것은 매우 중요한 전환이다."

미래의 저널리즘이 어떠한 방향으로 가게 될지 감을 잡는 데는 훨씬 사소한 일이 한몫을 했다. 그것은 잘 나가던 어느 최고경영자에 대해 못마땅한 점을 발견했을 때였다. 2002년 3월 26일, (안될 일이지만) 조 나치오가 미래 저널리즘의 맛을 제대로 보게 되었는데, 나도 여기에 작게나마 일조했다.

이날 피닉스 교외에서는 최고경영자들의 비공개 컨퍼런스인 〈PC 포럼〉이 열렸고 나치오도 참석했다. 나치오는 엄청난 갑부였지만 심각한 자기 연민에 빠져 있는 것처럼 보였다.

당시 나치오는 〈퀘스트 커뮤니케이션〉의 최고경영자였는데, 이 회사는 미국 내 여러 주에서 거의 독점적 지위를 누리는 전화 업체였다. 그날 〈PC 포럼〉에서의 연설에서, 나치오는 자금 조달이 어렵다며 푸념을 늘어놓았다. 생각해 보라. 독점이나 마찬가지인 기업을 운영하면서 힘들어 죽겠다고 징징대는 모습을. 그것도 그 재정상 어려움 중 일부는 바로 자신의 경영 잘못에서 비롯했는데 말이다.

나는 〈PC 포럼〉 청중 가운데 한 명이었는데 무선 인터넷을 통해 내 블로그에 컨퍼런스의 내용을 수시로 업데이트하면서 실시간에 가깝게 보도를 하고 있었다. 나 말고도 저널리스트 블로거가 또 있었는데, 소프트웨어 전문지인 『리눅스 저널』의 편집장 닥 설즈였다.

그날 아침에 벌어질 사건이 업계에서 작은 전설이 되리라고는 우리 둘 다 생각지도 못했다. 이 일로 저널리즘이 얼마나 근본적으로 변화하고 있는지를 내가 더 폭넓게 이해하게 되리라는 것도 모르고 있었다.

나는 나치오가 재정난 때문에 징징대는 내용을 내 블로그에 올렸다. 〈퀘스트 커뮤니케이션〉이 시장 가치를 많이 잃고 있던 때에, 최고경영자인 나치오 자신은 굉장히 부유해졌다는 것을 알게 되었기 때문이었다. (이것은 주주, 직원, 사회는 속고 있는 동안 최고경영자 혼자 돈을 갈퀴로 긁어모은 또 하나의 사례다.) 몇 초 후에 나는 플로리다에서 일하는 변호사 버즈 브러그만에게서 전자우편을 한 통 받았다. 브러그만은 플로리다 올랜도에 있는 자신의 사무실에서 설즈와 내가 올리는 기사들을 보고 있었다. 그는 신랄한 어조로 전자우편에 이렇게 썼다. "미국이란 나라는 정말 대단하군요." 브러그만이 보낸 전자우편에는 〈야후파이낸스〉로 이어지는 하이퍼링크가 하나 첨부되어 있었는데, 링크된 페이지는 회사 주가가 떨어지는 동안 그 회사의 최고경영자인 나치오가 2억 달러가 넘는 돈을 현금화했다는 사실을 보여 주고 있었다. 나는 내 기사와 관련이 깊은 정보라고 판단해서 즉시 이 내용을 블로그에 포함시켰다. (물론 괄호 안에 "고마워요 버즈, 이 링크를 알려줘서."라고 써서 정보 제공자가 버즈라는 것을 명시했다.) 닥 설즈도 그렇게 했다.

컨퍼런스 주관사 〈에드벤처 홀딩스〉의 에스더 다이슨은, 바로 그즈음 (나치오를 대하는) 청중들의 분위기가 싸늘하게 변했다고 회상했다. 나와 닥 설즈가 여기에 기여한 점이 있을까? 물론이다. 그 호화로운 호텔 연회장에 있던 사람들 중 상당수(거기 있던 경영자, 금융인, 기업인, 기자의 절반 정도)는 그날 아침 인터넷에 접속해 있었고, 그중 일부는 나와 닥 설즈가 올리는 글을 읽으며 시간을 보내고 있었던 것이다.

그날 오전 나치오가 참여한 세션의 나머지 시간 내내 싸늘한 분위기가 감돌았다. 투자자이자 저자인 다이슨은 나중에 우리(나와 닥 설즈)

의 블로그가 그 냉랭한 분위기를 만드는 데 일조한 게 틀림없다고 말했다.1) 에스더는 블로깅을 "컨퍼런스가 열리는 동안, 그 컨퍼런스의 주위에서, 또 그 컨퍼런스를 가로질러가며 벌어지는 또 하나의 컨퍼런스"라고 표현했다.

이 이야기를 왜 하느냐고? 물론 이것이 지구를 뒤흔든 사건은 아니다. 하지만 나에게는 중요한 전환점이었기 때문이다.

정보가 흘러간 순서를 짚어 보자. 애리조나 피닉스의 컨퍼런스에서 시작된 정보의 흐름은 플로리다 올랜도로 갔다가 다시 애리조나로 돌아왔고, 궁극적으로는 전 세계로 퍼져 나갔다. 위성통신과 초고속 통신망이 있는 세계에서, 실시간 저널리즘이라는 것이 딱히 놀랄 만한 일은 아니다. 그러나 여기에서 중요한 것은 청중들이 가지고 있는 전문 지식이 저널리스트들의 활동에 결합되었다는 것이다.

이러한 사례는 나치오 같은 (항상 신랄하고 때로는 적대적이기까지 한 기자들을 상대해야 하는) '뉴스메이커'■를 포함해서 우리 모두에게 교훈을 준다. 나치오가 물러난 궁극적인 이유는 우리가 그의 거만함과 위선을 들쑤셨기 때문이 아니라, 최고경영자로서 그가 부적절한 행동을 했기 때문이었다. 하지만 어쨌든 나치오는 그날 아침 저널리즘의 미래를 맛본 셈이다. 달갑진 않았겠지만 말이다.

그런데 이 사건으로 저널리즘의 미래에 대해 가장 심오한 맛을 본 사람은 기자도, 뉴스메이커도 아닌, 버즈 브리그만이었을 것 같다. 브리그만은 테크놀로지와 저널리즘이 이토록 폭발적으로 결합하기

■ 정부, 기업, 유명 인사 등 뉴스 거리를 제공하는 주요 취재원들을 이 책에서는 '뉴스 메이커'라고 통칭하고 있다.

전에는 그저 청중 가운데 한 사람이었다. 그러나 이제 그는 기존의 언론 매체들이 신문, 잡지, 자사의 웹사이트를 통해 전달해 주는 것을 기다리지 않고도 새 소식을 접한다. 게다가 시민 기자로서 자신이 직접 뉴스를 만드는 과정의 일부가 된다. 그의 전문 지식과 빠른 판단력은 나 같은 직업 기자들의 저널리즘 활동에 시의적절하게 정보를 더해 주고 있다.

그때 브러그만은 더는 단순한 뉴스 소비자가 아니었다. 그는 자신이 직접 뉴스를 만드는 뉴스 생산자가 되어 있었던 것이다.

이 책은 저널리즘이 20세기의 매스미디어적 구조에서 풀뿌리 민주주의적 구조로 어떻게 이행해 가는지를 다루고 있다. 이러한 변화는 점진적인 진화의 과정이다. 사람들은 예로부터 항상 서로 이야기를 나누어 왔으며, 시대의 진보는 항상 커뮤니케이션의 확장을 가져왔다.

그러나 이것은 또한 현대의 혁명적인 과정이기도 하다. 테크놀로지의 발달로 누구라도 저널리스트가 되어 적은 비용으로 (이론상으로는) 전 세계에 소식을 전할 수 있는 도구가 생겼기 때문이다. 과거 어느 때에도 이런 일은, 아니 이와 비슷한 일조차도 가능하지 않았다.

20세기에는 뉴스를 생산한다는 것이 거의 전적으로 기자와 뉴스메이커, 그리고 이들 사이에서 사안을 관리하는 홍보 및 마케팅 담당자들의 몫이었다. 출판, 인쇄, 방송의 경제학은 거대 규모의 오만한 언론 기업들을 만들어 냈다. 여기서는 이들을 '거대 언론사Big Media'로 칭할 것이다. (소규모의 지방 언론사들도 거대 언론 현상의 가장 안 좋은 모습을 보여 주고 있기는 하다.)

어떤 사건에 대한 뉴스이든 간에 거대 언론사는 뉴스를 '강의'로 간주했다. (이러한 사고에 따르면) 무엇이 뉴스인지는 기자가 독자·시청자에게 알려 준다. 그러면 독자·시청자는 그 뉴스를 살 것인지 말 것인지를 결정한다. 독자·시청자들은 기자(언론사)에게 독자 투고 같은 것을 보낼 수 있다. 그런 것 중에는 지면에 실리는 것도 있다. (만약 방송사라면, 시청자 불만 사항은 명예훼손 담당 변호사를 통한 것이 아닐 경우 완전히 무시될 것이다.) 정 마음에 안 들면 독자·시청자는 구독을 취소하거나 방송을 보지 않는다. 이것은 언론이 자기만족과 오만함을 키워 온 세계였다. 계속되기만 한다면 언론사로서는 젖과 꿀이 흐르는 세계였을 테지만 이것은 지속가능한 세계가 아니었다.

미래의 뉴스 생산과 보도는 강의식이라기보다는 대화식, 또는 세미나식이 될 것이다. 뉴스 생산자와 소비자의 구분은 희미해질 것이고 양자의 역할에도 변화가 올 것이다. 이 변화를 우리는 이제 조금씩 보기 시작하고 있다. 커뮤니케이션 네트워크는 그 자체로 (수백만 달러의 인쇄 시설을 갖출 수 있고, 위성통신을 쏘아 올릴 수 있으며, 공중파 사용에 대해 정부의 허가를 받을 수 있는 소수만의 목소리가 아니라) 모든 사람의 목소리를 소통하는 매체가 되어 줄 것이다.

강의식 저널리즘에서 대화나 세미나식 저널리즘으로 발전하는 이런 변화에는 모두가 적응해야 한다. 기자, 뉴스메이커, 독자에 이르는 모든 이들이 (뉴스를 생산하고 소비해 오던) 이전의 방식을 변화시켜야 하는 것이다.

그렇게 하지 않으면 예전에 해 오던 것을 그저 조금 더 밀어붙이는 수밖에 없을 텐데, 우리는 그것이 초래할 비용을 이제 더는 감당할 수가 없다. 우리는 뉴스를 거대 기업들이 통제하는 상품으로만 취급하는 것이 유발하는 비용을 감당할 수 없다. 우리 사회는 사람들에게 선택의 여지를 제한하는 데서 오게 될 비용을 감당할 수 없다. 사회적 비용뿐 아니라 금전적 비용의 측면에서도 그렇다. 거대 언론사에 대해 월가가 요구하는 수익성 목표는 언론사들이 자사의 생산품인 뉴스의 질을 떨어뜨리도록 만들기 때문이다.

누구나 뉴스를 만들 수 있는 세계에서는 세 그룹의 주요한 구성원들 (즉, 저널리스트, 뉴스메이커, 뉴스 소비자인 청중) 사이에 분명하게 존재하던 구별이 모호해지고 있다.

1. **저널리스트**: 우리 기자들은 우리가 뭔가 새로운 것, 독자와 청취자, 시청자도 함께 참여하고 있는 어떤 것의 일부분이라는 것을 알게 될 것이다. 저널리스트인 나는 독자들이 나보다 아는 것이 더 많다는 사실을 일찍부터 깨닫고 있었다. 이것은 기자로 활동하는 데 위협이 된 것이 아니라 오히려 지평을 넓혀 주었다. 모든 기자는 이 사실을 받아들여야 한다. 저널리스트는 풀뿌리 저널리즘의 도구들을 사용하게 될 것이고, 그렇지 못한 저널리스트가 있다면 사라지고 말 것이다. 물론 정확성과 공정성이라는 원칙은 계속 중요한 가치로 남을 것이고 저널리스트들은 앞으로도 뉴스의 가치를 판단하는 수문장 역할을 할 것이다. 그러나 더 광범위한 '대화'를 주도하고 다양한 관점과 맥락을 제공하는 능력이 사실관계를 취재해서 보도하는 능력만큼 중요해질 것이다.

2. **뉴스메이커(주요 취재원)**: 부유하고 권력이 있는 사람들은 새로운 위협 요인에 직면하고 있다. 나치오가 그랬듯이 말이다. 누구나 기자가 될 수 있는 세상에서는 많은 능력 있는 사람이 스스로 기자가 되어 직업

기자들이 놓치는 것들을 찾아낼 것이다. 정치인들과 기업인들은 이러한 위협을 날마다 실감하고 있다. 그러나 이들은 (위협만 느끼는 것이 아니라) 풀뿌리 저널리즘의 도구를 활용해서 자신의 입장을 알리는 새로운 방법들도 찾아나가고 있다. 하워드 딘의 대선 출마는 실패로 끝났지만, 그가 선거운동에서 행했던 방식은 계속 연구되고 다시 시도될 것이다. 그 방식은 새로운 커뮤니케이션 도구들을 활용해 지지자들을 대화로 이끌어 내는 방식이었기 때문이다. 커뮤니케이션의 구조나 사회적 구조에서 주변부에 있던 사람은 뉴스메이커에 대한 신랄한 비평가가 될 수도 있지만, 한편으로는 뉴스메이커의 열정적이고 소중한 지지자가 되어 줄 수도 있다. 뉴스메이커에게 유용한 아이디어와 정보를 제공하고 자신들끼리도 서로 알고 있는 내용을 공유하면서 말이다.

3. 기존의 청중: 한때는 뉴스의 소비자에 불과했지만 이들은 이제 더 시의성 있는 양질의 정보를 획득하는 새로운 방법을 찾아 가고 있다. 또한 풍성한 대화를 이끌어내는 데 일조하면서 저널리즘의 과정에 직접 참여하는 방법도 깨달아 가고 있다. 직업 기자보다 훨씬 더 나은 경우도 많다. '인스타펀디트Instapundit'라고도 알려진 글렌 레이놀즈는 그저 좀 유명한 블로거 정도가 아니라 상당한 영향력을 행사하는 저널리스트로 자리매김했다. 풀뿌리 저널리스트 중에서 직업적인 저널리스트가 되는 사람도 생겨날 것이다. 결국, 우리는 더 많은 목소리와 더 많은 선택의 여지를 갖게 될 것이다.

이러한 변화의 시기는 나 자신에게도 이행기였다. 직업 저널리스트로서 25년간 일한 후, 나는 풀뿌리 저널리즘을 촉진하는 일을 하려고

2005년에 신문사를 떠났다. 회사에 불만이 있어서 그만둔 것이 아니었다. 나는 기자로서 탄탄한 경력을 가지고 있었고 좋은 기회도 많이 있었다. 또한 나는 동료 기자들을 존중하며 거대 언론사들이 앞으로도 훌륭한 저널리즘의 역할을 많이 해 줄 것이라고 생각하고 있다.

그러나 요즘 저널리즘 업계는 매우 위험하고 (정치적인 의미라기보다는 경제적인 의미에서) 보수적인 구조를 띠어 가고 있는 것이 확실해 보인다. 변화에 빠르게 적응하는 언론사가 없는 것은 아니지만, 언론계에 뿌리 깊게 박혀 있는 '변화에 대한 거부'(이런 보수성의 일부는 재정 문제에서 기인한다)는 저널리즘에 해를 끼쳐 왔고, 너무나 많은 언론인들이 미래의 현실에 대해 눈감게 만들었다.

프로 저널리즘의 가장 큰 적은 바로 자기 자신이다. 오늘날 지배적인 형태인 기업 저널리즘 구조에서, 언론사들은 단기 수익을 올리기 위해 기사의 질을 희생시킨다. 장기적으로 이런 전략은 언론 업계 전체에 악영향을 미치게 될 것이다.

거대 언론사들은 높은 수익률을 누리고 있다. 준독점적 지위를 누리고 있는 일간지들은 보통 25퍼센트에서 30퍼센트, 업황이 좋은 해에는 더 높은 수익률을 올린다. 지역 텔레비전 방송국들은 높게는 50퍼센트까지도 수익률을 끌어올릴 수 있다. 그러나 월가(투자자)의 관점에서는 이런 수익률도 충분히 높은 것이 아니다. 그리고 내년의 수익률은 올해보다 더 높아야 한다. 그러다 보니 기사의 질이 속빈 강정이 되는 일이 벌어진다. 신문사나 방송사가 단기 수익을 올리기 위해서는 뉴스의 양과 질을 (일시적으로라도) 떨어뜨릴 수 있다는 것을 깨닫게 된 것이다. 월가 투자자들의 요구는 저널리즘이 가지고 있던 '공공의 신뢰'를 하나씩 하나씩 갉아먹어 왔다. 미국의 수정헌법 제1조가 기자에게 취재와 출판의 권리를 부여한 이유가 언론사의 수익성을 올려주기 위해서는 아니었을 것이다. 아직은 저널리즘의 질이 완전히 전락한 것은 아니지만 이러한 경향은 매우 우려할 만한 것이다.

언론사 간의 통합은 이러한 우려를 더해 준다. 언론 기업들은 인수 합병을 통해 거대한 미디어 엔터테인먼트 기업 집단이 되어 가고 있다. 이러한 과정에서 심도 있는 저널리즘과 공공의 신뢰는 계속해서 희생된다. (한편으로) 이런 변화는 새로운 저널리스트들, 특히 시민 저널리스트들이 이 간극을 메우도록 문호를 열어 주고 있다.

수익 추구와 인수 합병으로 인한 대형화가 저널리즘에 타격을 주는 와중에, 그나마 이제껏 높았던 언론사들의 수익률조차 공격을 받고 있다. 신문사는 주요 수익원이 두 개다. 현재까지 수익 중 더 작은 부분은 직접 신문을 팔아 생기는 구독료이고, 더 큰 부분은 광고다. 그런데 이 광고 부분에서 (구인 구직 안내 광고부터 상품 광고에 이르기까지) 신문사는 〈이베이〉(eBay, 세계에서 가장 큰 안내 광고 사이트인 〈이베이〉는, 이 분야에서 새로운 독점 기업이 되었다)나 〈크레이그리스트Craigslist〉처럼 더 낮은 단가로 치고 들어오는 비저널리즘 경쟁자에게 위협을 받고 있다. (〈크레이그리스트〉의 운영자 크레이그 뉴마크는 개인적으로 저널리즘이 몰락할 것을 우려하고 있어서, 자신의 개인 재산 일부를 미래 저널리즘 분야에 기부하고 있다.)

나에게 계속 월급을 주었고, (사치스러운 임원진 사무실 등이 눈살을 찌푸리게 하는 경우는 있었어도) 중요한 사안에서 존경받을 만한 저널리즘의 역할을 충분히 해 왔던 신문 사업 모델이 장기적으로 점점 흔들리게 되리라는 것은 불을 보듯 뻔하다. 그런데 만약 이 사업 모델이 무너진다면 굵직한 탐사 보도는 누가 해낼 것인가? 이런 보도는 권력이 있는 당사자가 (자신의 문제를 폭로한 기사에 대해) 소송을 걸어 올 경우에 비싼 변호사 비용을 감당해 가며 위협을 막아 줄 수 있을 정도의 자금력이 뒷받침되는 언론사여야만 가능한 것이지 않는가? 리처드 닉슨 대통령과 그의 심복들에 맞설 수 있는 자금력과 도덕적 강단으로 무장한 캐서린 그레이엄이라는 발행인을 뒀던 『워싱턴포스트』 같은 강력한 매체가 없었다면 워터게이트■는 어떻게 폭로될 수 있었겠는가? 더 일상적인 문제를 보더라도 마찬가지다. 언론사가 없다면 좋을 때나 나쁠 때나 지역 사회에서 가장 중요한 목소리를 내는 역할을 누가 해낼 것인가? 현재의 저널리즘 업계에 문제가 있는 것은 사실이지만 뉴스의 아나키즘이 해결책일 수는 없다.

뉴스의 아나키즘 세계는 오늘날의 강하고 신뢰할 만한 언론이 재정 문제 등의 이유로 인해 무력해진 상태라고 볼 수 있을 것이다. 언론 기업이 적자를 내지 않으면서도 공공을 위한 언론의 역할을 수행할 수 있는 사업 모델이 사라진 세계 말이다. 올바른 목소리를 위해 싸울 수 있도록 든든한 힘이 되어 주는 (일정 규모 이상의) 탄탄한 독자층을 가진 언론 기업 대신 선동꾼과 팸플릿만 난무하는 세계에 살게 될 것을 상상해 보라. 우리에게는 이보다 나은 미래가 필요하다.

....

■ 1972년 미국 닉슨 대통령이 선거에서 재선되고자 워싱턴 DC의 워터게이트 호텔에 있던 민주당 본부에 몰래 도청 장치를 하려 했다가 발각된 정치 스캔들. 닉슨 대통령은 처음에는 사건과의 관련을 부인했으나, 나중에 깊이 관여했다는 사실이 밝혀져 대통령 직에서 물러났다.

다행히도 아나키즘 시나리오는 그리 현실화될 가능성이 높아 보이지 않는다. 믿을 만한 뉴스에 대한 수요는 항상 존재할 것이기 때문이다. 또 다른 시나리오로, 정보가 철저하게 통제되는 상황이 올 가능성도 생각해 볼 수 있다. (제발 이것도 현실화될 가능성이 낮기를 바란다.) 정보를 통제하고자 하는 쪽이 자신들의 권위에 대한 도전 앞에서 넋 놓고 앉아 있지만은 않을 터이기 때문이다.

정보 통제 시나리오에서는 엔터테인먼트 업계(저작권 카르텔)와 정부가 건전하지 못한 동맹을 맺게 될 것이다. 정부는 정보의 자유로운 유통을 달가워하지 않으며, 제한된 정도까지만 정보의 유통을 허용하려는 경향이 있다. 저작권 침해를 막기 위한 법적 탄압과 기술적인 조치들 때문에, 언젠가는 정보나 의견을 드러내려면 허가를 받아야 하거나 주변부의 사람들이 목소리를 내는 것이 매우 위험해지는 날이 올지도 모른다. 저작권 카르텔은 미래의 뉴스 생산에 핵심적인 역할을 할 테크놀로지들을 공격의 목표로 삼아 왔다. P2P 파일 공유 시스템이 그러한 사례다. P2P 시스템은 저작권 침해의 소지가 많기는 하지만, 시민 기자들이 감당할 수 있는 비용 한도 내에서 자신들이 만든 것을 유통시킬 수 있는 몇 안 되는 수단 중 하나다. 정부는 국민이 행하는 모든 일을 추적할 권리가 자신에게 있다고 주장하는 반면, 국민들은 정치인이나 기업인에 대해 알아야 할 것들(이런 정보는 점점 더 기존 매체 이외의 통로로 전파되고 있다)에 접근하기가 점점 어려워지고 있다.

우리가 원하는 풀뿌리 저널리즘의 세상, 네트워크의 주변부에서 평범한 사람들이 스스로 출판을 할 수 있는 세상은 저절로 오는 것이 아니다. 이제껏 자유를 지키기 위해 쏟아 왔던 만큼의 열의를 가지고 그것을 지켜내야 한다.

뉴스의 아나키즘이나 정보의 엄격한 통제라는 미래 대신, 오늘날의 좋은 점을 유지하면서 미래의 자가 출판 저널리즘을 촉진할 수 있는 균형 잡힌 길을 모색해 보고자 한다. 이 책에서 말하는 내용이 단지 우리에게 필요한 것, 혹은 불가피한 것이 아니라, 모두가 실행할 수 있는 일이기도 하다는 점이 독자 여러분께 잘 전달되었으면 좋겠다.

이미 거대 언론의 관심 밖에 있어 온 사람에게는, (저널리즘에서의 변화가) 곧바로 그들의 참여를 가능케 하지는 못할지도 모른다. 오늘날의 시민 저널리즘은 (내 친구이자 신문 편집인 출신 톰 스타이츠의 말을 빌리자면) "전자 통신 매체를 활용해 대화에 참여할 수 있을 만큼 교육 수준이 높고 기술적 능력도 있으며 시간과 장비를 조달할 수 있을 만큼 경제적으로 여력이 있는 소수 특권층의 활동"이라고도 할 수 있다. 우리의 '멋진 신新경제'의 뒤에는 여전히 너무나 많은 사람들이 남겨져 있다. 그들은 평범한 사람들이고, 사방팔방에서 쏟아져 오는 변화의 홍수 속에 있는 사람들이고, 대화에서 소외된 사람들이다. 부끄럽게도 저널리즘 업계와 우리 사회는 그들의 목소리에 마땅히 기울여야 할 만큼의 관심을 기울이지 않았다. 시민 기자들의 성장은 우리가 (사람들의 목소리를) 더 잘 듣도록 도와줄 것이다. 누구라도 뉴스를 만들 수 있는 기술과 여건은, 지금까지는 존재하지 않는 듯이 여겨졌던, 그러나 우리가 들어야만 하는 새로운 목소리가 드러나도록 해 줄 것이다. 시민 저널리즘은 시민, 기자, 뉴스메이커, 즉 우리 모두에게 말하고 듣는 새로운 방법을 보여 주고 있다.

궁극적으로는, '정보로 무장한 시민'이라는, 현재는 위협에 처해 있

는 개념의 르네상스를 가져올 수 있을 것이다. '자치'를 실현하는 데에
도 정보로 무장한 풀뿌리 시민의 존재는 중요하다. 제대로만 한다면
우리는 모두 새로운 변화에서 이득을 얻게 될 것이다.

이제 이 대화에 참여하자. 우리 모두를 위해.

2004년 7월

초판 서문 미주

1) 나나 설즈의 블로그 글이 아니었더라도 청중들은 나치오 때문에 짜증스럽고 화가 나게 되었을 거라고 생각한다. 그날 컨퍼런스에 왔던 클레이 셔키는, 컨퍼런스룸의 분위기가 변한 것은 느꼈는데 왜 변했는지는 누군가가 옆에 있는 컴퓨터(에 보이는 블로그)를 보라고 알려 주기 전까지는 몰랐다고 말했다.

"통상 블로그에 올라오는 글이 퍼지는 데는 하루나 이틀 정도 걸리게 마련이지만 그날은 청중들이 다들 인터넷에 접속해 있었던 데다가, 솔직히 말하자면 나치오의 연설이 너무 지루했기 때문에 많은 사람들이 나치오가 연설하는 중에 블로그를 읽고 있었다. 블로그를 안 읽고 있는 사람이 있었다면 그 옆 사람이라도 블로그를 읽고 있었다. 그래서 이 사안이 드러나서 온라인 매체에 실리고 퍼져 나가는 과정이 전부 한꺼번에, 나치오가 연설을 하고 있는 동안에 다 일어났다."

그날의 압권은 질의응답 시간에 〈포브스〉의 데니스 닐이 질문을 한 순간이었다. 그는 나치오의 불운에 대해 비꼬듯이 위로의 말을 전한 후, 이렇게 물었다. "저희가 뭘 도와드릴 수 있을까요?" 그때쯤에는 회의장 분위기가 "아이고 지겨워라."에서 "저 작자는 왜 감옥에 안 갔지?"로 바뀌어 있었다.

제1장

토머스 페인에서 블로그까지,
그리고 그 너머

우리가 9·11 사건 이후에 저널리즘의 새로운 시대에 대해 더 분명하게 감을 잡게 된 것은 사실이지만, 새로운 저널리즘이 그날 처음 발명된 것은 아니다. 새로운 저널리즘은 완성된 형태로 등장한 것도, 무無에서 생겨난 것도 아니다. 그래서 1장에서 다룰 내용은 '저널리즘의 역사'라고는 할 수 없을 것이다. 그보다는 '사례들'이라고 보는 편이 맞겠다. 오늘날 우리가 '뉴미디어'라고 부르는 것이 어떻게 진화해 왔는지를 보여 주는 데 도움이 될 내 개인적 경험도 포함해서 말이다.

다른 나라에서 이룬 성과를 과소평가하는 것으로 보일 위험이 있지만, 여기에서는 대체로 미국의 사례에 초점을 맞출 것이다. '언어적 저항'■의 과정을 통해 탄생한 미국은 일찍이 (저널리즘의 발전에) 본질적으로 중요한 일들을 이뤄 냈다. 미국의 수정헌법 제1조는 저항의 자유,

---

■ verbal dissent는 미국 독립, 즉 미합중국 성립에 이르기까지는 영국에 대한 저항과 (미국) 시민의 권리를 언어로서 명문화하는 과정을 거쳤음을 의미하는 말.

종교의 자유 등 여러 가지 중요한 내용을 담고 있지만, 그중에서도 자유로운 사회를 만드는 데 가장 근본적인 것을 꼽으라면 언론의 자유를 들 수 있을 것이다. 토머스 제퍼슨은 신문과 정부 중에 택하라면 신문을 택하겠다는 유명한 말을 남겼다. 저널리즘이 그 정도로 사회에 중요하다는 뜻이었다. 비록 나중에 대통령으로 재직하며 언론에게 호된 공격을 받고서는 그렇게 칭송했던 저널리즘을 몹시 싫어하게 되었지만 말이다.

개인 저널리즘personal journalism 역시 새로이 발명된 것은 아니다. 미합중국이 성립되기 전부터 개인 저널리즘은 이미 활발했다. 미국 초기 역사에서 개인 저널리즘으로 두드러진 사람이라면 벤저민 프랭클린을 꼽을 수 있다. 그가 펴낸 『펜실베이니아 가제트*Pennsylvania Gazette*』의 내용은 시민 정신에 입각해 있었고, 때때로 논쟁을 불러일으켰다.

또한 팸플릿 저자들도 있었다. 수정헌법 제1조가 나오기 전, 즉 자유로운 언론이라는 것이 법으로 보장되기 전부터도 그들은 막대한 개인적 위험을 감수해 가며 자신의 견해를 글로 펴냈다. 오늘날의 미국인 중에는 '위험을 무릅쓴다'는 것을 대수롭게 여길 사람이 거의 없겠지만, 아직도 지구 위 어느 곳에서는 신문이나 방송에 보도하는 내용 때문에 기자들이 목숨을 잃기도 한다.

초기 팸플릿 저자 중 한 명인 토머스 페인은 저항, 자유, 정부 등에 대한 힘 있는 글을 써서 18세기 후반의 많은 사람들에게 영감을 주었다. 무엇이 "상식"이어야 하는지를 짚어 내고 그 생각을 다른 사람들에게 설득시키려 펜대를 잡은 것은 토머스 페인이 최초는 아니었다.■ 아마도 (미합중국 성립에 있어서) 더 중요했던 사람들은 『연방주의자 신문

Federalist Papers』에 글을 쓴 익명의(당시에는 익명이었던) 기고가들이었을 것이다. 헌법 초안을 분석하고 새 공화국이 어떻게 운영되어야 할 것 인가에 관한 근본적인 문제를 다룬 이들의 글은 미국 역사에서 내내 중요한 영향을 미쳤다. 그들의 노력이 없었더라면 헌법은 각 주에서 승인을 얻지 못했을 것이다. 『연방주의자 신문』은 국가의 성립에 영향 을 준 강력한 대화였다고 볼 수 있다.

미국 역사에는 몇 차례의 미디어 혁명이 있었는데, 각 혁명은 과학 기술과 정치의 변화와 늘 맞물려 일어났다. 브루스 빔버가 말했듯이, 가장 결정적이었던 것 중 하나는 1880년대 초중반에 세계에서 가장 안정적이고 광범위한 우편 시스템이 완성된 것이었다. 빔버는 자신의 책 『정보와 미국의 민주주의』[1]에서 이 전례 없는 국가 서비스(우편 시스템)는 최초의 진정한 대중 매체, 즉 신문의 확산에 불을 지핀 "커뮤 니케이션에서의 맨해튼 프로젝트**"라 할 만했다고 설명했다. 뉴스 (신문 포함)가 우편 시스템을 통해 싸고 안정적으로 전해질 수 있게 된 것이다.[2] 미국의 역사에서 대부분의 시기 동안, 사람들이 '뉴스'라고 여기는 것은 주로 신문을 통해 생산되고 전파되었다. (1844년 사무엘 모스의 파트너 알프레드 베일이 볼티모어에서 워싱턴 DC까지 "하느님이 만드신 것이 로구나What hath God wrought?"라는 말을 송신함으로써 선보인 혁명적인 도구인) 전신전보 시스템은 뉴스를 취재하고 전파하는 속도를 높여 주었다.

■ 토머스 페인의 「상식」이라는 팸플릿은 1776년 영국 식민지였던 미국이 독립을 선언하는 데 많은 영향을 주었다. 즉 여기서는 미국의 독립을 위해 저널리스트적 활동을 한 사람이 토머스 페인 말고도 많이 있었다는 뜻.
■■ 맨해튼 프로젝트는 미국이 2차 대전 중에 추진한 원자 폭탄 제조 계획이다.

이제는 지역 신문도 먼 곳의 사건까지 취재해서 보도할 수 있게 된 것이다.3)

19세기를 거치면서 신문은 크게 번성했다. 좋은 신문은 공격적이면서도 시의적절하고, 궁극적으로는 독자의 관심사에도 부응했다. 그러나 당시 대다수 신문은 오늘날 우리가 '객관성'이라고 부르는 것은 그리 염두에 두지 않았다. 신문은 후원자나 소유자의 정치적 입장을 반영한 특정한 '관점'을 가지고 있었던 것이다.

신문은 유통되는 동안 여론을 조성해 왔다. '황색 저널리즘'이 가장 추악한 면모를 보인 것은 조지프 퓰리처나 윌리엄 랜돌프 허스트 같은 초기의 언론 거물들이 자신의 영향력을 남용했을 때였다.■■■ 특히 허스트는 여론에 불을 질러서 1898년 미국-스페인 전쟁의 촉매 구실을 한 것으로 악명 높다.■■■■

도금 시대■■■■■의 과잉이 미국 사회의 유대와 공동체의 질서를 깨뜨리기 시작하던 19세기 말, '추문 폭로자muckraker'라는 새로운 종류의 저널리스트들이 생겨났다. 이들은 고무 업계의 반反경쟁적 가격 전략이라든가 공장의 비참한 노동환경 등 공분을 자아내는 현실을 폭로함으로써, 공공의 이해에 복무한다는 언론의 기능을 당시 대다수의 저널리스트보다 더 충실히 수행했다. 링컨 스티픈스(『도시의 불명예』), 아이다

──────────

■■■ 황색 저널리즘이라는 용어는 19세기 말 퓰리처와 허스트 사이의 선정적인 기사 경쟁에서 생겨난 것으로 알려져 있다.

■■■■ 1898년 2월 쿠바 아바나만에서 미해군 함정이 침몰했다. 정확한 원인은 아직도 밝혀지지 않았는데, 당시 허스트의 『뉴욕 저널』은 이것이 스페인 사람들 짓이라며 호전적이고 자극적인 기사를 썼다.

■■■■■ The Guilded Age, 19세기 말 미국에서 인구가 급격히 증가하고 산업화가 진전되면서 부의 양극화가 심화되던 시기.

타벨(『스탠다드 오일사의 역사』), 제이콥 리스(『또 다른 절반의 삶』), 업톤 싱클레어(『정글』) 등은 사회의 어두운 구석을 드러낸 대담한 저널리스트이자 소설가다. 이들은 진보 시대*의 장을 여는 데, 또 다가올 20세기 탐사 보도의 전형을 마련하는 데 기여했다.

추문 폭로자들의 시대가 지난 뒤에도 개인 저널리즘은 사라지지 않았다. 20세기 내내 많은 개인들이 당대의 주류를 벗어나 독자적으로 활동하면서 사회에 기여했다. 내가 영웅으로 여기는 언론인 가운데 한 명인 I. F. 스톤이 펴낸 주간 뉴스레터는 한동안 워싱턴 정가에서 꼭 읽어야 할 것으로 여겨졌다. 2003년 7월 21일자 『네이션』에서 빅토르 나바스키가 언급했듯이, 스톤은 공보실 등을 통해 정형화·일반화된 방식으로 나오는 정보에 의존하기를 거부하면서, 옛날 방식의 보도를 고수했다.**

그의 방법이란 이런 것이다. 그는 공공 문서를 샅샅이 살피고, 의회 문서를 헤집으며 의회 공청회, 토론회, 보고서의 모호한 부분을 연구했다. 그는 (이런 정보들을 조사하며) 숨어 있는 귀중한 뉴스를 찾아내고(찾아내면 스톤은 그 문단에 박스를 둘러 보도했다), 공식 입장 사이에 상충되는 점, 관료나 정치인들이 거짓말을 한 사례, 시민권과 자유가 침해된 사례 등을 발견하려 했다. 스톤은 공공의 영역에서 살았다.

....

* The Progressive Era, 1890년대 말부터 1920년대까지 미국에서 과시적 소비와 부패 등을 바로잡고 개혁을 하려는 움직임이 일었던 시기.
** 독립적 언론인의 모범으로 꼽히는 스톤은 1953년부터 수십 년간 1인 신문 『I. F. 스톤스 위클리』를 펴냈다.

그 후 한 세대의 저널리스트들이 스톤의 영향을 받았고 그의 방법을 배웠다. 스톤의 방법이 앞으로도 사라지지 않는다면 우리에게는 행운일 것이다.

기업의 시대

그러나 20세기에는 대규모 저널리즘 기업(저널리즘의 기업화) 역시 지배적인 추세가 되었다. 이 불가피한 전환은 긍정적인 면과 부정적인 면을 모두 가지고 있다.

"불가피"하다는 표현을 쓴 데는 몇 가지 이유가 있다. 우선, 산업은 (독과점으로) 통합되는 경향이 있다. 이것은 자본주의 자체의 내재적 속성이다. 둘째, 성공적인 가족 기업이 설립자 가문의 소유로 계속 남는 경우는 드물다. 상속세 때문에 매매 또는 분할하기도 하고, 기업을 상속받은 형제나 사촌이 그들끼리의 알력으로 남남이 되면서 기업이 쪼개지기도 한다. 셋째, 최근 수십 년간 미국 자본주의를 지배해온 법칙은 규모가 작은 쪽보다는 큰 쪽에 유리하게 작동했다.

그러나 서론에서 언급했듯이 거대 언론 기업의 등장은 역사의 산물이기도 하다. 거대 언론사는 "언론 자유는 언론사를 소유한 자들만의 자유"라는 A. J. 리블링의 유명한 말이 나온 시대의 현상인데, 이 말은 재정적인 현실을 반영하고 있다. 신문 산업의 경제학은 덩치가 큰 쪽이 유리하도록 굴러갔다. 또 독자들은 대개 일간지를 하나만 구독하기 때문에 지역 신문 시장은 독점적인 체제가 되었다.[4]

방송은 언론 기업 통합의 추세에 핵심적인 역할을 해 왔다. 처음에는 라디오가, 다음에는 텔레비전이 신문에게서 독자와 광고주를 가져가면서 신문사 통폐합을 부채질했다.5) 그와 동시에 방송사 자체도 거대 언론 중의 거대 언론이 되어 갔다. 규모가 커지면서 방송사들은 뉴스를 생산하는 기관으로서 사회에 큰 영향력을 갖게 되었다. CBS 에드워드 R. 머로 기자가 보도한 내용들은 (유명한 것으로는 농장 노동자의 비참한 삶을 다룬 것과 조 매카시의 악독한 정치를 다룬 것 등이 있는데) 저널리즘의 역사에서 자랑스러운 순간으로 남아 있다.

전국 방송과 거대 신문사의 뉴스 헤게모니는 1960년대와 1970년대에 절정에 달했다. 기자들은 불법을 저지른 대통령을 물러나게 하는 데 일조했다. 앵커 월터 크론카이트는 미국에서 가장 신뢰할 수 있는 인물로 꼽혔다. 주요 방송사마다 보도국이 수익을 엄청나게 갉아먹기는 했지만, 그래도 이 시기에 보도국은 방송사의 명망과 자긍심을 상징하는 곳으로 여겨졌다. 공공 대중을 위해 존재해야 한다는 (오래도록 이어져 왔으나 오늘날 점점 버려지고 있는) 방송 본연의 업무를 지키는 곳으로 말이다. 그러나 방송사들은 〈제너럴일렉트릭〉이나 〈로웨스〉 같은 기업에 인수합병되었는데, 이 기업들은 오로지 수익성만을 염두에 두는 곳이었다. 이제 보도국도 수익을 내라는 요구를 받게 되었다.

전국 방송은 뉴스를 생산하는 데 비용을 많이 들였을지 모르지만, 지역 방송은 되도록 쉬운 방식을 골라 뉴스를 만들었다. 전국 방송이 사회적 책임감이라는 개념을 여전히 유지하고 있었던 반면, 대다수의 지역 방송국은 공공의 신뢰에 복무한다는 것에 대해서는 시늉도 내지 않고, 시청률을 확실히 올려 주는 두 가지 소재인 폭력과 오락으로

시청자의 눈길을 끌려 했다. 자원과 자금이 부족한 지역 보도국으로서
는 불가피한 구성이었다. 심도 있는 보도나 설득력 있는 화면보다 비
용이 적게 드니까 말이다. "피가 흐르면 앞으로 보내라"는 말은 지역
방송국의 뉴스 보도에서 진리가 되었다. 이런 운영 방식은 지속되었
고, 유치한 수준의 '유명 인사 저널리즘'까지 여기에 가세했다.

　뉴스에 대한 이렇듯 단순한 관점은 미국 사회에 좋지 않은 영향을
끼쳐 왔다. 범죄율이 급격히 떨어지던 1990년대에도 지역 텔레비전은
범죄가 세상에서 가장 큰 문제라는 인상을 계속 심어 주었다. 이것은
무책임한 태도가 아닐 수 없다. 이런 식의 보도는 (이를테면 수정헌법
제4조가 규정하고 있는, 정당한 이유 없이는 수색과 검거를 당하지 않을 자유와
같은) 중요한 시민적 자유를 희생해서라도 어떻게든 범죄를 줄여야 한
다는 생각을 퍼뜨리고, 한정된 방송 시간 동안 이런 내용을 내보내느
라 사회의 다른 중요한 이슈에 대해서는 제대로 알리지 못하게 만들기
때문이다.

　삶의 리듬이 빨라지면서 우리가 집단적으로 어떤 사안에 관심을
갖는 기간도 짧아졌다. 상업적인 텔레비전 방송국들에 대중에게 실질
적인 정보를 줄 수 있는 내용으로 전파를 사용하라고 요구하는 것은
무리라고 쳐도, 이윤만을 위해 밀어붙이는 방송국들의 운영방식 때문
에 심층성이 많이 손상된 것은 사실이다. 게다가 대다수 사람들이 보
고 들은 내용에 대해 충분히 시간을 들여 생각해 보려고 하지 않고
행간의 맥락을 찾아내어 보려는 노력은 더더욱 하지 않기 때문에, 이
런 상황은 악화된다. 결국 대중의 생각은 깊이가 얕아지고, 대중의
깊이가 얕아질수록 이득을 보는 사람들에 의해 대중의 생각이 좌지우

지된다. 깊이 없는 시민 사회는 정보가 풍부한 시민 사회보다 쉽게 위험한 군중으로 바뀔 수 있다.

텔레비전 저널리즘에 커다란 변화가 벌어지는 와중에, 거대 신문사들은 전국적으로 작은 신문사들을 집어 삼키고 있었다. 앞서 말했듯이, 이것이 꼭 언론의 질을 떨어뜨리는 것은 아니다. 사실 몇 가지 점에서 신문 저널리즘은 더할 나위 없이 훌륭한 일을 해 왔다. 최고의 신문사들이 내놓는 탐사 보도는 늘 나를 자랑스럽게 한다. 또한 몇몇 기업 소유주(특히 〈개닛〉■)가 독립적인 신문사들을 기업 저널리즘이라는 붕어빵 모델에 찍어 맞추려는 경향을 보이기는 했지만, 신문의 수준을 향상시키기도 했다. 그러나 『뉴욕타임스』, 『월스트리트저널』, 『워싱턴포스트』와 같은 미국에서 가장 좋은 신문들의 소유 구조가 월가에서 바라는 단기적 기대 수익에 상관없이 장기적인 관점을 유지할 수 있도록 구성되어 있다는 것은 우연이 아니다. (이들 신문사는 가족이나 일정 절차를 걸쳐 선정된 소수의 투자자들이 의사 결정을 통제할 수 있는 소유 구조를 갖고 있다.) 또한 이런 신문사들이 인터넷을 혁신적으로 받아들이며 디지털 시대에 지평을 넓혀 나가고 있다는 것도 놀랄 일이 아니다.

텔레비전을 완전히 바꾸어 놓은 것은 케이블이었다. 케이블은 아날로그 시절에 텔레비전의 가시권을 넓히려고 발명된 기술로, 공중파 신호가 잘 잡히지 않는 산간 지방에 텔레비전 방송을 내보내기 위한 것이었다. 하지만 오히려 인구 밀도가 높은 지역에서 큰돈이 된다는 것을 케이블 회사들이 알게 되면서, 케이블 시스템은 (공중파 방송에

■ Gannett, 〈개닛〉은 『USA 투데이』 등 100여 개 신문사와 20여 개 방송국 등을 소유한 거대 미디어 그룹이다. 1906년 프랭크 개닛이 설립했다.

부차적인 것이 아니라) 그 자체로 중요성을 갖게 되었다. 케이블은 지역마다 독점적으로 운영되었으며, 벌어들인 돈의 일부는 채널 수를 늘리는데 사용됐다.

뉴스 산업을 영원히 바꾼 케이블 채널은 물론 테드 터너의 CNN이다. 너무나 크게 성공을 해서 지금 우리는 이것이 얼마나 대담한 실험이었는지를 잊었지만, 1980년 6월 1일 CNN이 첫선을 보였을 때 언론계의 많은 사람들은 이것을 그저 어느 잘난 척하는 기업이 제멋대로 시도해 보는 이상한 사업이라고 생각했다. 그러나 CNN은 이미 내부에서 붕괴되기 시작한 댐에 구멍을 뚫은 격으로 업계에 큰 변화를 몰고 왔다.

케이블이 사람들에게 채널 선택의 여지를 크게 넓혀 주기는 했지만, 채널의 통제권은 여전히 케이블 회사가 가지고 있었다. 어떤 채널들의 꾸러미를 공급할 것인지는 케이블 회사가 결정하는 것이다. 아, 물론 소비자도 선택을 하기는 한다. '예'와 '아니오' 중에서 말이다. 광대역 통신 업계에서 전화 회사와 함께 복점 체제(두 공급자가 경쟁적으로 동일 상품을 공급하는 시장 형태)를 이루는 케이블 업체들이, 시민들이 가질 수 있는 폭넓은 정보의 가능성을 어떻게 위협하고 있는지는 11장에서 살펴볼 것이다.

밖으로부터의 변화

기업화와 집중화가 진행되던 시기에 변화의 힘은 주변부에서 축적되고 있었다. (개인용 컴퓨터의 시대를 연 마이크로프로세서라든가, 인터넷의 전조가 된 정부의 데이터 네트워킹 실험인 '아르파넷ARPANET'과 같은) 기술적인 측면도 있었고, (제3자도 〈AT&T〉▪의 네트워크 망을 사용할 수 있도록 한 대법원의 판결이나, 텔레비전 프로그램을 나중에 다시 볼 수 있도록 가정용 비디오기기로 녹화하는 것을 허용한 판결 같은) 정치·법률적인 측면도 있었다.

개인 사용자를 위한 테크놀로지를 활용해 개인이 각자 원하는 대로 선택을 하는 시대가 다가오고 있었다.

내가 처음으로 개인용 컴퓨터를 갖게 된 것은 1970년대 후반이었다. 그리고 1980년대 초에 처음 기자가 되었을 때, 나는 휴대용 컴퓨터의 초창기 제품 중 하나인 '오스본'을 샀다. 이 무렵 나는 버몬트에 살면서 프리랜서 기자로 『뉴욕타임스』와 『보스톤글로브』에 글을 보내고 있었는데, 오스본으로 기사를 썼고, 곧바로 기사를 전송했다. 나는 멀리 혼자 떨어져 있으면서도 시간에 맞게 효율적인 방식으로 기사를 작성하고 전송할 수 있게 해 주는 이 굉장한 도구에 매료되었다.

당시에는 상용화된 온라인 서비스가 막 걸음마를 뗀 단계였는데, 나는 그걸 실험해 보지 않고는 배길 수가 없었다. 사이버 공간이 어떤 위력을 가질 수 있는지 감을 잡게 된 첫 계기는 1985년에 찾아왔다. 나는 XyWrite라는 워드프로세서를 쓰고 있었다. (당시 워드프로세서로 글을 쓰는 사람들이라면 대부분 XyWrite를 사용했다.) XyWrite는 그 시절의 느린 컴퓨터에서도 빠르게 작동했고, XPL이라고 불리는 내부 프로그래밍 언어를 가지고 있었다. XPL은 비교적 배우기 쉽고 기능도 많았다. 그런데 어느 날 XPL을 사용하다가 문제가 생겼다. 나는 그 당시

▪ 미국의 유무선 통신 회사.

가장 성공적인 상업용 온라인 서비스였던 〈컴퓨서브CompuServe〉의 워드프로세싱 포럼에 간단한 문의글을 올렸다. 다음날 로그인을 해 보니 미국 각지에서, 그리고 믿을 수 없게도 멀리 호주에서까지, 내가 골머리를 앓던 작은 문제에 대한 해결책들이 와서 나를 기다리고 있었다.6)

나는 깜짝 놀랐다. 네트워크의 문을 두드려 도움을 요청했더니 무언가를 배우게 된 것이다. 이건 굉장한 일이라는 느낌이 들었다.

물론 내가 완전히 감을 잡은 것은 아니었다. 1986년과 1987학년도에 나는 당시 인터넷의 심장부(그때만 해도 인터넷은 대학, 정부, 연구소들의 네트워크였다)였던 미시건 대학에 있었으면서도 인터넷에 대해 제대로 알고 있지 못했다. 『뉴욕타임스』의 존 마르코프가 주류 언론사 기자 중에는 그 시절에 인터넷의 가치를 이해하고 저널리즘에 활용해 여러 좋은 기삿거리를 찾아낸 최초의 기자였을 것이다. 마르코프가 인터넷에서 정보를 얻은 방법 중 하나는 인터넷의 게시판을 읽는 것이었다. 통칭 '유즈넷Usenet'이라고 불리는 온라인 게시판에는 인터넷에 접속이 가능한 사람이면 누구나 글을 올릴 수 있는데, 지금도 그렇지만 그 시절에도 유즈넷은 온갖 '뉴스 그룹'들이 모이는 곳이었다. 아직까지도 유즈넷은 유용한 정보의 원천이다.7)

1980년대에 온라인을 활용할 수 있는 방법이 〈컴퓨서브〉뿐이었던 것은 아니다. '비비에스BBS'라고 불리는 온라인 게시판도 있었다. 비비에스는 얼마 후 기술적으로 막다른 골목에 도달하게 되었지만, 당시에는 굉장한 가치를 가지고 있었다. 개인 컴퓨터에서 모뎀을 이용해 지역 비비에스에 연결한 후 글을 읽거나 올리고, 파일을 내려받는 등의 일을 할 수 있었다. 즉 지역판版 인터넷이나 〈컴퓨서브〉라고 할 만했다. 이런 시스템에 올라오는 글들은 항공학, 테크놀로지, 정치에 이르기까지 이용자들이 관심 가질 만한 주제란 주제는 총망라되어 있었다.

주변부 정치는 일찍이 온라인 게시판을 십분 활용하고 있었다. 나는 1980년대 중반에 『캔자스시티 타임스』의 기자였는데, 1년 중 상당 기간은 팜 벨트*를 돌아다니며 〈포세 코미타투스Posse Commitatus〉 같은 단체를 취재했다. 이때는 농촌의 경제가 불황이던 시기여서, 자신이 은행과 정부에 희생당한 피해자라고 생각하는 농민들이 〈포세 코미타투스〉 같은 반체제 단체의 목소리에 귀를 기울이던 때였다. 나는 급진 단체들이 운영하는 몇 개의 온라인 게시판을 취재 통로의 하나로 삼았다. 운영자들이 보안 개념이 있는 사람들이었기 때문에 아주 깊이 있는 내용까지 접근할 수는 없었다. 사법 당국 등 급진 단체의 활동을 주시해야 하는 사람들은 그 당시 나에게 비비에스가 급진 우파 활동가에게 가장 효과적인 도구 노릇을 하고 있다고 말했다.[8]

협박장** 미디어

개인용 테크놀로지의 발달은 개인 사용자에게 온라인 공간을 그냥 열어 주기만 한 것이 아니었다. 새롭고, (더 중요하게는) 비용이 덜 드는

■ 캔자스, 미주리, 와이오밍, 오리건 등 축산업이 번성한 지역.
■■ ransom note, 범인이 남긴 협박장이라는 뜻. 일반적으로 필체를 남기지 않기 위해 잡지 등에서 글자를 오려 붙여 메모를 만들기 때문에 한 메모 안에 글자들의 크기나 모양이 제각각임. 영문 글꼴 중 "랜섬 노트체"는 협박장처럼 각 글자가 각기 다른 모양과 크기로 되어 있는 글자체다.

방식으로 미디어를 만들 수 있는 길도 열어 주었다. 예를 들면 음악인들은 컴퓨터 기술의 초기 수혜자다.[9] 그러나 저널리즘 영역에서의 잠재성을 분명하게 드러낸 것은 데스크탑 출판이었다.

1980년대 중반에 등장한 일련의 발명은 데스크탑 출판의 새로운 시대를 가져왔다. 〈애플〉 매킨토시와 레이저 프린터의 등장으로 사람들은 갑자기 쉽고 싸게 출판물을 편집하고 인쇄할 수 있게 되었다. 대규모 출판·인쇄 기업은 사라지지 않았지만(이들도 개인용 테크놀로지를 도입해 비용을 낮추는 데 활용했다), 소규모의 집단이나 심지어 개인까지도 출판·인쇄를 할 수 있도록 진입 장벽이 낮아졌다. 과거로부터의 놀랄 만한 해방이었다.

비전문가의 손에 그토록 많은 가능성과 유연성을 준 것에는 결점이 하나 있었다. 데스크탑 출판 초창기에 사람들은 한 면에 너무나 많은 글꼴을 사용했고, 그 탓에 문서가 마치 협박장처럼 보였다. 그러나 문자 디자인 때문에 생긴 결점은 새로운 목소리들이 등장할 수 있게 하기 위해 치른 사소한 비용이었다.

이 시기 거대 언론사는 규모는 계속 커지고 있었지만 수십 년간 미국 사회의 모습을 바꿔 온 인구 구성상의 변화를 반영하지는 못하고 있었다. 즉 미국 전체 인구는 인종적·민족적으로 더 다양해졌지만, 언론사 편집국의 구성원들은 그렇게 다양하지 않았으며, 인종적·민족적 다양성은 뉴스 보도에서도 제대로 반영되지 못했다. 이런 상황에서 데스크탑 출판은 소수 민족 신문 등의 방식으로 다양한 사람들이 언론에 진입할 수 있는 길을 열어 주었다.

거대 언론사도 적응을 위한 노력을 해 오고 있다. 편집국은 점점 더 다양성을 갖추게 되었다. 주요 언론사는 인기 있는 소수 민족 출판물이나 방송 프로그램을 시작하거나 인수했다. 독립적인 소수 민족 매체들 역시 규모, 질, 신뢰도의 면에서 계속 향상되어 왔다. 그야말로 풀뿌리 저널리즘이 성장하고 있었던 것이다.[10]

큰 목소리로, 거침없이

그 사이에 라디오 토크쇼도 언론에 변화를 몰고 왔다. 물론 라디오 토크쇼가 완전히 새로운 것은 아니었다. 라디오는 늘 토크쇼를 해 왔고, 전화로 대화하는 토크 프로그램도 1945년까지 거슬러 올라간다. 진행자는 주로 자기 주장이 강한 사람이었으며(대부분 찰스 코플린 신부처럼 정치적 우파였다), 주류 언론이 소홀이 한다고 여기는 조세, 정부, 문화 붕괴와 같은 다양한 이슈를 터뜨렸다. 이러한 진행자는 논평자이기도 했지만 엔터테이너였고, 청취자의 인기를 끌었다.

그러나 현대의 라디오 토크쇼는 중요한 특징을 또 하나 가지고 있다. 청취자가 직접 참여한다는 것이다. 평범한 사람들이 초청되어 라디오에서 자신의 이야기를 한다. 과거에 평범한 사람들은 자신의 이야기나 (신문의 독자 투고로 다뤄지지 않는) 견해를 드러낼 수 있는 즉각적이고 확실한 통로가 없었다. 그러나 이제 이들은 프로그램의 일부가 되어 진행자의 생각뿐 아니라 자신이 생각하는 바도 프로그램에 더할 수 있게 된 것이다.

뉴스를 만드는 사람이 청취자 속에 있는 것이었다. 『워싱턴포스트』

의 미디어 담당 기자인 하워드 쿠르츠는 라디오 토크쇼를 블로그 현상의 전조로 보고 있다. 둘 다 "주류 언론에는 접근이 안 되는 수많은 사람들에게 닿는 매체"라는 것이다. 쿠르츠는 현재 신문에 싣는 기사와 칼럼 외에도 『워싱턴포스트』 웹사이트에서 블로그와 비슷한 형태의 온라인 칼럼을 쓰고 있다.[11]

정치나 시사 문제가 자주 등장하는 소재이기는 했지만, 라디오 토크쇼가 정치적 분노를 표출하는 데만 그친 것은 아니었다. 토크쇼는 더 다양한 주제를 다루는 음성 게시판의 역할을 해 나갔다. 의사는 (텔레비전에 나오는 극중 인물 '닥터 프레이저 크레인'■처럼) 의료에 대한 도움말을 제공하고, 컴퓨터 전문가는 일반인들에게 무엇을 사야 하는지 조언을 해 주고, 변호사는 골치 아픈 법률 문제를 상담한다.

나는 라디오 토크쇼에서 뉴스의 미래에 관한 작은 암시를 한 가지 더 얻었다. 내가 캘리포니아로 이사 온 지 얼마 안 되었을 때인 1990년대 중반 어느 날, 진도가 세지는 않았지만 분명하게 느껴지는 지진이 내 집을 흔들었다. 그러자 내가 듣고 있던 지역 라디오 방송에선 정규 토크쇼 프로그램을 중단하고 샌프란시스코 베이 에어리어에서 걸려오는 전화를 받아 시민들이 각 가정과 직장에서 전하는 생생한 소식을 내보내기 시작했다.

■ 미국 인기 시트콤 〈프레이저〉의 주인공인 닥터 프레이저 크레인은 극중에서 라디오 상담 프로그램을 진행했다.

웹 시대의 등장

1990년대 초반, 개인용 컴퓨터는 훨씬 더 일반화되었다. 하지만 그에 비해 온라인에 접속하는 사람은 상대적으로 적었다. 예외라면 기업의 인트라넷이나 대학 캠퍼스, 온라인 게시판, (웹이 등장하기 전의 초기 버전인) 〈컴퓨서브〉나 〈아메리카온라인〉 같은 온라인 서비스 정도였다. 그러나 또 다른 혁신적 발달이 줄지어 일어나면서 우리를 '연결된 세계'로 데려다 주려 하고 있었다.

1990년, 팀 버너스 리가 하이퍼텍스트 기술(이것이 나중에 월드와이드 웹이 된다)을 개발했다. 버너스 리는 연결되어 있는 컴퓨터들로부터 정보를 내보내 주는 서버 소프트웨어와, 사실상 최초의 브라우저라고 할 수 있는 '클라이언트' 프로그램을 개발했다. 또한 버너스 리는 HTML(Hypertext Markup Language)의 개발에도 불을 붙였다. HTML은 누구나 약간의 지식만 있으면 전 세계 어느 곳의 웹페이지와도 쉽게 연결될 수 있는 글을 온라인상에 올릴 수 있게 해 준다. 이것이 왜 그렇게 중요할까? 이제 마우스를 클릭하거나 자판을 한 번 두드리는 것만으로 하나의 웹사이트나 웹문서에서 다른 웹사이트나 웹문서로 이동할 수 있게 된 것이다. 버너스 리는 인터넷상에 존재하는 전 세계의 문서들이 서로 연결될 수 있게 한 데서 그치지 않고, 여기서 한 발 더 나아가고 싶었다. 웹에 있는 글을 읽기만 하는 것이 아니라, 웹상에서 직접 쓸 수도 있도록 하겠다는 것이었다.

그런데 버너스 리가 일부러 '하지 않은' 일이 있었다. 그는 자신의 발명에 특허를 신청하지 않았다. 대신에 그는 열려 있고 확장 가능한 기반을 전 세계에 제공해, 그것을 바탕으로 새로운 혁신이 나올 수 있도록 했다.

그 다음에 등장한 혁신적 기술은 '모자이크Mosaic'였다. 이것은 데스크탑 컴퓨터상에서 돌아가는 초기의 그래픽 웹브라우저 가운데 하나다. 이러한 웹브라우저들은 상용 인터넷의 기초가 되었다. 브라우저가 개발되고 웹페이지를 만드는 것이 상대적으로 쉬워지면서 우리가 현재 '개인 저널리즘'이라고 부르는 새로운 장르에 대한 여러 실험이 촉발되었다. 초기 사례 중 대표적인 것 하나를 살펴보자.

저스틴 홀이 웹이라는 것에 대해 알게 된 것은 스워스모어 대학 2학년 때인 1993년이었다. 그는 HTML 언어로 몇 개의 웹페이지를 직접 코딩했다. 그가 만든 〈저스틴의 지하로부터의 링크〉는 아마 최초의 본격적인 블로그였을 것이다. 블로그용 소프트웨어들이 상용화되기 훨씬 전에 시도되었으니 말이다. 그의 사이트에 학교가 아닌 외부에서 첫 방문객이 온 것은 1994년이었다. 저스틴 홀은 전자우편에서 (블로그 시작에 대한) 자신의 동기를 이렇게 설명했다.

왜 했냐고? 다른 사람과 소통하고 싶은 열망, 광범위하고 세계적인 지식 공유의 파티에 참여하고 싶은 욕망. 뭔가 멋진 것에 참여할 수 있는 기회. 개인 미디어와 개인 경험에 대해 글을 쓰고 체계적으로 저장해 보고 싶다는 아카이브 마니아로서의 열망……. 대학에 다니면서 나는 프루스트와 제임스 조이스도 아마 웹을 좋아했으리라는 것을, 그리고 그들도 (당시에 웹이 있었더라면) 나와 비슷한 실험을 했으리라는 것을 알게 되었다. 그들은 하이퍼텍스트로 글을 썼고, 인간의 삶에 대해 글을 썼으니까.

내가 만든 사이트는 저널리즘이기는 했지만, 나는 주로 나 자신에 관해 글을 썼다. 초기에는 웹에 관해 웹상에서 글을 썼다. 그런 일을 하는 사람이 거의 없었기 때문이다. 그러나 검색엔진과 링크 디렉토리가 등장하면서, 온라인상의 모든 것에 대한 편람을 내가 굳이 만들어야 할 필요가 없어졌다. 그래서 나는 내 개인적인 생각과 경험의 지도를 그릴 수 있게 해 주는 도구와, 그런 생각과 경험을 (온라인으로) 연결된 영어권 세계의 다른 사람들과 나눌 수 있는 기회를 갖게 된 것을 기꺼이 누렸다!

어떤 일들이 벌어져 왔는가? 커뮤니케이션은 완전히 전환되었다. 인쇄 매체와 방송은 일 대 다수 형태의 매체다. 전화는 일대일의 매체다. 이제 우리는 일대일이든, 일 대 다수든, 다수 대 다수든, 우리가 원하는 대로 만들 수 있는 매체를 갖게 되었다. 누구라도 디지털 인쇄 매체를 소유할 수 있고 전 세계로 유통시킬 수 있게 되었다.[12]

이런 현상들 중 어느 것도 마샬 맥루한을 놀래키지는 못했을 것이다. 그는 기념비적인 여러 저서에서, 현재까지 벌어진 변화를 이미 예견했다. (이 점에서 특히 중요한 저서는 『미디어의 이해: 인간의 확장』[13]과 『미디어는 마사지다』[14]가 있다.) 『미디어의 이해』 서문에서 맥루한은 이렇게 쓰고 있다.

분절적·기계적 테크놀로지에 힘입어 3천 년간 외부로 폭발해 온 후에, 서구 세계는 이제 안으로 폭발하고 있다. 기계의 시대를 거치면서 우리는 신체를 공간 속으로 확장시켜 왔다. 전자 기술이 나온 지 한 세기 이상이 지난 오늘날, 우리는 중앙 신경 시스템 자체를 글로벌한 망 속으로 확장시켜 왔고, (적어도 지구상에서는) 시간과 공간을 사라지게 했다. 우리는 인간 확장의 마지막 단계로 빠르게 나아가고 있다. 이 마지막 단계의 인간 확장 은 테크놀로지를 통해 인간의 의식을 시뮬레이션하는 것이다. 그 단계에 서는 지식의 창조적 과정이 집합적으로, 그리고 기업적으로, 인류 사회 전체로 확장될 것이다. 우리의 감각과 신경을 다양한 미디어를 통해 확장 해 왔듯이 말이다.

앨빈 토플러를 놀라게 하지도 못했을 것이다. 토플러는 자신의 책 『제3의 물결』15)에서 제조업에서의 기술이 이제까지 어떻게 생산자와 소비자 사이를 갈라놓았는지 설명했다. 대량 생산이라는 제조 방식은 생산의 단위당 비용을 낮춰 왔지만, 그 과정에서 중요한 것이 희생되 었다. 구매자와의 인간적인 연결이 사라졌던 것이다. 토플러는 (앞으로 는) 정보 기술이 고객 맞춤식의 대중화, 중간 단계의 삭제, 그리고 매체 의 통합을 가져올 것이라고 내다봤다.

웹이 갖는 잠재성에 대해 '웹강령 95—클루트레인 선언'16)보다 더 잘 예견한 글은 없을 것이다. 1999년 4월 온라인상에 처음 등장한 이 글에는 젠체하는 내용과 심오한 내용이 섞여 있었는데, 심오한 쪽 이 훨씬 많았다. 네 명의 공동 저자인 릭 르빈, 크리스토퍼 로크, 닥 설즈, 데이비드 와인버거는 맥루한 등 앞선 학자들의 생각을 확장한 이 글을 통해서 인터넷이 본질적으로 대단한 것이라는 감은 잡고 있었 지만 정확히 왜 그런지는 잘 몰랐던 나 같은 사람에게 강한 인상을 주었다.

강력한 전 지구적 대화가 이제 막 시작되었다. 인터넷을 통해 사람들은 유의미한 지식을 엄청나게 빠른 속도로 공유하는 새로운 방법을 발견하고 발명해 가고 있다. 이것의 직접적인 결과로 시장은 점점 똑똑해지고 있다. 그것도 대다수 기업보다 훨씬 더 빠르게 똑똑해지고 있다.

그들은 인터넷이 왜 사업의 속성 자체를 바꾸어 내고 있는지에 대해 설명했다. 95개 중 첫 번째 조항은 "시장은 대화다."라는 우아하고 명쾌한 말로 시작한다.

나는 저널리즘도 대화라는 것을 알게 되었다. '웹강령 95'와 그보다 앞선 학자들의 생각들은, 내가 저널리즘 업계에 대한 생각을 발전시켜 나가는 데 기초가 되어 주었다.

웹에서 글쓰기

새로운 종류의 뉴스가 태동할 조건이 이제 대체로 갖추어졌다. 그러나 마지막으로 몇 가지가 더 필요했다. 그중 하나는 기술적인 것이었다. 모든 사람에게 새로운 대화에 참여하는 데 필요한 도구를 주는 것. 또 다른 하나는 문화적인 것이었다. 새로운 창조의 도구가 수백만 명의 손에 쥐어지면 전례 없는 공동체가 생기리라는 인식을 갖는 것. 어느 면에서 아담 스미스는 집합적 공동체를 만들고 있었다고 볼 수 있다.

기술적인 부분에 관해 말하자면 기술자들과 개발자들은 예나 지금이나 제 몫을 하고 있다. 그리고, 이러한 전환기에 나타나게 마련인 아이러니라고도 할 수 있겠는데, 핵심 기술 중에는 프로그래머들이 기자들을 몹시 못마땅해 했기 때문에 개발한 것이 많다.

데이브 와이너[17]는 '모어More'라는 매킨토시용 아웃라인 프로그램을 개발해 판매하고 있었다. 와이너는 매킨토시에 대해 아는 것도 많고 충성도도 높은 개발자였다. 1990년대 초반에 이르러 그는 테크놀로지 관련 매체들이 (자신이 보기에) 기사를 잘못 쓰고 있는 것이 점점 신경이 거슬렸다.

당시는 〈마이크로소프트〉의 운영체제인 윈도를 사용하는 사람들이 늘고 있었으며, (광고·언론 매체에는) 〈애플〉이 곤경에 처하고 존립에 위기가 올 만큼 타격을 입을지도 모른다는 과장된 내용이 떠돌았다. 〈애플〉이 곤경에 처했던 것은 맞다. 하지만 컴퓨터 관련 기자들이 "〈애플〉은 죽었고 이제 매킨토시 소프트웨어의 개발은 없다"는 식의 기사를 써대는 동안 와이너는 화가 났다. 그는 주류 매체를 에둘러 가기로 결정했다. 와이너에게는 인터넷이라는 매체가 있었던 것이다.

그는 〈데이브넷〉이라는 전자우편 뉴스레터를 만들었다. 〈데이브넷〉은 신랄하고, 견해가 확고하고, 도발적이었으며, 테크놀로지 업계의 많은 영향력 있는 사람들에게 유통되었다. 그들은 〈데이브넷〉에 관심을 기울였다. 와이너의 비판이 거슬린다고 생각하는 사람도 있었지만, 와이너는 이미 오래 전부터 실력과 안목이 있다는 평판을 듣고 있었다.

와이너는 업계 전문지들이 매킨토시에 대해 기사를 충분히 써 주도록 설득하지는 못했다. 사실 〈애플〉은 소프트웨어 개발자를 소외시키고 자사 운영체제를 경쟁에서 밀리게 만드는 등의 전략적 실수를 저질

렀고, 그 동안 〈마이크로소프트〉의 윈도는 끼워넣기 전술(나중에는 불법으로 판정났다) 같은 공격적 영업으로 시장을 주도하게 됐던 것이다.

그러나 와이너는 자신이 뭔가 옳은 방향으로 일을 해냈다는 것을 깨달았다. 그는 언론에서 뭔가 부족함을 느끼고는 언론에 의존하지 않았다. 대신, 자신이 시작한 것을 확장했다. 저스틴 홀이 그랬듯이 와그너는 새 소식을 전하는 데 적합한 형태의 웹페이지를 만들었다. 나중에 '블로그 포맷'으로 알려진 이 형식은 가장 최근에 쓴 글이 가장 위에 보이는 구조로 되어 있다.

1990년대 말에 와이너와 〈유저랜드 소프트웨어〉[18]의 동료들은 '프론티어Frontier'라는 프로그램을 다시 짰다. 새로 추가된 기능 중에 '마닐라Manila'라는 것이 있었는데, 초보자도 쉽게 블로그를 만들 수 있게 해 주는 프로그램의 원조 격이었다. 내 첫 번째 블로그는 '마닐라' 베타 버전으로 만든 것이었다. 와이너는 자신이 개발한 기술들이 불러올 변화들에 의해서 기존의 저널리즘은 시들어 사라질 것이라고 말해 왔다. 이 말에는 동의하지 않지만, 와이너가 저널리즘의 미래에 기여한 것은 인정하지 않을 수 없다.

뉴스 '오픈 소싱'하기

개인용 컴퓨터의 발전은 개인의 역량을 강화시켜 왔을 테지만 분명한 한계가 있었다. 그중 하나는 소프트웨어 코드 자체의 문제였다. 특허나 저작권의 적용을 받는 프로그램들은 블랙박스나 마찬가지였다. 즉 우리는 그 프로그램이 무슨 일을 하는지는 볼 수 있지만, 그게 어떻게 해서 작동되는 것인지는 볼 수가 없는 것이다.

리처드 스톨만은 이것이 잘못되었다고 생각했다. 1984년 1월, 그는 〈MIT 인공지능연구소〉에서 하던 일을 그만두고, 유닉스 운영체제(많은 대학의 컴퓨터가 유닉스 운영체제로 되어 있었다)에 기반해 프리free■ 운영체제와 프리 소프트웨어를 만드는 프로젝트를 공식적으로 시작했다.[19] 스톨만의 아이디어는 나중에 (리누스 토발즈에게 명성을 가져다 준 오픈 소스 운영체제인) 리눅스의 토대가 되었다.[20]

그때나 지금이나 스톨만의 목표는, 컴퓨터 사용자들이 기초적이고 중요한 프로그램은 항상 프리 소프트웨어로 확보할 수 있도록 하겠다는 것이다. 여기서 '프리'는 '무료'보다는 '자유'의 의미에 가깝다. 스톨만을 비롯해 이런 운동을 펴는 사람들은, 프리 소프트웨어의 소스 코드는 누구나 살펴보고 수정할 수 있도록 공개돼야 한다고 생각한다. 1990년대 말 리눅스가 시장에서 점유율을 높여 가고 프리 소프트웨어와 프리 운영체제가 많이 나오면서, 이 운동은 '오픈 소스'라는 새로운 이름을 갖게 되었다. 필요할 때 이용할 수 있도록 소스 코드가 공개(오픈)되었다는 뜻이다.[21]

오픈 소스 소프트웨어 프로젝트는 작은 마을의 전통인 '두레'의 디지털 버전이라고 할 수 있다. 하지만 오픈 소스 프로젝트는 (두레와 달리) 전 세계의 사람들을 참여시킬 수 있다. 이들은 대개 온라인이

■ 영어의 free는 '무료'라는 뜻과 '자유로운'이라는 뜻을 모두 가진다. 여기에서도 무료일 뿐 아니라 자유롭게 접근이 가능하다는 의미가 포함되어 있어 '무료'로 번역하지 않고 '프리'라는 말을 그대로 사용했다.

아니라면 만날 일이 없다. 프로젝트 리더(리눅스의 경우에는 토발즈 같은 사람)의 지도에 따라 그들 각자가 작은 기여를 하면, 그것이 합쳐져 하나의 소프트웨어가 된다. 많은 경우에 오픈 소스 소프트웨어는 상업 용으로 나와 있는 경쟁 제품들만큼 뛰어나고, 때로는 더 뛰어나다. 그리고 오픈 소스 프로그램들은 인터넷의 가장 기초적인 기능을 가능 하게 해 준다. 정보를 우리의 브라우저로 보내 주는 서버 컴퓨터는 대부분 오픈 소스 소프트웨어로 돌아가고 있다.

코드가 공개되어 여러 사람이 살펴볼 수 있는 소프트웨어는 더 안심 하고 사용할 수 있다. 사람들이 보안상의 문제들을 찾아내 수정할 수 있기 때문이다. 프로그램이 다운되거나 오작동하는 등의 문제를 일으 키는 성가신 오류인 '버그'도 더 쉽게 잡을 수 있다.[22]

이것이 저널리즘의 미래와 관련이 있는가? 아주 많이 있다.

오픈 소스 현상에 대해 많은 연구를 해 온 예일대 법학 교수 요차이 벤클러는, 이 새로운 조직 방식이 소프트웨어뿐 아니라 더 광범위한 영역에 적용될 수 있다는 점을 설득력 있게 주장했다. 2002년의 논문 「코즈의 펭귄」[23]에서 벤클러는 프리 소프트웨어 방식의 구조가 기업 과 시장의 전통적인 자본주의 구조보다 더 잘 작동하는 경우가 있을 수 있다고 밝혔다. 그는 특히 "대상 제품이 정보이거나 문화인 경우, 그리고 그것을 생산하는 데 필요한 물리적인 자본인 컴퓨터와 커뮤니 케이션 기능이 집중되어 있기보다는 넓게 퍼져 있는 경우에는 오픈 소스 방식이 '시장 원리에 의한 방식'과 '조직적 위계에 의한 방식'을 모두 능가하는 구조적 이점을 가진다."고 설명했다.

벤클러의 설명은 저널리즘을 묘사한 것으로도 볼 수 있을 것이다.

그는 오픈 소스 기술들을 이용해서 거대 언론의 역량을 강화할 수 있는, 아니면 거대 언론을 완전히 대체해 버릴 수 있는 초석이 이미 놓였다고 주장했다.

벤클러는 블로거들과 독립 뉴스 사이트 운영자들이 뉴스를 검토하고 걸러내는 데에 있어서 이미 굉장한 일을 해내고 있다고 말했다. 뉴스를 판단하고 거르는 편집 기능은 블로거뿐 아니라 새로운 종류의 수많은 온라인 뉴스 조직에도 도입되고 있다. 스스로를 '최전선에서 오는 기술과 문화'라고 부르며 협업 방식으로 운영되는 〈Kuro5hin〉[24]을 비롯한 몇몇 피어 리뷰■ 뉴스 사이트들은, 독자들이 직접 기사를 쓰고 어떤 기사가 톱기사가 될지도 직접 결정하게 하면서 여러 모로 흥미로운 저널리즘을 수행하고 있다.

벤클러에 따르면, 거대 언론이 오픈 소스 저널리즘보다 우위를 갖는 영역은 탐사 보도가 유일할 것이다. 거대 언론은 취재에 투입할 수 있는 자원이 더 많기 때문에 탐사 보도에서 우월할 수 있다. 그러나 9장에서 나는 탐사 보도 영역에서도 풀뿌리 언론이 상당한 진전을 보이고 있음을 설명할 것이다.

확신하건대 내가 다루는 작은 영역에서는 이미 그렇게 되고 있다. 독자가 나보다 더 많이 알면 나는 이들을 참여시켜 더 좋은 기사를 쓸 수 있다. (실제로 독자들은 나보다 아는 것이 많다.) 여기에 오픈 소스적인 요소가 있기는 하지만, 나는 이것을 완전히 투명한 과정이라고 여기지는 않는다. 그러나 2장에서 설명할 위키 같은 새로운 저널리즘 도구들

■ Peer Review, 동료들끼리 서로를 평가해 주는 수평적 평가 구조. 여기에서는 독자들이 직접 기사를 쓰고 서로 그에 대한 평가도 내리는 구조라는 의미.

은 애초부터 완전히 투명하다. 그리고 더 많은 도구가 생겨나고 있다.

오픈 소스의 철학은 더 나은 저널리즘을 만드는 출발이 될 수 있겠지만, 이것은 더 큰 현상의 시작에 불과하다. 서문에서 말한 대화식 저널리즘 환경에서는, 기사가 어딘가에 게재되는 것은 우리가 서로에게 정보를 보태 주는 대화의 시작점일 뿐이다. 우리는 그 기사의 실수를 바로잡을 수도 있고 새로운 사실과 맥락을 추가할 수도 있다.[25]

두레를 통해 공동의 일을 함께 해 나갈 수 있었다면, 저널리즘도 함께 해 나갈 수 있다. 우리는 이미 그렇게 하고 있다.

저널리즘의 전환점을 가져온 테러

1990년대 말과 2000년대 초까지, 새로운 풀뿌리 저널리즘의 주춧돌이 놓였다. 웹은 이미 기존 언론사와 신생 언론사가 옛 방식의 저널리즘을 업데이트된 형태로 수행하는 장이 되었다. 그러나 새로운 도구들은 일반인도 누구나 더 쉽게 참여할 수 있는 길을 열어 주고 있었다. 우리가 어디까지 와 있는지 보려면 무언가 계기가 필요했다. 2001년 9월 11일, 끔찍한 사건이 계기가 되어 주었다.

나는 그때 남아프리카에 있었다. 자동차를 타고 공항으로 가던 나와 네 명의 다른 사람들은 휴대전화로 그 소식을 전해 들었다. 운전사의 아내가 요하네스버그에서 텔레비전을 보다가 전화를 해서 비행기가 세계무역센터에 충돌했다고 말한 것이었다. 운전사의 아내는 다시 전화를 걸어서 또 다른 비행기가 세계무역센터의 나머지 건물에 충돌했다고 알려 줬고, 또 전화를 해서 펜타곤이 공격받고 있다는 소식을 전했다. 우리는 포트 엘리자베스 공항에 도착해서 세계무역센터 건물이 무너지는 것을 생생하게, 공포에 찬 눈으로 바라보았다.

다음날, 저널리즘 재단 〈프리덤 포럼〉의 초청으로 저널리즘과 인터넷에 대한 워크숍에 참석하러 아프리카에 온 우리 기자들은 잠비아의 루사카로 날아갔다. 호텔 텔레비전으로 BBC와 CNN의 인터내셔널판 뉴스를 볼 수 있었다. 현지 신문도 9·11 테러에 대해 상당히 많은 기사를 실었지만, 그 나라에서 더 중요한 문제인 곧 있을 선거라든가 부정부패 문제와 같은 기사가 더 많았다.

9·11 직후의 며칠 동안 나는 『새너제이 머큐리 뉴스』, 『뉴욕타임스』, 『샌프란시스코 크로니클』, 『월스트리트저널』 등 집에 있을 때는 매일 아침 훑어보는 신문을 볼 수 없었다. 이 신문사들의 웹사이트를 보는 것도 힘들었다. 잠비아는 인터넷이 느린데다가 각지의 사람들이 더 많은 정보를 얻거나 서로 대화를 나누기 위해 접속하면서 대륙 간 데이터 트래픽에 과부하가 걸린 것이다.

전자우편을 볼 수는 있었는데, 나의 '받은 편지함'은 (새로운 유형의 편집자 중 한 명이라고 할 수 있는) 데이브 파버가 보내 준 유용한 뉴스로 가득 차 있었다.

당시 펜실베이니아 대학 텔레커뮤니케이션 교수였던 파버는 1980년대 중반부터 〈흥미로운 사람들〉[26]이라는 메일링 리스트를 운영하고 있었다. 파버가 발송하는 내용은 대부분 그가 알고 있는 미국과 전 세계의 통신원들이 파버에게 보내 온 것들이었다. 통신원들은 파버가 흥미로워하리라고 생각되는 것을 보면 그것을 파버에게 보냈고,

파버는 자신이 받은 내용들을 재정리했다. (가끔은 파버가 논평을 달기도 했다.) 테러 공격으로 어수선한 동안, 파버의 통신원들은 국가 안보에서 종교 비판에 이르기까지 테러에 대해 폭넓고 깊이 있게 이해하려면 꼭 읽어야 하는 정보와 관점을 제공했다. 나중에 파버는 자신이 지쳐 쓰러질 만큼 이 일에 몰두했다고 말했다. 이 사건은 그래야 할 것 같았다는 것이다.

파버는 이렇게 말했다. "나는 나 자신을 실질적인 의미에서의 편집자라고 생각한다. 이것은 새로운 신문의 재미있는 형태다. 인터넷이 일종의 통신사 역할을 하는 것이다. 내가 하는 일은, 무엇을 내보내고 무엇을 내보내지 않을지 결정하는 것이다. (…) 글을 고치고 다듬는 의미에서의 편집이라면 내가 하는 일은 편집이 아니라고 할 수 있지만, 취사선택을 한다는 의미에서의 편집이라면 내가 하는 일은 편집이다."

파버가 보낸 것 중에 내가 아직도 놀랍다고 생각하는 전자우편은 9월 12일에 온 것이다. 익명의 사람한테서 온 것이었는데 이렇게 쓰여 있었다. "9월 11일 미 동부 시간 오전 11시 55분에 찍힌 맨해튼의 스폿 위성 적외선 사진입니다. '〈프랑스국립우주연구센터/스폿CNES/SPOT〉 사진, 2001년'이라는 저작권자 표시만 해 주시면 이 사진은 무료로 자유롭게 다른 곳에 게재하실 수 있습니다." 그리고 이 전자우편에는 사진이 올라와 있는 웹사이트 주소가 링크되어 있었다. 그 사진은 흑갈색의 먼지 구름과 파편이 맨해튼 남쪽 지역을 뒤덮고 있는 모습을 보여 주고 있었다. 나는 아직도 그 영상을 잊지 못한다. 그것은 너무나 많은 이야기가 담겨 있는 사진이었다.

다시 미국 이야기로 돌아오자면, 9·11 당시 블로거들은 (블로그라는 것이 아직 초기 단계였지만) 자신이 가진 매체의 위력을 이미 많이 알고 있었다. 그들은 자신의 블로그에 크고 작은 국내외 언론사의 기사를 꽤 많이 링크해 놓았다. 뉴욕의 블로거들은 자신이 목격한 일에 대해 개인적인 생각과 경험을 사진과 함께 올리면서, 주류 언론이 보도하는 것을 넘어서는 정보와 맥락을 보태 주었다.

에이미 필립스는 9월 11일 자신의 블로그 〈50분의 시간〉에 "나는 괜찮아요. 내가 아는 사람들도 다 괜찮고요."라고 적었다. 브루클린에 사는 '거스'라는 블로거는 이렇게 적었다. "방금 바람이 방향을 바꾸었고, 이제 나는 불타는 도시의 냄새가 어떤 것인지 안다. 플라스틱 타는 냄새와 비슷하다. 이 냄새는 코를 찌르는 갈색 하늘 위로 항공 소방대가 날아다니는 장면과 함께 온다. 텔레비전에서 내가 본 광경은 일본 영화 〈고질라〉를 더 비현실적인 특수 효과로 수정해 놓은 것 같았다. 그리고 나는 밖으로 나가 그 광경을 두 눈으로 직접 보았다."

메그 후리한은 대륙 반대편인 샌프란시스코에 있었다. '블로거' (Blogger, 초기 블로그 프로그램의 하나로 현재는 〈구글〉이 소유하고 있다)를 개발한 피라랩스의 공동 창업자인 그녀는 그날의 사건에 대한 다른 블로그들의 글과 사진에 링크를 걸고, 사람들에게 헌혈을 호소했다. 다음날 메그 후리한은 이렇게 적었다. (일부분 발췌.) "스물네 시간 후, 나는 하다 만 설거지를 마저 하고 전날 내가 떨어뜨린 그대로 싱크대에 처박혀 있는 국자를 정리하러 부엌으로 갈 것이다. 커피 기계를 씻고 어제는 마실 수가 없었던 커피를 한 잔 내릴 것이다. 나는 굉장히 변해 버린 세계 속에서도 평상시의 일상과 비슷한 것을 찾아내 보려고 노력할 것이다."

그날 캘리포니아에서는 아프가니스탄계 미국인 작가 타민 안사리가 몇몇 지인에게 진심 어린 전자우편을 보냈다. 그의 글은 조심스러운 우려를 담고 있었다. 미국 사람들은 아프가니스탄의 모든 것을 폭파시키고 싶은 심정이겠지만, 몇몇 토크쇼가 선동하는 것처럼 아프가니스탄을 폭파해 석기시대로 되돌릴 수는 없다는 이야기였다. 아프가니스탄은 이미 석기시대에 있으니까. 안사리의 전자우편은 친구와 지인을 중심으로 여기저기로 퍼져 나갔다. 9월 14일이 되자 그 글은 유명한 블로그와 인터넷 잡지 〈살롱〉에 올라왔다. 며칠 내에 안사리의 고통과 우려가 담긴 글은 미국 전역에 퍼졌다.

안사리의 뉴스는 위로, 그리고 밖으로 흘렀다. 처음에는 주류 언론 중에 그에 대해 들어 본 곳은 없었다. 그러나 안사리가 말한 내용이 충분한 신뢰성을 갖게 되면서, 그를 아는 사람들이 안사리의 글을 퍼뜨리게 되었다. 처음에는 친구들 사이에서, 그리고 궁극적으로는 인터넷 저널리스트들에게 퍼지면서 그 글은 더 널리 유통되었다. 그러자 주류 언론은 그것을 발견하고는 전국적으로 보도했다. 풀뿌리와 거대 언론이 힘을 합친 좋은 사례라 할 만하다.

한편, 테네시에서는 글렌 레이놀즈가 몇 주 전에 시작한 자신의 블로그 〈인스타펀디트닷컴Instapundit.com〉에 글을 쓰고, 쓰고, 또 쓰고 있었다. 테크놀로지에 관심이 많은 법학 교수인 그는 원래 그 블로그에는 가벼운 내용을 담으려고 생각했다. 그러나 테러 공격이 이 생각을 바꾸었다.

레이놀즈는 나에게 이렇게 말했다. "거의 반사적으로 한 일이라고 할 수 있다. 나는 의제를 가지고 있었던 게 아니라, 그저 이것저것 기록하기만 했다. 그렇게라도 하지 않으면, 그냥 앉아서 비행기가 건물에 부딪치는 것을 CNN으로 보고 또 보는 것밖에 할 일이 없었을 것이기 때문이다."

레이놀즈는 대부분의 사람들처럼 분노했고, 또 복수를 원했다. 그러나 이슬람교도들을 목표로 삼는 보복 공격에 대해서는 우려했다. 그는 미국인들이 안전이라는 이름으로 자유를 내버리는 유혹에 빠져서는 안 된다고 말했다. 레이놀즈는 자신이 쓴 글에 대해 별다른 반응을 기대하지 않았지만, 거의 즉각적으로 반응이 왔다. 그는 토론에 불을 붙인 것이다. 레이놀즈는 열렬히 동의하는 사람과 열렬히 반대하는 사람들의 목소리를 모두 들었고, 링크와 새로운 글을 계속 추가하면서 토론이 이어지게 했다.

오늘날 〈인스타펀디트〉는 방대한 독자를 가지고 있다. 레이놀즈는 계속해서 다양한 주제에 대해 자유주의적이고 우파적인 관점에서 날카로운 글을 올린다. 그는 얼마 전까지만 해도 존재하지 않았던 공간에서 스타가 되었다. 미국 근현대사에서 가장 잔인한 날로부터 가장 폭발적인 성장력을 얻은 그 공간에서 말이다. 그날은 세월 속에서 (그리고 기억 속에서) 응결되었다. 그러나 그날 비행기와 건물의 충돌은 언론의 빙산에 새로운 열기를 가져왔고 그 빙산은 여전히 녹는 중이다.

1장 미주

1) *Information and American Democracy*, 캠브리지 대학 출판부, 2003년.

2) 또한 빔버에 따르면, 미국 건국의 아버지들은 자신들의 새로운 국가를 정보에 기반해서 건설했다. 국민이 스스로를 통치하는 민주주의에서 정보를 바탕으로 투표하는 유권자의 존재는 필수적이다. 『연방주의자 신문』과 여타 신문에 실린 여러 글들은 세계 최초의 정보 기반 사회를 만드는 출발이었다고 할 수 있다.

3) 톰 스탠디지의 책 『빅토리아 시대의 인터넷*The Victorian Internet*』(1998)은 주식 버블, 허무맹랑한 예언, 그리고 결국에는 강력한 통신수단으로 부상했다는 점 등의 측면에서 19세기의 전보와 오늘날의 인터넷이 매우 비슷하다고 설명했다. http://www.tomstandage.com

4) 1970년대에 거대 신문사들은 '신문보호법'을 통과시키도록 의회에 로비를 했는데, 이 법은 신문 업계에 대해서는 반독점법의 적용을 완화해 주는 것을 내용으로 하고 있다. 이 법에 따르면, 경쟁 관계인 두 신문이 각각 편집국을 두고 별도의 신문을 내면서도, 광고, 인쇄, 판매 조직은 통합하는 것이 허용된다. 내가 다녔던 회사인 〈나이트 리더〉도 이러한 '공동운영협정Joint Operating Agreements'의 덕을 보았다. 이 법을 만들 당시에는 일리 있는 면이 있다손 치더라도(별로 없었을 것 같기는 하지만) 이제는 인터넷으로 인해 법의 타당성이 떨어지고 있다. 이 법이 폐기되면 미국은 더 좋은 나라가 될 것이다.

5) 『로마 센티넬』 발행인인 스티븐 B. 워터스는 (우편) 통신 판매가 광고를 끌어갔다고 설명한다. "1979년 그들은 광고를 끌어오기 위해 단가를 조정했다. 인건비가 비싸져 다음 결제일까지 버티기 위해서였다. 광고비는 라디오나 텔레비전 쪽이 아니라 통신 판매 쪽으로 흘러들어 갔다. 지금도 마찬가지다."

6) XyWrite 프로그래밍에 대해 온라인상에서 도움을 받은 이 사례는, 기록해 놓은 자료가 아니라 약간은 희미해진 내 기억에 의존해 쓴 것이다.

7) 유즈넷 뉴스 그룹은 오늘날에도 〈구글 그룹〉(http://groups.google.com) 등의 다양한 형태로 존재하고 있다.

8) 비비에스를 활동에 사용하는 좌파 그룹들도 몇몇 있었는데, 당시에 내가 보기에는(〈포스 코뮤니타스〉 등 우파 그룹에 비해) 그다지 효과적으로 활용하는 것 같지는 않았다.

9) 미디MIDI표준(http://www.midi.org)은 음악의 혁명을 가져왔는데, 그 혁명은 지금까지도 계속되고 있다.

10) 예를 들어, 〈퍼시픽 뉴스〉 서비스를 참고할 것. http://news.pacificnews.org

11) http://www.washingtonpost.com/wp-dyn/nation/columns/kurtzhoward/

12) 전 세계에서 접근이 가능해진다는 것과 전 세계가 읽는다는 것은 다른 의미다. 클레이 셔키는 '힘의 법칙, 블로그, 불평등'이라는 글에서 이렇게 설명했다. "블로그 시스템에서는 (무엇을 읽을지를) 많은 사람이 많은 선택지 중에서 자유롭게 고를 수 있는데, 전체 (블로그) 중 일부분이 많은 트래픽(또는 관심이나 돈)을 가져가게 된다. 아무도 그런 방향으로 홍보

나 선전을 하지 않은 경우에도 말이다. 이것은 도덕적인 결함이나, (돈을 쓴) 홍보 전략, 혹은 심리적인 요인 등과는 관련이 없다. 충분히 광범위한 사람들이 충분히 자유롭게 선택을 할 수 있게 되면, 선택이라는 행위 자체가 '분배에서의 힘의 법칙'이라는 현상을 만들어 내는 것이다." 그러나 셔키는 신참자가 상당한 독자를 확보할 수 있는 가능성도 있다는 점 또한 잊지 않고 덧붙였다. http://www.shirky.com/writings/powerlaw_weblog.html

13) *Understanding Media: the extensions of Man*, 맥그로힐 출판사, 1964년. [국역판: 『미디어의 이해』, 김성기·이한우 옮김, 민음사, 2006년]

14) *The Medium is the Massage*, 벤텀북스/랜덤하우스 출판사, 1967년. [국역판: 『미디어는 마사지다』, 김진홍 옮김, 커뮤니케이션북스, 2001년]

15) *The Third Wave*, 윌리엄 모로우 출판사, 1980년. [국역판: 『제3의 물결』, 원창엽 옮김, 홍신문화사, 2006년]

16) Cluetrain Manifesto: http://www.cluetrain.com

17) http://www.scripting.com

18) http://www.userland.com

19) GNU 프로젝트, http://www.gnu.org

20) 1990년대 초 핀란드의 대학생이었던 토발즈는 나중에 리눅스의 핵심이 되는 '커널'이라는 프로그램을 짰다. 그때는 스톨만의 프로젝트에서 중요한 부분들이 이미 많이 개발된 후였다. 리눅스는 스톨만의 비전에서 나왔다고 볼 수 있으며, 토발즈도 이를 인정하고 있다.

21) 스톨만을 비롯해 프리 소프트웨어 운동을 하는 사람들은 '오픈 소스'라는 용어의 사용에 반대한다. 그 이유는 프리 소프트웨어 재단 홈페이지를 참고할 것. http://www.fsf.org

22) 저작권의 적용을 받는 상업용 소프트웨어를 생산하는 제조 업체와 일부 보안 전문가들은 이 견해에 반대한다. 오픈 코드가 본질적으로 더 안전성이 높은 것은 아니라는 것이다. 그러나 "공개하지 않고 가려서 보안을 유지한다"는 개념 또한 현실적인 해답이 아님은 물론이다.

23) Coase's Penguin, http://www.benkler.org/CoasesPenguin.html

24) http://www.kuro5hin.org

25) 조지아주 케네소 스테이트 대학 커뮤니케이션 교수인 레너드 위트(http://www.kennesaw.edu/communication.witt.shtml)는, 블로그 등 아래로부터의 저널리즘이 '공공 저널리즘'의 옹호자들(저널리스트들은 시민 담론을 확장하고 향상시킬 의무가 있다는 견해를 가진 사람들)이 오랫동안 노력해 온 일들을 해내고 있다고 말했다. 직업 저널리스트들은 그리 관심을 갖지 않았지만 말이다. 그는 '공공 저널리즘public journalism'이 '시민 저널리즘public's journalism'이 되어 가면서, (기자라는) 중간 다리 역할이 필요 없어졌다고 말했다. 이 개념에 대한 상세한 내용은 이를 심도 있게 연구해 오고 있는 블로거인 팀 포터의 글을 참고할 것. http://www.timporter/firstdraft/archive/000236.html

26) Interesting People, http://www.interesting-people.org

제2장

웹에서 읽고 쓰기:
풀뿌리 미디어를 가능하게 하는 기술

나는 미래의 모습 한 조각을 보았던 순간을 지금도 기억하고 있다. 1999년 중반쯤, 〈유저랜드 소프트웨어〉의 창업자 데이브 와이너가 전화를 해서는 내가 꼭 봐야 할 것이 있다고 말했다.

와이너가 보여 준 것은 어느 웹페이지였다. 그 페이지에 무슨 내용이 있었는지는 기억나지 않고 버튼이 하나 있었다는 것만 생각이 난다. 그 버튼에는 "이 페이지를 편집하기"라고 쓰여 있었다. 그 이후로 내 세상이 바뀌었다.

버튼을 클릭했더니 평범한 문서와 약간의 HTML 언어(HTML은 해당 페이지가 브라우저상에서 어떤 모습으로 보일지 지정하는 코드다)가 있는 문서창이 팝업으로 나타났다. 팝업 창의 문서는 그 웹페이지에 올라온 글의 내용이었다. 그것을 약간 수정한 다음 "이 페이지 저장하기"라는 버튼을 클릭했더니, 이럴 수가, 그 페이지가 내가 바꾼 대로 저장되어 있었다. 그 소프트웨어는 (당시에는 아직 정식으로 시장에 나오기 전이었는데) 블로그 소프트웨어의 시초 격이었다.

와이너의 회사는 웹을 발명한 팀 버너스 리가 처음부터 원했던, 그러나 오랫동안 이뤄지지 않았던 약속을 현실화시키는 과정에서 선도적인 회사였다. 버너스 리가 그렸던 상은 읽고 쓸 수 있는 웹이었다. 그러나 1990년대의 웹은 본질적으로 '읽는 것만 되는' 웹이었다. 사용자가 (글을 쓸 수 있는) 웹사이트를 가지려면 인터넷 서비스 업체(ISP, Internet Service Provider)에서 계정을 받아야 했으며, 그럴듯해 보이는 웹페이지를 만들려면 HTML 지식과 특별한 도구들이 필요했다.

물론 온라인에서 글을 쓴다는 것이 완전히 새로운 현상은 아니었다. 사람들은 메일링 리스트, 포럼, 뉴스 그룹 등 다양한 맥락에서 온라인에 글을 써 왔다. 누구나 어느 페이지든 편집을 할 수 있는 사이트인 위키도 블로그 이전에 이미 존재했다. 그러나 소규모의 사용자 커뮤니티를 제외하면 이용하는 사람이 많지 않았다. 위키 소프트웨어가 테크놀로지에 익숙한 사람이 아니면 쓰기 어려웠던 것이 한 이유였다.

와이너를 비롯한 초기의 블로그 개척자들은 획기적인 도약을 이뤄냈다. 그들은 웹상에서 읽는 것뿐 아니라 쓰는 것도 가능해져야 한다고, 그것도 아주 쉽게 쓸 수 있어야 한다고 생각했다.

그래서 진정으로 '읽고 쓸 수 있는 웹'이 다시 태어났다. 이제 우리는 읽기만 하는 것이 아니라, 예전에는 결코 가능하지 않았던 방법으로 글을 쓸 수 있다. 역사상 처음으로, (적어도 선진국에서는) 인터넷이 연결된 컴퓨터만 있으면 누구나 자신만의 언론을 가질 수 있게 되었다. 누구나 뉴스를 만들 수 있게 된 것이다.

1년 반쯤 후인 2000년 11월 8일, 나는 홍콩 대학의 내 책상 앞에 앉아 있었다. (나는 매년 가을 홍콩 대학에서 시간제로 강의를 한다.) 홍콩은 수요일 아침이고 미국은 화요일 저녁이었다. 나는 수주일 동안이나 엎치락뒤치락하면서 결과를 종잡을 수 없었던 미국 대선에 온통 관심이 쏠려 있었다.

홍콩 대학의 〈저널리즘·미디어 연구 센터〉에서는 미국 전국 방송의 텔레비전 뉴스 프로그램을 볼 수 없게 되어 있었고, 홍콩 현지 언론은 나 같은 미국인이 관심 있어할 주제는 많이 다루지 않았다. 그래서 나는 내가 가지고 있는 수단들을 이리저리 그러모아 활용했다. 그리고 (나중에 되짚어 생각해 보고서야 분명하게 알게 된) 무언가를 깨달았다.

나는 NPR(전미 공공라디오 방송국)의 오디오 스트리밍을 찾아내 그것을 들으면서 CNN, 『뉴욕타임스』 등 주요 언론사 웹사이트에 들어가 전국적인 상황을, 그리고 내가 속한 신문사인 『새너제이 머큐리 뉴스』 사이트에 들어가 캘리포니아 상황에 대한 뉴스를 보았다. 민주당이 승리한 주와 공화당이 승리한 주를 표시한 지도가 변해 가는 것을 보면서, 각 주별 선거 결과에 관한 기사들을 읽었다.

나는 미국에서 텔레비전을 보고 신문을 읽고 라디오를 듣는 어느 누구보다도 내가 종합적인 면에서 더 나은 소식을 접하고 있다는 것을 깨달았다. 내가 접하는 소식은 더 깊이 있고 더 다양했다. 나는 뉴스를 모아 나 자신만의 것으로 만들고 있었던 것이다.

이것은 옛 매체와 새로운 매체의 융합이었는데, 가장 새로운 부분은 서투르게나마 이것저것을 모아서 내가 찾아낼 수 있는 가장 좋은 기사들을 모아 놓은 나만의 뉴스 생산물을 직접 만들어 냈다는 것이다. 이후 우리가 더 좋은 도구를 갖게 되었을 때 가능할 일들에 비하면 어린애 장난 수준이었겠지만, 그래도 분명히 효과가 있었다.

주변부에 있는 사람들이 뉴스 취재와 보도 과정에 참여하게 되면 어떤 일이 벌어질 것인가가 이 책에서 내가 다루고자 하는 주된 내용이다. 물론 나는 대다수의 사람들은 여전히 (나는 이 용어를 싫어하지만) 뉴스의 '소비자'로 남으리라는 것을 안다.

하지만 소비자로만 머문다고 해도 그들은 역사상 어느 때보다도 더 현명하게 뉴스를 소비할 수 있다. 더 다양한 뉴스 중에서 선택할 수 있도록 테크놀로지가 도와주고 있기 때문이다. (그래서 2003년 이라크 전쟁 직전과 전쟁 기간 동안, 미국 언론을 통해서는 공정한 관점을 접할 수 없다고 생각한 많은 미국인들이 외국 뉴스를 찾았던 것이다.)1)

뉴스는 우리가 만들기에 달린 것이다. 한 가지가 아니라 여러 가지 방식으로 말이다.

미래의 뉴스가 어떻게 진화될지를 알려면, 미래의 뉴스를 가능하게 해 주는 테크놀로지에 대해 먼저 알아야 한다. 미래의 참여 저널리즘 도구들은 빠른 속도로 진화하고 있다. 너무나 빨라서, 이 책이 출판될 때쯤에는 또 새로운 도구들이 개발되어 있을 것이다. 새로운 도구들이 선보일 때마다 이 책의 웹사이트(http://wethemedia.oreilly.com)에서 목록을 제공하기로 하고, 여기에서는 조금 더 근본적인 테크놀로지를 살펴보고자 한다.

더 나은 정보를 얻는 것만이 문제라면 인터넷은 그 자체로 열쇠가 되어 준다. 우리는 (인터넷을 통해) 과거 어느 때보다도 광범위하고 다양한 정보를 접하며, 갈수록 정교한 방식으로 그 정보를 이용하고 있다.

그런데 (정보를 얻는 데서 그치지 않고) 뉴스를 만드는 과정에 직접 참여하고 싶다면, 인터넷은 출발점일 뿐이다.

풀뿌리 저널리즘의 도구들은 가장 간단한 이메일 리스트(해당 목록에 등록되어 있는 사람 모두에게 전자우편으로 내용을 보내 주는 것)에서, 블로그(역시간순으로 게시되는 온라인 일기), 온라인 출판용 콘텐츠 관리 시스템, 그리고 신디케이션 도구(누구나 다른 사람의 콘텐츠에 구독 신청을 할 수 있게 해 주는 것)에 이르기까지 다양하다. 카메라폰이나 PDA 같은 휴대용 단말기도 포함된다. 이 모든 것의 공통점은 개인의 작은 기여가 커다란 전체를 만든다는 것, 즉 아래로부터 올라가는 방식이라는 것이다.

요약하자면 이렇다. 지난 150년간 우리는 크게 두 가지 커뮤니케이션 수단을 갖고 있었다. 일 대 다수(책, 신문, 라디오, 텔레비전)와 일대일(편지, 전신, 전화).

인터넷은 우리에게 최초로 다수 대 다수, 소수 대 소수의 커뮤니케이션 수단을 주고 있다. 이것은 기존의 뉴스 생산자와 소비자 모두에게 커다란 의미를 갖는다. 생산자와 소비자의 구분 자체가 점점 희미해지기 때문이다.

새로운 도구들이 갖는 개방적인 속성을 생각한다면, 이런 일이 미디어의 영역에서 일어난다는 것은 놀랄 일이 아니다. 그리고 이 도구들은 그것을 처음 발명해 낸 사람들이 예상하지 못했던 방식으로 사용될 수 있다. 미디어 영역에서 이런 일은 늘 있어 왔다. 모든 새로운 매체는 그것을 만들어 낸 사람들을 이런저런 방식으로 항상 놀라게 해 온 것이다.

미래 뉴스의 테크놀로지는 새로운 현상의 출현에 불을 지피고 있다.

그 현상은 '대화'이며 여기에서는 풀뿌리들이 절대적인 역할을 한다. 『이머전스』[2]의 저자 스티븐 존슨은 2002년 〈오레일리 네트워크〉와의 인터뷰[3]에서 이렇게 설명했다.

이머전스(emergence, 창발성)는 전체가 부분의 합보다 더 똑똑해질 때 발생하는 것이다. (…) 그리고 모종의 과정을 통해 이 모든 상호작용에서 한층 더 높은 수준의 구조나 지능이 나타나는데, 이것은 지휘나 계획에 의해 만들어지는 것이 아니다. 이러한 종류의 시스템은 바닥으로부터 상향식으로 진화해 나가는 경향이 있다.

부분의 합보다 전체가 더 똑똑하다는 면을 확실하게 보여 주는 영역으로는 디지털 네트워크만 한 게 없다. 디지털 네트워크에서는 기본 단위가 0과 1이다. 그리고 데이비드 아이젠버그가 1997년 논문 「멍청한 네트워크의 등장」[4]에서 설명했듯이, 디지털 네트워크의 가치는 지식을 중심이 아니라 주변부로 옮길 때 증폭된다. 특히 인터넷은 새로운 도구들이 작동하는 생태계가 되어 가고 있는데, 이 생태계는 다양성이 클수록 더 풍성해진다. 1990년대를 거치며 크게 성장한 웹은 모든 종류의 저널리스트들이 유용하게 사용하는 효율적인 출판 시스템이 되었다. 그러나 이토록 큰 도구 상자도 팽창하고 번성하는 생태계의 일부일 뿐이다.

이제 그 도구 상자 안으로 들어가 보자.

이메일 리스트와 온라인 포럼

블로그가 있기 전에 우리는 이메일 리스트를 가지고 있었다. 지금도 이메일 리스트의 중요성은 줄어들지 않았다. 1장에서 언급했듯이, 데이브 파버의 〈흥미로운 사람들〉이메일 리스트는 독자들에게 엄청난 가치를 주는 뉴스원이다. 그리고 그 밖에도 훌륭한 이메일 리스트가 많이 있다.

홍콩에서 매해 가을 한 달씩 강의하는 것을 포함해서 매년 어느 정도의 기간을 아시아에서 보내기 때문에 나는 사스SARS에 대해 매우 관심이 많았다. 2003년 초 나는 사스에 대한 칼럼을 몇 편 썼다. 그중 한 칼럼이 게재되고 나서 얼마 지나지 않아, 하버드 생물공학 강사이자 몇 개의 이메일 리스트를 운영하고 있던 헨리 니만에게서 전자우편을 받았다. 그가 운영하는 이메일 리스트 중에 〈사스 과학〉이라는 것이 있었다. 니만은 〈사스 과학〉이 "사스 전염병에 대한 의학 및 과학 정보를 다루는 것을 목표로 한다."며 "회원 중에는 코로나 바이러스, 아스트로 바이러스, 파라믹소 바이러스 등을 연구하는 전 세계의 분자 생물학자와 과학자들도 있다."고 설명했다. 사스를 취재하는 기자도 상당수 회원으로 가입해 있다고 했다. 또한 니만은 사스에 대한 뉴스 기사를 모아 보내 주는 또 다른 이메일 리스트도 운영하고 있었다. 나는 두 리스트 모두에 가입했다.

기자가 기사를 쓴 뒤에 그 분야 전문가들한테서 의견을 듣는 과정은 인터넷에 익숙한 요즘 기자들에게는 일반적인 일이 되었다. 그러나 어느 면에서 보자면, 이건 평범한 사람들이 오래 전부터 해 오고 있던 방식이고, 오히려 기자들이 뒤늦게 동참한 셈이라고도 볼 수 있다.

내가 최근에 알아본 바로는 이메일 리스트가 수천 개가 있으며, 이것들은 상상할 수 있는 모든 종류의 주제를 다루고 있다. 이메일 리스트는 적어도 세 가지 면에서 블로그나 일반 웹사이트와 다르다. 첫째, 이메일 리스트는 특정한 공동체, 즉 가입자들만을 대상으로 하며, 비공개로 운영될 수도 있다. 둘째, 사스 관련 리스트처럼 세부 주제에 초점을 맞추는 경향이 있다. 셋째, 정보를 가입자의 전자우편으로 밀어 넣어 주는 '푸시Push' 방식이다. 편집자의 수정을 거치는 것도 있지만 대개는 그렇게 하지 않는다. 이메일 리스트의 핵심은 해당 분야의 전문가와 그 분야에 굉장히 관심이 많은 사람들로 구성된다는 점이다. 이것은 매우 강력한 회원 구조라고 할 수 있다.

2000년, 〈야후〉는 이메일 리스트 서비스 업체 〈e그룹eGroups〉을 인수해서 이름을 〈야후!그룹〉5)으로 바꾸었다. 〈야후!그룹〉은 현재 수천 개의 이메일 리스트를 호스팅하고 있다. 누구나 정말 쉽게 이메일 리스트를 만들 수 있다.

대다수의 이메일 리스트는 소수의 독자만을 대상으로 한다. 이를테면 와이너가 2003년에 만든 〈블로그롤러Blogrollers〉가 그런 경우인데, 블로그에 새로 올라온 글 중 동료 회원들이 특히 알아 둘 필요가 있다고 생각하는 것에 대한 정보를 블로거들끼리 공유하는 이메일 리스트다. 반면, 데이버 파버의 〈흥미로운 사람들〉과 같이 방대한 독자를 가진 이메일 리스트도 있다.

이메일 리스트와 달리, 유즈넷 뉴스 그룹과 같은 온라인 포럼은 모든 사람에게 공개되어 있다. 각각의 포럼은 기업, 사용자 그룹, 사회 활동가 등 (그게 무엇이든 간에) 특정한 관심사를 공유하는 사람들이 운영한다. 편집진이 내용을 조정하는 곳도 있다. 특정 주제에 관한 최신 경향을 파악하고, 구체적으로 궁금한 사항에 대해 답을 얻는 데 유용한 포럼이 많이 있다.

저널리즘과 관련해서 생각해 볼 때, 이메일 리스트와 온라인 포럼은 뉴스를 확장해 줄 수 있다. 기사거리에 대한 암시를 줄 수도 있고, 어떤 사안의 배경에 대해 훌륭한 자료를 제공할 수도 있다. 이것들이 갖는 가치는 결코 과소평가되어서는 안 된다.

블로그

다수 대 다수, 소수 대 소수. 블로그는 이 중 어느 것도 될 수 있고, 동시에 둘 모두가 될 수도 있다.

블로그와 블로그를 둘러싼 생태계는 '전자우편'과 '웹'의 사이에 있는 공간으로 확장되면서, 커뮤니케이션의 사슬에서 비어 있는 곳을 메워 줄 수 있을지 모른다. 현재로서는 블로그가 웹상에서의 읽고 쓰기라는 웹의 본래적 약속을 가장 근접하게 실현시킨 것으로 보인다. 웹상에서 무언가를 게재/출판하는 것을 쉽게(적어도 이전보다는 쉽게) 만들어 준 최초의 것이라고 할 수 있으니까.

그런데 블로그란 대체 무엇일까? 일반적으로 말해서, 블로그는 가장 최근의 글이나 링크가 웹 페이지에서 가장 위에 오도록 역시간순으로 올라오는 온라인 일기다. 〈피라랩스〉(블로그 관련 소프트웨어 회사로

2003년 2월에 〈구글〉이 인수했다)의 공동 창업자 메그 후리한은, 블로그가 일반 웹사이트와는 달리 페이지 중심적이라기보다는 게시물 중심적이라고 설명했다. 게시물이 핵심 단위라는 것이다. 또한 블로그는 일반적으로 다른 웹사이트나 블로그 게시물에 링크를 할 수 있고, 많은 경우 원래 글에 대해 독자가 덧글을 달 수 있어서 독자 토론이 가능하다.

블로그는 모든 주제와 형식을 망라하고 있다. 특정 분야의 현안에 대해 논평을 올리는 블로그도 있을 테고, 개인적인 단상을 올리는 곳도, 또 조슈아 미카 마샬의 〈터킹포인트메모TalkingPointsMemo.com〉처럼 정치 기사나 정치 논평을 올리는 곳도 있을 테다. 어떤 블로그는 (최신 전자 기기를 다루는 〈기즈모도〉6)처럼) 다른 사람들의 작업이나 제품을 소개하는 형식일 수도 있고, 또 어떤 블로그는 (글렌 플레시맨의 〈와이파이 네트워킹 뉴스와 논평〉 페이지7)처럼) 특정한 분야의 전문가가 그 분야의 최신 경향을 지속적으로 업데이트하는 형식일 수도 있다. 몇몇 블로깅 소프트웨어는 독자가 글을 올릴 수 있는 기능을 지원하는데, 이 기능은 블로그 운영자가 열어 두어야만 사용이 가능하다. 유명한 블로그 중에는 이것을 허용하지 않는 곳도 많다. 한편 이와는 반대로 (테크놀로지와 기술 정책에 대한 내용을 다루는) 〈슬래쉬닷〉 블로그는 (사이트 자체가) 기본적으로 독자들이 쓰는 글들로 구성이 된다.

좋은 블로그들이 공통으로 가지고 있는 것은 생생한 목소리다. 진솔한 인간적 열정을 가진 사람들이 좋은 블로그를 만들어 낸다.

뉴욕 대학 교수인 제이 로젠이 말했듯이, 블로그는 "극히 민주주의적인 형태의 저널리즘"이다. 그의 〈프레스싱크〉 블로그8)는 블로그가 왜 민주주의적인지, 그 이유를 열 가지로 설명해 놓았다. 그중 처음에든 세 가지 이유는 다음과 같다.

1. 블로그는 증여 경제gift economy의 산물인 반면, 대다수의 현대 저널리즘은 시장 경제market economy의 산물이다.
2. 저널리즘은 기본적으로 직업 기자라는 전문가의 영역이었고 아마추어는 오피니언 면에 손님으로 환영받는 정도였다. 반면 블로그는 기본적으로 아마추어의 영역이고 직업 기자들이 손님으로 환영받는다.
3. 19세기 중반 이래로, 저널리즘에는 진입 장벽이 높았다. 블로그는 진입 장벽이 낮다. 컴퓨터, 인터넷, 그리고 ('블로거'나 '무버블타입Movable Type' 등의) 블로깅 소프트웨어만 있으면 된다. '운영'하는 데 들어가는 자본 비용은 세계에서 가장 거대한 시스템인(거대하기로는 국제전화 시스템 정도가 필적할 수 있을지 모르겠다) 인터넷 자체에 이미 들어 있다.

로젠은 저널리즘이 가지는 권위의 본질이 바뀌고 있다고 말했다. "블로그 세상처럼 아래로부터의, 그리고 정돈되지 않은 시스템에서, 어떤 사이트들은 누가 그렇게 정한 것도 아닌데 유명해진다." 게다가 예전에는 독자라고 불리던 사람들이 이제는 참여자다. "이것은 완전히 다른 종류의 관계다."

블로그가 (전자우편과 웹사이트로는 채워지지 않는 부분에서) 틈을 메워 주면서, 기업들도 '대화'에 나서고 있다. 인터넷이 상용화된 지 몇 년이 지나자 기업들은 내부 커뮤니케이션뿐 아니라 마케팅과 고객 관리에도 전자우편이 가치 있는 도구라는 것을 알게 되었다. 그러나 스팸 메일이라는 골칫덩이가 찾아오면서 외부와 연락하는 도구로서 전자우편이 갖는 가치를 위협했다. 한편, 대부분 기업의 웹사이트들은 연간 재무 보고서와 비슷했다. 정적이고, 딱딱하고, 정작 필요한 정보는 각주에 숨어 있고(게다가 각주는 사실을 알리기 위해서가 아니라 감추기 위해 쓰이기도 한다), 모르기는 해도 마케팅 담당자와 변호사가 작성한 듯한 '경영자 인사말'(혹은 알맹이 없는 '기업 비전')이 첫머리에 나오는 것 말이다.

기업 블로그가 이렇게 천편일률적인 웹사이트의 형식을 벗어나서 기업 내부자든 외부자든 그 내용을 읽는 사람에게 정보를 가져다 줄 수 있기만 해도 기업에게는 득이 될 것이다. 그러나 사람들이 개인 블로그를 좋아하는 이유는 그 개인만의 관점을 볼 수 있기 때문이다.

또한 개인 블로그는 대화를 진행시키는 과정의 일부가 되기도 한다. 블로거는 다른 사람의 블로그 글에 링크를 걸 수 있다. 동의하기 위해서기도 하지만 종종 반대 의견을 내거나 원래 글에서는 빠져 있는 다른 각도의 생각을 제시하기 위해서다. 그러면 처음 글을 올린 블로거가 답변을 할 것이고, 다른 블로거들도 토론에 동참할 것이다. 여러 사이트에서 벌어지고 있는 토론의 줄기를 따라갈 수 있게 도와주는 도구들이 개발되면서, 서로를 풍성하게 해 주는 이러한 대화는 양적으로나 복잡성으로나 오늘날보다 훨씬 빠르게 확장될 것이다.

그룹 블로그가 잘 작동하고 있는 사례도 있기는 하지만, 현재까지 블로그는 대체로 개인적인 매체였다. 인기가 좋은 블로그는 일간 방문자가 수만에 이른다. 적어도 블로깅을 시도해 보기라도 한 사람은 수백만 명, 지속적으로 블로그를 운영하는 사람은 (확실하게 집계할 수는 없지만) 수십만 명에 족히 달할 것으로 보인다.

음성, 동영상, 애니메이션과 같은 멀티미디어가 블로그에 추가될 것은 명백하다. 그러나 이들이 블로그 도구 상자의 일부가 되는 데는 시간이 좀 걸릴 것이다. 인터넷 광대역 용량(또는 용량의 부족)이 가장 큰 이유이다. 그러나 네트워크가 향상되면 '리치 미디어rich media'■라 불리는 형태의 테크놀로지들이 블로그에 자연스럽게 도입될 것이다. (나도 음성과 동영상을 내 블로그에 추가했는데, 아직은 크게 성공적이지는 않았다.)

데이브 와이너, 이반 윌리엄스 같은 개척자들이 초기 제품을 선보인 이래로 블로깅 소프트웨어는 크게 발전해 왔다. 현재 가장 인기 있는 소프트웨어는 〈식스어파트SixApart〉9)의 무버블타입, 라디오 유저랜드 Radio Userland,10) 라이브저널LiveJournal,11) 블로거12) 등이 있으며, 20식 스20six13)등의 경쟁 제품도 많이 생겨나고 있다.

위키

편집자의 기능이 완전히 없어진다면 혼돈만이 남게 될까? 아니다. 그게 위키Wiki의 형태라면 말이다.

위키를 발명한 워드 커닝햄은 이 말을 다양하게 정의한다. 문서 작성 시스템, 토론 매체, 저장소, 메일 시스템, 채팅방 등 여러 가지로 부르면서 말이다. 그는 이렇게 말했다. "위키는 협업을 위한 도구다.

■ 인터넷 광고 용어에서 나온 말로, 단순한 배너 광고보다 풍부한 정보를 담고 있어 인터넷에서 사용자와의 상호작용을 지원하는 새로운 형태의 매체라는 뜻이다. 광고뿐 아니라 인터넷 전반적인 특성을 표현하는 용어로도 사용된다.

사실 우리는 그게 진짜로 뭔지는 잘 모른다. 그러나 재미있는 커뮤니케이션 방식임에는 틀림없다."14)

〈왓이스닷컴〉(WhatIs.com, 정보 기술에 대한 온라인 사전)은 위키를 이렇게 정의하고 있다. "위키(wiki 또는 Wiki로 표기된다)는 사용자들이 웹사이트의 콘텐츠 구성에 함께 참여할 수 있도록 해 주는 서버 프로그램이다. 위키에서는 어느 사용자든 평범한 웹브라우저를 사용해 웹사이트의 내용, 다른 사람이 올린 글까지도 수정할 수 있다."

여기서 핵심은, '누구나 어느 페이지든 편집을 할 수 있다'는 것이다. 위키 소프트웨어는 모든 수정, 변경 사항의 내역을 보관하고 있어서 누구든 무엇이 어떻게 바뀌었는지에 대한 상세 내용을 볼 수 있다. 커닝햄이 딱 적절한 표현을 했는데, 모든 위키는 '진행형'이다.

방대한 온라인 백과사전인 〈위키피디아〉는 가장 커다란 공개 위키다. 하지만 이것이 유일한 것은 아니다. 여행, 음식 등 다양한 주제에 대한 위키 사이트가 있다. (커닝햄은 자신의 웹사이트에서 위키 카테고리 정보를 제공한다.)15) 위키가 무언가 유용한 것을 (함께) 만들어 내는 협업 도구임을 보여 주는 가장 좋은 사례는, 전 세계로부터 다양한 내용을 불러 모으는 〈위키트래블the WikiTravel〉 사이트16)일 것이다.

위키는 특정한 집단 내부적으로도 사용될 수 있다. 사내 협업 도구로 위키를 활용하는 경우가 늘고 있으며, 또 어떤 기업은 위키 기술 자체에 대한 사업을 펴면서 위키의 활용 가능성을 넓히고 있다.

대학에서도 위키가 점점 많이 사용되고 있다. 2003년, 홍콩 대학의 내 동료 강사 한 명은 학생들이 사용할 수 있는 위키 프로포잘 플랫폼을 만들었다. 다듬어지지 않은 계획안을 서로의 의견을 반영해 발전시킬 수 있도록 하려는 게 목적이었다. 학생들은 자신의 프로젝트 개요와 계획안을 위키 사이트에 올려서 (서로서로) 아이디어와 살을 붙였다. 강사는 필요한 지침을 제공할 때 말고는 직접 개입하지 않고도, 진행되는 상황을 볼 수 있었다. 이러한 일을 하는 데 위키는 더할 나위 없는 도구였다.

저널리즘 영역, 적어도 기존 언론 매체에서는 위키가 거의 활용되지 않고 있다. 그러나 위키가 더 사용하기 쉬워지면, 위키는 여러 지역에서 여러 사람이 여러 출처에서 취재한 정보를 한데 모으는 도구로 더 큰 유용성을 갖게 될 것이다.

단문 메시지

블로그가 네크워크상의 의견란, 그리고 때로는 뉴스란이 되고 있다면, 단문 메시지SMS는 헤드라인이 되고 있다. 속보를 전하는 데는 SMS만한 것이 없다.

SMS는 컴퓨터 앞에 꼭 앉아 있지 않아도 전달할 수 있는 즉석 메신저라고 생각할 수 있다.[17] SMS는 어떤 특정한 제품을 말하는 것이 아니라 고객들이 휴대전화로 짧은 문자 메시지를 주고받을 수 있도록 네트워크 사업자들이 제공하는 서비스를 말한다. 업체별로 다른 것이 있다면 이용 요금과 단말기 종류 정도일 것이다.

휴대전화가 일반화된 모든 지역에서 SMS는 정보 다이어트의 주식主食 역할을 해 왔다. 미국은 좀 예외였지만 이제는 미국도 달라지고 있다.

항공사처럼 시간에 민감한 정보를 다루는 미국의 회사들은 SMS 알림 서비스를 도입하고 있으며, 미래지향적인 신문사들도 뉴스를 SMS로 보내 주는 서비스를 시작했다. 예를 들어 『샌디에이고 유니온 트리뷴』의 〈사인 온 샌디에이고 닷컴signonsandiego.com〉은 지역 뉴스를 SMS로 보내 주는 알림 서비스를 제공한다. 나는 내가 가장 자주 이용하는 항공사인 〈유나이티드 항공〉과 〈아메리카 항공〉의 SMS 서비스에 가입했는데, 항공기 출발이 지연되면 문자로 알려 준다.

저널리스트도 SMS를 다양한 방식으로 활용할 수 있다. 여기서도 미국보다는 다른 나라에서 SMS 이용이 더 활발하다. 중국에서 발생한 전염병 사스에 대해 기자들이 처음 알게 된 것은 현지의 의료진 내부 사람들이 보낸 SMS를 통해서였다. 이것은 그냥 전화로 소식을 알리는 것과 본질적으로 다른 것인가? 꼭 그렇지는 않다. 하지만 도청의 우려가 있는 곳에서는 (전송 도중에 누가 채가지 않는 한) 짧게 SMS를 보내는 것이 훨씬 안전하다.

시간이 지나면, SMS가 가장 중요한 가치를 갖는 측면은 하워드 라인골드가 자신의 책 『참여 군중』[18)]에서 설명한 면일 테다. 개인과 소규모 그룹들이 서로에게 중요한 뉴스를 제공하는 자가 조직적인 정보 시스템.

여러 사례 중에서도, 라인골드는 필리핀 사람들이 스스로를 조직화하고 부패한 정부를 몰아내기 위해 SMS를 활용한 것을 꼽는다.[19)] 조금 더 일상적인 사례를 보려면 무선 통신이 발달한 나라의 젊은층이 SMS를 사회생활에서 어떻게 활용하는지를 확인하면 될 것이다. SMS 기술은 아직 초기 단계다. 네트워크와 단말기 기능이 향상되면 SMS는 동영상 메시지로 발전해 갈 것이다. 이것이 어떤 잠재성을 가지고 있는지, 우리는 아직 모른다.

뉴스 업계에 종사하는 사람들은 미래의 참여 군중에 접속해야 할 것이다. 오늘날 비공식 인맥들에 접촉해야 하듯이 말이다. 무선 메시지 분야에서 미국보다 앞서 있는 유럽과 아시아에서는 이것이 이미 상당히 자연스런 현상이다. 사스에 대한 소식을 SMS로 전해 들었던 사람들이 중국 기자들이었듯이 말이다. 기술은 매우 빨리 움직이므로, 곧 미국의 기자들에게도 이것이 자연스러운 현상이 될 것이다.

무선 인터넷에 연결된 카메라

사진은 저널리즘의 일부다. 대다수의 언론사는 전문 사진기자를 고용하고 있다. 그런데 카메라가 사람들이 늘 지니고 다니는 소지품이 되면서, 모든 사람이 사진기자가 되고 있다. 이러한 현상이 사회 전반에서 갖는 의미는 아직 분명치 않지만, 저널리즘에서 갖는 의미는 매우 크다.

아마추어 사진기자에게 디지털카메라는 필수품이다. 재정적으로 뒷받침이 되는 전문 사진기자들은 기능이 다양하고 사진을 빨리 전송할 수 있는 고성능 디지털카메라를 사용한다. 동영상 역시 빠르게 디지털화되고 있다. 고화질(정지 영상, 동영상 모두) 디지털카메라의 크기는 계속 작아지고 있고, 가격도 점점 낮아지고 있다. 카메라를 개인용 컴퓨터에 연결해 사진과 동영상을 편집하는 것도 어느 때보다 쉬워졌다. 광대역 인터넷 연결이 더욱 일반화되면서, 사진과 동영상을 간단하고 빨리 게재할 수 있게 됐다.

이제 카메라에 진정한 의미의 휴대성, 즉 찍은 사진을 바로 다른 사람이나 인터넷에 보낼 수 있는 기능이 덧붙는다고 생각해 보자. 카메라가 달린 휴대전화가 이런 세계를 만들고 있다. (카메라폰의) 초기 제품은 해상도가 낮아 전문적인 용도로 사용할 만하지는 않았지만, 화질이 나쁜 사진도 뉴스 가치가 있을 수 있다. 그리고 휴대전화 카메라의 질은 빠른 속도로 향상되고 있다. 머지않아 휴대전화가 정지 영상 카메라뿐 아니라 동영상 카메라 기능까지 갖게 되리라는 것도 염두에 두어야 한다. 미래의 휴대전화는 정보와 영상을 다른 사람이나 그룹에게 전송하거나, 실시간에 가깝게 인터넷에 올릴 수 있을 것이다.

'사람들이 찍어서 공개하는 사진과 동영상'이라는 것 자체가 새로운 현상은 아니다. 로드니 킹 구타 장면*이 담긴 비디오테이프는 앞으로 올 세계에 대한 전조였다고 볼 수 있다. 시민들은 오랫동안 토네이도 같은 자연재해를 비디오카메라로 담아 왔고, 케이블 텔레비전은 시민이 촬영한 경찰 추격전이라든가 황당한 순간 같은 시청자 비디오 프로그램을 방영해 왔다. 언론사는 몰래카메라에 의존하는 경향이 심해졌다. 이것은 좋지 않은 경향으로 보인다. 왜냐하면 (몰래카메라는) 누군가의 생명이 위험에 처한 경우와 같은 아주 극단적인 상황에서만 사용이 고려될 것이기 때문이다.

우리는 이러한 기술적 발전이 어떤 영향을 미칠지에 대해 이제 막

■ 1991년 3월 미국 로스앤젤레스에서 과속운전을 하다 도주하던 흑인을 백인 경찰이 무차별 구타하는 장면을 인근 주민이 비디오로 찍어 방송사에 제공했다.

이해하기 시작했다. 사생활에 대한 커다란 침해가 그중 하나일 것이다. 헬스클럽 탈의실에서 휴대전화 사용을 금지한 것은 사람들이 이미 카메라폰을 부적절한 방법으로도 쓰고 있다는 증거다.[20] 그러나 네트워크가 더 빨라지고 카메라를 가지고 다니는 평범한 시민이 더 많아진다는 것은, 보도할 가치가 있는 사건이라면 그것을 보고 촬영하는 사람이 몇 명은 꼭 있을 것이라는 뜻이 된다. 또한 기업인과 정치인은 무언가를 비밀로 유지하기가 점점 어려워질 것이다. 이런 가능성에 대해서는 3장에서 더 상세히 살펴볼 것이다.

인터넷 '방송'

블로그나 위키를 만드는 것만큼 쉽게 개인과 소그룹이 인터넷 라디오와 뉴스 방송을 할 수 있게 되면서, 한때는 인터넷 방송이 차세대의 거대한 물결을 이끌 것으로 여겨졌다. 그러나 엔터테인먼트 업계가 미국의 저작권 당국에 로비를 해서 인터넷 라디오로서는 감당하지 못할 저작권료를 물리게 하면서, (적어도 음악 분야에서는) 인터넷 라디오의 가능성을 잘라 버리고 말았다.

뉴스 라디오에 대해서라면 이야기가 다르다. 사람들이 인터뷰, 음성 문서 등을 스스로 만들어서 저작권료를 내지 않아도 되는 콘텐츠들로 방송할 수 있는 가능성이 매우 많은 것이다. 크리스토퍼 리든은 블로깅의 가능성을 일찌감치 인식해 온 저널리스트인데, 자신이 운영하는 〈2004년 대선 블로깅The Blogging of the President 2004〉 사이트에서 근사한 인터뷰 시리즈들을 게재했다.[21] 인터넷에서만 접할 수 있는 프로그램인 'IT 컨버세이션IT Conversations'[22]은 여러 인터뷰를 음성 파일 형태와 문서로 제공하고 있다.

인터넷에 기반한 라디오 토크쇼도 또 하나의 가능성이다. 게다가 이 방식은 돈을 많이 들이지 않아도 된다. 2004년 대선에서 하워드 딘의 선거운동원 두 명은 비싸지 않은 장비들을 이리저리 엮어서 인터넷 라디오 토크 프로그램을 만들었다. 누구라도 값싸고 꽤 쉽게 라디오 토크쇼를 할 수 있다는 것을 보여 주는 사례다. 그 밖에도 여러 가지 기술의 조각들을 하나의 커뮤니케이션 도구로 만들어 다른 사람들이 활용할 수 있게 해 주는 사람들이 많이 있다.

인터넷 동영상은 좀 어려울 수 있다. 동영상 뉴스 프로그램을 만드는 비용이 꾸준히 낮아지고는 있지만, 그것을 온라인으로 방송하는 것은 돈이 꽤 든다. 인터넷 서비스 업체들이 청구하는 업로드 비용이 아마추어로서는 감당하기 어려울 정도로 비싸기 때문이다. 바로 여기에서, P2P가 진가를 발휘할 수 있다.

P2P 파일 공유

음악 파일 공유 사이트였던 〈냅스터〉를 기억하시는지? 〈냅스터〉는 P2P라고도 불리는 파일 공유 모델로 일종의 혁명을 일으켰다. 한 사용자가 어떤 노래를 자기 컴퓨터에 가지고 있다면, 그 사람의 〈냅스터〉 소프트웨어는 (그가 허용했을 경우) 〈냅스터〉에 있는 중앙 컴퓨터에 그

곡을 사용할 수 있다고 알려 준다. 그러면 그 곡을 듣고 싶어하는 다른 사람이 〈냅스터〉 데이터베이스를 검색해 그 음악을 누가 가지고 있는지 알게 되고, 그 곡이 있는 컴퓨터에 직접 연결해 음악을 받게 된다.

이 시스템은 합법적으로 사용되기도 했지만 저작권 침해의 온상이기도 했다. 음반 업계는 〈냅스터〉를 고소했고, 결국 문을 닫게 만들었다. 그러나 음반 업계도 〈냅스터〉의 아이디어만큼은 죽이지 못했고, 더 정교한 파일 공유 테크놀로지가 개발되면서 〈냅스터〉의 빈자리를 메우고 있다. 새로운 기술 중에는 중앙 데이터베이스를 두지 않은 상태로 운영되는 것들이 있는데, 이런 기술은 (음반 업계로서는 저작권 침해의 이유를 들어) 막기가 매우 어렵다.

미래 저널리즘에서 P2P가 중요한 이유가 몇 가지 있다. 우선, 현실적인 문제로는 비용을 들 수 있다. P2P가 심각한 비용 문제를 해결해 줄 수 있는 것이다. 일반적으로 웹사이트는 인기를 끌수록 운영 비용이 많이 든다. 인터넷 서비스 업체들이 웹사이트 운영자에게 요금을 부과하는 방식에는 여러 가지가 있는데, 그중 하나는 해당 웹사이트로 들어오는 트래픽의 양과 웹사이트에서 문서, 사진, 음성, 동영상 등을 볼 수 있게 하는 데 필요한 광대역 용량에 따라 요금을 부과하는 것이다. 즉 동영상은 어느 정도만 인기를 끌어도 사이트 운영자에게 막대한 요금 부담을 줄 수 있는 것이다. 미디어의 역사상 이것은 매우 독특한 경우라 할 수 있다. 과거에는 인기를 끌수록 한계비용이 낮아지는 게 일반적이었기 때문이다.

P2P는 인기 콘텐츠를 네트워크의 이곳저곳에 분산함으로써 이 문제를 해결한다. 프리 소프트웨어인 '비트 토런트'[23] 같은 기술을 이용

하면, 파일을 내려받는 모든 사람의 컴퓨터가 서버 역할도 하게 된다. 따라서 사이트가 인기를 끌수록, 운영 비용은 높아지는 것이 아니라 더 낮아지는 것이다.

P2P는 정치적인 의미에서도 가치가 있다. 개발 중인 새로운 P2P 시스템들은 이제껏 보아 온 어느 시스템보다 익명성을 더 잘 보장할 것이다. 억압적인 정권이 인터넷 콘텐츠를 통제하고 싶더라도 익명성 때문에 검열이 어려워지는 것이다.

11장에서 자세히 다루겠지만, 오늘날 엔터테인먼트·미디어 업계의 거물들은 저작권 침해의 온상이 될 수 있다며 P2P를 맹렬히 비난한다. (적어도, 자신들이 통제할 수 없는 것에 대해서는 말이다.) P2P가 미디어를 민주화시키는 데 일조할 수 있다는 점도 그들이 P2P를 두려워하는 이유일 것이다. 이유가 뭐든, 엔터테인먼트 업계는 P2P를 없애고 싶어한다. 그러나 우리는 그들이 성공하게 놓아둬서는 안 된다. 저작권 침해를 막는다는 미명하에 (이를테면 개인적으로 정보를 백업해 둘 수 있는 권리와 '공정 사용'의 범주 안에서 다른 사람의 저작물을 인용할 수 있는 권리와 같은) 우리의 다른 권리를 빼앗고, 궁극적으로 풀뿌리 저널리즘의 가능성에 찬물을 끼얹을 수 있기 때문이다.

RSS 혁명

자신만의 맞춤형 뉴스 보도를 받아 보고 싶은 사람이라면, 아직은 널리 알려져 있지 않으나 인터넷 콘텐츠의 유통 방식을 변화시키기 시작한 RSS 기술에 관해 알아야 한다. 그리고 RSS 기술이 발전해 가고 있는 데 대해서 블로거들에게 감사해야 할 것이다.

블로깅 소프트웨어들이 개발되기 시작하던 초기에, 프로그래머들은 RSS라고 불리는 콘텐츠 수집·통합용 포맷을 만들었다. (RSS는 '정말로 간단한 신디케이션Really Simple Syndication'의 약어다. 다른 의미라는 설도 있기는 하지만.) (정보를 인터넷 여기저기서 가져와서 하나의 웹사이트로 통합해 보여주는) 신디케이션 기능 덕분에, 블로그나 인터넷 사이트의 독자는 자신의 컴퓨터가 자신이 관심을 가지는 콘텐츠를 자동으로 여기저기서 가져와 대령하게 만들 수 있는 것이다. 이것은 이제 막 중요성이 인식되기 시작한 콘텐츠 혁명을 가져오고 있다. RSS는 다채로운 정보를 유통하고, 수집하고, 받아 보는 방법으로서, 차세대의 주류가 될 가능성이 충분히 있다. 웹이 콘텐츠의 창고라면, 블로깅은 대화다. 그리고 RSS는 대화를 따라잡는 가장 좋은 방법일 것이다.

당신을 위한 '대통령 브리핑'이 만들어진다고 생각해 보라. 당신이 원하는 주제만으로 당신이 원할 때는 언제나 그때의 가장 최신 정보를 담아 대령해 주고, 필요하다면 상세한 내용을 추가로 볼 수 있게까지 해 주는 것이다. 이제 당신은 이 사이트 저 사이트 돌아다닐 필요가 없다. RSS는 그 귀찮은 일들을 모두 덜어 줄 것이다.

그러니까, RSS를 그저 알파벳 머리글자들로 이뤄진 기술 용어겠거니 생각하지 않았으면 좋겠다. 테크놀로지 관련 전자우편 뉴스 레터 〈로커놈LockerGnome〉24)의 설립자 크리스 피릴로가 말했듯이, "(RSS를) 미래의 정보로 가는 로제타석, 아니면 적어도 로제타석의 일부분으로 여겨야" 하는 것이다.■ "RSS는 갑자기 인터넷을 본연의 취지에 맞는 방식으로 작동하도록 만들어 주었다. 우리가 일일이 모든 것을 찾으러 다니는 대신에, 우리 각자의 입맛에 맞게 인터넷이 우리를 찾아오는 것이다."

모든 블로그 소프트웨어 제품에는 RSS나 그것과 비슷한 기능이 들어가 있다. 블로그를 만들면 RSS도 동시에 만들게 되는 것이다. 블로거들이 올리는 정보의 양만으로도 RSS가 진가를 발휘할 만큼은 충분히 될 것이다. 게다가 기존 언론사와 여러 기업도 RSS의 가치를 인식하고 RSS '피드'(RSS용으로 콘텐츠의 내용을 조정한 파일)를 만들고 있다.

여러분이 내 블로그나 (RSS를 제공하는) 다른 웹사이트에서 RSS 피드를 받아 보고 싶다면 구독 신청을 해야 한다. 내 블로그에 구독 신청하라고 내가 여러분에게 강요할 수는 없다. 바로 이것이 RSS가 의미 있는 또 하나의 이유다. 통제권을 사용자가 갖고 있는 것이다.

이 책의 웹사이트에서도 여러 가지 RSS 소프트웨어의 링크와 사용 방법을 제공하고 있지만, RSS를 이용하는 게 얼마나 쉬운지에 대해 여기서도 간단히 설명을 하겠다. 나의 경우를 보자면, 우선 내 매킨토시 컴퓨터에 넷뉴스와이어NetNewsWire[25]를 내려받아 설치했다. 넷뉴스와이어는 뉴스 구독기, 혹은 애그리게이터라고 불리는 프로그램 중 하나다. 넷뉴스와이어는 RSS 피드를 제공하는 사이트의 방대한 목록을 보여 준다. 나는 그중에서 원하는 것을 골라서 클릭 몇 번만으로 구독 신청을 할 수 있다. 이 목록에 나와 있지 않은 사이트들은 구독

■ 로제타석은 1799년 나폴레옹이 이끄는 원정대가 이집트에서 발견한 돌덩어리로, 2000년 전의 이집트 상형문자가 새겨져 있었다. 이집트 상형문자의 비밀이 로제타석 때문에 풀렸다고 볼 수 있다.

신청 과정이 약간 더 복잡한데, 해당 사이트의 RSS 피드 주소를 찾아다가 넷뉴스와이어의 구독란에 복사해 붙여야 한다.

다른 구독기 프로그램과 마찬가지로 내 컴퓨터의 화면에서 넷뉴스와이어는 세 개의 구획으로 이뤄져 있다. (대다수의 다른 전자우편 프로그램과도 비슷하다.) 왼쪽 칸에는 내가 구독 신청을 한 사이트들의 목록이 있다. 그중 하나를 클릭하면 해당 사이트에 올라온 내용의 제목이 오른쪽 위 칸에 뜬다. 그 제목 중 하나를 클릭하면 오른쪽 아래 칸에 그 글의 요약이나 전문이 나타난다. (요약이 나오는지 글의 전문이 다 나오는지는 해당 사이트 운영자가 어떻게 설정해 놓았는지에 달려 있다.) 그 글이 올라와 있는 원래 웹사이트나 해당 기사 페이지로 가고 싶으면 사이트 이름이나 제목을 두 번 클릭하면 된다.

구독기는 여러 사이트에 올라온 정보를 모아다가 한 화면에서 보여 주기 때문에 내 시간을 많이 절약해 준다. 수십 개의 블로그와 웹사이트에 올라온 글의 요약과 제목을 내 컴퓨터에서 한 화면으로 볼 수 있는 것이다. 내 관심사에 대해 다른 사람들이 무슨 글을 썼는지 놓치지 않고 따라가기 위해 사이트들을 일일이 찾아다닐 필요가 없다. 그것들이 제 발로 나에게 찾아올 테니까.

RSS 피드의 형태와 구조는 웹사이트들이 서로 정보를 통합해 모으는 데뿐 아니라, 정보를 스마트폰이나 PDA와 같이 컴퓨터가 아닌 기기에서 받아 보게 해 주는 데도 뼈대가 되어 주고 있다. 예를 들면 나는 '트레오600' PDA폰에 RSS 리더를 설치해 두었다. 나는 이것을 이용해 RSS 피드 중 최소한의 정보(제목과 내용 요약)를 PDA폰으로 볼 수 있다.

RSS 사용이 확장되면서 문제점도 생겨났다. 많은 블로그들이 글 전체보다는 제목과 요약만을 구독기에 보내 주도록 설정돼 있기 때문에, 전문을 보려면 클릭을 해서 원래의 웹사이트로 들어가야 한다. 여기에서 아이러니는 구독기가 원래의 웹사이트에 존재하는 로고, 링크, 광고, 운영자 소개 등의 내용을 보여 주지 못한다는 것이다. 멀티미디어 없이 문서만으로 구성되는 전자우편 뉴스레터도 이와 비슷한 문제(때로는 장점이 되기도 하지만)를 가지고 있다.

또한 구독기는 자신이 보여 주는 모든 내용에 가중치를 부여하지 않는다는 문제도 있다. 따라서, 이를테면, 일반인의 블로그에 올라온 글과 『뉴욕타임스』의 기사가 내가 보는 구독기상에서는 동일한 형태로 나타나는 것이다. 어떤 독자에게는 이것이 문제가 아니라 오히려 좋은 일일 수도 있다. 하지만 글의 가중치를 판별해 줄 수 있는 더 정교한 구독기를 원하는 독자도 있을 것이다. 주제별, 저자별, 혹은 다른 사람들이 얼마나 많이 이 블로그를 구독 신청했는지 등의 인기도별로 콘텐츠를 구분해 주는 구독기 말이다. 우리에게는 이런 기술이 필요하며, 머지않아 이런 기능이 있는 RSS 기술들이 개발될 것이다. '홈사이트' HTML 편집기와 홈페이지 디자인 도구를 개발한 닉 브래드버리는 '피드데몬'26)이라는 윈도 기반 RSS 리더를 개발해, 이러한 방향으로의 길을 열기 시작했다. 이것은 RSS 콘텐츠가 화면에서 신문처럼 보이도록 해 준다. 좋은 일일 수도 있고 나쁜 일일 수도 있는데, 이런 기능은 화면상에 콘텐츠가 어떻게 보일지를 통제하기 때문에 사용자가 결정할 수 있는 레이아웃의 유연성을 앗아 가는 측면이 있다.

개인 블로그라는 맥락에서만 봐도 RSS는 충분히 흥미롭지만, RSS의 가능성은 더 광범위하다. 어디에서 오는 것이든 정보는 이런 식으로 모일 수 있고 그래야 한다. 최근 『뉴욕타임스』는 콘텐츠 일부에 대해 RSS를 제공하기 시작했다. 〈마이크로소프트〉는, 블로그에는 그리 적극적이지 않았지만, 최근 RSS 분야에 집중하고 있다. 블로그 공동체의 정신에 비추어 볼 때 유용하면서도 바람직한 방식으로 말이다. 〈마이크로소프트〉는 자사 개발자 네트워크 MSDN의 글에 대해 RSS 피드를 제공한다. 따라서 어느 개발자든 (관련 내용이 필요하면) 〈마이크로소프트〉 사이트를 손품 팔아서 뒤질 필요 없이 MSDN에 구독 신청을 하면 된다. 이와 비슷하게 〈시스코〉도 일부 자료를 RSS를 통해 받아 볼 수 있도록 만들었다. 〈뉴스이스프리〉[27]나 〈신딕 8〉[28] 등의 웹사이트들은 RSS로 받아 볼 수 있는 자료의 목록과 간략한 설명을 제공하고 있다.

이 모든 일들의 의미를 파악하기

만약 미래의 저널리즘을 무한히 복잡한 대화라고 볼 수 있다면, 그것의 흐름을 놓치지 않고 따라가기 위해서 원하는 정보를 찾아내고 찾아낸 것을 체계적으로 조직해 주는 (RSS를 넘어서는) 새로운 도구들을 필요로 하게 될 것이다. 어떤 것들은 버전 0.5(베타 버전, 가능성이 있지만 아직 상용화 단계는 아닌 상태)라고 할 수 있는 단계에 와 있다.

새로운 발전을 보여 주는 것 중 하나로 웹 기반의 RSS 파일 인덱스 프로그램인 '피드스터Feedster'[29]를 들 수 있다. 내가 써 본 바로는, 다른 블로거들이 내가 쓴 글에 대해 뭐라고 평하는지를 계속 따라가는

데 유용하다. 피드스터는 RSS 피드를 통해 산발적으로 들어오는 정보들을 모으고 분류해서 '피드 페이퍼'라는 사이트를 만들어 주는데, '피드페이퍼'는 (RSS를 지원하는 사이트에 올라오는) 최신 뉴스와 블로그 콘텐츠들을 계속해서 따라갈 수 있게 해 준다.■

또 다른 사례로는 테크노라티Technorati[30]가 있다. 이것은 블로그 세계에 대한 데이터 마이닝■■을 해 준다. 샌프란시스코의 기술자 데이브 시프리는 개인적인 필요 때문에 이것을 고안했다. "약 1년 동안 블로그를 운영해 왔는데, 방문자 수를 표시해 주거나, 독자가 읽은 사이트를 표시해 주는 정도의 통계 기능으로는 부족했다. 나는 내가 관심을 갖고 있는 사람들에 대해 알고 싶고, 사람들이 무엇에 대해 이야기하는지를 알고 싶고, 또 사람들이 나에 대해서는 무엇을 이야기하는지 알고 싶었다." 그래서 그는 블로그들에서 그러한 정보를 모아 올 수 있는 코드를 개발했고, 궁금한 것들을 알아 냈다.

피드스터나 〈테크노라티〉 같은 프로젝트들은 더 넓은 생태계의 핵심적인 요소가 되어 가고 있다. 그러나 이메일 리스트, 블로그, 위키, SMS 등 여타의 미래 저널리즘 도구와 마찬가지로, 이것들은 단지 도구일 뿐이다. 도구를 저널리즘 자체와 혼동해서는 안 된다. 저널리즘에는 몇 가지 가치가 반드시 유지되어야 한다. 공정성, 정확성, 그리고

■ 이 책의 2장, 4장, 8장 등에서 언급이 되어 있는 〈피드스터〉는 현재 운영되지 않고 있다. 저자 댄 길모어는 옮긴이에게 보낸 전자우편에서, 최근 블로그 검색 분야에서도 집중화 현상이 일어났으며, 특히 〈구글〉이 〈구글〉 블로그 검색 서비스를 시작한 이후 이러한 현상이 두드러졌다고 설명했다.
■■ 인터넷과 같이 대규모로 저장된 정보 데이터에서 통계적 규칙이나 연관성 등을 찾아내 분류해 내는 것.

심층성이 그것이다.

그와 동시에, 피드스터나 〈테크노라티〉 같은 서비스들은 미래의 뉴스와 정보가 어떤 구조로 되어 있을지에 대한 상을 그리도록 도와준다. 아마 이러한 기능들은 저널리즘 '소비자'들이 지각 있는 대화를 통해 정보를 분류하고, 현실(아니, 어쩌면 진실)에 가까운 것들을 모으게 해 줄 수 있을 것이다. 다양한 견해들을 모두 검토해 정보를 찾아내려는 의향이 있다면 말이다. 이러한 구조적 잠재성에 대해서는 8장에서 상세히 다룰 것이다.

이보다 흥미로운 것으로, 우리는 다양한 도구들이 빈틈없이 연결되는 세계, 그리고 사업적이거나 사회적인 네트워크들이 즉석에서 맺어질 수 있는 세계에 대한 상도 그려 보아야 한다. 한 조각의 뉴스, 그리고 그보다 광범위한 것들의 확산은 지금 우리가 알고 있는 대중매체의 도움 없이도 일어날 것이다. 아마도 지금 태어나고 있는 세대가 이것의 의미를 가장 잘 이해할 수 있을 것이다.

지금은 변화의 시작 단계에 불과하지만, 이미 우리 모두에게 기존의 생각과 행동을 바꾸도록 압력을 가하고 있다. 이러한 압력을 받는 최전방에는 뉴스를 만드는 사람들이 있다. 이 부분은 차차 알아보자.

2장 미주

1) 영국의 저명한 전국 신문 『가디언』은 깊이와 영향력이 있는 뉴스를 중도좌파적 관점에서 제공한다. 2003년 이라크 전쟁이 일어나기 전의 몇 주간 『가디언』 웹사이트 방문자 수가 급증했다. 다른 주요 신문의 웹사이트도 방문자 수가 증가했지만, 『가디언』의 경우 증가한 트래픽의 상당 부분이 미국에서 온 것이었다. 그들은 무엇을 찾아 온 것일까? 누구도 확실하게 말할 수는 없겠지만, 『가디언』 온라인 담당자 사이먼 월드만은 많은 미국인들이 미국 언론에서는 볼 수 없는 것, 즉 미국 언론이 한 목소리로 쏟아내는 전쟁 찬성 입장과는 다른 관점을 찾아 온 것으로 보인다고 말했다. 나는 전쟁에 찬성하는 입장에 가까웠지만, 인구 절반이 전쟁에 반대하고 있는데도 이런 생각이 미국 저널리즘에서 너무나 미미하게 다뤄지는 데 놀랐다.

2) *Emergence*, 스크리브너 출판사, 2002년. 개미굴과 같이 복잡한 시스템이 어떻게 생겨나게 되는지에 대해 다룬 책. [국역판: 『이머전스』, 김한영 옮김, 김영사, 2004년]

3) 인터뷰는 http://www.oreillynet.com/pub/a/network/2002/02/22/johnson.html 참조.

4) http://www.hyperorg.com/misc/stupidnet.html

5) http://groups.yahoo.com

6) http://www.gizmodo.com

7) http://wifinetnews.com

8) http://journalism.nyu.edu/pubzone/weblogs/pressthink, 〈프레스싱크〉는 저널리즘의 발전에 관심이 있는 사람이라면 꼭 보아야 할 블로그로 자리 잡았다.

9) http://www.sixapart.com

10) http://radio.userland.com

11) http://www.livejournal.com

12) http://www.blogger.com

13) http://www.20six.co.uk

14) http://c2.com/cgi/wiki

15) http://c2.com/cgi/wiki?CategoryCategory

16) http://wikitravel.org

17) 미국에서는 즉석 메신저도 소식을 전하는 데 많이 사용되지만 전 세계적으로는 문자 메시지가 더 많이 쓰이고 있다. 전자기기의 휴대성이 커지면서, 문자 메시지는 디지털 시대의 독보적인 속보 서비스가 될 것이다.

18) *Smart Mobs*, 페르세우스 출판사, 2002년. [국역판: 『참여 군중』, 이운경 옮김, 황금가지, 2003년]

19) 라인골드는 『참여 군중』 웹사이트에 관련 내용을 계속 업데이트하고 있다. http://www.

smartmobs.com

20) 휴대전화 카메라 금지에 대해서는 『워싱턴포스트』의 기사를 참조할 것.
　　http://www.washingtonpost.com/ad2/wp-dyn/A49274-2003Sep22

21) 밝혀 두자면, 나는 이 프로그램에 몇 차례 게스트로 참석했다.

22) http://www.itconversations.com

23) Bit Torrent, http://bittorrent.com

24) http://www.lockergnome.com

25) http://www.ranchero.com

26) http://www.newsgator.com/Individuals/FeedDemon/Default.aspx

27) http://www.newsisfree.com

28) http://www.syndic8.com

29) http://www.feedster.com

30) http://www.technorati.com

제3장

문턱이 낮아지다

2002년 말 스트롬 서몬드 공화당 상원 의원의 100번째 생일 파티에서, 트렌트 로트 상원 의원(공화당)이 인종차별주의적이던 옛 시대를 그리워하는 듯한 발언을 했다. 그런데도 며칠간 미국 주요 신문과 방송은 이 발언에 대해 이상하리만치 잠잠했다. 상원 원내 대표였던 로트 의원은, 서몬트 의원이 출마했던 1948년 대선(당시 서몬트 의원은 인종 분리 정책을 유지해야 한다고 주장했다)을 회고하면서, 서몬드 의원이 그때 승리했더라면 미국은 더 잘사는 나라가 됐을 것이라고 말했다.

문제가 될 만한 발언이었는데도 처음에는 별로 언론의 주의를 끌지 않았다. ABC 뉴스에 언급이 됐고, 『워싱턴포스트』에는 관련 기사가 나왔지만 문제의 발언은 묻혀 버렸다. 이 정도가 주요 언론사에게서 우리가 들은 것의 전부였다. 그러나 침묵은 오래 가지 않았다. 로트 의원이 미래 미디어의 쓴맛을 보게 됐기 때문이다. 오랫동안 존속되어

온 언론의 규칙을 바꿔 내고 있는 블로거, 전자우편 사용자, 온라인 저널리스트의 물결을 맛본 것이다.

분노의 흐름과 정보의 흐름은 복잡하게 펼쳐졌다.[1] 그러나 이 흐름에서 핵심은, 주류 저널리스트보다는 블로거와 같은 온라인 논객들이 논쟁을 이어 나갔다는 것이었다. 그래서 주류 언론이 관심을 기울이지 않았던 초기에도 로트 의원의 발언이 흐지부지 묻혀 버리지 않을 수 있었다. 〈터킹포인트메모〉[2]의 조슈아 마샬 같은 자유주의 성향의 블로거들이 선두에 섰지만, 곧 보수주의 성향의 블로거들도 동참했다. 또한 몇몇 블로거는 문제가 된 로트 의원의 발언과 그가 초기에 보인 미적지근한 유감 표명만큼이나, 주류 언론의 무관심에 대해서도 분노를 터뜨렸다.

로트 의원의 발언 내용은 이렇듯 묻혀 버리지 않고 있다가, 며칠 후 전국적인 언론 매체를 통해 널리 보도되었다. 부시 대통령조차도 의회의 핵심적인 친부시 인사인 로트 의원을 비난하지 않을 수 없게 되었다. 결국 로트 의원이 압력에 못 이겨 원내 대표직에서 물러났을 때, 아무도 놀라지 않았다.

주류 언론이 나중에 보도해 주지 않았더라면 블로거의 힘만으로 로트 의원의 원내 대표직 사임을 이끌어 낼 수는 없었겠지만 여러모로 이 사건은 분수령을 이룬다고 할 만했다. 공화당 지지자인 칼럼니스트 존 포드호레츠는 『뉴욕포스트』에 게재하는 자신의 칼럼에서 "블로거들이 처음으로 승리했다."고 말했다.

로트 의원 같은 사람을 우리는 뉴스메이커, 취재원, 취재 대상이라고 부른다. 그들의 입장에서는 언론의 희생양이라고도 부른다. 뭐라고 부르건 간에, 누구나 뉴스를 생산할 수 있는 사회에서는 기자뿐 아니라 뉴스메이커들의 논리와 규칙도 바뀌고 있다는 것을 우리 모두 알아야 한다.

현재의 정치인이나 기업인, 그리고 사실상의 모든 힘 있는 기관들은 그 지위와 권력을 지금과는 다른 시대에 쌓아 왔다. 그들은 언론 매체의 전통적인 위계가 자신들의 중앙 집중적이고 상명하달식인 조직 구조에 대응하는 것이라고 생각한다. 이런 구조에서는 홍보와 마케팅 부서가 언론사와 여론을 다룬다. 필요하다면 최고경영자가 기자들을 상대하기도 한다. 뉴스는 조직의 내부에서 통제되고, 외부에서 발생한 상황은 (중앙 집중·상명하달식 체계에 의해) 관리된다.

이것은 산업화 시대의 모델이다. 이른바 '뉴스 제조업'. 어느 정도는 아직도 효력이 있는 모델이지만 유효성은 점점 떨어지고 있다. '웹강령 95'의 저자들이 말했듯이 시장이 대화라면, 사람들이 자신의 삶을 영위해 나가는 데 필요한 정보인 저널리즘은 점점 더 그 대화의 일부가 될 것이다.

뉴스메이커는 뉴스의 소용돌이가 그저 해변의 작은 물결이 아니라는 것을 깨달아야 한다. 정보는 대양이다. 그리고 이제 뉴스메이커는 더는 그 물결을 예전처럼 쉽게 통제할 수 없다.

그러므로 그들은 공인으로서의 삶에 적용되는 새로운 규칙에 직면해야 한다. 적어도 세 가지의 새로운 규칙을 생각해 볼 수 있다.

첫째, 모든 종류의 외부인들이 뉴스메이커의 일과 생활을 더욱 깊이 알아낼 수 있다. 알아낸 것을 더 널리, 더 빠르게 전파할 수도 있다.

또한 그들은 특정인이나 특정한 명분에 대해 지지하거나 반대하기 위해 자신과 생각이 비슷한 사람들을 어느 때보다도 쉽게 조직할 수 있다. 상호 소통을 할 수 있는 풀뿌리들은 강력한 진실 부대인 셈이다.

둘째, 내부인들도 이 대화의 일부다. 이제 정보는 '새어 나가는' 게 아니다. 분출하는 것이다. 방화벽이나 다른 장벽이 있더라도 즉석 메신저, 전자우편, 전화 등을 통해서 정보는 분출한다.

셋째, 분출된 정보는 그 자체로 생명력을 갖고 움직인다. 그 정보가 진실이 아닌 경우에도 말이다.

말을 전파시키기

앞서 언급했듯이, 현대의 커뮤니케이션은 역사상 가장 거대한 길거리 연설용 연단, 가십 생산 공장, 그리고 가장 실제적인 의미에서 진정한 뉴스의 전파자 노릇을 해 왔다. 예전에는 어떤 개인이 하고 싶은 말이 있다 해도 말할 수 있는 수단이 별로 없었다. 골목에 서서 소리를 지르거나 포스터를 들고 서 있는 것, 뉴스레터를 쓰는 것, 아니면 편집자에게 독자 투고를 하는 정도였다고 할까. 그러나 오늘날에는 설득력이 충분히 있고 뒷받침할 근거만 있다면, 개인은 자신이 활용할 수 있는 커뮤니케이션 도구를 가지고 자신의 주장을 전 세계적인 관심사로 만들 수 있다. 개인과 개인이 서로를 스스로 연결하는, '자율적으로 연결되는 기계'가 행동을 개시하고 있다. 이 기계는 소식을 다른 사람들과 나누고자 할 만큼 어떤 사안에 관심이 있는 사람들과, RSS와 같이 소식을 널리 전파할 수 있는 도구로 구성되어 있다. 그리고 정보는 정말로 널리 퍼진다.

인터넷이 눈에 띄게 성장하기 전에도, 온라인 세계는 기업들을 긴장하도록 만들고 있었다. 1994년, 인터넷상의 토론 그룹 시스템인 유즈넷은 개인용 컴퓨터의 중앙 두뇌인 프로세서를 만드는 회사인 〈인텔〉에게 톡톡한 교훈 하나를 주었다. 펜티엄 프로세서 버전 중 하나에서 발견된 수리적 오류인 '펜티엄 버그'에 관한 소식이 유즈넷에서 퍼졌고, 언론 매체가 그것을 보고 기사로 보도한 것이다. 금전적으로도, 또 회사의 명성에도 큰 손실을 입은 후, 〈인텔〉은 오류가 있는 칩의 상당 부분을 수거해 교체해야 했다. "그 일로 우리가 즉각 얻은 교훈은 이것(인터넷)을 무시하면 안 된다는 점이었다. 그리고 여론을 형성하는 데 인터넷이 점점 더 중요해지리라는 점도." 〈인텔〉의 한 고위 임원은 1999년 〈시넷CNET〉 뉴스와의 인터뷰에서 이렇게 말했다.[3]

〈인텔〉 사건이 있고 10년 뒤, 상대적으로는 사소하지만 여전히 의미 있는 사례가 또 있었다. 2004년 초, 수퍼볼에서의 광고를 비롯한 대대적인 홍보 공세와 함께 펩시는 '무료 음악' 사은 행사를 열었다. 고객이 펩시를 사서 뚜껑 안쪽을 확인하면 대략 세 개 중 한 개꼴로 〈아이튠〉 음악 사이트에서 공짜로 음악 한 곡을 내려받을 수 있는 경품에 당첨이 되는 것이었다. 그런데 누군가가 병 모양에 잘못이 있다는 것을 알아냈다. 병을 특정한 방식으로 잘 기울이면 뚜껑을 따지 않은 채로도 당첨인지 꽝인지 볼 수 있다는 사실을 발견한 것이다. 옛날 옛적이었다면 이런 정보는 소수의 사람들 사이에서만 돌았겠지만, 인터넷 시대에 이 정보는 "펩시 무료 음악 행사에서 절대 꽝이 되지 않는 법"[4]이라는 제목의 문서가 되어, 인터넷에 접속한 사람이면 누구나 볼 수 있게 재빨리 퍼져 나갔다. 펩시로서는 속수무책이었다. 어떤 곳에서 누군가가 무언가를 알게 되면, 그것에 관심이 있는 (전 세계의) 모든 사람이 꽤 빠른 시간 안에 그 정보를 알게 된다.

이보다 더 의미심장한 사례를 생각해 보자. 이것은 말 그대로 삶이냐 죽음이냐의 의미를 가진 것이다. 바로, 2002년 11월 중국 광둥성에서 시작된 전염병 사스. 뉴스를 일상적으로 통제하는 국가인 중국 당국은 의료진이 다른 사람에게 상황을 이야기하는 것을 처음에는 허용하지 않았다. 하지만 2003년 2월 초, 이 소식은 어쨌든 새어 나가기 시작했는데, 신문이나 방송 등을 통한 공식 발표가 아니라 구전口傳의 현대적 형태라 할 만한 휴대전화 문자 메시지를 통해서였다. 전해진 소식은 음울한 것이었다. 폐렴의 특수한 형태인 한 질병 때문에 사람들이 병들고 죽기까지 한다는 것이다. 이 소식은 곧 몇몇 언론 보도로 이어졌다. 사람들이 자기 손으로 직접 뉴스를 전파하지 못했더라면 언론 보도는 훨씬 더 늦어졌을 것이다.5)

사스에 대한 소식이 널리 알려지자 사람들 사이에 공포가 자리를 잡기 시작했다. 이때 정부가 선택한 매체도 역시 문자 메시지였다. 홍콩 당국은 인터넷에 떠도는 근거 없는 소문을 잠재우기 위해 문자 메시지를 이용했다. 그리 성공적이지는 못했지만.6)

이제 여기에 '모블로깅'(모바일 블로깅)의 확장을 추가해 보자. 모든 사람이 사용하는 휴대전화기에 (문자 전송 기능은 물론) 카메라까지 달려 있는 것이다. 이것은 공공장소에서 사람들이 끊임없이 사진을 찍어대는 세상에 우리가 살게 된다는 것을 의미한다.

뉴스메이커, 특히 할리우드 스타와 같은 유명 인사들은 어디든 따라다니면서 불시에 사진을 찍어 대는 파파라치에 이미 질색하고 있다. 그런데 열 명의 평범한 시민이 스타를 향해 휴대전화를 치켜들고 사진을 찍어 친구에게 보내거나 인터넷에 올린다면 어떤 일이 벌어지게 될까? 사진은 시작에 불과하고, 곧 동영상을 찍는 것이 휴대전화 기능의 일부가 될 것이다. (전문) 파파라치가 더 좋은 사진기를 가지고 있고 사진 기술도 더 좋겠지만, 자신이 좋아하는 유명인에 대해 알고 싶어 하는 사람들의 꺼지지 않는 갈증은 아마추어 파파라치들의 대거 등장으로 대부분 충족될 수 있을 것이다. 그리고 대중의 눈[目] 속에서 살아가는 공인에게는, (그가 집 밖에 있는 동안은) 그 눈이 깜빡이지도 않고 뜨여 있을 것이다.

물론 이것은 다가올 미래에 대한 사례 중 비교적 사소한 것이다. 카메라폰과 같은 휴대용 사진·동영상 기기는 범죄를 예방하는 강력한 도구가 되어 줄지도 모른다. 2003년 CNN의 보도에 따르면, 납치를 하려고 하는 사람의 사진을 15세 소년이 카메라폰으로 찍어서 경찰이 그를 찾는 데 도움을 주었다.[7] 이러한 기기들은 우리가 역사를 기록하는 것을 매우 가속화시킬 것이다.

아부그라이브 수용소에 수감된 이라크인을 미군이 학대하는 장면을 누가 사진으로 찍었는지는 (2004년 5월 현재) 아직도 밝혀지지 않았지만, (어쨌든) 이 사진이 공개됨으로써 전 세계가 이 사건을 바라보는 시각뿐 아니라 미국을 바라보는 감정까지도 부정적인 쪽으로 기울게 되었다. 고문에 가까운 이 학대를 아무리 부시 행정부와 군사 당국이 덮고 싶어했을지라도, 일단 사진이 찍혀서 유통되기 시작하자 이것이 더 널리 퍼지는 것을 막는다는 건 거의 불가능했다.

우리 사회는 엿보는 사람들과 전시하는 사람들의 사회다. 이것이 좋은 일인지 나쁜 일인지에 대해서는 논란의 여지가 있지만, 비밀을 유지하는 것이 훨씬 어려워지게 되면 무언가 근본적인 변화가 생겨날 것이다. 로드니 킹과 아부그라이브 사건에 백만을 곱한다고 생각해 보라. 이미 모든 곳에서 경찰은 자신의 행동이 녹화되고 있을 가능성을 염두에 두고 있을 것이다. 경찰은 머지않아 자신들이 디지털 비디오에 찍혀서 공개될 가능성도 생각해야 할 것이다. 이렇게 되면 경찰권의 남용을 막는 등의 명백한 이점이 있을 터이다. 그러나 공공장소에서 일하거나 공공장소를 돌아다니는 모든 사람은, 자신들의 움직임이 참견쟁이 이웃들에게 기록되는 것이 좋은 일인지 나쁜 일인지 생각해 보아야 한다. 어쩌면 우리는 카메라가 도처에 깔려 있다는 사실의 장점과 단점 사이에서 마음대로 선택할 수 없게 될지도 모른다.

미래의 테크놀로지가 과거에도 있었더라면 그 시절의 사건은 어떻게 기록되고 기억되었을까. 2001년 9·11 사건을 생각해 보자. 그 끔찍한 날에 대한 우리의 기억은 대부분 텔레비전에 나온 장면들, 즉 세계무역센터에 비행기가 충돌하는 모습, 불기둥이 이는 장면, 사람들이 건물에서 뛰어내리고 떨어져 내리다가 다른 구조물이나 땅바닥에 부딪치는 모습 같은 데서 비롯된다. 비디오카메라를 가지고 있던 개인들도 사건 현장의 일부를 담았고 이들이 찍은 것도 텔레비전에 방영되었다. 얼마 지나지 않아 텔레비전 방송에서는 참사 장면이 담긴 영상들을 볼 수 없게 됐지만, 그 장면들은 인터넷에 여전히 올라와 있고 원하는 사람은 누구나 그 사진과 영상을 다시 볼 수 있다.

우리는 또한 당시 비행기와 세계무역센터 건물에 있던 사람들이 사랑하는 사람들과 동료들에게 전화를 걸었다는 것을 들어서 알고 있다. 그런데 그때 비행기와 건물에 있던 사람들이 카메라폰을 가지고 있었다면 우리는 지금 (그 사건을) 어떻게 기억하고 있을까? 테러리스트가 점령해 무기로 삼아 버린 그 비행기에서, 그리고 수많은 사람들의 무덤이 되어 버린 세계무역센터 건물 안에서, 사람들이 사진과 음성을 전송할 수 있었다면 어떻게 기억하게 되었을까? 엽기적인 상상을 해보자는 게 아니다. 다만 그런 사진과 음성이 전 세계에 퍼졌더라면 우리의 기억이 상당히 달라졌으리라는 이야기를 하려는 것이다.

진실 부대

2002년 9월, 〈마이크로소프트〉는 (광고 내용 중) 반쯤은 허구인 인터넷 광고를 게재했다. 매력적인 젊은 여성이 등장하는 광고인데, 광고에 따르면 프리랜서 작가인 이 여성이 (〈애플〉의) 맥(매킨토시 컴퓨터)을 사용하다가 (〈마이크로소프트〉의) PC로 바꿨다는 거였다. "맥에서 PC로: 임무 완수, 바꾸는 것은 신나는 일"이라는 제목이 붙은 이 광고는 〈애플〉의 (PC에서 맥으로) "스위치(바꾸세요)" 광고 시리즈에 대한 대응으로 나온 것이었다. 그런데 〈슬래쉬닷〉[8]에 글을 쓰는 한 네티즌이, 프리랜서 작가라는 이 여성의 사진이 사실은 〈게티 이미지Getty Images〉 아카이브에서 가져온 것임을 발견해 (〈슬래쉬닷〉에) 보도했다.[9] 그러고 나서 AP통신의 테드 브리디스가 나머지 이야기를 파헤쳤는데, 물론

〈마이크로소프트〉의 광고에 나온 내용과는 달랐다. 내가 단도직입적으로 질문을 하자 〈마이크로소프트〉의 홍보 담당자는 빙빙 돌려서 이렇게 말했다. "그 광고가 게재된 것은 실수였습니다. 윈도 XP 마케팅팀 사람들이 문제를 파악하자마자 광고를 내렸어요. 〈마이크로소프트〉는 이 사건이 빚은 혼란에 대해 유감스럽게 생각합니다."

그때 나는 광고 내용을 허구로 만드는 일이 너무나 많은 것 같다고 말했다. 텔레비전 광고나 인쇄 매체 광고에 나와서 상품 선전을 하는 사람들도 대부분 배우들이지 않은가. 하지만 〈애플〉의 'PC에서 맥으로 바꾸세요'가 사진까지 포함해서 모두 진짜였음을 감안하면, 〈마이크로소프트〉의 가짜 논란은 더욱 눈살을 찌푸리게 한다.

이 사건에서 두드러진 점은 거짓이 폭로된 과정과 방식이다. 〈슬래쉬닷〉 독자들(강력한 온라인 커뮤니티의 회원들)이 이 사건의 폭로에 불을 지폈다. 〈마이크로소프트〉 페이지에 뭔가 석연치 않은 점이 있다는 것을 처음으로 보여 준 것이다. 이들은 애초에 이 이야기가 드러나도록 한 데 대해 공로를 인정받아야 한다.

자료가 축적되어 있다면, 이것들은 어떠한 사안에 대해 깊이 조사해 보고 싶은 사람에게 강력한 조사 도구가 되어 준다. 스스로 매체를 만드는 데 열정을 가진 사람이라면 이제 무언가에 문제를 제기하는 것을 넘어서서 더 많은 일을 할 수 있다. 이를테면 온라인상에 어떤 주제에 대해서든 상세한 백과사전을 만들어서 그것을 계속 확장해 나가는 것이다. 그리고 이것은 다른 사람들도 참여해 활용하면서 내용을 더 풍부하고 탄탄하게 만들어 줄 수 있는, 살아 있는 정보 창고이자 조직 도구가 될 것이다. 이런 것들이 모두 합쳐지면, 무시할 수 없는 강력한 힘이 된다.

이런 일이 실제로 있었다. 1990년대 중반, 〈맥도날드〉는 몇몇 성난 네티즌들에 직면하게 되었는데, 제대로 대응하지 못했다. 거대한 패스트푸드 업체인 〈맥도날드〉는 활동가 두 명이 팸플릿을 내어 〈맥도날드〉의 명예를 훼손했다며 런던 법정에서 소송을 제기했다. 이 활동가들은 맞소송을 냈고, 자신들의 입장을 뒷받침하려고 〈맥스포트라이트McSpotlight〉10)라는 기념비적인 웹사이트를 만들었다. 이 소송은 영국 역사상 이런 종류의 사건 중에서 가장 오랜 기간에 걸친 법정 공방 사례가 되었는데, 〈맥도날드〉 제국이 전 세계에서 때때로 저지르는 좋지 않은 행위를 공론장으로 가져왔다.

〈맥스포트라이트〉는 〈맥도날드〉의 광고·마케팅용 메시지들을 반박하는 데 매우 유용했다. 〈맥스포트라이트〉는 온라인상의 화면 배치 기술인 웹프레임을 이용해서 화면 한쪽에는 〈맥도날드〉의 홍보 메시지를 보여 주고 다른 쪽에는 그에 대해 조목조목 반박한 내용을 나란히 보여 주었다.

그 소송에서 공식적으로는 (혹은 적어도 일부분은) 〈맥도날드〉가 이겼다. 영국의 명예훼손법이 원고 쪽에 유리하게 되어 있는 것이 한 이유일 것이다. 그러나 〈맥도날드〉는 돈이 나올 수가 없는 곳에서 돈을 끌어내려고 했기 때문에,* 어마어마한 소송 비용을 치른 후에는 상당한 재정적 곤란을 겪어야 했다. 게다가 결정적으로 〈맥도날드〉는 여론이라는 법정에서 질타를 받게 되었다. 맥스포트라이트 소송 사건과

---

* 소송에서는 이겼지만 피고에게서 보상금을 받을 수 없었으리라는 의미.

이 웹사이트는 한 다국적 거대 기업이 종종 윤리적인 문제를 일으켜 왔다는 것을 드러냈다. 소송이 있은 후 더 많은 사람이 〈맥도날드〉의 전력을 알게 되었다.

소송이 끝났지만 〈맥스포트라이트〉가 활동을 접은 것은 아니었다. 소송이 진행되던 도중에도 이미 〈맥스포트라이트〉는 〈맥도날드〉뿐 아니라 다른 다국적기업들의 행위까지 지켜보는 것으로 임무를 확장 했던 것이다.

1990년대 중반에는, 역시 널리 비난을 받는 다국적 산업의 하나인 담배 회사들도 인터넷에서 축적되는 자료로 인해 압박을 느끼게 되었 다. 캘리포니아 대학 샌프란시스코 캠퍼스에서 담배 업계를 상대로 전쟁을 벌이는 금연 운동가들이 유용하게 여길 만한 자료들을 모은 〈'담배 통제' 아카이브〉[11]를 만든 것이다. 이 대학의 교수로 담배 업계 및 담배 업계와 정치 후보자 사이의 관계를 연구해 온 스탠톤 클란츠 는, 대학 도서관 직원들이 온라인에 자료를 올려서 직원들의 시간은 절약해 주면서도 자료가 필요한 사람들은 그 자료를 이용할 수 있게 하는 효과가 있었다고 말했다. 클란츠에 따르면 이 새로운 매체의 힘 은 나중에서야 확실하게 드러났다. 바로 대학 외부의 금연 활동가들도 이 자료를 활용하게 된 것이다.

클란츠는 그 아카이브를 만들고 나서 얼마 지나지 않은 1996년에 나에게 이렇게 말했다. "(인터넷은) 매우 중요한 발전이다. 그것은 세세한 부분까지 까탈스럽게 신경 쓰며 자료 모으는 나 같은 사람이 꽤 저렴하 면서도 원하는 만큼의 깊이가 있는 자료를 이용할 수 있게 해 준다."

또한 인터넷은 힘 있는 기관들이 숨기고 싶어하는 자료들을 활동가들이 점점 더 많이 찾아내 드러내도록 도와준다. 고위 공직자들은 기업만큼이나, 아니 아마도 기업보다 더 비밀이 많다. 그래서 우리는 중요한 자료들을 모아 〈메모리홀Memory Hole〉12)이라는 아카이브 사이트를 만든 러스 커크 같은 사람들에게 감사해야 한다. (이곳의 자료는 꾸준히 늘어나고 있다.) 〈메모리홀〉은 "지식을 구출하고 정보를 해방시키는 것"이 사명이라고 메인 페이지에서 밝히고 있다. 〈메모리홀〉은 이 목적을 훌륭히 달성하고 있다. 2004년 4월에는 거대 언론을 부끄럽게 만들며 저널리스트에게 멋지게 한방 먹인 적도 있었다. '정보의 자유법Freedom of Information Act'을 활용해서 그는 미군 당국이 보유하고 있던, 이라크에서 숨진 미군 병사의 사진을 확보한 것이다. 다른 언론사들은 미국 국기로 덮은 관을 찍은 그 절절한 사진을 당국에 달라고 요청하는 것은 생각도 못 하고 있었다.

정보 창고는 계속 확장되고 있으며, 활동가나 학자뿐 아니라 일반 시민에게 있어서도 정보의 불균형을 조금씩 없애 주고 있다. 1914년에 출간된 책 『표류와 지배』13)에서 월터 리프먼은 문명이 너무나 복잡해져서 "구매자들은 공정한 거래를 할 수 있을 만한 정보와 힘이 없기 때문에 생산자와 대적하지 못한다."고 우려했다. 그러나 지식의 평형은 구매자 쪽으로 이동해 왔고, 구매자들의 힘도 그에 따라 강해졌다. 각종 가전제품(한때 이런 제품의 내부 작동 원리는 소비자들에게는 공개되지 않는 기업 기밀이었다)의 소비자들은 그러한 힘을 지니기 시작했다.

2년 전, 나는 집에서 사용하는 비디오 녹화기의 하드디스크를 업그레이드하고 싶었다. (내가 사용하는 제품은 〈디쉬네트워크〉사의 위성안테나 시스템에 붙어 있는 '디쉬플레이어'였다.) 원래 드라이브의 용량은 17기가바이트로 열두 시간 분량 정도의 동영상을 담을 수 있었다. 전자 제품 매장에서는 40기가바이트짜리 새 드라이브가 약 120달러에 판매되고 있었다. 당연히 〈디쉬네트워크〉는 어떻게 업그레이드를 하면 되는지를 나에게 알려주는 데 딱히 관심이 있어 보이지 않았다. 디쉬플레이어 녹화기를 업그레이드하는 방법을 다루는 잡지라든가, 리모컨을 이용해서 다양한 기기 진단 모드를 작동하는 방법을 설명해 주는 소식지 같은 것도 없었다. 그래서 내가 찾아간 곳은 인터넷, 특히 토론 그룹이었다. 인터넷에서 디지털 비디오 녹화기 업그레이드법을 알려 주는 믿을 만한 설명서를 찾아서 시도해 본 것이다. 오, 그리고 나는 30시간짜리 용량을 갖게 되었다. (나는 다른 게시판들에서도 유용한 정보를 얻었는데, 그중 하나는 인터넷에 올라온 사용법 중 어떤 사람에게는 작동하지 않는 것도 있으니 주의해야 한다며 이런 문제를 피하는 법을 알려 준 것이었다. 나는 그 조언을 받아들였다. 이것저것 알아본 후 최종적으로 내가 이용한 사용법 정보에 대해서도, '주의하지 않으면 업그레이드에 실패할 수도 있다'는 글이 있었지만 제대로 따라하면 잘 될 것이라는 내용들도 올라와 있었다.)

다른 사람들이 하고 있는 일에 비하면, 내가 정보들을 탐색, 통합해서 업그레이드에 성공한 것은 마이너리그에 불과하다. 해킹(여기에서 나는 '해킹'이라는 단어를 아주 관대한 의미로 사용하고 있다)은 컴퓨터 관련 영역뿐 아니라 전자 제품과 일상적인 물건의 세계로까지 확대되어 왔다. 자신이 산 물건의 성능을 향상시키고 싶은 사람은 그것이 전통적인 기계식 가전제품이든, 소프트웨어가 들어 있는 '스마트'형 제품이든 간에 그 제품의 작동 원리를 연구한다. 그리고 그 물건을 개조,

즉 해킹한다. 이렇게 해서 기능을 향상시키거나 새로운 물건으로 탈바꿈시키는 것이다. 또한 그들은 해킹을 하면서 서로 정보를 주고받는다. 공통된 문제를 해결하려고 여러 사람이 자신이 갖고 있는 가장 좋은 아이디어와 정보를 서로 모아 내는 '오픈 소스적 태도'인 셈이다.

2003년 5월 초, 〈애플〉은 '아이팟 뮤직 플레이어' 신제품을 선보였다. 곧바로 아이팟 마니아들은 제품을 써 보고서 〈애플〉의 제품 설명서에는 나와 있지 않은 기능까지 찾아냈다. 이 정보는 〈아이파딩 iPoding〉14) 사이트에 처음 올라왔다. "그러니까, 우리는 기다릴 수가 없어서 동네의 베스트바이 매장으로 가서 새로 나온 '2세대 15기가'를 집어 들었죠. 분해해 보기 전에 우선 진단 모드를 돌려 봤어요. 녹음 기능이 있더라고요! '라인-인'을 가지고도 해 봤는데 그것도 녹음이 되더군요."

인터뷰할 때 디지털 녹음기를 자주 사용하는 기자인 내게 이것은 매우 흥미로운 정보였다. 하지만 여기에서 핵심은, 이것이 뉴스였으며, 이 뉴스가 제품을 만든 회사가 아니라 제품을 가장 활발히 사용하는 소비자한테서 나왔다는 것이다. 〈애플〉은 미래의 제품 계획을 비밀로 유지할 생각이었는지도 모르지만(그런지 아닌지는 확실치 않다), 똑똑한 사람들이 스스로 그것을 알아내어 퍼뜨리는 것을 막을 수는 없었다.

자동차에서 결함이 발견되어 그 정보가 자동차 제조 회사로 전해지는 과정도 이와 비슷한 면이 있다. 예전 같으면, 우리는 직접 결함 있는 자동차를 겪어 보거나, 제조 회사가 알려 주거나, 결함이 너무 심각해서 신문이나 방송에 나오거나, 정부가 리콜을 명령한 경우에 제품의 결함에 대해 알 수 있었다. 하지만 이제는 그런 정보를 사용자 그룹이나 인터넷을 통해서 접한다.

　제조사가 공식적으로 밝히지 않은 것들을 인터넷에서 알아내는 대표적인 사례로는, 자동차의 전자 시스템에 대한 정보를 모아 제품을 튜닝하는 사람들을 들 수 있다. (자동차 회사들은 이런 튜닝을 달가워하지 않는다.) 초기의 자동차 마니아들은 자동차의 탄화 장치와 다기관에 손을 대서 튜닝했다. 이제 그들은 소프트웨어 코드를 튜닝한다. 업계 전문지 『EDN액세스』의 기술 담당 기자인 워렌 웹은 이렇게 말했다. "자동차 회사들로서는 자존심 상할 일이겠지만, 자동차 업체의 철저한 보안에도 컴퓨터 해커들은 엔진 통제 시스템이 나오면 대부분 몇 달 안에 코드를 역으로 분석할 수 있다. 해커들은 시스템을 통제하는 변수들을 조정해서 캘리포니아의 매연 저감 규정을 무력화하거나, 자동차 성능을 향상시킬 수 있다."15) 해킹을 하는 사람들은 자신이 해킹한 (기술적인) 과정을 다른 사람들과 공유한다. 인터넷을 조금만 찾아보면 마력을 높이는 법 같은 다양한 튜닝 정보가 올라와 있는 사이트를 수십 개는 찾을 수 있다.16)

　자동차 업체들은 해커들이 매연 저감 장치를 무용화하거나 안전성을 떨어뜨리는 방향으로 차를 개조하는 것에 대해 우려하고 있다. 실제로 이는 걱정스러운 일이기는 하다. 하지만 해킹을 하는 사람 대다수는 엔진 등 자동차의 시스템을 더 효율적이고 안정성 있게 만드는 법을 알아내고 있다. (저작권법 소송 등의 못마땅한 수단을 이용해서) 이러한 정보를 공유하지 못하게 막는다면 제조 업자들이 소비자에 대해 전례 없는 통제권을 갖게 해 주는 것과 마찬가지가 된다. 물론 제조 업체로서는 바라는 바일 것이다. 그러나 그 통제력을 지나치게 행사하려 든다면, 소비자들을 기분 나쁘게 만드는 정도를 넘어서 기업에 더 심각한 위험을 초래하게 된다. 사업 자체를 위험에 빠뜨릴 수 있는 것이다.

MIT 경영대학원 교수인 에릭 폰 히펠은, 기업들이 어느 정도의 해킹 활동을 (막을 것이 아니라 오히려) 촉진해야 한다고 생각한다.[17] 자사 제품의 "핵심 사용자"(디쉬플레이어의 경우 나 같은 소비자)가 결함을 찾아내고 제품을 향상시킬 수 있도록 기업이 적극적으로 지원하고 독려해야 한다는 것이다. 독자가 기자보다 더 많은 정보를 갖고 있다는 것을 기자가 위협으로 여겨서는 안 되듯이, 기업도 제품을 향상시키는 것에 관심이 많은 똑똑한 고객을 위협으로 여겨서는 안 된다. 자신이 가진 전문 지식으로 고객이 도움을 줄 때 기업이 취해야 할 현명한 태도는 '감사합니다.'라고 말하는 것이다.

더 깊이 들여다보기

고객들이 서로 정보를 교환하는 것이 그리 놀라운 변화가 아니라고 생각한다면, (기기나 사물이 스스로 정보를 교환하는 방식으로) '자가 조직되는 소비자 정보'라는 새로운 범주에 관해 생각해 보기 바란다.

도쿄 대학 교수인 켄 사카무라는 단거리 무선통신용 칩을 여러 제품에 장착해 흥미로운 실험을 해 오고 있다. 〈유비쿼터스 네트워킹 연구실〉[18]에서 사카무라는 제품들을 스캔해서 각 제품의 아이디를 제품 이력 등 더 많은 정보가 있는 데이터베이스에 연결한다. 그는 언젠가 모든 제품이 이러한 아이디 태그를 가지게 되어서, 우리가 접하고 구매하는 것들에 대해 방대한 정보를 가질 수 있게 될 것이라고 말했다. 예를 들면, 양배추의 아이디 태그는 그 양배추가 어디에서 길러졌는지, 그 농장에서는 농약을 사용했는지 등을 알려 줄 수 있을 것이다. 또 약병은 그 약이 현재 내가 복용하는 다른 약과 함께 먹어도 되는 것인지를 알려 줄 수 있을 것이다.

〈마이크로소프트〉의 연구원인 마크 스미스[19]는 자신이 개발한 '아우라Aura' 시스템을 통해 미래의 모습을 또 하나 보여 주고 있다. 기본적으로는 이미 시중에 나와 있는 과학기술을 활용하여, 그는 휴대용 컴퓨터에 무선 인터넷과 바코드 스캐너를 장착했다. 그걸로 가게에서 제품을 스캔하면, 마크의 컴퓨터는 〈구글〉 등의 사이트에서 그 제품 데이터를 모아 와서 손에 들고 있는 스캐너 화면에 보여 준다.

갑자기, 가격뿐 아니라 훨씬 많은 다른 정보를 이용할 수 있게 되었다. 훨씬 더 넓어진 정보 생태계 안에서 제품과 제조 업체에 대한 데이터를 이용할 수 있는 것이다. 이 티셔츠가 노예 노동을 통해 만들어졌는가? 이 식품 회사는 통조림 제품을 제조할 때 공장 인근에 폐수가 흘러가게 한 이력이 있는가? 이 회사는 근로자를 잘 대우하고 환경 문제에 신경 쓴다는 평판이 나 있는가? 스미스는 예전에 슈퍼마켓에서 시리얼 상자를 스캔해 받아 보았던 결과를 사람들에게 즐겨 보여 준다. 〈구글〉 검색에 따르면, 그 제조 업체가 중요한 원료를 라벨에 표기하지 않아서 어떤 제품을 리콜한 적이 있었다. 그 원료에 알레르기가 있는 사람에게는 중요한 정보일 것이다. 스미스는 모든 사물이 이야기를 할 수 있게 된다면 "(사물이 제공해 줄) 가장 중요한 정보 중 하나는 '나를 먹으면 당신은 죽게 될 거예요'라는 내용일 것"이라고 말했다.

이제 여기에 '위치 정보'라는 개념을 추가해 보자. 2003년 사스 전염병이 퍼졌던 시기에 홍콩의 한 이동통신 회사는 사람들이 건물에 들어가려고 할 때마다 그 건물에서 사스 환자가 생긴 적이 있는지 휴대전화로 알려 주는 시스템을 개발했다. 이미 공개되어 이용이 가능했던 자료를 활용해 전화기의 위치 표시 관련 소프트웨어와 연결한 것이다.

이런 사례는 더 높은 수준의 투명성을 시사해 준다. 기업이나 정부 같은 뉴스메이커가 자발적으로 투명해지려 하지 않더라도 사용자들이 이뤄 낼 수 있는 투명성 말이다. 갇혀 있던 모든 종류의 데이터와 메타데이터(정보에 대한 정보)가 해방되고 있기 때문에 이런 투명성이 가능하다. 잘못된 정보가 유통되거나 사생활이 침해될 가능성과 같은 단점도 분명히 있다. 하지만 긍정적인 사용 가능성 또한 분명하다.

거품, 과장 광고

사람들에게 조나단 리베드라는 이름은 이제는 그리 큰 의미를 지니지 않지만, 이 이름은 모든 기업의 홍보 담당 임원의 사무실 벽에 걸려 있어야 마땅하다. 리베드는 1990년대 말 거품 시대를 풍미했던 많은 주식 시장 플레이어 중 한 명이었다. 그가 온라인에서 추천한 종목은 (거품이 꺼지기 전에) 주가를 치솟게 하는 데 일조했다. 시장을 주무른 사람이 그 혼자만은 아니었다. 월가의 유명한 분석가들도 머지않아 주가가 폭락할, 가치 없는 주식을 사도록 엉뚱하게 매수 추천을 했다. 자신들끼리는 기업 가치가 매우 낮은 '한계 기업Dog'으로 여기는 종목까지 포함해서 말이다. 리베드는 월가의 전문 분석가 집단에는 속해 있지 않았다. 그는 뉴저지에 살고 있는 십대 소년이었는데 인터넷 채팅방에서 가명으로 여러 주식 종목을 부풀려 가며 수십만 달러를 벌었다. 결국에는 증권 감독 당국에 적발되었는데, 감독 당국은 그가 번 돈의 상당 부분을 갖도록 허용했다. 『뉴욕타임스 매거진』에서 마이클 루이스가 말했듯이, 리베드의 행위가 명백한 불법인지, 아니면 그냥 윤리적으로 문제가 있는 정도인지는 딱 잘라 말할 수 없다.

기업은 이런 종류의 활동이나 시스템에 장난질을 하는 더 악질적인 행위가 사라지지 않았다는 점을 기억해 두어야 한다. 그런 행동은 여전히 만연해 있다.

그러나 이것은 더 커다란 현상의 일부다. 그 현상이란 전 세계의 누구라도 기업의 활동과 재정을 샅샅이 헤쳐 보는 일에 참여하는 것이 가능해지는 현실을 말한다. 이러한 사이버 세상 속에서 평범한 사람들이 신경써야 할 문제는, 진실과 거짓을 구분하는 일이다. (이 부분은 9장에서 더 자세히 설명할 것이다.) 인터넷에서 유통되는 이야기의 대상이 되는 뉴스메이커들이 신경 써야 할 문제는 훨씬 더 심각하다.

사람들이 기업의 재무 성과나 주가에 대해 토론하는 온라인 채팅방은, 주식 시장 상장 기업들이 직면하는 가장 심각한 딜레마 중 하나다. 채팅방에는 자신이 구입한 종목의 주가를 올리려고 혈안이 된 사람이나 주가를 낮출 만한 정보를 퍼뜨려서 공매도■의 기회를 엿보려는 사람이 분명히 많다. 그러나 이런 포럼에서도 유용한 정보를 찾을 수

■ 주가가 떨어져야 이익을 보는 파생 상품 투자 기법.

있다. 기업을 출입하는 기자들이 이러한 온라인 포럼들을 살펴보지 않는다면 좋은 정보를 놓칠 수도 있다.

기업 측이 직접 참여하는 사이트가 아니더라도, 기업은 이러한 토론을 주의 깊게 살펴보아야 한다. 실제로 대다수 기업이 그렇게 하고 있다. 같은 이유로, 기자들도 좋은 정보를 얻으려고, 사람들이 잘못된 정보를 퍼뜨리지는 않는지 살피려고 온라인 토론방을 살핀다.

온라인 토론방에서는 거의 모든 사람이 가짜 이름을 사용한다. 때로는 기업 내부자가 글을 올리기도 한다. 적어도 기업 기밀 유출자라며 회사가 온라인 토론방에 글을 올린 사람의 실명과 주소를 확인해 달라고 법원에 청원을 내는 등의 대응을 시작하기 전에는 말이다. 어떤 경우에는 기업이 포럼에 올라온 글을 문제 삼아 소송을 걸기도 한다. (이 문제는 10장에서 설명할 것이다.) 그러나 최근 법원의 판결은, 기업이 실제적인 명예훼손의 증거를 제시하지 못할 경우에는 온라인 사용자들의 실명을 확인할 수 없다는 방향으로 가닥이 잡혀 가고 있다.

기업들은 온라인에 떠도는 소문을 일일이 추적해 대응해야 할 것인가보다 더 중요한 문제를 생각해 보아야 한다. 만약에 '기업 비밀'이라고 하는 것 자체가 이제는 사라져 가는 구시대의 개념이라면 어떻게 될 것인가? 나는 '연결된 세계'에서는 투명한 기업일수록 성공할 가능성이 많을 것이라고 생각한다. 기업이 모든 것을 완전히 다 드러내야 한다는 뜻은 아니다. 이것은 물론 말도 안 된다. 그러나 딕 설즈가 세그웨이▪에 대해 비판한 지점을 명심할 필요가 있다. '웹강령 95'의 공동 저자이

▪ Segway, 딘 카멘이 개발한 이륜 전동 스쿠터로, 비밀리에 개발되는 무공해 엔진 제품이라며 출시 전부터 숱한 화제를 일으켰다.

기도 한 설즈는 2001년 12월 자신의 블로그에 이렇게 적었다.[20]

나는 딘 카멘의 발명품이 매우 독창적이고 계획 또한 매우 개인적인 것이어서 제품이 출시되기 전에 다른 사람이 훔치거나 베낄 수 없을 거라고 생각한다. 그래서 (어차피 다른 사람이 베낄 우려가 적은데도) 딘과 딘의 팀이 굳이 제품 개발을 너무 비밀리에 진행한다는 게 못마땅했다. 발명품 업계에서는 비밀 엄수가 사업의 성패를 좌우한다는 것은 알고 있지만 말이다. 하지만 그렇게 비밀리에 개발을 진행해서 무슨 좋은 일이 있었을까? 그래, 제품이 개발 중일 때부터, 암호명 '진저Ginger', 또는 '잇IT'이라고도 불리는 화제의 비밀 발명품에 관한 좋은 기사들이 무성했다. (그러나) 제품에 대한 구체적인 정보는 없었다. 그리고 이제 제품이 나왔는데도 쓸 만한 정보는 여전히 없다. 우리는 이 제품에 대해 충분히 알고 있지 못하고 충분히 이야기하고 있지도 못하다.

카멘과 그의 동료들이 모든 정보를 공개하면서 진저를 개발했다면 현재 진저에 대한 고객 수요도 훨씬 많아졌을 테고, 진저 활용법에 관한 창조적인 아이디어도 훨씬 더 많아졌을 것이라고 나는 장담한다.

그리고 이것도 확실하게 말할 수 있다. 이 독창적인 기계를 가장 독창적으로 사용하는 방법은, 카멘이 이것을 개발했을 때는 생각지도 못했던 방법일 것이다.

많은 사람들에게는 설즈의 말이 이상하게 들리겠지만, 시간이 지날수록 이 생각이 옳다는 것이 점점 더 분명해지고 있다. 토론 게시판들은 결코 위협이 아니라 오히려 득이 되어 줄 것이다. 물론 기업이 공식적으로 참여하면 더 좋다. 가장 좋은 경우는 제품 판매자가 직접 개설하고 지원하는 포럼으로, 직원들이 직접 참여하되 명백한 명예훼손이나 악질적인 경우 외에는 게시물을 검열하지 않는 것이다. 이런 것을 잘하고 있는 회사 가운데 하나가 가정용 위성 텔레비전 시스템을 만드는 〈에코스타〉(나도 이것을 사용하고 있다)다. 〈에코스타〉에 따르면, 〈에코스타〉의 기술 관련 직원들은 온라인 사이트에 잘못된 정보가 올라오면 웹마스터에게 알려 주는 식으로 간접적으로 참여한다. 〈디쉬네트워크〉는 회사에 실질적인 해를 끼치는 것은 막으면서도 사람들의 온라인 활동을 간섭하지 않고 내버려 둔다.

노스캐롤라이나의 기자 에드 콘은 하워드 딘의 2004년 대선 초기 돌풍을 설명한 기사에서, 여러 다른 경우에도 널리 적용될 만한 설득력 있는 주장을 폈다.

> 텔레비전, 라디오, 인쇄 매체, 우편은 제품에 대한 인지도와 수요를 창출할 수 있다. 공급자가 (광고) 메시지의 내용을 통제하며, 그 메시지가 잘 만들어졌을 경우 소비자는 돈으로 그 제품을 구매함으로써 일종의 투표를 한다. 그러나 하워드 딘 선거운동이 보여 준 교훈은 세세한 것까지 일일이 직접 신경쓰는 마이크로 매니저들을 위한 것이 아니다. 인터넷이 있는 오늘날에는, (당신이 일일이 관리하지 않아도) 그 자체로 당신의 상품을 마케팅해 주는 커뮤니티를 창출하는 것이 효과적인 마케팅이다. 제대로 된 경우라면, 당신은 (인터넷을, 혹은 인터넷 커뮤니티를) 통제할 수 없을 것이고, 통제하고 싶지도 않을 것이다.[21]

감시인들과 첩자들

장벽과 비밀을 깨뜨리는 데 있어서, 우리의 무기는 여러 개의 날을 가지고 있다. 『투명한 사회』[22]에서 데이빗 브린은, 프라이버시라는 것은 전前테크놀로지 시대의 유물이 되어 가고 있다고 말했다. 그는 현대의 테크놀로지가 방대한 정보의 종합과 세세하게 파고드는 능력으로 우리를 압도할 것이기 때문에 구시대의 개념인 프라이버시를 계속 유지하는 것은 불가능하다고 주장했다. 그에 따르면 우리가 할 수 있는 유일한 일은, 이 동일한 테크놀로지를 시민들이 정부나 대기업 같은 감시자들에게 되사용해(즉 시민들이 정부나 대기업을 감시하는 데 사용해) 우리 모두가 존엄을 유지할 수 있는 분위기를 만들도록 하는 것이다. 나는 이렇게 되어 가리라고 기대하지 않는다. 왜냐하면 정부와 대기업은, 자신들은 우리의 사적·직업적 정보에 접근하고 있으면서도, 시민들이 자신들에 대해서는 그만큼의 접근권을 갖는 것을 결코 허용하지 않을 것이기 때문이다.

그러나 그런 와중에도, 평범한 사람들은 정보의 균형을 다시 맞춰나갈 방법들을 찾아나가고 있다. 한 예로, 미국의 전 안보 보좌관 존 포인덱스터는 무시무시할 정도로 사생활을 침해할 수 있는 '통합 정보 인식Total Information Awareness' 프로그램을 추진했지만, 새로운 테크놀로지의 힘은 포인덱스터 자신이 쓴맛을 보게 만들었다.

통합 정보 인식은 부시 행정부가 추진한 프로그램으로, 잠재적 테러리스트의 미심쩍은 행동을 색출할 목적에서 고안된 것이었다. 이 프로그램은 개개인의 재무, 운전, 범죄, 법정, 의료 기록 등이 있는 데이터베이스들을 통합해서 방대한 개인 정보를 집적하게 되어 있었다. 1980년대 이란 콘트라 스캔들■의 장본인이자 전前 해군 제독인 포인덱스터가 이 프로그램을 담당했다.

시민 자유주의자들은 대안 신문인 『샌프란시스코 위클리』에 나온 매트 스미스의 2002년 12월 3일자 기사를 보고 이를 널리 퍼뜨렸다. 인터넷 활동가 존 길모어에 따르면 "(그 칼럼에서 스미스는) 메릴랜드주(우편번호 20850) 로크빌 배링턴 페어 10번지에 살고 있는 존 포인덱스터와 린다 포인덱스터가 통합 정보 인식을 추진하는 과정에서 놓치고 있는 정보가 있을지도 모르니, 시민들이 1-301-424-6613으로 전화해서 그 부패한 정치인과 그의 아내에게 이야기해 주자고 제안했다. 또한 포인덱스터 부부의 이웃인 토머스 멕스웰(67세, 배링턴 페어 8번지, 251-1326), 제임스 갤빈(67세, 12번지, 424-0089), 셰릴 스탠트(결혼 전의 이름은 셰릴 나이트, 6번지)도, 모든 미국인의 기본적인 시민권에 영향을 미치는 의사결정을 하는 데 있어서 놓친 귀중한 정보가 있을지도 모른다고 덧붙였다."

존 길모어는 한발 더 나갔다. 공개적으로 이용 가능한 위성사진에서 포인덱스터가 사는 곳의 사진을 내려받아, 인기 사이트인 〈크립톰〉23)에 올렸다. 또한 포인덱스터를 비롯해 시민의 사생활을 침해하는 자들에 관해 정보를 갖고 있는 사람들은 그 정보를 공개해서, 통합 정보

■ 레이건 대통령 재직 당시 미 행정부가 레바논의 친이란계 조직에 납치된 미국인을 구하기 위해 이란에 무기를 팔고 그 대금으로 니카라과의 콘트라 반군을 지원한 것이 드러난 사건이다. 대통령 안보 보좌관이던 존 포인덱스터 등이 기소됐으나 정보를 공개하지 않아 진상이 제대로 밝혀지지 않았다.

인식이 가져올 수 있는 해악이 어떤 것인지를 그들(통합 정보 인식을 추진하는 사람들)에게 보여 주자고 촉구했다.

며칠 뒤, 프라이버시 관련 활동가 리처드 스미스도 〈크립톰〉 사이트에 비슷한 내용을 올렸다. "통합 정보 인식을 추진하는 사람들은 남들이 자신을 지켜보는 것에 대해서는 달가워하지 않는 것 같다. 그들의 약력에 대한 정보는 지난 몇 주간 통합 정보 인식 사무소 웹사이트[24]에서 모두 삭제되었다. 그러나 삭제된 약력이 〈구글〉의 캐쉬 서버에 여전히 남아 있기에 복사해서 내 웹사이트에 올려 두었다." 스미스는 그 웹 주소를 올려놓았다.

통합 정보 인식은 "적의 무기를 적에게 겨누는" 한판 승부로 끝을 보았는가? 완전히 그렇지는 않았다. 이 프로그램은 공식적으로는 중단되었지만, 그들은 여전히 다른 방식으로 시민들의 개인 정보를 모으려 하고 있다. 이들은 반대하는 사람들보다 항상 더 많은 정보를 가지고 있다. 하지만 미래에는 그들도 엿보는 것이 스파이들만의 활동이 아니라는 것을 알게 될 것이다. 통합 정보 인식 사례에서 두드러진 것은, 개인으로서는 큰 영향력을 발휘할 수 없었을 활동가들이 집단적으로 자신의 목소리를 들리도록 만들었다는 점이다.

기자들 감시하기

전통적으로 투명성이 가장 낮았던 업계는 무엇일까? 바로 언론이다. 지금까지 언론은 블랙박스였고 근래 몇 년간 아주 약간만 투명해졌을 뿐이다. 그러나 사람들은 언론계에도 더 많은 투명성을 요구하고 있다. 이런 요구에 언론이 만족스럽게 반응하지 못하면 사람들은 스스로 보도를 하기도 한다.

미디어에 대한 짐 로메네스코의 블로그 〈포인터 인스티튜트〉25)는 언론인뿐 아니라 저널리즘에 관심을 갖고 지켜보려고 하는 사람들에게 옹달샘 노릇을 해 왔다. 블로그 운영자들은 신문, 잡지, 방송이 (실제든 의혹이든 간에) 공정성과 정확성을 해치는 것을 찾아 지적하는 것을 주저하지 않는다. 세상에서 가장 낯짝이 얇은 사람들인 언론인들에게 이러한 경향은 충격적인 것이었다. 기자들은 남들에 대해서는 꼬치꼬치 살펴보지만 남들이 자신을 꼬치꼬치 살펴보는 것에는 익숙하지 않다. 다른 사람들이 기자들을 살펴볼 수 있는 것이 사회적으로는 더 건전하고 건강한 것이라고 해도 말이다.

심지어 『뉴욕타임스』도 2003년 제이슨 블레어 기자가 저널리즘 윤리에 어긋나는 행동으로 이 신문사 사상 최악의 추문을 일으켰을 때, 뉴스 생산과정의 장막을 걷으라는 압력에 직면했다. 『뉴욕타임스』는 이 사건에 대해 내부 감사를 벌였고, "시걸 보고서"26)를 통해 블레어 기자 자신의 부정직한 행동 위에는 느슨한 관리와 구멍 난 커뮤니케이션이라는 문제가 있었다고 밝혔다. 그러나 "시걸 보고서"는 온라인에 잠깐 공개됐다가 이내 사라졌다. 뉴욕 대학의 제이 로젠은 이 일을 궁금하게 여겨 질기게 파헤쳤다. 로젠 등의 노력에 힘입어 "시걸 보고서"는 다시 온라인에 올라오게 되었다.

2004년 초, 많은 블로거가 당시 정치 기사의 수준이 떨어진다고 생각하고 있었는데, 누군가 저널리즘의 수준을 일반적으로 향상시키기 위한 제안을 한 가지 했다. 개별 기자들의 정치 기사를 인터넷에서 추적해서 실수나 누락된 점을 엄밀히 확인해 공개하자는 것이었다. 나는 내 블로그와 로젠의 〈프레스싱크〉 사이트(이 제안이 처음 등장해 논쟁이 벌어진 사이트다)에 이 제안에 대한 내 견해를 올렸다.

내가 쓰는 기사를 사람들이 보고 잘못된 것이 있으면 고쳐 줄 수 있다는 생각을 나는 환영한다. 동일한 사실관계를 가지고도 나와 다른 결론을 내리는 사람들의 견해를 보는 것, 또는 내가 몰랐던 사실에 기반해 누군가 내게 반박하는 것도 반긴다. 이것은 미래 저널리즘의 일부이고, 언론계에 종사하는 우리는 (제대로 해 나간다면) 더 큰 대화의 일부가 되어 줄 피드백과 독자들의 도움을 환영해야 한다.

하지만 그 제안이 조직적인 '진실 부대Truth Squads'을 만들고자 하는 것이라면 나는 좀 불편하다. 수많은 문제제기가 있을 수 있지만 세 가지만 이야기하자면 다음과 같다. (그리고 이런 우려를 하는 사람은 나뿐이 아니다.) 첫째, 그 감시자의 역할은 누가 맡는가? 자발적으로 이런 역할을 맡는 사람들은 대부분 무언가에 대해 반대 의견을 가진 '안티' 논객들이다. 그들은 해당 기자가 능력이 부족해서든 악의적으로든 무언가 잘못했다는 편견을 미리 가지고 있다. 이런 태도에 직면한 기자는 별 대응을 하지 않거나, 아마도 전혀 대응을 하지 않을 것이다.

폴 크루그만에게는 (나에 대한 안티는 그의 안티에 비하면 친절하다고 생각될 정도로) 수많은 온라인 안티 비판가들이 있다. 때로는 그들의 비판이 유의미하고 적절하다. 하지만 또 상당 부분은 부정확한 것도 있다. 어떤 경우에는 그 비판자들이 속임수를 쓰기도 한다. 크루그만이 말하지도 않았거나 다른 맥락에서 말한 것을 꼬투리 잡는 것이다.

둘째, 자신이 쓴 기사에 대한 온라인 토론에 참여하는 기자(많은 언론사들이 법률적 문제 때문에 이를 금지하고 있기는 하지만)들은 '수확 체감의 법칙'■을 느낄 것이다.

나는 1990년대 중반 OS/2 운영체제를 둘러싸고 추종자와 반대자들 간에 벌어진 맹렬한 논쟁을 기억하고 있다. 나는 광신도는 아니었지만 OS/2의 팬이었다. 나는 가끔씩 유즈넷에 글을 올리곤 했는데, 잘못 해석되거나 심각하게 왜곡되는 일이 많았다. 나는 (나보다 훨씬 열성적인) OS/2의 열성 신도에게서 맹공격을 받았는데, 그 사람은 내 기사의 모든 문제를 해부한 뒤 추가 질문을 남겼다. (그러나) 그가 한 질문은 대부분 (내가 보기에) 맥락에서 벗어난 것이었다. 나는 내 글에 명백하게 잘못된 내용이 있다면 고치겠지만 그 이상의 것에 대해 대응하는 것은 시간 낭비라는 것을 깨달았다. (아, 유즈넷 뉴스 그룹에는 나를 지지해 주는 사람들도 있었다. 큰 도움이 되었다.)

셋째, 왜 기자가 말한 것보다 그를 비판하는 사람이 말한 것을 더 많이 믿어야 하는가? 기자가 사실을 틀리게 썼다고 주장한다고 해서, 그 주장이 진실이라는 뜻이 되는 것은 아니다. 그것은 여전히 주장일 뿐이다.

그러면 진실 부대를 감시할 또 다른 진실 부대를 만들어야 하는가? 놀랍게도, 이런 사람들이 있기는 하다. 안티 크루그만 성향의 글들을 샅샅이 살펴보는 친크루그만 사람들이 그 예다. 그러나 일반적인 독자가 진실 부대

....

■ the law of diminishing return, 경제학 용어. 이에 따르면 투입을 두 배 늘려도 산출이 두 배 늘어나는 것이 아니라 두 배보다 적게 늘어난다. 어느 시점 이후로는 투입을 늘릴 때 오히려 산출이 줄어들 수도 있다는 이론이다. 즉 여기서는 비판해 주는 사람들이 많다고 기사의 질이 꼭 좋아지는 것은 아니라는 말.

의 말을 대부분 무시한다고 해도 비난할 이유는 없다.

인터넷상의 자발적인 진실 부대라는 생각이 나쁘다는 게 아니다. 다만 저널리즘을 정말 향상시키는 데 이러한 방식이 효과가 있을지 의심스럽다는 말이다.

이 글을 보고, 투자자이자 크루그만에 대한 비판자인 도널드 러스킨은 자신의 블로그[27])에 이런 글을 썼다. "그러면 댄 길모어 같은 기자들은, 기사에 동의하지 않는 사람들은 모두 기자에게 친절한 전자우편을 보내고, 그것에 답을 할지 말지는 기자가 (맘대로) 결정해야 만족할까요? 우리 중 일부가 '조직적인 진실 부대'가 된다면 꼴사나운 모습이겠군요. 분명히, '조직'적으로 무언가를 할 수 있는 권리는 거대 언론에게만 있나 보네요."

이에 대해 나는 내 블로그에 이렇게 답변했다.

첫째, 나는 독자들이 내 블로그에 코멘트를 남겨 주는 것에 대해 언제나 환영입니다. 그리고 때때로 꽤 화가 난 비판자들과의 생생한 토론이 내 블로그에서 이뤄져 왔습니다. 러스킨은 내 생각에 반박한 그의 글을 여기 내 블로그에 올릴 수도 있었을 것입니다. 하지만 그랬다면 내가 "유일하게 좋은 피드백은 친절한 전자우편"이라고 생각한다는 주장은 할 수 없었을 것입니다. (러스킨은 자신의 블로그에 사람들이 코멘트를 올리는 것을 허용하지 않고 있습니다. 러스킨이야말로 진정한 토론이 이뤄지는 공간보다는 자신에게 유리한 코멘트만을 드러내는 보여주기용 공간을 선호하는 것 같습니다.) 둘째로, 나는 항상 거인(거대 미디어)과 맞서려면 난쟁이들(풀뿌리)이 능동적이고 조직화되어야 한다고 주장해 왔습니다. 러스킨은 이런 사실을 모르거나 무시하고 있는 것 같은데, 그다지 놀랍진 않군요.

현재 나는 9장에서 언급할 몇 가지 이유 때문에, 덧글란을 둘 것인지에 대해서는 다시 생각해 보고 있다. 그러나 이것만은 분명하다. 언론이 투명해지는 방향으로 가는 경향은 불가피하며, 이런 변화는 저널리즘의 소비자들이 언론의 숨어 있는 과정을 이해하도록 도움을 주는 토론과 대화를 낳을 것이다. 그렇다고 언론이 100퍼센트 투명해질까? 그건 아닐 것이다. 하지만 더 많은 개방성은 피할 수 없고, 피하려 해서도 안 된다.

형세 역전시키기

3장에서, 현대의 커뮤니케이션 도구를 통해 (관심만 있다면) 사람들이 과거에 뉴스를 (일방적으로) 배급했던 언론사나 기자들에 대해 더 많은 (아주 많은) 것을 알 수 있음을 살펴보았다. 게다가 일단 누군가가 무언가를 알게 되면 그 사람은 그것을 전 세계로 퍼뜨릴 수 있다. 뉴스메이커들은 이 현실을 받아들여야지, 여기에 맞서려고 해서는 안 된다.

또한 뉴스메이커는 새로운 시대에 자신이 그렇게 속수무책인 것만은 아니라는 점도 깨달아야 한다. 실제로 뉴스메이커 역시 똑같은 현대의 커뮤니케이션 도구를 활용해 자신이 이야기하고 싶은 메시지를 외부로 더욱 잘 전할 수 있고, 내부 소통을 향상시킬 수도 있다. (이 문제에 관해서는 다음 장에서 살펴볼 것이다.)

　　이러한 변화는 여러 면에서 혼란스럽다. 하지만 나는 긍정적인 경향이라고 믿고 있다. 비밀보다 개방성을 촉진시킬 것이기 때문이다. 그리고 좋든 싫든 좌우간, 이러한 변화는 불가피하다.

3장 미주

1) 로트 의원 발언에 대한 상세한 내용은 하버드대 케네디 정책 대학원의 쇼렌스타인 센터에서 수행한 사례 연구를 참고할 것. http://blogs.law.harvard.edu/2004/03/08.
블로거인 미키 카우스(http://slate.msn.com/id/2075444&#darkmatter)는 민주당이 시의 적절하게 배포한 전자우편들도 이 흐름에 한몫했다고 하지만, 이것은 분명치 않다.

2) http://www.talkingpointsmemo.com

3) 펜티엄 버그에 대한 〈인텔〉 임원의 발언은 http://news.com.com/2009-1001_3-224567.html에서 볼 수 있다.

4) http://www.macmerc.com/news/archives/1270

5) 이 책에 실린 사스 관련 내용은 당시에 중요한 역할을 했던 중국 기자 장 슈메이의 책(영어 번역본)을 토대로 한 것이다.

6) 홍콩 정부의 문자 메시지 이용 사례에 대해서는 2003년 4월 3일자 『가디언』을 참고할 것.

7) 관련 기사는 http://www.cnn.com/2003/TECH/ptech/08/01/camphone.abduction/을 참고할 것.

8) http://slashdot.org

9) 〈마이크로소프트〉의 홍보 속임수를 폭로한 〈슬래쉬닷〉 기사는 http://apple.slashdot.org/apple/02/10/14/1232229.shtml?tid=109을 참고할 것.

10) http://www.mcspotlight.org

11) http://www.library.ucsf.edu/tobacco/

12) http://www.thememoryhole.org

13) *Drift and mastery*, 그린우드 펍 그룹 출판사, 1914년

14) http://www.ipoding.com

15) 자동차 코드 해킹에 대한 'EDN 액세스'의 기사는 http://www.edn.com/article/CA46067.html을 참고할 것.

16) 〈다이난Dinan〉(http://www.dinancars.com)이라는 회사는 BMW 자동차에 대한 업그레이드 소프트웨어를 판매하는데, 이것은 미국 내에서 (규정 속도에 맞게) 최고 속도를 제한해 주는 장치를 무력화시킨다. 나는 이런 소프트웨어가 왜 필요한지 잘 모르겠고, 남용될 수 있다는 우려도 들지만, 사용자의 모든 것을 통제하려는 BMW의 빅브라더식 제품 설계도 못마땅하기는 마찬가지다.

17) http://web.mit.edu/evhippel/www/cv.htm

18) 트론 프로젝트, http://tron.um.u-tokyo.ac.jp

19) http://research.microsoft.com/~masmith

20) 세그웨이에 대한 닥 설즈의 글. http://doc.weblogs.com/2001/12/05#theSecrecyGame

21) 2004년 대통령 마케팅, 베이스라인 매거진 http://www.baselinemag.com/article2/
    0,3959,1410983,00.asp

22) 페르세우스 북스, 1998년.

23) http://cryptome.org/tia-eyeball.htm

24) http://web.archive.org/web/20021017111910/http://darpa.mil.iao

25) Pointer Institute, http://poynter.org/Romenesko. 최초의 블로그 중 하나이자 여전히
    최고의 블로그다.

26) 블레어 기자 사건에 대한 『뉴욕타임스』의 보고서.

27) http://poorandstupid.com. 경제와 정책에 대한 내용을 다루는 블로그로, 러스킨은 이곳
    에 흥미롭고 유용한 글을 많이 올린다.

제4장

뉴스메이커들,
형세를 역전시키다

2002년 1월 9일, 『워싱턴포스트』 기자 밥 우드워드와 댄 발즈가 미 국방장관 도널드 럼스펠드와 자리를 함께 했다. 이 기자들은 2001년 9월 11일 뉴욕과 워싱턴에서 발생한 테러 공격 이후의 상황에 관한 시리즈 기사를 쓰려고 취재를 하는 중이었다. 이들은 이 시리즈 기사가 "(테러 이후의) 그 열흘간에 대해 우리가 기록할 수 있는 가장 진지한 역사"라고 럼스펠드에게 말했다.

럼스펠드는 자신이 맨 마지막 인터뷰 순서라는 것을 국무장관 콜린 파월에게 들어서 알고 있다고 말했다. "기자들께서 이 문제에 대해 지구상의 모든 사람들을 만나 인터뷰를 했다고 그러더군요."

두 기자는 정말로 철저히 인터뷰 준비를 했다. 이들은 럼스펠드가 그때 무엇을 생각하고 말하고 행했는지를 심도 있게 파헤치는 질문들을 했다. 한마디로 이 기자들의 사전 준비는 이례적일 만큼 훌륭했다. 그걸 어떻게 아느냐고? 그달 말 『워싱턴포스트』에 기사가 나가자마자 국방부는 〈디펜스링크〉 웹사이트에 인터뷰 전문을 올렸던 것이다. 그 기자들의 인터뷰 방법이 궁금하다면 (홈페이지에 올라온 전문을 통해) 직접 볼 수가 있다. 인터뷰 내용 중 어느 부분이 기사로 게재되었는지 알고 싶다면, 그것도 바로 볼 수 있다. 국방부는 럼스펠드 장관과 폴 울포위츠 차관의 주요 인터뷰의 전문을 제공한다.

왜 그렇게 하는 것일까? 국방부가 밝힌 이유는 전체 맥락을 국민에게 확실하게 공개하기 위해서다. 국방부가 이야기하지 않은 이유는(이야기할 필요도 없었겠지만), 인터뷰를 웹에 올리는 것이 국방부로서도 여러 가지 면에서 도움이 되기 때문이다. 첫째, 국방부가 올리는 전문이 정확하다는 전제 아래,[1] 인터뷰 전문은 관심 있는 사람들에게 그 인터뷰 내용만이 아니라 가치 있는 역사적 자료까지 제공한다. 둘째, 기자가 인터뷰 내용을 제대로 반영하지 않은 기사를 쓰거나 방영하는 경우, 또는 독자나 청중을 완전히 오도하는 경우에는 인터뷰 전체 내용을 근거로 반박할 수 있다. 셋째, 이러한 과정은 기자들을 항상 긴장하게 만들 수 있다.

또한 기자를 불편하게 만들기도 한다. '최종적으로 사람들에게 공개되는 말은 기자가 결정한다'는 기자의 작은 성역이 흔들리고 있기 때문이다. 그러나 소프트웨어 전문가들 용어를 빌리자면 이것은 '버그(오류)'가 아니라 '피처(기능)'다.

뉴스메이커와 기자 사이의 관계에서는 뉴스메이커가 갑甲이 될 수 있는 요소가 있었다. 어쨌거나 기자들이 만나서 무언가를 알아내어 기사를 써야 하는 사람은 '그들'이고, 우리는 단지 관찰자일 뿐이니까.

게다가 너무나 많은 기자들이 속기사나 다름없이 뉴스메이커의 말을 받아쓰면서 경쟁하는 상황에서는, 의제를 만들고 끌고 가는 주도권은 뉴스메이커에게 있기가 쉽다.

이제 뉴스메이커들은 새로운 저널리즘 도구들을 (여론의 반응을 떠 보려고 시안을 발표하는 식의 구닥다리 방법 같은) 예전 방식에 응용해 언론을 다루고 여론을 호도하려 할 수 있다. 많은 뉴스메이커들이 앞으로도 그렇게 할 것이다. 이들은 자신이 통제할 수 없는 언론 매체와의 관계는 적대적인 것이라고 간주하는 세계에 계속 살고 있으니까. 이런 식으로 행동하는 뉴스메이커들은 중요한 핵심을 놓치고 있는 것이기는 하지만, 사실 그들은 오랫동안 그렇게 핵심을 놓쳐 왔다.

이들이 놓치고 있는 핵심은 '웹강령 95'가 말한 것과 비슷하다. 즉 시장은 대화라는 것이다. 이것은 현실적·실익적 측면에서도 의미를 가진다. 그러한 대화 방식의 상호작용으로 얻을 수 있는 이점이 많기 때문이다. 그러나 중요한 것은, 기업과 정치인, 그 밖의 뉴스메이커들이 그러한 이득을 얻을 수 있을 만큼 용기 있게 변화해야 한다는 점이다. 강의식에서 대화식으로 변화하는 일이 분명하고 명쾌하게 이뤄지지는 않을 것이다. 하지만 이러한 진전이 본질적으로 가질 수밖에 없는 혼란은, 제대로만 이뤄진다면, 모두에게 이득을 주는 커뮤니케이션의 가능성을 열어 줄 것이다.

3장에서 보았듯이, 뉴스를 생산하던 기존의 방식은 이제 유일한 뉴스 생산방식이 아니다. 애초에 그러한 방식이 작동하도록 만들었던 여건 (텔레비전 등 고도로 통제된 매스미디어를 통해 뉴스가 흐르는 것)은 아직도 유효하고, 대다수의 사람들은 여전히 이런 방식으로 뉴스를 접하고 있다.

그러나 '보도 자료 문화'■는 사라지고 있다. 그리고 이보다 더 좋은 소식은 없다. 네트워크 주변부에 있는 평범한 사람들, 블로거에서 활동가까지 대화에 참여하고 싶은 사람들에게서 나오는 뉴스와 논평은 뉴스메이커들이 직면해야 하는 일상의 현실이다. 직업 저널리스트들이 이 대화에서 여전히, 그리고 앞으로도 큰 부분을 차지하겠지만 더 많은 참여자들이 생겨나고 있다.

기업, 정치인, 저널리스트(나는 저널리스트도 뉴스메이커에 해당된다고 생각한다) 등 모든 종류의 뉴스메이커는, 고객, 유권자, 언론 대중 등 그들이 상대하는 모든 종류의 시민에게 더 열심히, 그리고 새로운 방식으로 귀를 기울여야 한다. 그리고 그렇게 해서 들은 것으로부터 무언가를 배워야 한다. 마케팅과 고객 관리는 이제 더는 단순한 강의식으로 이뤄지지 않는다. 기업은 자신의 제품과 기업 활동에 대해, 이미 벌어지고 있는 대화에 참여해야 한다. 블로그, 토론 포럼 등과 같은 정보 도구를 이용해서 기업들은 고객, 납품 업자, 직원과의 대화에 참여할 수 있다. 이 대화의 과정에서는 모두가 서로에게서 배울 수가 있다. 대중매체는 여전히 현대 커뮤니케이션의 주요 수단으로 남겠지만, 4장에서 설명하려고 하는 새로운 요소들도 대중매체만큼이나 필수적이 될 것이다. 예를 들면, 해당 분야에서 전문성을 가지고 있는 블로거에게 접근하는 것이 (불특정 다수를 대상으로 하는) 잡지 광고보다 더 효과적일 수 있다.

또 기업들은 진실하고 개방적인 것이 옳은 일일 뿐 아니라 현명한

■ 뉴스메이커가 일방적으로 보도 자료를 뿌리는 방식을 일컫는다.

일이기도 하다는 점을 깨달아야 한다. 인터넷 커뮤니케이션이 가능한 세계에서는 숨기는 것과 거짓말을 하는 것이 예전보다도 더 효과가 없을 것이다. 활동가들과 (정보가 많은) 소비자들은 속임수를 잡아내어, 그것에 대해 기업이 책임지도록 만들 것이다. 〈맥도날드〉는 〈맥스포트라이트〉를 상대로 한 명예훼손 소송에서는 이겼을지 모르지만, 결과적으로 〈맥도날드〉가 이러한 시민 활동의 결과로 (더 노련해지기만 한 것이 아니라) 더 사회적 책임감이 있는 기업이 되었기를 기대하며 그러리라고 믿는다. 그리고 트렌트 로트 같은 정치인은 대다수 미국인들이 더는 인종 분리주의 시대에 대한 향수를 용인하지 않는다는 점을 앞으로도 계속 유념하게 될 것이다.

이런 식으로 사고를 전환하는 것이 때로는 3차원 체스 게임처럼 느껴질 것이다. 기업이 상대하는 청중이 얼마나 다양한지 생각해 보라. 전통 매체, 뉴미디어, 다른 업종의 기업, 규제 당국, 정치인 등. 여기에 전자우편, 블로그, 문자 메시지, RSS와 같은 인터넷 신디케이션 등 점점 다양해지고 있는 커뮤니케이션 도구를 더해 보라. 그러면 새로운 세상에 대한 그림이 그려지고, 그것이 얼마나 복잡한지에 대해서도 감이 올 것이다.

4장은 미래의 뉴스메이커에게 구체적인 조언과 사례를 제공한다. 그들이 기자, 직원, 고객 등과 진정한 대화를 수행할 수 있는 방법에 대한 조언이다. 나는 특히 기업인과 정치인들이 사람들을 오도하거나 속이기 위해서가 아니라 올바른 목적으로 이 조언을 사용하기를 바란다.

들으면서 배우기

과학적 표본조사나 포커스 그룹 인터뷰■ 등을 통해서도 무언가 알게 될 수는 있지만, 이런 기법만으로는 '다른 사람의 목소리에 귀를 기울이는 것'이 제대로 이뤄지지 않는다. 샌프란시스코 베이 에어리어에 사는 홍보 전문가 필 곰스의 경우를 살펴보자.2) 홍보 대행 업계에서 2년쯤 일했을 때, 곰스가 일하던 홍보 대행사는 기업 소프트웨어 담당 팀에 그를 배치했다. IBM의 AS/400 중대형 컴퓨터(AS/400은 견고하고 안정성이 높다는 평을 받고 있었다)에서 주로 사용되는 소프트웨어에 대해 언론과 전문 분석가들을 상대하는 것이 그의 임무였다. 그 소프트웨어는 AS/400 사용자들 사이에서 시장 점유율이 높았다. 그런데 그 소프트웨어를 만드는 업체는 유닉스 운영체제와 윈도 운영체제에서도 돌아가도록 프로그램 코딩을 수정할 계획이었다. 고객의 90퍼센트를 차지하는 AS/400 사용자들은 이 때문에 자신들이 (고객 서비스 등에서) 뒷전이 될까 우려하고 있었다.

곰스는 그 소프트웨어 사용자들을 위한 이메일 리스트인 〈리스트서브listserv〉를 발견했다. 이메일 리스트를 통해 그들은 제품에 대한 유용한 정보와 토론을 주고받으며 사실상 스스로 뉴스 보도를 하고 있었다. 이곳에서 이용자들이 얻는 정보는 예전 같으면 업계 전문지나 사용자 그룹에서만 볼 수 있을 것들이었다. 곰스와 곰스의 고객사인 소프트웨어 회사는 사용자들이 뭐라고 말하는지 들어야 했다.

....

■ 다수의 사람에게 질문을 돌리는 설문 조사와 달리 소수의 사람으로 표본을 뽑아 난상 토론, 심층 인터뷰 등을 통해 연구하는 방법.

곰스는 이렇게 말했다. "그 이메일 리스트를 살펴봄으로써 나는 사용자들이 필요로 하는 것, 우려하는 것, 구매 의사를 결정하는 과정 등에 대해 믿을 수 없을 만큼 풍부한 정보를 얻었다. 그렇게 얻은 정보를 고객사로 가져가서 홍보 전략을 그에 맞게 조정했다. 이메일 리스트에서 얻은 정보가 없었더라면, 그 소프트웨어 회사는 오픈 시스템 전략을 너무 강하게 밀고 나가서 핵심 고객군인 AS/400 고객들을 실망시켰을 것이다. 자신에 대한 고객 서비스가 소홀해질지 모른다는 걱정은 해 본 적이 없었던 AS/400 고객들이 처음으로 자신이 마치 주워 온 자식 같아졌다는 느낌을 받게 되었을 것이기 때문이다."

곰스의 직장 상사들은 그의 노력에 대해 전폭적으로 지지해 줬을까? 꼭 그렇지는 않았다. 곰스에 따르면, 곰스의 상사들은 곰스가 "이메일 리스트에 가입해서 그곳에서 오가는 이야기를 살피는 것이 그리 쓸모 있는 일이라고 생각하지 않았다. 상사들은 '이런……. 곰스는 또 채팅을 하고 있구만.'이라고 말했다."

더 최근에, 곰스는 블로그 등 뉴미디어에서 이뤄지는 토론과 정보 교환을 세심하게 살펴보면서 더 풍부한 정보를 얻는 홍보 전문가가 되었다. 그는 이 주제에 대한 유용한 내용을 신문에 기고하고 블로그에도 올려 왔다. 그러나 곰스는 (반응에 대해서 말하자면) "꽤 많이 멸시를 받았다."고 말했다. "기업 홍보 업계에는 온라인 미디어에 새로운 발전이 있을 때마다 탐구해 보려고 하기보다는, 매번 그것을 좀 나아진 무전기 정도로 취급하는 경향이 있다."는 것이다.

하지만 새로운 커뮤니케이션 도구들의 중요성을 파악하고 잘 활용하고 있는 회사도 있다. RSS 같은 기술은, 상황이 어떻게 돌아가는지 기업들이 확인할 수 있게 하는 새로운 방법을 제공해 주고 있다. 서문에서 언급한 변호사인 버즈 브러그만은 '액티브워즈'3)라는 소프트웨어도 판매하고 있다. 액티브워즈는 윈도 운영체제에서 다양한 기능을 자동화해 주는 프로그램이다. 그는 액티브워즈에 대한 사람들의 평가와 반응을 찾아보려고 (2장에서 언급한) 피드스터를 이용한다. 피드스터는 액티브워즈에 관해 새로 올라온 글이 있는지 30분마다 한 번씩 인터넷 사이트를 돌아다니며 확인하고, 새로운 글이 있으면 브러그만이 사용하는 RSS 구독기 '뉴스게이터'로 그 내용의 RSS 피드를 보내 준다.

(피드가 들어오면) 나는 바로 훑어보고 그에 대해 무엇을 해야 하는지 파악한다. 이를테면 답신을 보낼 것인가, 덧글을 달 것인가, 감사 인사를 보낼 것인가, 팀 직원들에게 내용을 회람시킬 것인가 등등.

어떤 블로거가 올린 글에 대해 내가 답을 보내면 그 블로거는 매우 신나 하며 대개는 우리(와 우리 제품)에 대해 더 많은 글을 쓴다. 또 자신의 블로그를 보는 사람들에게 우리가 고객과 네티즌에게 항상 귀를 기울이고 응답을 잘해 준다고 이야기를 한다. 고객이 (우리 제품을 사용하다가) 문제가 생기면 우리는 그걸 빨리 해결해 준다. 여러 모로 따져 봐도, 이것은 매우 유용하다.

이러한 과정을 거쳐 일단 조치를 취한 다음에는 나는 고객 모니터에 시간을 거의 들이지 않는다. 아마 매주 한 번씩 〈구글〉 뉴스 그룹을 확인하는 것 정도가 내가 추가로 하는 일일 것이다. 피드스터를 통해 들어오는 것들은 그보다 훨씬 중요하다.

블로거들이 인간, 그것도 머리가 좋은 인간들이라는 것을 생각한다면,

당신이 직접 찾아가지 않고도 필요한 사람이나 정보가 당신을 찾아오게
할 수 있다는 것은 놀라운 일이다.

예전에는 이 정도의 고객 모니터를 하려면 어마어마한 비용이 들었
다. 지금은 거의 비용을 들이지 않고도 할 수 있다.

블로그 하세요

기업 홈페이지들은 연간 회계 보고서와 비슷한 점이 많다. 정보가
들어차 있기는 한데, 좋은 점을 드러내고 좋지 않은 점을 감추기 위해
정보의 많은 부분이 숨겨져 있거나 가장되어 있다. 이런 목적으로 (문
제가 많은 기업일수록 더욱 그런데) 그 기업에 대해 자세히 알고 싶어서
홈페이지를 찾는 평범한 방문자들의 발걸음을 일부러 돌려놓는 것처
럼 보인다. 기업 홈페이지에서 가장 재미없는 부분은 (극소수의 예외를
제외하면) 경영자 인사말이다. 그 회사나 경영자에 대해 정작 알려 주는
것이라고는 전혀 없는, 아무 내용 없는 공문서 같은 글 말이다. (홈페이
지를 만들어서) 열린 회사라는 이미지를 만들어 내는 것과, 실제로 열려
있는 것과는 매우 다른 이야기다.

홍보 전문가인 톰 머피는 자신의 블로그 〈PR 오피니언〉[4]에 이렇게
적었다. "블로깅은 홍보에서 위협이 아니라 기회다. 기업 임직원이
블로그를 운영하면 회사의 인간적인 면모를 독자들에게 보여 주는
좋은 수단이 될 수 있다. 고객은 기업 임직원의 실제 생각과 견해를

읽을 수 있다. 또한 소비자들은 그 기업에 대해 기업이 공식적으로 밝히는 입장 이외에 인간적인 냄새가 나는 내용들을 점점 더 많이 원한다."

〈그루브 네트워크Groove Networks〉의 최고경영자인 레이 오지는 블로그를 운영했는데, 그가 블로그에 글을 쓰면 사람들은 그 회사 제품뿐 아니라 최고경영자의 사고방식에 대해서도 감을 잡을 수 있었다. 블로그의 유용성은 (대놓고 광고를 하는 것이 아니라) 간접적이라는 점에 있다. 오지는 블로그에서 자사 제품을 선전하기보다는 관련 논제에 대한 자신의 견해를 풀어놓는다.

2003년 7월 17일에 오지는 무선 컴퓨팅의 보안 문제에 대한 글을 올렸다. 자신의 글에 대한 근거로서 업계 전문지『인포월드Infoworld』의 기사도 링크시켜 두었다. 오지는『인포월드』의 기사가 "사람들이 왜 〈그루브〉의 제품과 같은 분절형 보안 시스템이 중요하다고 하는지에 대한 것이었다."고 적었다. "분절형 시스템이 아닌 다른 보안 시스템은 매우 위험성이 높습니다. 이런 우려가 있다는 것을 알고도, 여러분은 여러분의 회사가 여러분이 집에서 사용하는 컴퓨터에 대한 접근권을 통제하면서 원격으로 관리하도록 두시겠습니까?"

이것이 세상을 뒤흔들 만큼 놀라운 정보여서 여기 인용한 것이 아니다. 오늘날의 컴퓨터 사용 환경에서 일반적으로 중대한 논제인 보안 문제에 대해 이야기를 하면서 동시에 은근히 자사 제품의 홍보도 하는 수단으로 최고경영자가 블로그를 활용한 사례이기 때문에 인용한 것이다. 물론 오지가 이미 신뢰도를 갖고 있었기 때문에 이런 전략이 먹힐 수 있었다. 그의 글에는 허풍도 좀 있었기 때문이다. 그는 어떤 이슈를 꺼내 놓고, 그에 대해 홍보 담당자가 아닌 자기 자신의 견해를 내놓았다. 자사 제품에 대한 홍보성 언급은 그가 올린 글의 맥락과 잘 맞았다. 꼭 매출 증가에 직접적으로 연결되어야만 유용한 홍보인 것은 아니다.

오지는 블로그가 "나 자신이 통제할 수 있는 커뮤니케이션 통로를 주었다."고 말했다. 블로그에서는 (기업 기밀을 누설하지 않는 등의 일정한 제한을 두고) 자신이 하고 싶은 말을 할 수 있다는 것이다. 빠르게 글을 올릴 수 있고, 분량도 제한받지 않는다. "저 바깥에는 수많은 대화들이 있다고 생각한다. 블로그는 내가 그 대화에 참여하고 있다는 느낌을 준다. 그리고 내 글에 대해 전화나 전자우편을 받으면 내가 정말로 대화의 일부라는 것을 확인받는 것 같다."

우리가 이런 이야기를 나누고 얼마 후, 오지는 과도한 업무량 때문에 한동안 블로그를 방치했다가 몇 주 후에 재개했다. 2004년 초 내게 보낸 전자우편에서 그는 이렇게 말했다. "지난 한두 달 동안 굉장히 바빴어요. 1년 전과 비교해서 가장 큰 차이점이라면, 예전에는 오랫동안 글을 쓰지 않고 블로그를 방치해 두는 것에 죄책감을 느꼈다는 것이에요. 지금은 RSS가 얼마나 잘 사용되고 있는지 알기 때문에, 내가 글을 다시 올릴 때, 그게 아무리 한참 만에 올린 것이라 해도, 처음부터 독자를 다시 모으기 시작할 필요가 없다는 것을 알고 있지요.■ 블로그를 처음 시작했을 때는, 이유가 어찌 됐든 블로그에 글을 오랫동안 올리지 않으면 블로그 세계에서 내가 사라질 거라고 생각했

■ 독자들의 RSS가 알아서 확인을 해 줄 것이라는 뜻.

어요. 하지만 RSS 구독기는 아주 가끔씩만 글을 올리는 사람의 블로그 까지 쉽게 확인할 수 있게 해 주잖아요."

오지보다 늦게 블로그 세계에 들어온 최고경영자로는 NBA전미농구협 회의 〈댈러스 매버릭스〉의 소유주인 마크 쿠반이 있다. 인터넷 억만장 자인 쿠반(그는 〈브로드캐스트닷컴broadcast.com〉이라는 인터넷 회사의 공동 설 립자다. 〈브로드캐스트닷컴〉은 나중에 〈야후〉에 인수되었다)은 테크놀로지와 텔레비전 쪽에도 계속 투자를 하고 있지만, 스포츠팀 소유주로서도 유명해졌다. 그의 블로그인 〈블로그 매버릭〉5)은 2004년 3월 등장하 자마자 곧바로 엄청난 인기를 끌었는데, 어찌 보면 당연한 일이었다. 쿠반은 스포츠전문 기자들의 글을 비판하면서 스포츠와 투자에 대해 정곡을 찌르는 평론들을 올렸던 것이다. 쿠반은 내가 보아 온 어떤 최고경영자와도 다른 방식으로 블로그를 운영했다. (쿠반이 쓴 글은 교열 을 거칠 필요가 있기는 했다. 하긴 이것은 다른 블로거들도 갖고 있는 문제다.)

나는 그의 블로그에 큰 인상을 받아서 즉흥적으로 쿠반에게 다섯 가지 질문을 보냈다. 그는 거의 곧바로 답장을 보내 왔다.

Q: 이 블로그를 시작하게 된 계기는 무엇인가?

A: 나에 대해 스포츠 매체들이 쓰는 기사 중 불완전한 정보나 잘못된 정보 에 진력이 났다. 블로그를 하는 것은 잘못된 것을 바로잡는 방법 중 하나다.

Q: 당신이 보기에는, 기업인 같은 공인들은 (인터넷을 통해) 여론을 끌어갈 수 있는 자신들의 능력에 대해 인식하고 있는가? 아니면 적어도 사람들 이 이야기하는 것에 대해 반응을 하는가?

A: 그렇기도 하고 아니기도 하다. 나는 사업의 측면에서 인터넷을 알고 있는 사람들은 모두 블로그에 대해서도 알고 있으리라고 생각한다. 문제는 "당신이 글을 쓰면 사람들이 와서 볼 것인가?"다. 잘못된 사실을 바로 잡으려고 블로그에 글을 쓰는 것과 누군가 그것을 읽는 것은 다른 문제다. 아무도 읽지 않으면 그 노력은 의미가 없다. 그러면 자기모순적인 상황이 되기 때문에, 많은 공인들이 블로그를 하는 것이 위험을 무릅쓸 정도로 가치가 있지는 않다고 생각할 것 같다.

Q: 모든 경영자가 블로그를 가져야 하는가? 만약 그렇다면 왜 그런가? 아니라면 왜 아닌가?

A: 아마도 아닐 것이다. 스포츠 업계는 다른 기업과는 다르다. 지역신문들은 매버릭스에 대해 매일같이 글을 쓰지만 일반 기업에 대해서라면 많아야 분기에 한 번 정도 기사를 쓸 것이 아닌가.

Q: 당신은 블로그에 어떤 종류의 글을 쓰는가? 한계가 있다면 무엇인가?

A: 아직은 잘 모르겠다.

Q: 블로그라는 커뮤니케이션의 새로운 세계에 대해서 내가 빠뜨린 질문이 있다면?

A: 블로그는 새로운 세계가 아니다. 예전에도 우리는 자신의 웹사이트를 만들 수 있었다. 블로그는 단지 글을 역시간순으로 수직적으로 보여주는 콘텐츠 관리 시스템일 뿐이다. 이러한 일기장 같은 형식이 보는 사람들의 관심을 끈 것이다. 장기적으로 이것이 어떤 영향을 가져올 것인지 아닌지는 잘 모르겠다.

(기업의 입장에서) 최고경영자의 블로그는 유용하다. 그런데 많은 경

우에 직급이 낮은 사람들이 올리는 블로그나 자료가 더 유용하다. 기자의 입장에서 볼 때, 기업의 내부 정보 중에 가치 있는 것들은 하급 직원 또는 중간 관리자급에서 많이 나온다. 이들 역시 대중과의 커뮤니케이션에 나서도록 하면 어떻겠는가?

이런 접근법의 장점을 깨달은 현명한 기업이 점점 많아지고 있다. 아마도 일찌감치 이러한 방향으로 나선 대표 사례는 (드림위버나 플래쉬 등의 인기 있는 웹디자인 도구를 만드는 회사인) 〈매크로미디어Macromedia〉일 것이다. 〈매크로미디어〉의 개발자와 제품 매니저들은 다양한 블로그에 글을 올리고 있다. 예를 들면, 존 다우델은 "(이 회사 핵심 제품 중 하나인) 매크로미디어 MX 사용자들을 위한 뉴스 서비스"를 제공한다. 〈매크로미디어〉는 또한 직원 블로그들을 하나의 웹사이트로 통합 관리함으로써 편의성을 높였으며, 누구나 읽을 수 있도록 공개했다.

〈마이크로소프트〉는 몇 가지 면에서 새로운 기준을 제시해 왔다. 2004년 5월, 빌 게이츠는 기업 최고 임원을 대상으로 한 연설에서 블로그와 RSS의 이점에 대해 열변을 토했다. 편리성은 물론이고, "중요한 것은, 원할 때 원하는 정보를 얻을 수 있다는 점"이라고 말했다. 말한 대로 실천하는 의미에서, 〈마이크로소프트〉는 수백 명의 임직원이 개인 블로그를 운영하도록 허용했다. 나는 〈마이크로소프트〉의 소프트웨어 개발자 몇 명이 운영하는 〈채널 9〉6)에서 특히 깊은 인상을 받았다. 이들은 자신의 직업에 독특하게 인간적인 면모를 부여했다. 그리고 단순한 문서 중심의 블로그에서 벗어나 동영상, 음성, 문서 등을 망라해 블로그를 운영한다. ('채널 9'이라는 이름은 일부 항공사가 조종실과 관제탑의 교신 내용을 기내 오디오를 통해 승객이 들을 수 있도록 한 정책에서 따 왔다.)

공공 기관도 이러한 테크놀로지를 활용할 수 있다. 필 윈들리는 2002년 12월까지 21개월간 유타주의 최고 정보 관리자였다.[7] 윈들리는 캘리포니아에서 열린 한 컨퍼런스에서 블로그에 대해 알게 되었는데, 블로그의 가능성에 흥미가 동했다. 그는 개인 블로그를 시작했고, 블로그라는 포맷이 (개인 용도뿐 아니라) 업무와 관련해서도 유용할 수 있다는 것을 알게 되었다. 윈들리는 (블로그 소프트웨어 중 하나인) '라디오 유저랜드'의 라이선스를 100개 구매했고, 유타주의 아이티 담당 직원 중 블로그를 시작하고 싶어하는 사람들에게 그 라이선스를 하나씩 제공했다. 윈들리는 40명에 가까운 사람이 참여했고 이 중 3분의 1은 지속적으로 활발하게 운영하고 있다고 말했다. 윈들리 자신의 블로그는 유타주의 아이티 업계 사람들에게 인기를 끌었다. 거꾸로 윈들리도 그 사람들의 블로그에서 현안에 대한 정보를 파악할 수 있었다.

물론 이것이 임직원들에게 블로그를 권장하거나 블로그 계정을 하나씩 나눠 주는 것만으로 간단하게 되는 일은 아니다. 여기에서 기업 변호사들이 법률적인 문제와 기업 규정에 대한 문제를 들고 나온다.

열린 시대라고 해도 정부와 기업 같은 큰 조직들은 여전히 기밀을 가지고 있다. 이들은 더러운 빨래를 다 보이게 널어놓고 싶어하지 않는다. 그래서 회사와 정부는 엄격한 전자우편 관련 정책이나 정보 공개 금지 협약 등, 내부 정보가 잘못된 사람들의 손으로 새어 들어가는 것을 막는 다양한 조치를 취한다. (〈그루브 네트워크〉는 블로그에 올려도 되는 주제와 안 되는 주제에 대한 내부 규정을 가지고 있다.)

외부로 공개되는 글은 올리지 못하더라도 사내 네트워크에는 올릴 수 있는 경우가 있다. 내부 블로그나 내부 위키는 회사 사람들끼리

서로 알고 있는 것을 공유하고 최신 정보를 따라잡을 수 있도록 도와준다. 유타주의 아이티 블로그들은 아이티 관련 직원들만을 위한 것이었으며, 그러한 목적에 잘 부합했다. 윈들리는 "내부적이든 외부적이든, 블로그는 모든 회사를 위한 것도, 모든 사람을 위한 것도 아니다."라고 말했다. "당신은 사람들이 솔직하게 모든 것을 공개하는 것을 어디까지 받아들일 것인지를 결정해야 한다. 블로그는 솔직하게 드러내는 사람들을 위한 것이다. 이런 것을 꺼리는 기업이나 조직도 있을 수 있다."

〈마이크로소프트〉 블로거 가운데 무척 왕성하게 활동하는 인물인 로버트 스코블은 자신의 블로그 〈스코블레이저〉[8] 덕분에 관련 업계에서 유명해졌다. 그는 내 블로그에 이런 덧글을 올렸다.

> "시장에 참여하는 법을 알아내지 못하면, 그것이 줄 수 있는 이득을 잃을 것입니다. 기업은 똑똑한 사람들을 고용하고 그들이 내부 정보 중 가장 민감한 내용에까지 접근할 수 있도록 허용해야 합니다. 모든 회사가 이런 길을 가는 것은 아니지만, 〈마이크로소프트〉는 대화형 마케팅의 장점을 진정으로 누릴 수 있는 여건을 갖추고 있는 것 같습니다. 왜냐하면 우리 직원들은 모두 다른 회사 같으면 임원급만 접근 가능할 회사 정보에 접근할 수 있기 때문입니다. 내가 예전에 일했던 다른 회사들과는 다른 점이지요."

나는 〈마이크로소프트〉를 목청 높여 비판하는 사람이지만 이것만큼은 분명히 말할 수 있는데, 〈마이크로소프트〉가 직원들이 사람들과의 대화에 참여하도록 기꺼이 허용한다는 것은 마케팅이나 홍보의 목적에서 볼 때 현명한 일이다. 적어도 나는 〈마이크로소프트〉 제국이 조금 덜 사악해지려고 노력한다는 점은 인정할 수 있다.

직원 블로그를 도입하기로 허용했다면, 기업은 직원들이 그 블로그에서 해도 되는 이야기가 무엇인지와 어떤 방식으로 이야기해야 하는지에 대한 정책을 마련해야 한다. 글의 형식에 대한 정책이나, 위협적 발언에 대한 대응 등에 대한 정책도 만들어야 한다. 가장 중요한 것은, 최고경영자 등 회사의 리더가 진심으로 블로그 운영을 지원해야 한다. 경영자가 꼭 직접 블로그에 글을 써야 한다는 뜻은 아니다. 그러나 블로그 같은 수평적 커뮤니케이션이 중요하다는 점을 경영자가 인식하고 있다는 것을 분명히 밝혀야 한다.

2003년 스코블은 자신의 블로그에 기업 블로거들을 위한 선언을 올렸다.[9] 기업이 적용하기에 현실적이지 않은 것도 있지만(스코블의 회사도 그가 제안한 것을 다 지키지는 못한다는 것이 그 증거다.) 그의 제안은 의미 있는 생각을 담고 있다. 유용한 것들을 소개하자면 다음과 같다.

1. 진실을 말할 것. 진실 전체를 말할 것. 진실만을 말할 것. 만약 경쟁자가 당신보다 더 좋은 제품을 가지고 있다면 그것을 링크시켜라. 숨기는 것보다 더 이득일 것이다. 사람들은 어쨌든 알아낼 테니까.

2. 좋은 소식이건 나쁜 소식이건 재빨리 올릴 것. 당신의 제품에 대해 누군가가 나쁜 말을 했는가? 그렇다면 그것에도 링크를 걸어라. 제2, 제3의 사이트가 링크시키기 전에 말이다. 그리고 최선을 다해 그 주장에 대해 답변하라. 당신의 제품에 대해 누군가가 좋은 이야기를 한 경우에도 마찬가지다. 이것은 장기적인 신뢰를 쌓는 길이다. 신뢰를 쌓는

비결은 '드러내는 것'이다! 만약 사람들이 당신의 제품에 대해 이야기하는데도 당신이 대답하지 않는다면 불신이 쌓일 것이다. 그리고 사람들이 당신에 대해 좋은 이야기를 하는 경우라면 〈구글〉 같은 검색엔진이 그 이야기가 실린 페이지를 잘 찾아내도록 만들지 않을 이유가 뭐란 말인가?

3. (비판에 대해 일희일비하지 않도록) 두꺼운 귀를 가질 것. 당신의 제품을 빌 게이츠가 가장 좋아한다고 해도, 그 제품에 대해 부정적인 평가를 하는 사람들이 있을 수 있다. 그것은 과정의 일부다. 당신이 좋은 질문이건 나쁜 질문이건 간에 모든 질문에 전문가답게, 빠르게, 친절하게 답할 수 없다면 기업 블로그에 섣불리 글을 올리지 마라.

4. 풀뿌리에게 먼저 말할 것. 주류 언론들은 기사거리를 찾거나 어떤 사안에 대해 잘 알고 있는 사람을 찾기 위해 어차피 블로그들을 살펴보니까. 이렇게 하지 못하는 주류 언론 기자는 의미 있는 기사가 아니라 보도 자료나 다름없는 기사를 쓰게 될 것이다. 사람들은 보도 자료보다는 다양한 관점이 담긴 기사를 신뢰한다.

전문직 종사자들이 아마 이러한 종류의 대화에 가장 적합할 것이다. 예를 들면, 최근 몇 년간 훌륭한 법률 블로그의 숫자가 폭발적으로 늘었다. 대부분은 단순히 법에 대해 글을 쓰는 것을 좋아한다는 이유에서 출발한 것들이었다. 그러나 법률 블로그들은 훌륭한 마케팅 도구가 되어 주기도 했다. 뉴올리언스에서 활동하는 변호사 어니스트 스벤슨은, 블로그10)를 시작했을 때는 마케팅 효과가 있으리라고는 생각도 못 했지만, 맡았던 사건에 대한 자료와 평판이 쌓이고, 사건 의뢰 요청이 들어오는 등의 효과도 조금은 있었다고 말했다.

"대체로, 나는 테크놀로지가 법률 집행을 어떻게 변화시키고 있는 지에 관심이 있는 변호사 및 검사들과 계속 소통하려고 이 블로그를 운영한다." 스벤슨은 뉴올리언스에는 이 주제에 대해 대화하고자 하는 변호사가 많지는 않다며 이렇게 말했다.

유명 인사 블로그

윌 휘튼은 〈스타트랙〉의 등장인물인 웨슬리 크러셔가 아니다. 다시 말하는데, 정말 아니다.

이제 30대 초반인 휘튼은, 1980년대와 90년대 초에 〈스타트랙: 넥스트 제너레이션〉에서 똑똑하지만 짜증스러운 십대 소년 역을 맡았던 것을 후회하지 않는다. 아니, 자랑스러워한다. 그러나 〈스타트랙〉의 팬 중에는 크러셔라는 극중 인물을 끔찍이 싫어하는 사람도 있었다. 한때 악명이 높았던 어느 온라인 토론 그룹은 이름이 'alt.ensign. wesley.die.die.die(웨슬리.죽어.죽어.죽어)'였다. 그 토론 그룹에 올라온 글의 내용도 제목만큼이나 적대적이었다.

2001년 휘튼(그는 캘리포니아주 패서디나에 살고 있다)은 블로그11)를 열었다. 그는 "〈스타트랙〉에서 내가 맡았던 역 때문에 나에 관해 생긴 편견을 바로잡고 싶었던 것"이 이유 중 하나라고 말했다. 휘튼의 블로그는 현대인의 생활, 정치, 테크놀로지, 엔터테인먼트에 대한 개인적인 관찰과 생각을 담고 있다. 블로그의 내용은 그가 진짜로 어떤 사람인지에 대해 많은 것을 알려 준다. 그는 사려 깊고, 지적이며, 가정을 소중히 여기는 남성이다. 테크놀로지 마니아면서 정치적 행동주의자이기도 하다.

블로그는 휘튼이 작가라는 새로운 직업의 세계로 나가는 문이 되어 주었다. 그리고 휘튼은 독자들과 소통하는 새로운 종류의 창구를 갖고 있는 셈이었다. 이런 것을 우리는 '유명 인사 블로그'라고 부를 수 있을 것이다. 또한 그것을 규격화·상품화된 유명 인사에서 더 인간적인, 진짜 사람으로서의 유명 인사로 진화한 것이라고 생각할 수 있을 것이다.

휘튼의 블로그는 그의 개인적인 면을 많이 담고 있다. 그것은 사람들에게 〈스타트랙〉의 등장인물이 아닌, 휘튼 자신을 알리는 데 도움을 주었다. (내 개인적인 생각으로는 〈스타트랙〉 시리즈 중 〈넥스트 제너레이션〉이 최고였다.)

휘튼은 스타를 만들어 내고 이용한 후에 내버리는 할리우드 시스템을 좋아하지 않았다. 그의 블로그에도 이런 생각이 드러난다. "나는 배우로서 힘든 시기를 보냈다. 그리고 나는 내가 훌륭한 배우가 되기에는 시간이 충분치 않다고 생각했다. 가족을 부양하려고 나는 별 볼일 없는 영화들에 출연했다. 나는 이런 것들에 대해, 그것의 좋은 점과 좋지 않은 점에 관해 글을 썼다. 대부분 좋지 않은 점에 대해서였다. 그러니까, 나는 삶의 절반은 '유명인'이었고 나머지 절반은 '유명인이었던 것 때문에 유명한 사람'이 되는 게 어떤 것인지에 대해 글을 쓰는 것이었다."

그는 할리우드 업계를 다루는 언론도 좋아하지 않는다. 휘튼은 자신이 "연예 분야 언론에 대해 냉소적"이라고 말했다.

"나는 그 언론이 탄탄한 취재를 바탕으로 영향력을 발할 수 있는 진정한 객관성을 가지고 있다고 생각하지 않는다. 연예 분야 언론은 기본적으로 할리우드 제작사의 광고와 홍보의 연장이다." 새 영화가 나오면 수많은 기사들이 쏟아져 나온다. 그러나 부정적인 기사는 거의 없다. 안 좋은 기사를 쓰는 기자는 나중에 취재원에 접근할 수 없게 될 것이기 때문이다.

연예계 언론이 스타 배우에게는 사탕발림을 하면서도 휘튼 자신에게는 "늘 비판을 해댔다."고 그가 말했다. "나는 마이너급 연예인이었기 때문이다. 내가 무엇을 할 수 있었겠는가? 협박? 나는 홍보 대행사도 없는걸?"

휘튼은 블로그에 대한 『엔터테인먼트 위클리』의 기사를 예로 들었다. 그는 "기자가 저속하고 경멸스럽고 한심했다."며 "문맥과는 완전히 동떨어지게 몇몇 문장을 인용하면서 나를 완전히 부정적인 시각으로 그렸다."고 말했다. "크게 봐서는 나는 개의치 않는다. 그것은 게으른 저널리즘일 뿐이니까. 문제는 엔터테인먼트 업계의 모든 사람이 그 기사를 읽는다는 사실이다. 그래서 내가 사람들에게 어떻게 인식되는지는 중요한 것이다."

"나에게는 블로그를 갖는 게 도움이 된다. 사람들에게 내 입장에서 내 이야기를 할 수 있기 때문이다."

휘튼은 연기자로서의 일에 열정을 잃고 글쓰기에서 새로운 열정을 찾았다. 그가 블로그에 쓴 글들은 『맨발로 춤추기』[12]라는 책으로 출판되었다. 2004년 초 또 한 권의 출판이 진행되었다. 그는 이제 전업 작가가 되었는데, 진로를 바꾼 것에 매우 만족하고 있다. (휘튼의 새

출판사는 이 책 『우리가 미디어다!』의 출판사다. 내가 칼럼에서 휘튼의 블로그를 처음 언급했던 시절에 휘튼은 자가 출판을 하고 있었다.)

휘튼은 컴퓨터를 오랫동안 사용해 왔다. 인터넷의 최신 프로그래밍 언어에도 정통하다. 오픈 소스 소프트웨어의 지지자이며, 집에서 리눅스 운영체제를 사용한다. 테크놀로지 분야에서 벌어지고 있는 여러 활동에도 관심이 많다. 예를 들면, 고객과 사용자의 권리보다도 저작권 보유자에게만 너무 유리하게 되어 버린 저작권법을 개혁하려는 운동 같은 것 말이다. 그는 디지털 시대의 자유를 위해 싸우는 〈전자 프론티어 재단EFF〉의 열성 지지자다. 2002년에는 EFF의 기금 마련 행사에서, 저작권법을 남용하는 업계에 맞서고 EFF가 하고 있는 일에 힘을 실어 주자고 역설했다.

휘튼이 운영하는 것과 같은 블로그를 운영하는 데는 책임이 따른다. 진실성은 매우 중요하다. 휘튼은 "이상하게도 나를 매우 잘 알고 있다고 생각하는 독자들이 많다."며 2003년 중반에 받은 한 전자우편을 예로 들었다. 전자우편을 보낸 사람은 휘튼이 책에서 "내 아내에게 보내는 러브레터"라고 표현한 일을 언급했다. 휘튼은 러브레터 사건을 이렇게 회상했다.

두 사람은 산타 바바라의 거리에 있었고 비가 오기 시작했다. 그는 우산을 폈다. 그러자 그녀는 우산을 빼앗아 들더니 도로 접고서는 이렇게 말했다. "그냥 빗속을 걸어요."

휘튼은 "나는 이것에 대해 글을 썼다. 굉장히 감상적이었다. 나는 내 아내에게 반했고 8년째 사랑에 빠져 있다."고 말했다.

휘튼에게 전자우편을 보낸 사람은 휘튼이 이걸 알아 두었으면 한다고 했다. "우리는 당신의 솔직한 글을 보고 싶어해요. 만약 그 글이 영리한 대필 작가가 쓴 것이라는 걸 우리가 발견하게 된다면, 정말 배신당한 느낌이 들 거예요."

휘튼은 "내가 알고 있는 것에 대해서만 글을 쓰라고 사람들이 항상 충고하더군요."라고 말했다. "그건 정말 좋은 충고지요."

청중에게 말하기

'주변부로부터의 상향식' 테크놀로지를 가장 절실하게 사용할 필요가 업종은 무엇일까? 바로 홍보 분야다. 그러나 지난 몇 년간 홍보 업계에서의 인터넷에 대한 인식은, 인터넷의 가능성에 대해 전혀 감도 못 잡던 수준에서 겨우 절반쯤 인식한 단계까지밖에 오지 못했다. 홍보 업계가 스스로 자신의 직업을 '진실한 정보를 주는 양 꾸미는 것'이라고 생각하는 한, 지금부터 내가 말하는 것들은 그들에게 유용하지 않을 것이다. 나는 홍보 업계에 대해 그것보다 더 관대한 견해를 가지고 있으며, 많은 홍보 전문가들이 새로운 시대에 현명하게 대처하는 것이 가져다 줄 잠재성을 파악하게 되리라고 기대하고 있다.

아직도 대다수의 기업 홈페이지가 얼마나 조잡한지를 보면 놀랄 지경이다. 나는 내 블로그에 "친애하는 홍보 관계자 여러분께"라는 편지 형식의 글을 올렸다. 이 글은 다음과 같은 간단한 지침을 제시한다.

고객사 홈페이지가 많은 정보를 담고 있도록 신경을 쓰세요. 보도 자료뿐 아니라 언론 매체에서 고객사에 대해 쓴 기사도 링크되어 있어야 합니다. 임원들의 이력과 해상도가 높은 사진, 제품 사진, 동영상, 그리고 여러분이 생각하기에 유용할 것 같은 정보는 무엇이든지 포함되어야 합니다.

홍보 담당자의 연락처를, 문헌정보학 전공자나 되어야 찾을 수 있을 만큼 깊숙이 숨겨 놓지 마세요. 보통 저는 가장 먼저 '회사 소개' 페이지, 다음에 '언론에 실린 우리 회사' 페이지를 찾아보고 나서, '연락처 정보' 페이지를 찾아봅니다. 더 적절한 다른 곳이 있을지도 모르지만, 좌우간 어디에 올리시건 숨겨 놓지 마세요.

예전에 나는 홍보 담당자들에게 전화, 팩스, 우편 연락처보다는 전자우편 연락처를 요청하는 편이었다. 그러나 지금은 스팸 메일 때문에, 누군가 나에게만 특별히 알려 줄 정보를 가진 경우가 아니라면 전자우편도 원하지 않는다. 내가 원하는 것은 RSS다. 기업 블로그를 만들지 않는 회사라 하더라도 중요한 소식은 RSS 피드를 반드시 제공해야 한다. 이제 이것은 선택 사항이 아니라 필수 사항이다.

2002년 4월 2일, 네트워킹 분야의 유명 기업인 〈시스코시스템스〉의 '뉴스@시스코' 홍보팀은 보도 자료에 대한 RSS 피드를 만들었다. 이것을 구축한 엔지니어인 댄 티터는 "염두에 둔 독자는 기자, 애널리스트, 투자자, 협력 업체, 고객 등 누구나"라고 말했다. 〈마이크로소프트〉도 개발자들을 대상으로 RSS 피드를 제공하고 있다. 더디기는 하지만 분명히 기업들은 배워 나가고 있다.

홍보 담당자가 보도 자료 배포를 위해 RSS 피드를 만들기 시작한다면, 기자와 시민들은 자신이 원하는 정보를 볼 수 있고, 홍보 담당자는 기자나 시민들의 (그렇잖아도 넘쳐나는) '받은 편지함'에 엄청난 양의 전자우편을 보낼 필요가 없을 것이다. 전자우편은 앞으로도 홍보를 하는데 사용되겠지만, 사용 빈도는 현저하게 낮아질 것이다. 홍보 담당자들이 그렇게 할 용의가 있다면 말이지만. 2002년, 『인포월드』 칼럼니스트인 존 유델은 (물론 자신의 블로그에) 그가 받고 싶은 홍보 문안은 이런 것이라고 묘사하는 글을 올렸다. "안녕하세요? 저는 아무개 제품을 만드는 아무개 회사의 기술 이사, 제품 매니저인 아무개입니다. 저희가 무엇을 하고 있는지, 어떻게 하고 있는지, 그게 왜 중요한지를 설명하는 블로그를 열었습니다. 그 정보가 유용하고 적절하다고 생각하시는 분들은 저희 블로그를 통해 RSS 피드를 제공받으실 수 있습니다. 감사합니다!"13)

스팸 메일은 전자우편 뉴스레터를 거의 사용이 불가능한 빈사 상태로 만들었다. 몇몇 추정치에 따르면, 현재 스팸 메일이 아닌 전자우편 중에도 15퍼센트에서 30퍼센트는 스팸 필터에 의해 걸러진다. 유용한 뉴스레터가 스팸으로 분류된다면 모두에게 손해다. 그래서 〈로커놈 LockerGnome〉 뉴스레터를 발행하고 있는 크리스 피릴로는 우리가 RSS에게 감사해야 한다고 말했다. "RSS는 전자우편 출판과 전자우편 마케팅을 대체하는 수단으로 발전해 가고 있다."

RSS를 사용하는 방법에는 좋은 방법과 나쁜 방법이 있다. 두 가지 방법을 다 쓰고 있는 기업들이 있다. 〈애플〉을 예로 들자면 이 회사는 보도 자료를 RSS 피드로 제공하고 있다. 그러나 내가 RSS 구독기로 볼 수 있는 내용은 제목뿐이기 때문에(〈애플〉은 보도 자료의 내용은 RSS 피드에 포함시키지 않는다) 내용을 읽으려면 〈애플〉의 웹사이트로 들어가야 한다. 이것은 좋지 않은 방법이다. 반대로 〈애플〉의 〈아이튠〉 담당자들은 인기 있는 신곡에 대한 RSS 피드를 제공하고 있다. RSS 구독기로 본문 내용도 제공해 주는데, 해당 곡의 앨범 커버와 그 곡에 대한 상세한 정보까지 볼 수 있다. 이것은 좋은 방법이다.

고객 맞춤으로 제품 알리기

2001년 4월 〈애플〉 컴퓨터의 홍보 대행사는 블로거 조 클라크에게서 매킨토시 운영체제에 대해 회사 임원 중 한 명과 인터뷰를 하고 싶다는 요청을 받았다. 클라크는 테크놀로지 관련 잡지에 기고도 해 왔고 그의 〈NU 블로그〉(현재는 운영되지 않는다)14)도 인기가 높아지고 있었지만, 그 홍보 대행사는 그걸 모르고 있었다. 인터뷰 요청에 대해 부정적인 답변을 받고서 클라크는 홍보 대행사와 주고받은 전자우편을 자신의 웹사이트에 올렸다. 그것을 보고 그 홍보 대행사의 부회장은 즉시 공식적인 항의 서한을 보내 왔다. 이 일화는 〈애플〉과 〈애플〉의 홍보 대행사가 점점 중요해지고 있는 새로운 매체에 대해 얼마나 모르고 있었는지를 보여 준다.

공정하게 말하자면, 이때는 2001년이었고 블로그가 많이 알려져 있지 않은 시절이었다. 테크놀로지 전문 기자이자 저자인 클라크는 "미디어의 〈이베이〉화化"의 선구적인 참여자였다고 할 수 있다. "미디어의 〈이베이〉화"는 유럽의 블로그 프로그램 업체 〈20식스20six〉의 회장인 아짐 아자르가 제시한 개념으로 "누구나 판매자도, 구매자도 될 수 있다"는 의미다. 이것은 '나노 출판'(한 명 혹은 소수의 그룹에 의해 운영되는 작은 규모의 사이트로, 상대적으로 좁은 틈새 주제를 다루는 것)이라고도 불린다. 틈새niche 블로거는 주류 매체가 갖는 것 같은 영향력은 부족할 수 있다. 아자르에 따르면, "친구들 사이에서 어떤 휴대전화를 살지에 대한 의사결정에 영향을 많이 미치는 십대 소년이라든가, 요가에 관심 있는 60명에서 80명 정도의 사람이 방문하는 블로그를 운영하면서 그 사람들이 요가 제품을 구매할 때 결정에 영향을 줄 수 있는 런던의 요가 선생님" 등이 틈새 블로거가 될 수 있다.

진정한 변화를 만들어 내는 것은 바로 이들이다.

예를 들면, 와이파이 무선 네트워킹 분야에서는 적어도 두 개의 블로그(글렌 플레시맨의 〈와이파이 네트워킹 뉴스〉와 앨런 레이터의 〈무선 데이터 블로그〉)[15]가 인쇄 매체만큼이나 중요한 뉴스 사이트로 여겨진다. 이 사이트들은 와이파이에 대한 최신 뉴스뿐 아니라 저자들이 쓰는 유용한 논평도 제공한다. 사실 이 블로그들은 내가 보아 온 어떤 인쇄 매체보다도 훌륭하다.

영향력 있는 블로거들은 테크놀로지 이외의 분야에도 있다. 유모차의 세계에서는 남부 캘리포니아에 사는 여성 자넷 맥로린이 시장을 움직인다.[16] 『월스트리트저널』은 2003년 9월의 기사에서 "('유모차 여왕'이라는 이름으로 더 잘 알려진) 맥로린은 유모차를 구매해야 하는 엄마들 사이에서 유명 인사 반열에 올랐으며, 새로운 구매자들에게 막대한 영향력을 행사하고 있다. (맥로린의 활동은 영리 목적이 아니어서 이를 통해서 벌어들이는 수익은 없다.)"고 적었다. 『월스트리트저널』에 따르면 "유모차를 사려는 전 세계 곳곳의 사람들은 '현명한 유모차 여왕님, 잘 알고 계시니 좀 도와주세요.'라든가 '유모차 여왕님 만세!', 혹은 '유모차 여왕님, 제가 정상처럼 보이게 해 줘서 고마워요.' 같은 글을 인터넷에 올리면서 그녀의 도움을 청하고 있다. 미국 서부에 있는 유모차 판매 업체 두 곳은, 유모차 여왕님한테서 이야기를 듣고 왔다는 고객이 너무 많아서 아예 '유모차 여왕 세일 행사' 같은 것을 열기도 한다."[17]

영향력 있는 니치 사이트의 또 다른 사례로는 최신의, 그리고 최고의 전자 제품에 대한 블로그인 〈기즈모도〉가 있다. 〈기즈모도〉는 닉 덴톤이 운영하는, 작지만 성장 중인 웹사이트들의 일부다. (덴톤은 금융 분야 기자로 일하다가 자신의 사업을 시작했다.) 규모는 작지만 〈기즈모도〉의 영향력은 굉장하다. 〈기즈모도〉의 주요 저자 중에는 『레드허링』지 등에서 일했던 테크놀로지 전문 저널리스트 피터 로하스도 있었다. (현재 로하스는 〈엔가제트〉[18]라는 또 다른 니치 블로그에서 활동하고 있다.) 로하스는 이렇게 말했다. "우리가 쓰는 글을 눈여겨보고 퍼 가거나 인용하는 회사들도 있었다. 그 회사들이 우리 사이트를 발견해서 내용을 주시하게 되기까지는 몇 달씩 걸리기는 했지만 말이다.(〈마이크로소프트〉는 예외였는데, 우리가 〈기즈모도〉에 글을 올린 지 며칠 만에 그 글을 확인했다.)" 2003년 중반, 그는 나에게 이렇게 말했다.

홍보는 제품을 선전하는 것 자체에서 그치는 게 아니다. 그보다는 홍보 담당자들이 나에게 전자우편으로 신제품을 알려 주거나, 업계 사람과의 점심 식사에 초대하는 등의 일에 더 가까운 것 같다. 나는 〈기즈모도〉와는 관련이 없는 보도 자료도 많이 받는다. 내가 바보같이 거대 트레이드쇼인 세빗CeBIT에 등록을 하는 실수를 저질렀기 때문이다. 그래서 나는 '취업 지원서 양식' 같은 것까지 전자우편으로 받는다. 홍보 담당자들이 열성적으로 제품 홍보를 한다고 해서 그것을 내가 블로그에 실어 주는 것은 아니다. 〈기즈모도〉에 올라오는 글은 대부분 내 믿음직스러운 RSS 구독기가 하루에도 백만 번쯤 인터넷 구석구석에서 긁어오는 것들을 바탕으로 한 것이다. 또 독자가 보내 오는 유용한 정보들도 있다. (독자를 가장한 홍보 담당자일 수도 있다. 누가 알겠는가?)

하지만 내가 『레드 허링』에 있었을 때 뒤에서 나를 못살게 굴던 사람들보다는 나에게 연락을 해 오는 이 홍보 담당자들이 훨씬 현명하고 존중받을 만하다고 생각한다. 그들이 블로그의 세계를 잘 파악하고 있어서 어떻게 활용해야 할지를 알기 때문에 그런 것인지, 테크놀로지 분야 불경기 때 능력 없는 사람들은 다 해고되고 지금 남은 이들은 가장 현명한 사람들뿐이어서 그런 것인지는 잘 모르겠다. 그러나 전반적으로 내가 홍보 담당자들을 겪어 본 바로는 매우 긍정적이다. 또 나와 연락을 하는 홍보 담당자들은 〈기즈모도〉를 테크놀로지 뉴스 매체로서 매우 비중 있게 여기고 있다. 한번은 내가 〈교세라〉의 신제품 전화에 대해 부정적인 평을 쓰자 〈교세라〉의 마케팅 담당 부사장이 내게 항의 전자우편을 보내 온 적도 있다.

덴톤은 입소문 위주의 홍보 전략에 관심 있는 마케팅 담당자에게라면 블로그를 통한 홍보가 특히 이상적인 수단이 될 수 있다고 생각한다. 그는 이런 예를 들어 설명했다. 고급 자전거를 만드는 회사가 있다고 하자. 불특정 다수 대중을 상대로 하는 신문이나 텔레비전에는 효과적으로 광고를 할 수 없다. 자전거 전문 잡지에 나온 광고도 충분히 광고 효과를 내지 못한다. 홍보 대행사를 고용할 여력도 없다. 이 회사는 온라인에서 '익스트림 스포츠와 자전거에 대해 가장 영향력 있는 글을 쓰는 사람 열다섯 명'을 찾을 수 있을 것이다. '어떤 사람이 이런 주제에 대해 글을 쓰고, 또 어떤 사람이 그것을 읽는지, 그리고 누가 이런 내용을 퍼뜨리는지 알아내기 위해서' 말이다. 그런 다음, 그 회사는 자사의 자전거를 다뤄 주도록 그 블로거들에게 연락을 하는 것이다.

기업은 영향력 있는 블로거를 스스로 찾아낼 수도 있을 것이다. 이미 언급했듯이, 블로그의 세계에는 사람들이 관심 사항의 최근 소식을 계속 따라잡을 수 있게 도와주는 도구가 많이 생겨나고 있다. 테크노라티와 피드스터 같은 것들이 그런 면에서 유용한 도구다.

홍보와 마케팅에 대한 몇 가지 규칙

나는 내 직업이 홍보나 마케팅이 아니라서 다행이라고 늘 생각한다. 진심으로 중요하다고 생각하는 것을 홍보하지 않는 한, 나는 홍보 일에 정말 적임자가 아니다. 게다가 기자들을 상대해야 하는 성가신 일은 하고 싶지 않다.

하지만 만약 내가 홍보 일을 하고 있다면 (현재 사용 가능한 여러 도구들을 생각해 볼 때) 내 상사나 고객사에게 미래의 매체를 사용하는 다음과 같은 규칙을 제안했을 것이다.

1. 귀 기울여 들어라. 당신이 모르는 것을 당신의 회사 외부 사람들이 알고 있을 수 있다. 채팅방, 토론방, 전자우편, 블로그 등 주변부에서 전달되

는 모든 것에 주목하라. 회사 내부에서건 외부에서건.

2. 당신이 무엇을 하고 있는지, 왜 하고 있는지를 공개적으로 말하라. 회사 안에서부터 블로그를 한 개, 아니 열 개 시작하라. 평이한 영어로 (혹은 당신의 모국어로) 내부에서 돌아가고 있는 일을 설명하라. 최고경영자도 글을 올리게 하라. 조직 내부 블로그와 위키를 만들어라.

3. 질문을 하라. 대답을 기꺼이 해 줄 사람이 있을 테니까. 커뮤니케이션을 한 후에는 그 다음 단계를 밟는 것을 잊지 마라. 코멘트 받은 내용을 당신의 블로그에 올려서 고객이 다시 퍼 갈 수 있게 하는 것이다. 다양한 관계자들에게 도움을 요청하라. 토론방을 만들어라. 하지만 명예훼손의 우려가 있거나 완전히 요점에서 벗어난 글을 지우는 경우 외에는 검열을 해서는 안 된다.

4. 당신이 가진 정보들을 가장 광범위한 청중과 가장 효과적인 방법으로 통합하라. 기자나 혹은 다른 관심 있는 사람들을 위한 정보에 대해 RSS 피드를 제공하라. 보도 자료, 연설, 블로그에 올라온 글 등 여러 가지를 다 포함해서 말이다.

5. 더 적게가 아니라 더 많이 제공하라. 당신의 웹사이트가 기자가 필요로 할 만한 모든 것을 포함하고 있도록 항상 신경을 쓰라. 사진, 음성 자료, 비디오, 차트, 그리고 오래된 문서들 모두 말이다. 그리고 이 모든 것들이 찾기 쉽게 되어 있어야 한다. 기자가 찾을 수 있다면 고객들도 누구나 찾을 수 있을 것이다. 이것은 좋은 상황이지 나쁜 상황이 아니다.

6. 회사 사람이 회사에 대해 공개적으로 발언한 내용은 웹사이트에 올리거나 링크를 걸어라. 최고경영자나 고위 임원이 인터뷰를 했다면 그 내용을 웹사이트에 올려라. 방송된 인터뷰라면 오디오나 비디오를 역시 온

라인상에 올려라. 당신에 대해 우호적이지 않은 기사라고 해도 링크하라. (당신이 그것을 무시하더라도 누군가는 찾아낼 것이기 때문이다.) 단, 여기에 대해서는 답변도 함께 올려라.

7. 정말로 당신 제품에 관심이 있는 사람들을 공략하라. 어떤 틈새 블로거가 당신의 제품이나 서비스에 관해 이야기하고 있는지 찾아내라. (뉴스클리핑 서비스만 이용할 것이 아니라 〈구글〉, 테크노라티, 〈블로그덱스〉, 피드스터 등도 이용하라.) 누구에게 연락하면 좋을지 두루두루 물어 보라. 그리고 이들에게 정보를 지속적으로 제공하는 것을 잊지 마라. 그들을 잘못된 정보를 바로잡으려 애쓰는 전문 언론인처럼 대우하라. 그러면 그들 역시 그만큼 당신을 존중해 줄 것이다.

8. 당신의 실수는 즉시, 그리고 정직하게 고쳐라. 주요 신문이나 비중 있는 블로거가 부정확한 보도를 했다면 즉시 응답하라. 당신을 뒷받침하는 근거 자료를 제시하라. 부정확한 정보에 링크한 블로거에게 전자우편을 보내서 답변을 하라. 이것이 사실관계가 아니라 의견이나 견해의 문제라면, 대응을 할 때 분별력 있게 판단하라.

9. 당신에게 새로운 것을 가르쳐 준 사람들에게 감사의 마음을 가져라. 그들이 훌륭한 제안을 해 주었을 때는 공개적으로 축하와 감사를 표하라. 그리고 그들의 제안을 당신이 실제로 도입해 실행할 때, 한 번 더 공개적으로 감사의 말을 전하라. 누군가가 당신의 실수를 발견했을 때도 방어적인 태도를 갖지 마라. 그것을 지적해 준 사람과 전 세계에 대고, 실수를 알려 준 것에 대해 얼마나 감사하게 생각하는지 말하라.

10. 끊임없이 실험하라. 위험은 성장의 일부다. 우리가 배우는 것은 새로운 매체다. 에스터 다이슨의 말처럼, "항상 새로운 실수를 저질러라."

4장 미주

1) 웹에 올라오는 인터뷰의 전문이라고 다 정확한 것은 아니다. 2004년 4월 국방부는 (정확하지 않은 전문을 올려서) 신뢰성을 손상시켰다. 『워싱턴포스트』에 따르면, 국방부는 럼스펠드 장관이 밥 우드워드 기자와 한 어느 인터뷰의 전문을 인터넷에 올렸는데, 부시 대통령이 이라크를 침공하기로 결정하기 두 달 전에 사우디아라비아에 미리 언질을 주었다는 내용이 누락되었다. 그래서 우드워드 기자는 직접 전문을 제공했다. 미래에는 기자와 취재원 모두가 취재 내용 전문을 올리게 되려나?

2) 필 곰스의 블로그, http://www.philgomes.com/blog

3) http://www.activewords.com

4) http://www.natterjackpr.com

5) http://www.blogmaverick.com

6) http://channel9.msdn.com

7) 현재는 기업 컴퓨팅 관련 컨설턴트로 일하고 있다. http://www.windley.com

8) http://scoble.weblogs.com

9) http://radio.weblogs.com/0001011/2003/02/26.html#a2357

10) http://www.ernietheattorney.net

11) http://www.wilwheaton.net

12) *Dancing Barefoot*, 오레일리 출판사, 2004년.

13) http://weblog.infoworld.com/udell/2002/08/14.html#a383

14) http://www.contenu.nu

15) Wireless Date Web Log, http://www.wirelessmuse.com/

16) http://www.strollerqueen.com

17) 2003년 9월 8일 『월스트리트저널』 1면 기사.

18) http://www.engadget.com/

제5장

피통치자의 동의

2004년 2월 17일 미 하원 보궐 선거에서 민주당 벤 챈들러가 승리했다. 양 정당 모두 반드시 차지해야 하는 의석으로 치열하게 경쟁했던 선거에서 챈들러는 무려 11퍼센트 차이로 앞섰다.

〈데일리코스〉블로그[1])에 글을 쓰는 마르코스 물릿사스 즈니가는 환호를 올렸다. 그날 저녁에 선거 결과가 확실해지자 그는 이렇게 적었다. "이것은 단순히 이긴 것이 아니다. 크게 한방 해낸 것이다. 우리 '모두'가 이 승리를 가능케 했다. 선거 자금부터 현장의 자원봉사자들, 그리고 뭔가 될 것 같았던 좋은 느낌까지 말이다."

(캘리포니아의 열성 민주당 지지자이자 활동가이며 정치에 관심이 있는 사람이라면 반드시 읽어야 하는 사이트로 자리 잡은 블로그의 운영자인) 물릿사스에게는 기뻐할 만한 이유가 있었다. 단지 하원 다수당인 공화당에게서 의석을 하나 빼앗아 온 것 때문은 아니었다. 챈들러가 승리하는 데 자신을 포함한 블로거들이 해낸 역할에 대해 환호를 보낸 것이었다. 블로거들

은 응원을 보내는 것 이상의 일을 해냈다. 블로그는 '정치의 젖줄', 즉 돈줄 역할도 했던 것이다.

선거 한 달 전, 챈들러 선거운동 본부는 〈데일리코스〉와 유명한 정치 블로그 열 곳(대부분 좌파 성향의 블로그들이었다)에 광고를 내기로 했는데, 이것은 놀라울 정도로 현명한 전략으로 판명되었다. 신생 기업이던 온라인 광고 대행사 〈블로그애드〉[2]를 통해 블로그 광고를 내는 데 2천 달러 정도의 비용을 들였더니, 전국 각지에서 8만 달러에 달하는 기부금이 들어온 것이다. 이 기부금의 대부분은 1인당 20달러 정도의 소액 기부가 모인 것이었다. 다음날 『와이어드뉴스』와의 인터뷰에서 선거운동 본부장은 해당 선거구 주민이 아닌 사람들도 그렇게 많은 관심을 보여 주었다는 사실을 챈들러가 '믿을 수 없어' 했다고 말했다.[3]

정치의 주변부로부터의 목소리, (비싼 광고를 할 수 있는) 돈 많은 사람만의 목소리가 아니라 실질적인 관심사를 가지고 일상을 살아가는 보통 사람들의 목소리가 드러났던 것이다.

훗날 역사학자들은 2002년부터 2004년 사이에 있었던 일련의 선거를 돌아보며 '뉴스를 직접 만드는 테크놀로지'가 진정으로 모습을 드러낸 시기였다고 기록할 것이다. 물론 이때도 거대 언론과 기업 집중화의 경향이 여전히 우세했다. 그리고 블로그 등의 커뮤니케이션 도구가 그 자체로 선거에서 누구를 당선시킨 것도 아니었다. 하워드 딘의 대선 선거운동이 결국 안으로 붕괴하며 실패한 것은 이런 도구들만으로는 이룰 수 없는 한계를 잘 보여 준다. 선거에 승리하려면 챈들러의 경우처럼 여러 여건과 후보의 조합이 딱 맞아떨어져야 하는 것이다.

그러나 식자층이 '하워드 딘 현상'과 그것이 드러내 준 인터넷의 가치를 무시하고 있었을 때도, 정치적 지형이 이동하고 있다는 점은 점점 분명해지고 있었다.

저널리즘의 새로운 도구들이 사업 영역에서 기업에 기업 운영과 마케팅의 새로운 방법을 가져다주고 있듯이, 정치 영역에서도 그 도구들은 통치자와 피통치자 사이에 소통의 선순환이 이뤄지는 방향으로 변화를 가져오고 있다. 하워드 딘의 선거운동은 실패로 끝났지만, 그 운동 방식은 새로운 장을 열었고 이후 선거들에서 좋은 선례가 되었다. 또한 정부도 아직은 대국민 서비스에 새로운 테크놀로지를 충분히 활용하고 있지 않지만, 곧 새 기술들이 크게 득이 된다는 것을 알게 될 터이다. 다른 건 차치하고 비용 측면만 보더라도 말이다.

이러한 변화는 시민 사회를 튼튼하게 만드는 것이기도 하다. 새로 떠오르고 있는 상향식 정치 형태는 정치가 부와 권력을 가진 사람들만의 비정한 게임이 되면서 오래 전에 사라져 버린 '시민 행동'이라는 것을 우리 사회에 도로 가져다 줄 것이다. 뉴스를 직접 만드는 테크놀로지들은 시민과 정치인 모두에게 사용 가능성이 열려 있으며, 우리가 하마터면 잃을 뻔했던 '피통치자의 동의'를 지킬 수 있게 해 줄 것이다. 단순히 선거에서 한 표 찍는 것을 넘어서는, 진정한 의미에서의 '피통치자들의 동의' 말이다.

기존 정치의 모습

인터넷 기반의 정치가 갖는 가치들이 아무리 분명하다고 해도 그 가치가 기존 정치가 돌아가는 양상을 하루아침에 뒤집지는 못할 것이다. 20세기 후반 들어 '피통치자들의 동의'라는 말은 씁쓸한 유머가 되어 버렸다. '1인 1표'가 '1달러 1표'가 된 시대, 즉 진실과는 거리가 먼 공격적 정치 광고로 국민의 관심을 끌기 위해 텔레비전 광고에 돈을 쏟아붓는 시대가 된 것이다. 그리고 2004년에 있었던 선거들은 막대한 자금을 가진 세력과 거대 언론이 여전히 주도권을 쥐고 있다는 것을 너무나 적나라하게 보여 주었다.

사례 1.
당내 경선의 첫 선거지였던 아이오와 코커스에서 하워드 딘을 누르기 위해 사용된 공격적인 광고들.

게다가 인터넷을 현명하게 활용해서 백 달러 미만 소액 기부를 중심으로 많은 기부금을 모든 하워드 딘마저도 그 돈의 상당 부분을 텔레비전 광고에 쏟아부었다. 텔레비전이 여전히 막강한 영향력을 갖고 있는데다, (첫 코커스와 프라이머리가 열리는) 아이오와주와 뉴햄프셔주의 승자가 경선 판세를 사실상 좌우한다는 것을 생각하면 합리적인 선택이었다고 볼 수도 있다.

사례 2.
2003년 10월 캘리포니아 주지사 소환·보궐 선거에서 현직 주지사 그레이 데이비스를 물리치고 승리했던 아놀드 슈워제네거의 선거. 영화배우 슈워제네거가 승리하는 데 풀뿌리 활동의 기여는 거의 없었다. 이것은 할리우드 스타일의 승리였다. 한때 영화계의 스타였던 사람을 내세우는 것은 거대 언론사가 독자·시청자의 눈길을 끄는 데 도움이 되었던 것이다. 슈워제네거는 일반 대중에게 호소력이 있었고 선거운동은 (풀뿌리가 활발한 공간인) 온라인에서 시작되기는 했다. 그러나 선거운동의 메시지는 후보의 경험과 자질이 부족하다든가, 후보가 당선 이후 해야 할 일들을 구체적으로 언급한 적이 없다든가 하는 문제에 관해서는 그리 신경을 쓰지 않는 유권자를 대상으로 한 것이었다. (슬프지만 요즘 미국에서는 이게 전형적인 현상이다.) 슈워제네거는 진지하게 질문하는 기자를 피하고 제이 레노나 오프라 윈프리의 토크쇼 프로그램에 출연했으며, 중요한 사안에 관한 신문 기자들의 질문에는 거의 웃음으로 얼버무리곤 했다.

사례 3.
2004년 조지 W. 부시의 재선 선거운동.
참모진들이 인터넷을 일부 활용하기는 했지만, 부시의 재선 선거운동은, 하향식·위계식 선거운동과 거대 자금에 기반한 선거운동이라는 측면을 4년 전인 2000년 대선 때보다도 더 적나라하게 보여 주었다. 부시는 수억 달러를 모금했는데, 그 돈은 대부분 그를 처음에 당선시켜 준 갑부 상류층에게서 온 것이었다.

이 사례들이 알려 주는 바는 분명하다. 미국 사람들은 적어도 아직까지는 주변부 정치를 받아들이지 않고 있다는 것이다. 20세기식 정치, 정치 지도자를 선택하는 것이 어떤 텔레비전 프로그램을 볼지

선택하는 것과 다를 바가 없으며 유권자는 소비자에 불과한 시대의
정치가 여전히 힘을 발하고 있는 것 같다.

새로운 것은 예전에도 있었다

온라인 테크놀로지를 정치 활동에 활용하는 것은 새로운 일이 아니
다. 1980년대 초로 거슬러 가 보면 급진 우파 활동가들이 사람들과
지속적으로 연락을 취하고 자신들의 견해를 알리기 위해 비비에스
게시판을 이용했다.

1992년 대선에 무소속으로 출마했던 로스 페로에게는 당시 별로 주
목을 받지는 못했지만 중요한 특성이 하나 있었다. 페로는 '전자 시청'
을 만들자고 제안했던 것이다. 이 아이디어는 그가 〈일렉트로닉 데이
터 시스템즈〉를 설립하고 운영했던 경험에서 나온 것으로 보인다. 이
개념은 그리 멀리 확장되지는 못했는데, 테크놀로지에 대한 페로의
인식이 메인프레임 컴퓨터 시절을 벗어나지 못했던 것이 한 이유였을
것이다. 그가 상정했던 것은 진정한 풀뿌리 활동이라기보다는 중앙에
서 통제하는 방식이었던 것이다. "페로가 오늘날의 테크놀로지와 지지
자들의 지적 기반을 활용했더라면 이길 수 있었을까?" 〈넷스케이프〉의
전 최고경영자인 피터 하터는(그는 이 주제로 1993년 법학 대학원 논문을 썼다)
이런 질문을 던졌다. "아마도 아닐 것이다. 그는 자원봉사자들에게 자
율적 재량권과 권위를 주지 않았으니까." 하지만 페로가 이후에 있을
선거들에 지침이 될 만한 길을 보여 주었다는 점만은 분명하다.

하워드 라인골드가 자신의 책 『참여 군중』[4)]에서 밝혔듯이, 2001년 필리핀에서는 네트워크의 주변부에 있던 사람들이 컴퓨터가 아니라 휴대전화를 이용해서 부패 정권을 몰아내는 데 일조했다. "첫 번째 문자 메시지가 나간 지 한 시간도 안 되어서, 'EDSA'라고도 불리는 에피파니오 데 로스 산타스 거리에 필리핀 시민 수만 명이 모여들었다. 문자 메시지의 내용은 "Go 2 EDSA: Wear Blck"(검정 옷을 입고 EDSA 로 가세요)였다. 나흘간 연인원 백만 명이 넘는 시민이 대부분 검정 옷을 입고 거리에 나왔다. 에스트라다 대통령은 결국 물러났다. 문자 메시지 시대의 전설이 탄생한 것이다."

2000년 미국에서는 기부금을 모으는 수단으로서의 인터넷의 진가를 처음으로 확실하게 발휘했다. 존 매케인은 조지 W. 부시에 맞선 대선 공화당 후보 경선에서 온라인으로 640만 달러라는, 당시로서는 전례 없는 금액을 모금했다. 선거에서는 졌지만 매케인의 시도가 준 교훈은 이후의 선거운동들에서 사라지지 않았다. 정치의 화살집 안에 인터넷 모금이라는 화살도 들어가게 된 것이다.

2002년은 선거에서 블로그가 비중 있게 사용된 첫 해라는 의미를 갖는다. 그해에 노스캐롤라이나주 제6선거구 주민인 타라 수 그럽은 공화당의 하워드 코블 의원에게 대항하기로 결심했다. 코블은 오랫동안 적수가 없다시피 했던 다선 의원이었다. 그럽이 문제 삼은 사안 중 하나는 저작권 보호 문제와 관련해 코블이 할리우드 스튜디오들의 의견에 굽실거린다는 것이었다. 그럽은 자금력도 없었고 영향력을 발할 만큼의 지명도도 없었지만, 더 공정한 저작권법을 위해 싸우는 네티즌의 열정을 가지고 있었다.

그럽이 그러한 네티즌을 찾아낸 게 아니라, 네티즌이 블로그와 전자 우편을 통해 그럽을 찾아냈다. 그리고 그들은 행동에 나섰다. 테크놀로지 분야를 다루는 기자이자 칼럼니스트인 에드 콘(노스캐롤라이나주의 주요 일간지 『뉴스앤드레코드』에 칼럼을 쓰고 있다)은 그럽을 소프트웨어 개발자인 데이브 와이너에게 소개해 주었고, 와이너는 그럽이 블로그를 만들 수 있게 도와줬다. 그럽의 사이트는 다른 블로그와 언론 매체의 관심을 끌었다. (나도 그럽의 블로그에 대한 칼럼을 썼다.) 그럽의 선거운동에 대한 뉴스가 〈슬래쉬닷〉에 올라오면서 수천 명의 방문객이 그럽의 블로그를 찾게 됐고 얼마간의 선거 자금도 모였다. 선거운동이 끝나갈 무렵에는 그럽의 발언이 『뉴스앤드레코드』에 실렸고, 코블은 영화 업계의 입장을 그토록 충실히 따르는 것에 대해 해명해야만 했다.

정의가 승리하는 낭만적인 이야기라면 그때 블로거들과 그럽의 열정이 결실을 맺어야 했겠지만, 현실은 그렇지 못했다. 큰 차이로 코블이 승리했다. 비록 처음으로 그가 선거운동 기간 중에 고전을 하기는 했지만 말이다. 그럽의 후보 출마에서 가장 중요한 것은 그 일이 인터넷 연합이라는, 작지만 새로운 길을 여는 방식으로 형성되어 갔다는 점이다.

대통령 선출

2002년 한국 대선에서 노무현 후보가 당선되는 데는 인터넷을 현명하게 사용한 것이 한몫을 했다는 데 많은 사람들이 별 이견 없이 동의

하고 있다. 지구상 최고의 통신 인프라를 가졌다고들 하는 한국에서, 개혁 성향의 노 후보는 갖가지 유무선 통신수단을 능란하게 다루는 젊은 층에게 전폭적인 지지를 얻었다.

노 후보는 인터넷 매체의 관심도 받았는데, 이런 매체들은 그 이전의 대선 때는 존재하지도 않았던 것들이다. 독자가 보내오는 기사로 주로 구성되는 온라인 신문 〈오마이뉴스〉는 대담하고 비판적인 문제 제기를 담은 보도를 함으로써, 3대 보수 일간지가 시장의 80퍼센트를 점유하고 있는 한국에서 독자의 호응을 얻었다. 한국의 정치 평론가들은 〈오마이뉴스〉가 노 대통령 당선에 일조했다는 데 거의 의견이 일치하고 있다. 노 대통령이 당선 후 첫 언론 인터뷰를 3대 일간지를 제치고 〈오마이뉴스〉와 한 것은 우연이 아니다. (〈오마이뉴스〉에 대해서는 6장에서 더 자세히 살펴볼 것이다.)

2004년 한국 국회는 노 대통령에 대한 탄핵안을 통과시켰다. 그러자 한국 네티즌들은 다시 한 번 목소리를 냈다. 4월 총선에서 유권자들은 노 대통령의 정당에 압도적인 표를 보내 제1당이 되게 했고, 여기에 인터넷은 또 한 번 큰 역할을 했다.

2004년 무렵에는 미국도 새로운 정치를 할 수 있는 여력이 많이 성숙해 있었다. 온라인을 사용하는 사람들이 충분히 많았으며, 처음으로 이들은 정치를 스스로 바꿔 낼 수 있는 도구를 갖고 있었다. 이렇게 무르익은 여건은 하워드 딘 선거운동에서 분출했다. 우리는 이 현상의 과정과 이유, 그리고 그로부터 배울 수 있는 교훈에 대해 알아보아야 한다.

하워드 딘, 밋업과 블로그와 돈을 만나다

"방송의 정치'는 일반 사람들을 중요하게 여기지 않는다." 조 트리피는 이렇게 말했다. 부침浮沈이 심했던 하워드 딘 선거운동에서 선거운동 본부장을 맡았던 트리피는 이런 방송의 정치를 바꾸고 싶었다.

트리피는 더할 나위 없는 적임자였다. 자칭 '테크놀로지 마니아'라는 그는 실리콘밸리 심장부에 있는 새너제이 스테이트 대학을 다녔고 테크놀로지 산업과 깊은 관련을 맺어 왔다. 또한 트리피는 오랫동안 각종 지방선거, 주 선거, 전국 선거 등에서 선거운동을 해 온 정치 활동가였다. (내가 트리피를 처음 만난 것은 1988년 대통령 선거에서 당내 경선에 나선 민주당 리처드 게파트 하원 의원을 취재하러 아이오와에 갔을 때였다. 트리피는 게파트의 선거운동 본부 차장이었다.)

1990년대 후반에는 정치 컨설턴트 일과 마케팅 컨설턴트 일을 둘 다 했는데, 마케팅 컨설팅은 주로 테크놀로지 기업들을 상대로 한 것이었다. 컨설팅 회사 〈트리피, 맥마혼 앤 스콰이어〉는 하워드 딘이 버몬트 주지사 선거에 나왔을 때 우연히 선거운동을 맡았는데, 당선 가능성이 별로 없었던 것 치고 정말 오랫동안 선전한 대선 선거운동을 담당하게 되었다. 트리피는 오랫동안 온라인을 이용해 왔으며, 그 무렵에는 채팅방이나 포럼과 같은 온라인 통신수단에서 살다시피 하는 열성 이용자가 되어 있었다. 이때쯤 그는 정치 블로그들도 읽기 시작했는데, 블로거들의 지식과 열정에 트리피는 깊은 인상을 받았다.

사실 하워드 딘이 그렇게 전국적으로 유명 인사가 되리라는 것은 예상 밖이었다. 하워드 딘을 부상浮上하게 해 준 초기의 공신은 인터넷이 아니라 그의 정치적 성향이었다. 하워드 딘은 부시 행정부의 이라크 전쟁에 반대하는 사람들과 민주당 핵심부는 희석된 공화당과 다를 것이 없다고 생각하는 사람들에게서 많은 공감을 얻어 냈다. 사람들에게 대안을 제시했다는 사실, 즉 (작고한 폴 웰스턴 상원 의원의 말을 빌려 그가 표현했듯이) 하워드 딘이 "민주당다운 민주당"이라는 대안이 되었다는 것은 그의 다소 서투른 선거운동 방식을 상쇄하고도 남았다.

하워드 딘이 처음에 홀로 전쟁을 반대하는 입장을 취했을 때, 그는 우익 세력에게서는 비난을, 그 자신의 정당인 민주당에게서는 경멸을 받았다. 그러나 부시 행정부는 고사하고 자기 자신의 정당 지도부한테서도 무시당하고 있다고 느꼈던 민주당 활동가들은 고무되었다. 게다가 그들은, 아마도 역사상 처음으로, 비슷한 생각을 가진 동지를 찾아내어 소통할 수 있는 수단을 가지고 있었던 것이다.

그러한 수단 중 하나가 〈밋업〉5)이었는데, 이것은 오프라인에서의 만남을 조직할 수 있도록 도와주는 웹사이트다. 〈밋업〉 설립자인 스코트 하이퍼만은 이 서비스가 정치적인 활동에 활용되리라고는 예상하지 못했다. 그는 사람들이 오프라인에서 만나 뜨개질이나 의료, 건강 같은 소재에 관해 이야기를 하면서 온라인에서의 경험을 확장하게 돕자는 취지에서 〈밋업〉을 만들었다. 그러나 우리의 신세계에서 많은 일들이 그렇듯이, 네트워크의 주변부에 있는 사람들은 그들만의 독특한 방식으로 서비스를 이용했다. 〈하워드 딘 밋업〉은 작은 규모로 시작했지만 빠르게 성장했다. 이러한 성장에는 지역 모임에 대한 소식을 전파해 준 친親하워드 딘 블로거들의 공로도 컸다.

트리피와 하워드 딘은 이 모든 현상에 기뻐하고 놀라워했지만, 이러한 움직임이 어디로 향할지에 대해서는 잘 모르고 있었다. 더 많은 블로거들이 지지를 표해 주는 것은 분명 좋은 일이고, 더 많은 〈밋업〉이 이뤄지는 것도 관심을 돋우는 데 분명 득이 된다는 것은 확실했다. 그러나 트리피도 하워드 딘도, 풀뿌리의 힘이 얼마나 빨리 솟아오를 수 있는지를 완전히 이해하지는 못하고 있었다. 분기점은 2003년 3월 15일에 왔다. 그날 뉴욕시의 하워드 딘 지지자들은 〈밋업〉을 이용해 당초 평범한 소규모 유세가 되리라고 예상됐던 집회가 인산인해를 이루게 만들었다. 여러 모로 보아, 하워드 딘은 그날 진정으로 인터넷의 위력을 맛보았다고 볼 수 있다.[6]

하워드 딘의 부상은 세 가지 요인이 없었더라면 일어나지 못했을 것이다. 이 세 요인은 각각이 독자적인 것이지만, 점차로 서로에게 영향을 미치며 풀뿌리의 열기에 불을 지폈다.

첫째 요인은 사람들에게 열의를 불어 넣는 후보, 하워드 딘이었다. 둘째 요인은 인터넷이 충분히 성숙해 있었다는 점이다. 충분히 많은 사람이 가정이나 직장에서 인터넷을 쓰고 있었기 때문에, 인터넷은 그들이 쉽게 즉각적으로 사용할 수 있는 도구가 될 수 있었던 것이다. 아마도 무엇보다 중요했을 셋째 요인은, 트리피의 말처럼 "그것(즉, 인터넷으로 인한 풀뿌리의 가능성)을 짓눌러 죽이지 않는 방법을 이해하고 있었다는 점"일 것이다. 즉 풀뿌리 활동가들이 효과적으로 활동했으며, (적어도 선거 초기에는) 선거운동 본부가 기존의 위계질서와 통제 시스템을 들이대며 풀뿌리 활동을 통제하려 하지 않았다.

벌링턴에 있던 하워드 딘 선거운동 전국 본부에는 여전히 전통적인 위계가 있었다. 그러나 하워드 딘의 선거운동에서 네트워킹Net-working (혹은 문자 그대로 '인터넷'이 '작동'한 방식)의 본질은, 주변부 사람들을 신뢰해 그들도 선거운동원의 일부가 되도록 한 것이었다. (물론 이것은 기회와 함께 위험도 가져올 수 있다.) 여름 중반쯤 트리피는 이렇게 말했다. "저 멀리 오스틴쯤에서는 사람들이 무슨 일을 하고 있었을까? 우리는 전혀 모른다. 우리는 (모든 것을 우리가 파악해서 통제하려 하지 않고) 사람들이 하는 일을 그냥 돕고 있는 것이다."

트리피는 온라인 선거운동 쪽을 담당할 유능하고 성실한 사람들을 모았다. 니코 멜은 워싱턴에서 몇몇 진보적 단체의 테크놀로지 관련 일을 했다. 칼 프리쉬는 거의 운영이 안 되던 캘리포니아주 민주당 웹사이트를 활성화시킨 경력이 있었다. 버몬트에서 오래도록 터를 닦아 온 변호사이자 활동가인 제퍼 티치아웃은 선거운동 초기에는 현장 디렉터로 일했다. 인터넷 담당이 되었을 때 제퍼는 기본적인 HTML부터 새로 배워야 했지만, 얼마 지나지 않아 시스템상의 문제에 관해 컴퓨터 프로그래머들과 자유자재로 이야기할 수 있는 정도가 되었다.

2003년 초, 환경학을 공부하고 유타주에서 작가로 활동하고 있던 매튜 그로스는 〈마이디디닷컴MyDD.com〉이라는 친민주당 (그리고 대체로 친하워드 딘) 성향의 인기 블로그에 기고를 하고 있었다. 그러다가 그는 선거운동 자체에 관한 블로그를 만들어야겠다고 생각했다. 버몬트로 간 그로스는 트리피의 사무실에서 자신의 목적을 더듬더듬 설명했다. 거절당하기 일보 직전에 그로스는 트리피에게 자신이 〈마이디디닷컴〉에 글을 써 오고 있다고 말했다. 트리피는 재빨리 대답했다. "당신을 고용하겠어요. 가서 필요한 것들을 챙겨 오세요."

그로스가 만든 선거운동 블로그는 이후의 여러 선거운동에서 전례가 되었다. 이 블로그는 사람들에게 지지만 호소하는 게 아니라 선거에 대한 유용한 정보로도 가득 차 있었다. 또한 친하워드 딘 성향의 다른 블로그들에 링크도 되어 있었다. 이 블로그에서 특히나 탁월했던 조치는 블로그의 글 밑에 하워드 딘의 지지자들이 직접 덧글을 달 수 있도록 한 것이었다. 블로그에 덧글 기능을 두면 온라인 토론을 방해하는 것이 목적인 '낚싯글'이 올라오는 경우가 많다. 하지만 하워드 딘 블로그에 올라온 덧글들은(10월 초 무렵에는 하루에 2천 개가량의 덧글이 달렸다) 품격이 있었다. 진정한 커뮤니티가 형성되었고 사람들은 서로 경청했다. 혹시 이것이 반향실▪에 불과한 것이었을까? (실제로 나중에 이런 비판을 하는 사람들이 있었다.) 어느 정도는 그런 면도 있었을 것이고, 그래서 한계가 있기도 했을 것이다. 그러나 스스로를 강화해 나가는 토론의 장으로서, 그 블로그는 초기에 선거운동의 기반을 닦는 데 도움을 주었다.

하워드 딘의 인터넷 활동에 대해 (반향실 운운하는 비판보다) 귀담아들을 만한 비판은, 풀뿌리의 견해를 정책에 수렴하는 과정이 별로 없었던 것 같다는 점이다. 어쩌면 이건 불가피했을지도 모른다. 어쨌거나 (정책을 가진) 후보들이 먼저 나서고, 유권자는 그 다음에 그중 누구를 지지할지를 결정하게 되어 있으니까. 그러나 후보와 대중 사이의 진정한 대화라면, 후보가 대중에게서 진심으로 무언가를 배우는 과정이 포함되어 있어야 한다. 하워드 딘의 선거운동에서는 이런 과정이 두드

▪ 방송에서 에코 효과를 만들어 내는 방.

러지지 않았다.

또한 하워드 딘 선거 블로그는 후보인 하워드 딘 자신의 생각을 많이 드러내지 않았다는 점에서도 비판을 받았다. 가끔 후보가 글을 올리는 적이 있기는 했지만 그마저도 그의 생각을 많이 드러내지는 않는 것이었다. 하워드 딘이 자신의 생각을 투명하게 드러내기 위해 직접 블로그에 더 많은 글을 올렸다면 훨씬 현명한 일이었을 테다. 하지만 경선 후보는 매우 바쁘고, 그 블로그가 하워드 딘.진영이 다른 후보 진영보다 더 열린 선거운동을 하고 있음을 반영했다는 점에서 점수를 줄 수 있을 것이다. 하워드 딘 선거 블로그는 하워드 딘 현상을 알고 싶어하고 거기에 참여하고 싶어하는 운동원 및 독자들에게 하워드 딘 측의 핵심 인물들의 면면을 잘 드러내 주었으니까 말이다.

외부 사람들을 선거운동원으로서 신뢰하는 것에는 위험이 따른다. 『워싱턴포스트』의 기사에 따르면, 자칭 "하워드 딘 방어단"[7]이라는 사람들이 자신이 보기에 부정확하거나 가치가 없는 보도를 하는 기자들을 지목해서 "이 기자들에게 항의 메일을 보내자"며 하워드 딘 지지자들을 선동했다. (컬트에 가까운 추종자가 있는 기업을 출입처로 두고 있는 기자들은 이런 경우를 잘 알고 있을 것이다. 이들은 끊임없이 인터넷 토론방에 글을 올리는데, 자신이 추종하는 회사에 대해 충분히 숭배하지 않는 기자에게 모두가 항의 메일을 보내자는 '제안'을 올리기도 한다.) 기자가 실수를 지적당하는 것과, 특정한 명분의 추종자들에게 끈덕지게 질책을 받는 것은 (그 명분이 설령 옳다고 해도) 전혀 다른 문제다. 이런 사람들은 결국 자신이 지지하는 명분에 해를 끼친다. 한편, 텍사스에 사는 하워드 딘 지지자 한 명은 거의 스팸 메일이나 다름없는 전자우편을 뿌렸는데, 같은 하

워드 딘 지지자들에게서도 눈총을 받았고 곧 쑥스럽게 사과를 했다.[8]

자금 모으기

하워드 딘 선거운동 웹사이트에는 또 하나의 중요한 목적이 있었다. 바로 기금을 모으는 것. 하워드 딘 선거운동 본부는 인터넷을 통해 수백만 달러를 모금했다. 대부분은 소액 기부로 들어온 것이었다. 부통령 딕 체니를 필두로 1인당 2천 달러씩 기부하는 공화당 기부자들에 대응해, 하워드 딘 선거 블로그는 하룻저녁에 수백만 달러를 모금한 공화당의 기록을 소액 기부를 통해 깨자고 촉구했다. 그리고 그들은 해냈다. 하워드 딘은 이 일로 선거 자금을 모았을 뿐 아니라 언론에 긍정적인 기사도 많이 실리게 되었다.

2003년 가을이 되자 하워드 딘은 기금 모금에 있어서나 민주당 저변으로부터의 지지도에 있어서나 급부상했다. 그러나 몇 가지 큰 실수를 저지르면서 그의 선거운동 동력과 인기는 사그라졌다. 사람들은 하워드 딘의 "인터넷 현상"도 거품이었다고 했고, 신랄한 비판자들은 하워드 딘은 떠올랐다가 부도를 맞은 인터넷 기업이나 마찬가지라고 말했다. 그러나 분명히 이런 비판은 불합리하다. 인터넷이 없었더라면, 잘 알려지지 않았던 버몬트주의 전 주지사가 애초에 그렇게 떠오르지도 못했을 것이다.

기금 모금의 측면은 아무리 강조해도 지나치지 않다. 대선 프라이머리 시즌 때 당락, 즉 대선 후보자 결정이 조기에 이뤄지도록 하는 민주당의 '프론트 로딩' 때문에, 하워드 딘 같은 아웃사이더가 선거에 나서려면 방법은 한 가지뿐이었다. (2004년 2월 선거운동 본부에서 사임해야 했고 선거운동 실패에 대해 부당한 비판을 많이 받았던) 트리피는 하워드 딘의 유일한 방법은 처음에 인지도를 얻는 것이었다고 말했다. 그 전술은 거의 성공했다.

〈데일리코스〉의 물릿사스는, 민주당에 불리한 것으로 여겨졌던 2002년 '매케인-페인골드 선거 자금 개혁법'이 실제로는 민주당이 인터넷 모금을 더 효과적으로 하게 만든 촉진제가 됐다고 말했다. 이 법이 통과되기 이전 민주당의 모금 방법은 부유한 사람들에게서 들어오는 큰 액수의 '소프트머니'를 통해서였다. 소프트머니는 정당 운영에 쓰이는 것으로 되어 있었지만 실제로는 후보자를 뽑는 데 쓰였다.■

'매케인-페인골드 선거 자금 개혁법'에 의해 소프트머니가 금지되면서 평범한 시민들에게서 들어오는 소액 기부의 중요성이 전보다 훨씬 커지게 되었다. 평범한 사람에게서 받는 소액 기부는, 구석구석까지 파고들어 있는 탄탄한 조직력을 갖춘 공화당이 본래 잘해 오던 것이었다. 그러나 물릿사스는 하워드 딘이 소액 기부를 통해 성공적으로 모금을 하자 민주당 중앙도 "우리에게 소액 기부를 가능케 하는 훌륭한 도구(즉 인터넷)가 있다."는 것을 확실하게 인식하게 됐다고 주장했다.

좌파 성향의 사람들 중에는, 전통적으로 보수 우파가 주도하고 있는

■ 후보 개인에게 직접 기부되는 하드머니와 달리 소프트머니는 후보 개인이 아니라 정당에 당 운영비 명목으로 기부되는 자금이다. 미국 의회는 2002년 3월, 소프트머니를 금지하는 법안을 통과시켰다.

라디오 토크쇼에 맞서 진보 세력에게는 인터넷이 무기가 되어 줄 것이라고 기대하는 사람들이 생겨났다. 이것은 그저 안이한 희망 사항일 뿐일까? 1972년 대선에서 직접 우편을 먼저 창조적으로 활용한 것은 (민주당의) 조지 맥거번 후보였다. 하지만 이 전술은 맥거번을 당선시키지도 못했을 뿐더러,** 오히려 공화당이 그 전술을 얼른 도입해 핵심 전술로 삼지 않았는가. (현재까지도 공화당은 직접 우편이라는 매체를 훨씬 더 잘 이용하고 있다.)

그러나 인터넷이 본질적으로 진보 세력과 더 친화력이 있는 매체라고 보는 데는 그럴 만한 이유가 있는 것 같다. 첫째로 공화당의 하급 당원들은 지엽적인 문제에서 동의하지 않는 부분이 있다고 해도 당의 노선을 충실히 따름으로써 일관된 정당 노선을 유지하는 경향이 있다. 또한, 공화당원들은 중앙 집중 방식을 선호한다. 거대 기업과 입장이 비슷하고, 정부 권력으로 사적인 문제를 규제하는 것을 옹호한다.

민주당은 (정당 라인을 중심으로 일관되게) 똘똘 뭉치는 속성이 상대적으로 약한데, 이 점은 인터넷 정치로의 문을 열어 주는 계기 중 하나가 되었다. 내가 느끼기에 우파 블로그보다는 좌파 블로그에서 진정한 토론이 더 활발하다. 한 가지 예만 보더라도, 좌파 블로그들이 덧글 기능을 더 많이 허용하고 있다. 뮬릿사스는 "공화당은 정당 노선을 중심으로 더 잘 뭉친다."고 인정하면서도 "그러나 우리는 모든 논쟁점을 철저한 토론으로 해결한다."고 말했다.

■■ 맥거번은 당시 재선에 나선 리처드 닉슨에게 패배했다.

오픈 소스 정치

돌아보면 2004년 선거운동은 오픈 소스 정치가 처음으로 빛을 발한 때로 기억될 것이다. 이것이 무슨 의미일까? 오픈 소스 정치는 (돈, 정책 결정, 통치 등의 측면에서) 주변부에 있는 사람들의 참여와 관련이 있다. 오픈 소스 소프트웨어 프로젝트에서는, 전 세계의 사람들이 각자 작은 부분에 참여하면서 전체적으로 인터넷의 가장 중요하고 안정적인 요소들을 만들어 낸다. 마찬가지로 오픈 소스 정치에서는 각지의 사람들이 과거보다 훨씬 효율적인 방식으로 참여 정치의 안정적인 요소들을 만들어 내는 것이다.

하워드 딘 선거운동은 사람들이 혁신적인 방식으로 행동하는 데 인터넷을 활용한 여러 사례 중 하나일 뿐이다. 아마도 오픈 소스의 측면에서 가장 흥미로웠던 사례라면 〈무브온〉9)이 벌였던 실험을 꼽을 수 있을 것이다. 〈무브온〉은 클린턴 전 대통령에 대한 탄핵 공방의 와중에 생겨난 중도 좌파 성향의 비영리 조직으로, 현재는 가장 영향력 있는 인터넷 정치 조직 중 하나가 되었다. ('대통령을 비난하라, 그리고 탄핵으로 물고 늘어지지 말고 다음으로 넘어가라Censure the president and move on'는 이 조직이 생길 때의 슬로건이었다.)

〈무브온〉이 벌였던 실험이란 2004년 봄에 "30초 동안 부시를 보여 주세요"라는 경연 대회를 열어 일반 시민들이 반反부시 광고를 만들도록 장을 마련한 것이었다. 최종 본선에 오른 열다섯 개의 작품은 정치적 감각도 감각이지만 저렴하게 비디오를 제작할 수 있는 기기와 소프트웨어들의 위력을 보여 주었다는 점에서도 믿을 수 없을 만큼 대단했다. 이것은 마샬 맥루한이 오래 전에 예견했듯이 20세기 말의 방송 문화를 개인용 테크놀로지가 어떻게 잠식하기 시작했는지를 보여 주었다. 한때는 거대 언론만이 가질 수 있었던 도구가 이제는 많은 사람들의 손에 쥐어진 것이다.

〈무브온〉 공동 창업자인 웨스 보이드는 "30초 동안 부시를 보여 주세요" 광고에서 사람들이 보여 준 열정, 창조성, 기술력에 감탄했다고 말했다. 내용에 동의하느냐 안 하느냐를 떠나서, 이 광고들은 친부시 사이트의 코너들과는 좋은 비교가 되었다. 적어도 영향력 면에서는 말이다. 보이드는 "흥미로운 것은 방송이라는 수단을 이용해서 방송의 논리를 뒤집는다는 사실"이라고 말했다.

오픈 소스 정치는 하워드 딘 선거운동에서 없어서는 안 될 요소였다. 하워드 딘의 선거운동은 뜻을 같이 하는 오픈 소스 프로그래머들에게 크게 의존하고 있었는데, 그들 각자가 짠 프로그램이 모여 전체적으로 온라인 선거운동의 틀을 만들었던 것이다. 하워드 딘 선거운동본부가 해체된 후 일부 프로그래머는 다른 선거 팀에 합류했고 또 다른 사람들은 미래의 새로운 플랫폼들을 만드는 일에 참여했다.

〈해크포딘Hack4Dean〉이라는 모임(공식적인 선거운동 조직은 아니었다. 나중에 〈딘스페이스〉10)로 이름을 바꾸었다)의 회원들은 자원봉사자의 의사소통을 도와주는 네트워크 소프트웨어를 포함한 여러 가지 도구의 개발에 기여했다. 이들의 작업은 '드루팔Drupal'이라고 불리는 오픈 소스 프로젝트에 기반을 두고 있으며 현재도 계속 진행되고 있다. 이곳 프로그래머인 잭 로젠은 나중에 공공의 이익에 관련된 투자처를 찾고 있던 캘리포니아의 벤처 캐피탈 업체에게 투자를 받았다. 로젠과 그의 동료들은 콘텐츠 관리, 이메일 리스트, 온라인 포럼, 블로깅 등 여러 기능을 갖춘 '그룹웨어 프로그램 세트'를 개발하려 하고 있다. 일단 처음에는 〈야후!그룹〉처럼 테크놀로지를 잘 모르는 일반인들도 손쉽게 이메일 리스트를 만들 수 있게 해 주는 온라인 서비스를 제공하되 선거운동에 대한 것으로만 소재를 한정한다는 계획이다. 장기적인 계획은 훨씬 야심만만하다.

> 장기 계획은 비영리 조직들을 위한 그룹 소프트웨어 개발을 촉진할 수 있는 영구적인 토대를 구축하는 것이다. 현재는 웹 개발에 관련된 전임 프로그래머를 내부에 직원으로 두지 못할 경우, 비영리 기구들은 막대한 돈을 들여서 외부 개발 업체를 고용하는 수밖에 없다. 그러면 그 외부 기업은 저작권이 적용되는 '블랙박스'식의[■] 웹 구축 소프트웨어를 제공한다. 여기에서 이해관계가 상충하게 된다. 프로그램을 제공하는 외부 기업은 다달이 소프트웨어의 사용료를 받는 것이 주된 수익원이므로, 해당 비영리 조직의 데이터를 소유해서 그 데이터를 자기네 소프트웨어에 묶어 두려 하게 된다는 것이다.
>
> 우리는 외부 기업을 고용하는 것보다 저렴하고 개방적이고 강력한 대안을 만들고자 한다. 비영리 기구들이 필요로 하는 소프트웨어를 개발하고 있는 오픈 소스 커뮤니티 안에서, 그들이 언제라도 이용할 수 있는 프로그래머와 컨설턴트를 확보하는 것이다. 그룹웨어 웹 소프트웨어를 구축하는 데는 이것이 더 효과적이고 생산적인 방법이다.

■ 오픈 소스 소프트웨어와는 달리 소스 코드가 어떻게 되어 있는지 공개되어 있지 않다는 뜻.

2008년 즈음이면 선거운동에 인터넷을 적극적으로 활용하는 것이 대세가 될 테고, 기반이 약한 채로 출발한 후보가 또 다른 혁신을 만들어 낼 것이다. 켄터키주 챈들러의 선거운동 사례는 시작이었을 뿐이다.

2004년이 미래의 토대를 닦은 해였다면, 앞으로는 인터넷이 모든 선거에서 부가적인 요소가 아니라 필수불가결한 요소가 될 것이다. 예를 들면 모든 후보, 아니면 적어도 모든 선거운동 본부가 블로그(또는 웹페이지)를 갖게 될 것이다. 앞으로는 일반 지지자들에게 최신 정보를 계속해서 제공하고 그들이 선거운동에 지속적으로 참여하게 만드는 것이 언론 매체를 다루는 것만큼이나 중요한 일이 될 것이다. 대부분의 경우, 이 두 가지 일은 크게 다르지 않을 것이다. 선거운동 본부의 웹사이트는 오늘날보다 더 쌍방향적이 될 것이고, 무늬만 국민을 위하는 강의식 내용으로 채워지는 게 아니라 진정한 토론이 이뤄지게 될 것이다. 또 새로 도전하는 모든 후보들은, 그리고 기성 정치인인 후보들 중 일부도, 대부분의 선거 자금을 인터넷으로 모으게 될 것이다.

현명한 선거운동 본부장이라면 〈무브온〉이 보여 준 사례를 본받을 것이다. 만약 내가 선거운동 본부장이라면 어떤 규모의 선거든 간에 내 후보를 지지하는 사람들에게 좋은 아이디어와 그들이 직접 제작한 광고를 보내 달라고 부탁하겠다.

선거운동 본부는 사람들이 투표를 많이 하도록 하는 기법도 향상시킬 수 있을 것이다. 이를테면 지역의 정치조직들은 SMS를 이용해 사람들이 투표 당일 잊지 말고 투표하도록 알려 줄 수 있을 것이고, 교통편이 필요한 사람에게는 차량을 제공해 줄 수도 있을 것이다. 이것들은 모두 표준적인 전술이다. 단지 업데이트된 것일 뿐이다.

기자 역할이 바뀌다

전문 언론인들은 대체로 하워드 딘이 효과적으로 사용한 '주변부에서 중심으로'라는 정치 방식에 당황한 것 같았다. 현대 저널리즘이 하향식 위계로 되어 있다는 점이 아마 한 이유였을 것이다. 중견 언론인들에게는 분산된 방식의 선거운동이라는 개념이 독자가 직접 저널리즘 창조의 과정에 참여한다는 개념만큼이나 생소했을 것이기 때문이다.

그러나 무슨 일이 일어나고 있는지에 대해 언론이 감을 잡게 되자 다양한 보도가 쏟아졌다. 거대 언론과 후보들 역시 훌륭한 정치 기사들 중에는 자신들이 관리하는 체계의 외부에서 나오는 것이 많다는 점을 깨닫게 되었다. 둘만 예를 들어 보자면, 조쉬 마샬의 〈터킹포인트메모〉와 물릿사스의 〈데일리코스〉는 어떤 통신사보다도 심도 있는 내용을 제공했다. 웨슬리 클라크■가 선거에 뛰어들기 얼마 전에 마샬과 심층 인터뷰를 했다는 것은 우연이 아니다. 또한, 원래는 이라크 전쟁에 대한 내용을 다루기 위해 만들어진 〈커맨드포스트〉11)도 훌륭한 정치 뉴스 사이트로 발전했다.

독자적으로 운영되는 독립 웹사이트들은, 틈새 저널리즘이 정치에서 얼마나 큰 가치를 갖는지를 보여 주었다. 현재의 기업형 저널리즘이 처한 경제적 상황에서, 복잡하고 다양한 오늘날의 정치 문제들을 주류 언론이 상세히 다룬다는 것은 쉽지 않은 일이다. 일반적으로, 주요 신문이라고 해도 특정 이슈를 바라보는 후보들의 견해에 대해서

─────────────────────

■ 전 나토군 사령관. 2004년 대선에서 민주당 후보 경선에 나섰으나, 경선 도중 후보직에서 물러났다.

는 두세 건의 기사만을 게재할 수 있을 뿐이다. 텔레비전 방송의 보도국은, 특히 지역 방송국의 경우 정치적인 이슈를 아예 다루지 않는 경우도 있다.12) 텔레비전 방송국이 정치 문제를 신경 써서 다루고 싶어도, 전국 선거부터 지방선거까지 너무나 많은 선거가 있기 때문에 모두 다루는 것이 불가능하다. 이러한 상황은 특정 이슈에 관심 있는 사람들에게 정보를 제공하고자 하는 시민 활동가들이 참여할 수 있는 황금 같은 기회라고 할 수 있다. 대중이 모든 사안에 관심을 갖는 것은 아닐 테지만, 개인들은 각자 그중 몇몇 논쟁점에 대해 관심이 있을 것이다. 기업가이자 블로거인 조이 이토는 「떠오르는 민주주의」라는 글에서13) "단일화되는 언론과 그 언론이 보여 주는 단순화된 세상으로는 합의를 도출해 내기 위해 사람들이 알아야 하는 다양한 의견과 아이디어를 모두 제공할 수가 없다."고 말했다.

차이를 보이는 것은 어떤 점일까? 그것은 당신이 무엇을 원하는지에 달려 있다. 웨슬리 클라크 대선 선거운동의 블로거였으며 케리 선거운동에서도 활동했던 카메론 배럿은 내 블로그*에 남긴 글에서 이렇게 설명했다. "만약 당신의 목적이 토론과 논쟁이라면 수많은 독자를 가진 블로그 한 곳보다는 여러 블로그가 모인 네트워크가 더 강력한 매체일 것이다. 한편 당신의 목적이 메시지를 전하는 것이거나 하향식 커뮤니케이션이라면 많은 독자를 가진 소수의 블로그가 더

■ 〈실리콘밸리닷컴〉 사이트에 있던 댄 길모어의 블로그는 그가 〈나이트 리더〉(이 회사는 후에 〈맥클라치〉에 인수되었다)를 떠난 뒤에 폐쇄되었다. 길모어는 옮긴이에게 보낸 전자우편에서 이것이 웹사이트나 웹상의 글이 (여러 가지 이유로) 사라지는 "링크 소멸link rot"의 사례라며, 앞으로는 (오프라인상에서) 변화가 있더라도 웹사이트나 웹상의 글이 남아 있을 수 있는 방법이 강구되어야 할 것이라고 말했다.

강력한 매체가 되어 줄 것이다."

우리에게는 이 두 가지가 다 필요하다. 나는 수백만 개의 블로그가 생겨나서 각종 선거를 보도하고, 또 선거운동의 일부분이 되는 것을 보면 신이 날 것 같다. 예를 들어 당신이 의료와 건강 문제에 관심이 많은 사람이라면 이 문제에 대한 후보들의 견해를 보도하는 블로그를 열 수 있다. 후보의 공약이 나와 있는 페이지를 링크시켜서 당신의 블로그를 보는 사람들이 의료에 관한 공약들을 살펴볼 수 있도록 하라. 의료와 건강 문제에 관한 후보의 발언, 배경 설명, 참고 자료 등이 담긴 뉴스 기사도 링크시켜라. 또한 당신의 블로그 독자와 선거운동원들 모두가 글을 올릴 수 있도록 덧글 기능을 열고, 더 좋은 정보를 가져다주는 토론이 이뤄진다면 무엇이든 반겨라. 당신이 하는 이러한 일은 정말 의미 있고 유용한 일이 될 것이다.

자, 이제 모든 선거에서 모든 이슈에 대해 이런 방식을 적용한다고 생각해 보자. 충분히 많은 사람들이 이러한 과정에 참여한다면 우리는 가치 있는 정보를 많이 갖게 될 것이다. 물론 편향되어 있거나 틀린 정보도 있을 것이다. 이 점에 대해서는 거대 언론사들이 도움을 줄 수 있다. 우리와 같은 언론계 종사자들은 가장 좋은 내용만을 모아서 우리의 사이트에 올릴 수 있을 것이다. 또한 블로그 목록을 주제별로, 또는 (주의할 필요가 있는 경우에는) 블로그 운영자들의 성향별로 분류해서 올릴 수도 있다. 특정한 블로그가 사람들을 오도한다는 것을 발견하면 그런 편향성을 알리는 글을 써 놓거나 아예 문제의 블로그를 목록에서 빼 버릴 수도 있다. 물론 우리 기자는 이 과정에서 독자에게 도움을 청해야 한다. 당연한 말이지만, 이런 종류의 통합 정보를 기자만 제공하는 것은 아닐 테다. 하지만 기자들은 가장 유용한 정보를 모아내는 능력 면에서 충분한 신뢰도를 가지고 있다고 봐도 좋을 것이다.

이러한 일의 가장 좋은 사례로는 BBC가 진행하고 있는 '아이캔iCan' 프로젝트를 꼽을 수 있다.■ 이 프로젝트는 시민의 활동과 저널리즘을 통합하는 것을 목표로 하고 있다. 평범한 시민들이 여러 가지 활동을 할 수 있도록 돕기 위해, BBC는 웹 기반의 플랫폼을 만들어 시민들에게 그들의 관심사를 공론장으로 내놓는 데 필요한 각종 자료와 도구를 제공하고 있다. 그러면 BBC의 기자들은 시민들의 활동을 관찰하고, 그 일부를 보도한다. 이 참신한 프로젝트에 대해서는 6장에서 상세히 설명할 것이다.

더 나은 통치를 위한 도구들

선거가 끝났다고 해서 그걸로 정치가 끝나는 것은 아니다. 통치를 하는 과정도 정치다. (이것이 정치의 정의定義 아니던가.) 정치인과 관료들이 협력하고 이끌어 간다면 다수 대 다수 커뮤니케이션의 도구들은 정부를 바꾸어 낼 수 있을 것이다. 진정한 e-정부가 되려면 아직도 한참 더 기다려야 할 것이기 때문에, 이러한 변화의 과정이 구체적으로 어떻게 이뤄질 것인지는 분명치 않다. 하지만 통치와 행정에서의 잠재력은 선거운동에서보다도 더 확실하다고 할 수 있을 것이다.

■ '아이캔' 프로젝트는 2008년 현재 진행되지 않고 있다.

현재까지 e-정부는 납세자나 기업 등 정부 서비스 대상자에게 정보를 제공하는 밋밋한 웹사이트로 구성되어 있다. 이런 웹사이트에서 쌍방향성은 몇 가지 서류 양식을 온라인으로 기입하거나, 온라인 예약을 하는 정도에 불과하다. 이것은 기존의 하향식 접근 방법을 그대로 온라인으로 옮겨 놓은 것이다.

그러나 계속 이러리란 법은 없다. 우리가 잘만 한다면 말이다. 그 증거를 보려면 〈어스 911〉[14]이라는 놀라운 웹사이트를 방문해 보시라. 환경 운동가들이 만든 〈어스 911〉은 현재 시민이나 정부 모두에게 없어서는 안 될 사이트가 되었다. 유타주의 최고 정보 책임자를 지냈던 필 윈들러는 〈어스 911〉을 "일방향적으로 생겨났으나 공사公私가 함께 참여하는 파트너십으로 발전한 것"이라고 부른다. '일방향적'으로 발생했다고 한 것은 한 명의 열정적인 시민에 의해 점화되었다는 의미에서다.

그 열정적인 시민은 피닉스 교외에 있는 자신의 집을 본부 삼아 15년간 이 프로젝트를 준비해 온 크리스 워너였다. 〈어스 911〉은 주머니돈을 털어 모은 소액 자금으로 시작해 현재는 기업에서 오는 기부금과 정부 지원금으로 운영되고 있다. 워너와 그의 동료들은 환경문제에 대해 찾을 수 있는 정보란 정보는 다 모아서 웹사이트 한 곳에서 모두 볼 수 있게 해 놓았다. 〈어스 911〉 홈페이지에 들어가서 우편번호를 입력하면 해당 지역에 관해 연방 정부, 주 정부, 지방정부, 기업 등을 망라하는 출처에서 제공한 데이터를 볼 수 있다. 〈어스 911〉은 해당 지역의 정부와 국민 모두가 이용할 수 있는 정보 교환소 역할을 한다. 수천 명의 정부 및 유관기관 직원이 자신이 갖고 있는 정보를 〈어스

911)로 보내면, 〈어스 911〉 운영자들은 그 데이터를 시민들이 이용하기 좋도록 재정리한다. 즉 광범위하게 분산된 정보 수집 시스템과 고도로 중앙 집중적인 관리 시스템을 결합해서, 정보를 찾는 시민에게 각자의 지역에 맞춤한 정보를 제공하는 것이다.

워너는 이 시스템을 적용해 애완동물 사이트도 열었다. 이름 하여 〈애완동물 911〉.15) (어떻게 다른 이름을 생각할 수 있겠는가.) 이곳 역시 방대한 정보를 모은 후 지역별 특성에 맞게 가공해 사람들에게 제공한다. 언론사들은 자사 홈페이지에 〈애완동물 911〉을 포함시키기 시작했다. (워너는 이런 경향을 적극 지지하고 있다.) 또한 워너는 최근 전국 미아 보호 시스템의 효율성을 높인 '황색 경고'라는 프로젝트도 시작했다. 이렇듯 가능성은 거의 무한하다.

워너는 자신과 동료들이 만든 오픈 소스 방식의 소프트웨어 플랫폼에 대해 "우리가 만들어 낸 매체의 사용 가능성은 수백 가지도 넘는다."고 말했다. "다른 사람들이 이것을 많이들 베껴갔으면 좋겠다. 그건 정말 좋은 일일 것이다."

아래로부터 위로, 평범한 시민으로부터 권력의 중심으로의 흐름을 만드는 노력은 매우 어려운 일이지만 우리에게 혜택을 줄 잠재력이 매우 크다. 몇 가지 이유가 있는데, 그중 분명한 것 한 가지는, 시민들이 관심 있는 활동에 참여하는 데 드는 비용의 절감이다. 끝도 없이 자동 응답 메시지를 들어야 하기 때문에 전화를 건 사람이 시간 손실이라는 비용을 치러야 하는 전화 음성 안내 시스템과는 다를 것이다. 온라인으로 업무를 처리할 수 있다면, 직접 가서 관료주의적 행정 절차를 따라야 하는 성가심과 시간 낭비를 쉽게 없앨 수 있다.

나는 매년 캘리포니아주 자동차 부서의 홈페이지에서 내 자동차 등록을 갱신한다. 차에 붙이는 스티커를 출력하는 것은 할 수 없지만 (아쉬운 일이지만 위조 스티커의 가능성을 고려한다면 이해할 수 있는 규정이다) 새 스티커와 새 등록증을 발송해 주기 바로 직전 단계까지는 모든 과정을 온라인으로 처리할 수 있다. 이렇게 하면 일단 우표 값과 봉투 값이 절약된다. 그렇지만 더 중요한 것은 수표를 우편으로 보낼 필요가 없다는 점이다. 납부가 제대로 되었는지를 바로 확인할 수 있는 것이다.

캘리포니아주 자동차부 사이트를 포함해 내가 아는 한 모든 정부 관련 홈페이지에는 빠져 있는 것이 하나 있다. 시민의 생각과 시민이 가진 지식에 공무원이 관심을 갖고 소중히 여긴다는 느낌이 전혀 없는 것이다. 바로 이 부분이 아래로부터의 저널리즘이 진정한 가치를 가질 수 있는 대목이다. 가장 간단한 사례는 정부가 시민의 소리를 듣기 위해 만들어 놓은 의견 제안함(사람들이 종이에 적어서 넣는 진짜 상자)이 있다. 기자가 독자가 하는 말에 귀를 기울여야 하듯이, 정부도 유권자나 납세자의 목소리에 귀를 기울여야 한다.

9·11 이후 이러한 방향으로의 움직임이 잠깐 동안 있었다.

미국 국방부는 공식 웹사이트 〈디펜스링크〉16)에 "테러리즘에 맞설 수 있는 국민 여러분의 아이디어를 내 주세요."라는 메시지를 올렸다. 이것은 오래 가지는 않았지만 현명하고 잠재력도 매우 큰 시도였다. 그 이유는 다음과 같다.

국방이나 사법 관련 당국은 그 특성상 중앙 집중적인 조직이다. 그러나 이들은 점차로 탈집중화된 상대방과의 '비대칭적 전쟁'에 직면하고 있다. 비대칭적이라는 것은, 한쪽은 전통적인 의미에서 크고 강력한 반면, 다른 한쪽은 규모가 작고 탈집중화되어 있으며 테크놀로지를 무서운 방식으로 사용할 능력이 있는 집단이라는 의미에서 그렇다.[17]

거대하고 중앙 집중적인 조직이 공격 목표가 되는 시대인지라, 탈집중적인 인력과 정보의 가치에 대한 인식이 높아지고 있다. 그러나 우리는 위협을 막기 위해 국가의 집단적인 힘과 지성을 모을 수 있는 방법을 찾아내야 한다. 〈선마이크로시스템〉의 빌 조이가 말했듯이, 똑똑한 사람들은 한 조직에 매여서 일하지 않는다. 사람들 각자가 가진 모든 역량을 끌어내는 것, 이것이 가장 좋은 접근법이다.

국토안전부의 정보네트워크는(내가 이 글을 쓰고 있을 때는 홈페이지 수리 중이었다) 부분적으로 P2P 기술에 기반해 구축됐다. 이것은 연방 정부, 주 정부, 지방정부가 필요할 때마다 그때그때 필요한 정보를 빠르고 안전하게 공유하기 위해 고안되었다. 이 시스템은 공공 안전을 담당하는 지방 말단 공무원까지는 포함하고 있지만, 적어도 아직까지는, 일반 시민들의 정보까지 포함하려는 노력은 하지 않고 있다. 내게는 이것이 '비대칭적 위협의 세계'에서 높으신 분들이 아직 자기 지휘명령 체계 밖의 사람들이 점점 더 중요해지고 있다는 점을 충분히 인식하지 못하고 있다는 증거로 보인다.

존 로브는 비대칭성의 개념과 그러한 공격이 발생할 때 생길 수 있는 결과에 대해 나에게 설명해 주었다. (로브는 미국 공군의 특수전 부대에 있었고, 이후에는 인터넷 리서치 회사를 운영했다.) 나는 로브에게 그런 나쁜 세력의 공격을 우리가 어떻게 하면 네트워크와 사회 주변부에 있는 힘을 이용해 막을 수 있을지 물어봤다.[18]

그가 제안한 것 중 일부를 소개하자면 다음과 같다. "국방부에 있는 시민 의견 제안함을 굉장히 확대하면서도 동시에 개별적인 질문에 대한 내용을 정교하게 다룰 수 있는 피드백 통로를 만들어야 한다. 마샬 맥루한이 이 아이디어를 처음 제시했다. 어떤 문제든, (해답을 알고 있기 때문에) 그것을 문제라고 생각하지 않는 사람들이 적어도 한 명은 있을 것이다. 우리는 그러한 지식과 통찰을 건져 낼 수 있는 피드백 통로가 필요하다. 예를 들어, 만약 당신이 공항 안전 시스템에 문제가 있다고 생각하는데 그것을 어떻게 고칠지에 대한 해결책을 가지고 있다면, 그 일을 행정적으로 처리할 수 있는 사람에게 이 정보를 전달해 줄 수 있는 메커니즘이 필요하다."

여기에서 정보가 움직이는 방향을 주목하라. 정보는 아래에서 위로, 아니, 더 정확히 말하자면 주변에서 중심으로 흐른다.

로브는 이 피드백 시스템을 확대하면 세부적인 문제 각각에 대해 의미 있는 정보들을 취할 수 있는 "지식 네트워크"를 만들 수 있다고 말했다. 미국이 아프가니스탄을 침공하기 얼마 전에 로브는 이렇게 말했다. "우리의 외무부와 국방부에는 아프가니스탄에서 사용되는 주요 언어인 파슈투어語를 할 줄 아는 사람이 충분치 않다. 하지만 현재 미국에는 파슈투 말을 할 줄 아는 사람이 수만 명은 살고 있을 것이다. 그들의 언어 능력을 실시간으로 얻으려고 노력하는 게 어떻겠는가?" 어떤 방법이 있을 수 있을까? 이를테면 군사 위성 전화를 이용해서 통역을 할 수 있는 파슈투어 가능자에게 전화하면 된다.

공공 위생 분야도 이러한 방식으로 득을 볼 수 있다. 사실상 바이오 테러리즘에 대항하려면 이런 시스템이 절대적으로 필요하다. 피츠버

그 대학의 공공 위생 전문가 로널드 E. 라포트는 '인터넷 시민 방위'라는 개념을 제안했다. 네트워크의 힘을 이용해 이웃이 서로 지켜볼 수 있게 한다는 것이다. 『USA 투데이』의 케빈 메이니는 2001년 10월 기사에서 그것을 이렇게 설명했다.[19]

> 공격이 발생하면 수백만 명의 인터넷 사용자가 일종의 센서 역할을 할 수 있다. 질병, 의심스러운 행동 등을 보면 이장이나 동장 같은 마을 담당자에게 알리고, 그 담당자는 해당 내용을 시스템에 입력하는 것이다. 그러면 당국은 무슨 일이 벌어지고 있는지 바로 알 수 있고, 대학의 분자생물학자, 천연두를 앓은 적이 있는 아이오와주 듀부크에 사는 할머니 같은 각 지역의 전문가에게 곧바로 연락해 그들이 상황에 대한 내용을 보고 도움을 줄 수 있도록 할 수 있다. 분명히 남용될 가능성도 있다. 하지만 위험보다는 이득이 훨씬 크다.
>
> 역으로, 공무원들은 각 마을의 담당자에게 시민 행동 요령 등을 실시간으로 알려 줄 수 있다. 신뢰할 만한 지침과 정보를 내려 줌으로써 (테러 공격으로) 공포에 질린 시민들이 혼란에 빠지는 것을 막을 수 있을 것이다. 또한 인터넷을 사용하는 개인들은 인터넷을 사용하지 않는 주변 사람에게 소식을 전해 주는 일도 맡아야 할 것이다.

상황이 이렇게까지 심각해지면, 그리고 우리가 직면하는 위험이 이렇게까지 달라지면, 우리는 누가 가지고 있는 것이든 간에 가장 좋은 아이디어와 정보를 찾아내야만 한다. 주변부의 힘을 낭비하는 한, 중심 역시 존속할 수 없을 것이다.

5장 미주

1) http://www.dailykos.com

2) http://www.blogads.com

3) 챈들러 의원과 블로그 광고에 대한 크리스 울브리치 기자의 『와이어드뉴스』 기사는 이곳에서 볼 수 있다. http://www.wired.com/news/politics/0,1283,62325,00.html

4) 페르세우스 출판사, 2002년.

5) Meetup, http://www.meetup.com

6) 당시 나는 그 버몬트의 선거운동 본부를 방문해 저녁 식사를 함께 했다. 내가 하워드 딘의 인터넷 활동에 대해 좋은 인상을 받았다고 말하자 하워드 딘의 오랜 친구가(그는 내 친구이기도 하다. 나는 1980년대 중반까지 약 15년간 버몬트에 살았다) 내 쪽을 보면서 이렇게 말했다. "하지만 하워드는 완전히 러다이트(산업혁명 시기 영국에서 수공업을 기계 공업이 대체하면서 실업률이 증가하자 이에 항의해 벌어졌던 기계파괴 운동. 옮긴이)라구요." 버몬트 주 사람들에게 전前 주지사 하워드 딘이 인터넷을 잘 활용한다는 것은 우스개 삼을 만한 일이기도 했던 것이다. 그도 그럴 것이 하워드 딘은 (버몬트 주지사 시절) 버몬트 주 행정에 인터넷 같은 첨단 테크놀로지를 도입하는 것을 계속 미적대다가 주지사 임기가 거의 끝날 무렵이 되어서야 겨우 도입했다. 그날 저녁 식사 자리에 있던 다른 사람이 이렇게 덧붙였다. "그래도 하워드는 빨리 배우기는 해요."

7) http://www.deandefense.org

8) 하워드 딘 선거운동에서의 스팸 메일 사례에 대한 디클랜 맥컬라프의 기사는 이곳에서 볼 수 있다. http://news.cnet.com/2100-1028_3-5065141.html

9) http://www.moveon.org

10) DeanSpace, http://www.deanspace.org

11) http://www.command-post.org

12) 아놀드 슈워제네거의 선거운동은 예외적으로 텔레비전에서 많이 다뤄졌다. 지방 텔레비전 방송국은 전 주지사의 소환 내용과, 선거에 나선 후보들의 상황에 대해 열정적으로 보도했는데, 아마도 배우였던 슈워제네거의 스타 파워 때문이었을 것이다.

13) http://joi.ito.com/static/emergentdemocracy.html

14) http://www.earth911.com

15) Pets 911, http://www.pets911.com

16) http://www.defenselink.mil

17) 저널리즘에도 비슷한 논리가 성립된다. 인터넷으로 인해 영향을 받는 다른 제도들에도 마찬가지로 적용될 수 있다. 즉 중앙 집중적인 권력 구조에 대한 주변부(개개인에게 막대한 잠재력을 가져다주는 테크놀로지가 있는 주변부)로부터의 위협이라는 양상이 되는 것이다.

18) http://jrobb.mindplex.org
19) 메이니의 칼럼. http://www.usatoday.com/tech/columnist/2001/10/24/maney.htm

제6장

직업 저널리스트들,
대화에 참여하다

1999년 10월, 국가 안보 관련 전문가들 사이에서 널리 읽히는 잡지인 『제인 인텔리전스 리뷰』 편집진은 컴퓨터 보안 및 사이버 테러에 대해 쓴 기사가 타당한지 확신이 서지 않았다. 담당 편집자는 바로 이 방면의 전문가들이 모인 곳인 〈슬래쉬닷〉을 찾아가 기사의 초고를 올렸다. 그러자 〈슬래쉬닷〉의 메시지 시스템에는 수백 건의 관련 글이 올라왔는데, 〈슬래쉬닷〉 커뮤니티에서 활동하는 테크놀로지 전문가들이 즉각 그 기사의 초고를 조목조목 뜯어 보고 다양한 관점에서 제안을 해 준 것이다. (원색적인 언어로 쓰인 것도 꽤 있었다.) 『제인 인텔리전스 리뷰』는 기사를 완전히 다시 썼다. 〈슬래쉬닷〉 커뮤니티는 근사한 일을 해냈고, 『제인 인텔리전스 리뷰』는 완성된 기사에 〈슬래쉬닷〉에 대한 감사의 글을 덧붙였다.[1]

같은 달 나는 블로그를 시작했다. 주류 언론에 속해 있는 기자가 만든 블로그로서는 매우 초창기의 것으로, 일종의 실험이었다고 할 수 있다. 그러나 블로그는 나와 동료 기자들, 그리고 내 직업이 새로운 국면에 진입하고 있다는 것을 깨닫는 데 지대한 역할을 했다. 독자들과 내가 협업을 할 수 있다는 것을 깨달은 것이다.

4개월 후, 한국에서 오연호는 뜻이 맞는 사람들과 함께 온라인 신문 〈오마이뉴스〉를 만들었다. 애초부터 그들은 독자란 남이 써 놓은 것을 수동적으로 받아 읽기만 하는 존재가 아니라는 전제에서 출발했다. 2000년 2월 22일, 오연호는 이 새로운 사이트에서 "모든 시민은 기자다."라고 선언했다. "기자는 별종이 아니라 새 소식을 가지고 있고 그것을 진솔하게 남에게 전하고자 하는 모든 사람들이다."2)

무슨 일이 일어나고 있었던 걸까? 다방향적인 디지털 커뮤니케이션의 시대가 오면서, 독자는 뉴스 생산 과정의 핵심적인 참여자가 될 수 있다, 그리고 그렇게 '되어야만 한다'는 것이 점점 명백해지고 있다.

간단히 요약하면 이렇다. 집합적인 의미에서의 독자, 청취자, 시청자들은 기자보다 아는 것이 많다. 당연하다. 독자는 다수이고 기자는 보통 한 명이니까. 기자는 이것을 인정하고, 독자가 알고 있는 지식을 잘 이용해야 한다. 기자가 그렇게 하지 않으면, 독자는 기자가 쓴 설익은 기사를 읽고 있어야 할 필요가 없다는 것을 깨닫는 순간 기자에게 등을 돌리고 자신이 직접 뉴스를 만들려고 할 것이다.

6장에서는 뉴스 업계가 언론인들이 갖고 있던 낡은 생각을 바꾸어 내고 있는 변화에 어떻게 적응할 수 있는지 살펴볼 것이다. 일부 기자에게는 괴로운 일일 수 있겠지만, 더 많은 것을 얻게 해 줄, 겪을 가치가 있는 괴로움이라고 생각한다. 그리고 어쨌거나 우리에게는 다른 선택의 여지가 없다.

제프 자비스는 "저널리즘은 점점 더 독자들에 의해 소유될 것"이라고 말했다. (자비스는 〈어드밴스 퍼블리케이션〉의 웹사이트 〈어드밴스닷넷Advance. net〉의 운영자이자 열성 블로거다.) "전문적인 언론인이 설 자리가 없어질 것이라는 의미가 아니다. 언론인은 전문적인 취재 훈련을 통해 사실을 모으고, 언론인으로서의 관점에서 질문을 하고, 더 많은 독자의 관심사를 모으는 역할을 하기 위해 항상 존재할 것이고, 존재해야 한다. 그런데 내가 깨달은 것은 독자들도 기회가 주어진다면 하고 싶은 이야기를 많이 가지고 있다는 것이다. 인터넷은 독자가 소유한 최초의 매체이며, 독자가 목소리를 낼 수 있게 해 주는 최초의 매체다."

서문에서 언급했듯이, 우리는 이것을 위협으로 여겨서는 안 된다. 오히려 더 좋은 언론인이 될 수 있게 해 주는 최상의 기회라고 생각해야 한다.

뉴스 산업에 미칠 경제적 영향에 대해서는 대답하기가 좀 더 까다롭다. 앞서 말했듯이, 편집국에 영향을 주는 이러한 변화들은 거대 언론 기업의 수익성에 막대한, 그리고 궁극적으로는 부정적인 영향을 주고 있기 때문이다. 나는 앞으로 있을 변화 속에서 언론이 살아남을 수 있기를 바란다. 저널리즘의 사회적 임무를 믿고 있기 때문이며, 또한 큰 신문사 같은 진지한 언론 기관이 없어진다면 깊이 있는 탐사 보도도 줄어들다가 결국 거의 사라지고 말 것이라는 우려 때문이다. 워터게이트 사건 같은 것이 또 일어난다면 『워싱턴포스트』가 해냈던 일을 어느 블로거가 해낼 수 있겠는가?

기존 미디어의 기회

대부분의 거대 언론사가 독자와 대화를 해야 한다고 생각은 하면서도 실제로 독자와의 경계를 허무는 노력은 그리 하지 않는다. 한 예로, 기사 말미에 기자 전자우편 주소(편집자 전자우편 주소는 물론이고)를 아직도 표기하지 않는 회사가 있다. 기사가 인터넷으로 올라오는 이 시대에 기자의 연락처를 표기하지 않을 이유가 없는데도 말이다. 이런 간단한 것도 못 하는 언론사가 독자와의 소통을 진지하게 고려하는 곳이라고는 볼 수 없을 것이다.

독자 게시판도 언론사와 독자의 경계를 완전히 허물어 주지는 못한다. 『뉴욕타임스』 포럼3)에는 가치 있는 견해와 내용을 담은 글이 자주 올라오지만, 『뉴욕타임스』 편집국 기자들에게 그중 얼마나 실제로 전달되는지는 의심스럽다. 기자가 포럼에 참여하고 있지 않다면, 포럼은 그저 독자끼리만 이야기를 나누는 것에 불과한 것이다. 그리고 그건 『뉴욕타임스』가 없더라도 할 수 있는 일이다. 이에 대해 『뉴욕타임스』 칼럼니스트 니콜라스 크리스토프의 포럼인 '크리스토프의 응답'4)은 좋은 대조가 된다. 이것은 신문의 내용에 진정으로 가치를 더해 주고 있다.

〈마이크로소프트〉가 소유하고 있는 온라인 잡지 『슬레이트*Slate*』는 독자가 제공하는 정보를 다루는 매우 유용한 방법을 선보이고 있다. (〈슬레이트닷컴〉의 '프레이와치Fraywatch' 페이지,5) 즉 '독자 토론 포럼'에는 독자가 올린 글 내용 중 『슬레이트』 편집진이 가장 흥미롭다고 생각한 것들이 모여 있다. 독자가 올린 글에서 뽑은 내용들은 『슬레이트』 편집진이 덧붙인 설명과 함께 원문이 링크되어 있으며 일관성 있고 흥미로운 방식으로 재구성된다. 이것은 그 자체로 유용한 저널리즘이며, 독자가 얼마나 가치 있게 공헌할 수 있는지 보여 준다는 측면에서도 유용하다.)

기자들이 참여하는 인터넷 채팅은 올바른 방향으로 한걸음 나아간 것이지만, 다시 말하건대, 그저 한걸음일 뿐이다. 독자의 질문에 기자가 답변하게 되어 있는 『워싱턴포스트』의 온라인 질의응답 코너[6]는 신문사가 제공하는 유용한 온라인 서비스이기는 하지만, 우리가 받아들여야 할 독자와의 상호작용의 형태가 이것만은 아니다.

내가 직접 경험한 일이 시사점을 줄 수 있을 것 같다. 실리콘밸리의 테크놀로지를 취재하는 것은 힘들지만 의미 있는 일이다. 취재를 하다 보면, 이 분야 사람들의 지식 정도를 그래프로 그렸을 때 나는 아주 왼쪽에 위치한다는 것을(즉 가장 지식이 없는 쪽에 속한다는 것을) 알게 된다. 물론 항상 무언가를 배울 수 있다는 점에서, 아는 것이 가장 없는 사람이라는 것은 장점이다.

바로 이 점에서 내 블로그가 크게 도움이 되었다. 블로그는 내가 취재원이나 독자와 더 깊이 있게 대화를 나누게 해 주는 촉매가 되었고, 그들은 항상 내가 모르는 무언가를 알려 주었다. 이것은 쌍방향 저널리즘이다.

칼럼니스트인 나는 현장 취재 기자에 비해 블로그에 글을 쓰는 것이 좀 더 쉬운 편이었다. 이미 신문에 칼럼을 쓰고 있었기 때문에 그걸 블로그에 올려 수많은 토막 칼럼들이 모인 온라인 공간을 만드는 것은 그리 추가적인 공을 들여야 하는 일이 아니었으니까. 하지만 블로그가 꼭 의견만 올리는 곳이어야 한다는 법은 없다. 기자로서 자신의 취재 영역에 대해 '취재 수첩'에 적은 글이나, 지면 제약 때문에 신문에 실리지 못한 내용도 블로그에 올릴 수 있다.

때때로 나는 구상 중인 칼럼 주제에 대한 의견을 독자에게서 구하곤 한다. 해당 주제를 설명하고 그에 대해 내가 이해하고 있는 바를 이야기하는 것이다. 물론 특종이 될 만한 사실을 나 혼자 알고 있는 경우에는 이런 식으로 내용을 귀띔하지 않지만, 칼럼니스트인 내가 다루는 주제들은 이미 알려져 있는 것들이 대부분이다. 내 온라인 독자들(이 중에는 전통적인 취재원들도 많다)은 서슴없이 내가 놓치고 있는 점들을 말해 주고 내가 완전히 틀렸다고 이야기하기도 한다. 나는 이 모든 것들을 고려해 글을 쓴다. 즉 내 칼럼이 이런 과정을 통해 나아지는 것이다. 이 책의 앞부분에서 우리는 '오픈 소스' 소프트웨어를 살펴봤다. 오픈 소스 소프트웨어는, 소프트웨어 코드 자체가 여러 사람의 커뮤니티에 의해 지속적으로 개발되며, 개발된 것은 무료로 공개되는 일련의 과정이다. 내가 칼럼을 쓰는 과정은 오픈 소스 저널리즘의 형태라고 생각해 볼 수 있을 것이다.

인쇄 매체와 온라인 매체의 중요한 차이점 중 하나는, 온라인에서의 대화는 지리적인 장벽을 뛰어넘는다는 것이다. 온라인 뉴스 분야의 전문가이자 블로거이며 칼럼니스트인 스티브 아우팅은 2003년 말 『편집과 출판』지에 기고하는 칼럼에서, 내 블로그 덕에 내가 한정된 지역을 벗어나 세계의 독자에게 접근할 수 있다고 언급했다. 실제로 그렇다면 나로서는 감사한 일이다. 그러나 블로그가 나에게 주는 더 중요한 가치는, 독자들이 내가 더 좋은 칼럼을 쓸 수 있도록 도와준다는 점에 있다.

2003년 중반, 독자들이 내 블로그에 의견을 달아 주기 시작했을 때만 해도 나는 여기에서 무엇을 기대해야 할지 몰랐다. 가장 좋은 경우는 이런 모습일 것이다. 내가 글을 올린다. 누군가 거기에 의견을 낸다. 또 다른 누군가가 그 의견이나 다른 의견에 대해 의견을 낸다. 머지않아 사람들은 나의 글뿐 아니라 서로의 견해에 대해 토론을 하게 된다. 나는 이것을 (정보가 많고 사려 깊은 글들의 작은 집합인) '미니 슬래쉬 닷'이라고 여긴다. 블로그에는 물론 공공의 토론을 망치는 것이 목표인 '낚시꾼'도 들어오겠지만, 대체로는 잘 굴러간다.[7]

주류 언론이 블로그를 도입하는 것은 지지부진했다. 거대 언론 기업의 내재적인 보수적 속성이 가장 큰 이유라고 생각한다. 하지만 다른 이유도 있다. 기성 매체의 편집자들은 자신들이 핵심 가치라고 생각하는 것, 이를테면 편집권, 그리고 공정성과 객관성에 대해 독자에게 신뢰를 주는 것(적어도 독자들이 언론에 공정성과 객관성이 없다고 생각하지는 않게 하는 것) 등을 블로그가 위협한다고 생각해서 블로그를 불신하는 것이다. 그러한 우려는, 일리는 있지만 도가 지나친 것이다.

반대하는 목소리가 없진 않지만, 주류 언론사 수십 곳이 블로그를 도입하고 있으며, 이러한 경향은 가속화될 것으로 보인다. 나는 블로그를 열려고 의견을 구하거나 블로그의 장단점을 묻는 기자들의 전화를 매주 몇 통씩은 받는다. 〈사이버저널리스트닷넷CyberJournalist.net〉은 기자가 운영하는 블로그와 기자에 대한 블로그의 목록을 제공한다.[8] 정치, 예술, 테크놀로지, 그리고 순수한 논평에 이르기까지 방대한 영역의 블로그가 망라되어 있다.

전업 기자들이 운영하는 블로그 중 성공적인 것들을 보면, 블로그를 읽을 가치가 있게 만들어 주는 몇 가지 공통적인 특징이 있다. 관점, 초점, 탄탄한 취재, 글솜씨가 그것이다. 아놀드 슈워제네거가 당선된 2003년 캘리포니아 주지사 소환 및 보궐 선거 때, 『새크라멘토 비』의 기자인 댄 와인트라우브가 운영하는 정치 블로그 〈캘리포니아 인사이더〉[9]는 (관심이 있는 사람이라면) 반드시 읽어야 하는 사이트가 되었다. (와인트라우브는 『새크라멘토 비』의 편집자가 블로그에 참견하는 바람에 곤란해졌는데, 지금 그 편집자는 와인트라우브가 블로그에 올리는 글도 미리 신문사 내부의 확인과 편집 과정을 거쳐야 한다고 주장하고 있다.) 『월스트리트저널』 오피니언 페이지에 올라오는 제임스 타란토의 블로그 〈베스트 오브 더 웹 투데이〉도 유명하다. 나는 그가 강조하는 보수적인 견해에는 동의하지 않는 면이 많지만, 타란토가 자기 멋을 잘 살려 블로그를 운영하고 있다는 점은 인정한다. 『프로비던스 저널』의 셜리아 레논이 운영하는 〈서브테레니안 홈페이지 뉴스〉[10]는 다양한 주제를 다루고 있는데, 특히 미디어에 관련된 내용이 많다. 이미 많은 기자들이 유명한 저널리즘 블로그에는 어떤 것들이 있는지를 잘 알고 있다. 인터넷에 접속 가능한 미국 현직 기자 대다수는 짐 로메네스크가 운영하는 〈포인터 연구소〉 블로그를 하루에 한 번 이상 방문한다고 봐도 무리가 없을 것이다. 〈포인터 연구소〉 블로그는 저널리즘 업계에 시원한 단비가 되어 주고 있다. 기자들에게 블로그는 해방 공간이 되어 주는 면이 있다. 딱딱하고 공식적인 보도를 벗어나 다양한 실험을 할 수 있기 때문이다. 더 좋은 기사를 쓰게 도와주는 독자와 소통할 수 있는 것은 물론이고 말이다.

여러 사람이 함께 운영하는 그룹 블로그는 한 개인의 독특한 목소리를 담는 면은 약하지만, 나름의 장점이 있다. 그룹 블로그를 현명하게 이용하는 사례로 '사건 블로그'를 들 수 있다. '사건 블로그'는 큰 사건이 났을 때 해당 사건을 집중적으로 다루는 1회성 블로그를 말한다. 신문사가 시도한 첫 사건 블로그는 아마 『샬롯 옵저버』의 〈해안으로부터의 소식〉일 것이다. 이 블로그는 1998년 8월에 있었던 허리케인 이사벨에 대한 소식을 제공하려고 만들어졌다.[11]

1999년 12월 31일과 2000년 1월 1일에, (내 블로그가 있던 곳인) 〈실리콘밸리닷컴SiliconValley.com〉은 지나가는 해의 마지막 날과 새해의 첫날에 대한 기사를 모은 페이지를 열었다. 새해를 맞는다는 감상도 감상이지만, 이때는 특히 '밀레니엄 버그Y2K bug'로 컴퓨터가 문제를 일으켜 재앙이 벌어질지 모른다는 우려가 많았던 것이다. (결국에는 우려할 만한 일이 아니었던 것으로 판명되었지만.)

뉴스 속보 역시 이러한 테크놀로지를 활용할 좋은 기회다. 지금은 닫았지만, 『새너제이 머큐리 뉴스』의 내 동료 기자 톰 맨건은 교열자를 위한 블로그 〈프린트 더 샤프〉[12]를 운영했는데, 여기에서 그는 중요한 지역 뉴스에 대해서는 편집국이 즉각적으로 그에 대한 블로그를 열어야 한다고 주장했다. 그는 이것이 신문사의 경쟁력에 대한 문제이기도 하다고 언급했다.

> 큰 사건 사고가 발생했을 때, 몇 분 안에 그 문제를 다룬 블로그를 만든다면 우리는 〈구글〉과 다른 블로거들을 능가할 수 있다. 또 그 블로그를 쌍방향이 되도록 만든다면, 그 사이트는 속보를 알고 싶은 사람이라면 가장 먼저 찾는 곳이 될 것이다. 사람들이 올린 글이 나중에 사실이 아닌 것으로

판명날 위험은 있다. 하지만 독자들은 (태반은 엉터리일) 사람들의 코멘트와 (엉터리일 가능성이 적은) 전문가의 글을 구별하는 법을 알게 될 것이다.

소속 언론사의 공식 웹사이트에 블로그를 여는 것이 허용되지 않는 기자들은 직접 별도의 블로그를 열기도 한다. 이렇게 하는 것에는 (회사와 마찰이 생길) 위험이 따르기도 한다. 이라크에 파견 중이던 CNN 기자 케빈 사이트는 회사로부터 블로그를 그만두라는 압력을 받았다. CNN의 한 대변인은 『온라인 저널리즘 리뷰』와의 인터뷰에서 이렇게 말했다. "〈CNN닷컴〉은 뉴스 보도에 있어서 더 체계적인 접근을 선호한다. 〈CNN닷컴〉은 블로그를 하지 않는다. 이라크 전쟁에 대해 독자들과 소통하기 위해 앞으로도 우리는 〈CNN닷컴〉 사이트를 통해 사진, 동영상, 속보, 독자 참여 코너 등을 제공할 것이다."13)

CNN에 더 큰 해를 끼치는 것은 케빈의 사이트(그는 나중에 MSBNC로 옮겨 갔는데 이곳은 기자 블로그를 환영한다)가 아니라 바로 CNN의 이러한 태도, 즉 뉴스에 대한 하향식 접근 방식이다. CNN은 케빈 사이트의 블로그를 닫게 만듦으로써, 한때 저널리즘의 첨단을 달렸던 방송사가 어떻게 〈타임 워너〉라는 거대한 공정의 한 부품에 불과하게 되어 버렸는지를 보여 준다.

스티브 올라프슨의 사례는 그가 별도로 블로그를 운영하고 있었다는 사실이 아니라 거기에 쓴 글의 내용이 문제가 된 경우다. 『휴스턴 크로니클』의 정치부 기자였던 올라프슨은 가명으로 블로그에 정치 논평을 올리고 있었는데, 신문에서 자신이 다뤘던 사람들을 비판하는 글을 올리기도 했다. 2002년 중반, 『휴스턴 크로니클』은 이것을 부적절한 행위라고 판단해 신뢰도를 떨어뜨릴 수 있다는 이유로 그의 블로그를 닫도록 요구했다. 여기까지는 옳은 결정이었다. 그런데『휴스턴 크로니클』은 올라프슨을 해고하기까지 했다. 이것은 과잉 반응이었다. 그를 다른 부서로 배치하거나 다른 방법으로 징계를 할 수도 있었으니까 말이다. 신문사가 전하려던 메시지가 무엇이었는지는 분명하다. 블로그를 하려면 그것이 가져올 수 있는 결과도 감수하라.

『하트포드 쿠란트』의 편집자 데니스 호간은, 해고당하지는 않았지만 블로그에 글을 올리지 말라는 명령을 받았다.[14]『하트포드 쿠란트』의 고위 편집자 브라이언 툴란은 2003년 〈니만 리포트〉에 기고한 글에서 이 조치를 다음과 같이 정당화했다. (일부 발췌)

이것은 언론의 자유에 관한 문제가 아니다. 이것은 전문가로서 언론인은 어떻게 행동해야 하는가의 문제이고, 그리고 이 경우처럼 그러한 점들이 무시되면 신문이 지켜야 할 기준과 공공에 대한 책임이 손상될 수 있다는 것에 대한 문제다. 대다수 신문사들이 그렇듯이『하트포드 쿠란트』에는 윤리 규정이 있다. 그 규정에 따르면 "기자의 신문 외적인 이해관계가『하트포드 쿠란트』 기자로서의 의무와 상충되거나, 상충되는 것처럼 보여서는 안 된다." 호간 기자와 그에 동조하는 몇몇 사람들은, 이제는 호간 기자가 여행 분야를 맡고 있으므로 그의 정치적 견해는 신문에 실리는 정치 기사와 상충되는 문제를 일으키지 않을 것이라고 주장한다.

나는 이 논리를 수긍하지 않는다. 우리 신문의 독자 중에도 수긍하지 않는 사람들이 있을 것이다. 그리고 신문에 대한 독자들의 인식이 안 좋아지면 신문이 어떤 식으로 타격을 받는지 알고 있다.[15]

툴란이 높은 윤리적 기준을 유지하려고 노력하는 것은 가상하지만, 대체 어디에 이해관계의 상충이 있다는 말인가? 이 상황에서 나는 그런 이해 상충을 한 가지도 찾아내지 못하겠는데? 만약 일부 독자가 이해관계의 상충이 있는 것으로 잘못 인식한다면, 그것은 그 독자들이 문제인 것이지 신문이 문제인 것이 아니다. 그러나 이게 언론 자유에 대한 문제가 아니라는 점에서는 툴란이 옳다. 신문사는 호간의 고용주로서 호간을 해고하는 이런 실수를 저지를 권리가 있기는 했다. (이 신문사는 나중에 조잡한 타협을 시도했다. 호간에게 온라인으로만 게재되는, 블로그 비슷한 칼럼난을 제안한 것이다.)

어쨌든 신문사들은 한 발씩 나아가고 있다.16) 워싱턴주 스포케인에 있는 가족 소유 언론사 『스포크맨 리뷰』17)는 자사 기자들의 블로그를 굉장히 잘 운영하고 있다. 뿐만 아니라 일반 시민들이 운영하는 블로그의 글에 링크도 건다. 또 다른 미래지향적 언론사로는 캔자즈주 로렌스에 있는 『저널월드』18)를 들 수 있다. 『저널월드』의 홈페이지와 계열 사이트인 〈로렌스닷컴Lawrence.com〉을 모두 운영하고 있는 『월드 온라인』의 로브 컬리 이사는, 편협한 저널리즘 업계에 혁신을 몰고 온 공로를 인정받을 자격이 있다. 그와 그의 팀은 모든 가능한 방법을 이용해 지역사회와 소통하고 있는 것이다. 온라인 포럼은 새로운 목소리를 드러내는 역할을 해 왔다. 블로그도 마찬가지다.

〈로렌스닷컴〉은 (모회사인 신문과는 의도적으로 독립되어 있는데) 신문의 정치부 기자들이 운영하는 블로그 이외에도 지역 주민들이 운영하는 블로그를 호스팅하고 있다. 컬리 이사는 이렇게 말했다.

우리가 〈로렌스닷컴〉에서 블로그를 시작했을 때, 우리 사이트의 블로그들이 '블로그' 하면 사람들이 으레 떠올리는 모습과 비슷하게 보이도록 의도했다. (…) 글이 자주 올라오고, 글을 쓰는 사람과 읽는 사람이 즉각적으로 상호작용을 하는 것 등등. 그런데 실제로는 그렇게 되지 않았다.

〈로렌스닷컴〉에 있는 블로그의 글들은 근엄한 칼럼 같았다. 글은 늘 매우 길다. 또 글을 쓰는 사람은, 독자들이 올리는 코멘트에 대해서는 하루에도 여러 번 답변을 지속적으로 달아 주지만 새로 글을 올리는 것은 한 주에 한 건이 될까 하는 정도다.

이 블로그들은 일종의 쌍방향 칼럼이다.

내가 이 블로그들을 좋아하는 이유는, 언어로 보나 주제로 보나 반응으로 보나 매우 현실적이라고 여겨지기 때문이다.

우리 블로그들에는 '지역사회'라는 느낌이 생생하게 들어 있다. 이 지역사회는 일간지를 별로 읽지 않고, 우리 신문사인 『저널월드』의 웹사이트도 잘 방문하지 않을지 모른다.

무엇보다 중요한 것은 우리 블로그들이 〈로렌스닷컴〉이 로렌스 지역 특유의 느낌과 맛을 갖도록 해 준다는 것이다. 50세 이상 주민이 알고 있는 로렌스는 아닐지 몰라도, 20세 주민이 알고 있는 로렌스가 녹아 있는 것은 분명하다. 정확히 이것이 우리가 원했던 사이트의 모습이다.

컬리 이사와 〈로렌스닷컴〉 팀은 온라인 저널리즘 관련 상을 싹쓸이하다시피 했다. 놀랄 일이 아니다. 이들은 인터넷을 이해하고 있었으니까.

링크하기와 귀담아듣기가 가져다주는 권위

가장 인터넷 활동다운 것을 꼽으라면 아마도 '링크하기(다른 사람의 콘텐츠에 내 글을 연결하는 것)'일 것이다. 신문사 등 언론사들은 자사 사이트의 기사에 외부 기사나 자료의 링크를 제공해 오고 있다. 그러나 우리에게는 이 이상의 것이 필요하다.

나는 내 블로그에 (경쟁사인 『샌프란시스코 크로니클』도 포함해서) 다른 언론사 기사를 자주 링크한다. 물론 내가 속한 신문사의 기사 가운데 똑같이 좋은 것이 있다면 당연히 우리 신문의 기사를 링크한다. 하지만 경쟁사가 우리 신문보다 어떤 주제에 대해 더 좋은 기사를 쓴 경우, 내 블로그의 독자에게 더 나은 기사를 알려 주지 않는다면 독자에게 외면당할 것이다. 우리 회사의 누구도 다른 기사를 링크하는 것에 대해 뭐라고 하지 않았다.

나는 프로페셔널 기자가 아닌 사람들의 사이트도 링크한다. 또한 가능하다면 언제나 해당 주제에 대한 가장 원천적인 자료(녹취록이라든가, 상세 맥락을 제공할 수 있는 기타 자료)를 올리거나 링크한다.

직업 기자는 큰 프로젝트에서만 진술서나 쌍방향 지도와 같은 자료를 제공하는 경향이 있다. 그러나 기사의 바탕이 된 원천 자료를 링크하면 기사의 공신력을 높일 수 있다. 이 부분은 블로거들에게서 한 수 배울 수 있을 것이다.

다행히 언론사들도 점점 이러한 방향으로 나아가고 있다. 신문에 게재된 동일한 기사를 인터넷판으로 옮겨 실은 경우에는 경쟁사의 기사를 링크하는 경우가 거의 없지만, 신문사의 블로그 코너는 더 광범위한 외부 자료에 링크를 건다. 『워싱턴포스트』 사이트에 있는 댄 프룸킨의 블로그 〈백악관 브리핑〉(이 블로그는 2004년 초에 시작됐다)[19]은 특히나 외부 링크 제공이 활발하다. 일반 블로거들의 글보다는 언론사의 글을 더 비중 있게 취급하는 경향은 있지만 말이다. 『뉴욕타임스』의 〈타임스 온 더 트레일〉(이 페이지는 블로그와 비슷한 형태로 되어 있지만 공식적으로는 블로그라는 명칭을 쓰지 않는다)[20]도 외부 링크를 거는 것에 매우 관대하다.

온라인상의 뉴스 평론가들에게 귀를 기울이는 것도 기자들의 신뢰성을 높일 수 있는 방법이 될 수 있다. 실제로 그런 일이 벌어지기 시작하고 있다. 언론 비평이 대체로 『컬럼비아 저널리즘 리뷰』[21]와 『아메리칸 저널리즘 리뷰』[22], 이 두 개의 저널에서만 다뤄지던 시절은 이미 오래 전에 지나갔다.

'파테리코'[23]라는 우파 성향의 블로거는, 『로스앤젤레스타임스』(그는 이 신문을 '개 훈련인'이라고 부른다)에 대한 비평을 통해 이 신문의 "좌파적 죄악"을 비판하는 것을 자신의 임무 중 하나로 삼고 있다. 그는 2004년 초, 안토닌 스칼리아 대법관과 딕 체니 부통령 사이의 이해관계 상충 문제를 다룬 『로스앤젤레스타임스』 기사를 문제 삼았다. 체니 부통령이 관련된 사건이 대법원에 계류 중일 때 체니 부통령이 (오랜 친구인) 스칼리아 대법관과 함께 사냥 여행을 다녀와 물의를 빚은 사건이다. 파테리코는 루스 베이더 긴즈버그 대법관 역시 〈전미여성연합〉과 이해관계의 상충 문제가 있었음을 알아냈다. 『로스앤젤레스타임스』에 대한 파테리코의 비평은 성과를 냈다. 2004년 3월 11일, 파테리코는 자랑스럽게 기록했다. "한편으로 보자면 나는 이 사실을 『로스앤젤레스타임스』에 제보해야 한다. 긴스버그 대법관이 〈전미여성연합〉 법률 방어 기금에서 한 연설이 이 신문 1면에 실렸으니까. 하지만 다른 한편으로 보자면, 내가 왜 굳이 제보를 해야 하는가?"24)

이 마지막 불평은 그리 근거 있어 보이지 않는다. 기자들은 보도하는 내용의 상당 부분을 사람들의 제보를 통해 얻는다. 즉 뉴스를 만드는 데 도움을 주는, 파테리코 같은 사람들에게서 얻는 것이다.

예전의 독자들에게 도움 청하기

독자의 기여를 끌어내려 노력하는 것이 새로운 현상은 아니다. 언론사는 오랫동안 독자들에게 독자 투고를 부탁해 왔고, 제보나 불만 사항을 전달하려는 독자의 전화도 받고 있다. 즉 독자와의 대화는 늘 있어 왔다. 다만 우리는 독자와의 대화를 더 많이 해야 할 필요가 있다.

최근의 뉴스 역사에서 중요하게 꼽히는 사진과 동영상 중에는 전문 기자가 아닌 아마추어의 것들이 있다. 우리는 존 케네디 암살을 담은 자프루더의 필름을 빼놓고 20세기 후반을 상상할 수 없다. 최근에는 비디오카메라 사용이 확산되면서, 경찰이 용의자를 구타한다거나 토네이도가 닥친다거나 하는 중요한 사건들을 보통 시민들이 잡아낼 수 있게 되었다. 또한 2001년 9월 11일 유나이티드 항공 767기가 세계무역센터의 두 번째 건물과 충돌하면서 화염에 휩싸인 끔찍한 장면을 찍은 것도 아마추어들이었다.

이 사례들에서, 사람들이 소통하는 통로는 (여전히) 대중 매체였다.

즉 이 아마추어 동영상들은 사건의 초기에 빠르게 CNN 같은 주요 방송국의 전파를 탔다. 국가적 위기에 대한 소식을 알기 위해 우리가 모이는 곳은 텔레비전이기 때문에, 앞으로도 한동안은 이런 경향이 이어질 것이다. 여전히 가장 많은 대중에게 접근할 수 있는 통로는 대중매체이며, 인터넷으로 동영상을 제공하려면 광대역 통신 비용이 많이 들기 때문이다. 그러나 예전에는 독자(혹은 시청자)였던 사람들이 점점 더 뉴스를 직접 만들고 촬영하게 되면, 그들의 기여는 (제보에 그치는 것이 아니라) 모든 취재 과정에서 핵심적인 부분으로 인정받게 될 것이다.[25]

비언론 기관에게서도 배울 점이 있다. 2003년 2월 우주 왕복선이 지구 대기권에 재진입하는 과정에서 폭발하자, 미항공우주국은 이 사고에 대해 조사하는 데 도움이 되는 사진을 가진 사람은 누구든 연락을 달라고 했다. 그러자 수천 명이 연락을 해 왔다.[26]

2003년, 이라크 전쟁이 발발하기 몇 주 전에 BBC는 이라크 사태에 대한 사진은 어떤 것이든지 보내 달라고 시청자에게 요청했다. BBC는 수백 장의 사진을 받았고, 그중 여러 장을 '사진 에세이'로 게재했다. 이 사진들은 저널리즘으로서 가치가 있을 뿐 아니라 보는 이의 심금을 울리는 것이기도 했다.

기성 언론사 중 상당수는 시도도 하려 하지 않고 있지만, 이것은 분명히 우리가 추구해야 하는 일이다. 곧 모든 언론사가 시민들이 찍은 사진을 휴대전화나 컴퓨터를 통해 전송할 수 있도록 웹사이트에 전자우편 주소를 올리는 것은 당연한 일이 될 것이다. 언론사는 그중 좋은 것들을 웹사이트에 올리고, 신문이나 방송 뉴스로도 내보내야 할 것이다. 이를 통해 언론사는 이런 방식으로 매체를 사용하는 데 익숙한 독자층을 확보할 수 있다. 그러면 언론사는 큰 사건이 터졌을 때 즉각 정보를 보내 주는 사람을 적어도 어느 정도 확보한 셈이 되는 것이다.

『샌디에이고 트리뷴』의 〈사인 온 샌디에이고〉 독자들은 2003년 샌디에이고에서 터진 가장 큰 사건인 캘리포니아 남부를 강타한 산불에서 뉴스 보도의 핵심 참여자가 되었다. 독자들은 〈사인 온 샌디에이고〉 사이트에 올라온 요청에 따라, 자신들이 보는 것을 사진으로 찍어 올리고 글을 써서 올렸다. 어떤 사람들은 교외 지역의 한 구역에 사는 거주자들만을 대상으로 한 게시판을 온라인 포럼에 만들기도 했다. 주민들은 자신에게 무슨 일이 벌어지고 있는지 서로 알리고 있었다. 이것은 가장 양질의 지역 뉴스라 할 만했다. 이 사람들은 (자기네 지역 신문사의 도움을 받아) 자신을 위해 스스로 그렇게 한 것이었다.[27]

> 언론사들은 독자들이 사진뿐 아니라 문자 메시지로도 쉽게 제보를 할 수 있도록 만들 수 있을 것이다. 편집국의 각 부서(스포츠, 지역 뉴스 등)별로 문자 제보를 받을 수 있는 주소를 만들어 공개하는 것이다. 기존에 부서별로 제보 전화번호를 공개했던 것과 비슷하게 말이다. 사람들이 문자 메시지를 더 많이 이용할수록, 문자 메시지는 제보의 도구로 더욱 유용해질 것이다. 제보할 것이 있어 전화를 하려는 사람이 있어도 전화 연결이 잘 안 될 수도 있고, 또 기자와 직접 통화하는 것을 어려워하는 사람도 있을 수 있으니까.

내가 속한 신문사는 되도록 지역 뉴스를 많이 다루려 최선을 다한다. 하지만 우리는 지역의 모든 소식을 다 다룰 수는 없다. 이를테면 서니베일 학교 이사회의 모든 회의를 다 신문에 게재할 수는 없는 것이다. 그러나 서니베일 사람들 중에는 자기네 지역 학교 운영에 관심이 아주 많아서 스스로 취재를 하고자 하는 사람이 몇 명은 있을 것이다. 아마 언론사가 기회를 만들어 줄 수 있을 것이다.

나는 언론사가 지역공동체 소식을 다루고자 하는 사람들의 '시민 저널리즘'을 촉진하려는 노력을 했으면 좋겠다. 이것은 간단치 않은 과정이다. 법적·문화적 문제가 많이 있을 수 있다. 이를테면 기자 자격의 문제라든가(누가 기자인가?), 명예훼손의 문제 같은 것(시민 기자가 다른 사람의 명예를 훼손하면 누가 책임을 져야 하는가?) 말이다. 하지만 위험보다는 이득이 더 많다.

몇 가지 실현할 수 있을 법한 제안을 해 보겠다. 아마도 우리는 신문사 사이트에 〈오마이뉴스〉 같은 페이지를 덧붙일 수 있을 것이다. 이게 너무 품이 많이 드는 일이라면, 지역 주민들에게 블로그 공간을 제공하는 호스트 역할을 할 수도 있다.

서니베일 학교 이사회라든가 보도될 가치가 있는 다른 지역 단체들에 대해, 신문사는 지역 주민이 그런 것을 다루는 블로그를 열도록 이끌 수 있을 것이다. 우리는 주민들이 올린 글을 모니터하고, 우리 신문사의 사이트에 이 주제를 다루는 다양한 주민 블로그를 링크할 수 있을 것이다. 물론 우리는 글을 쓰는 사람들의 견해가 신문사의 입장과 일치하지 않을 수도 있다는 점을 밝혀야 한다. 어쨌든 지역 학교 이사회에 관심이 있는 주민이라면 신문보다 이웃 주민한테서 더 많은 정보를 얻을 수 있다고 생각한다. 일단 주민들의 블로그가 활성화되면 기자들도 그 글을 읽을 테고, 많은 경우에, 하마터면 자신이 놓쳤을 뻔한 내용을 알게 될 것이다.

　이제 이 개념을 전국 뉴스, 혹은 국제 뉴스로 확대해 보자. 이미 아마추어 블로그들은 우리 시대의 중요한 문제에 대한 뉴스와 논평으로 가득 차 있다. 언론사가 독자와 시청자에게 이것보다 약간 더 공식적인 방식으로 뉴스 보도에 참여해 달라고 요청할 수 있을까? 2004년 4월, 이라크의 상황이 거의 무정부 상태로 악화되어 가는 듯 보였을 때, 이라크에 파견된 외국 기자 대다수는 납치 또는 그보다 더 안 좋은 일을 당할까 무서워서 호텔이나 보안이 철저한 사무실 밖으로는 나가지 않았다. 현장 취재는 대부분 그들이 고용한 이라크인들이 한 것이었다. 만약 언론사들이 수백 명의 이라크인에게 디지털카메라와 컴퓨터를 주고 자신이 보고 겪은 것을 블로그에 올려 알리라고 했더라면, 미국, 일본, 유럽의 독자들이 더 나은 정보를 얻을 수 있지 않았을까? 이런 생각 자체를 그냥 무시해 버리지 말고 적어도 이런 질문을 던져보고 시사점을 생각해 보아야 한다.

　이런 일들은 기성 언론사에 새로운 수익 모델을 가져다 줄 수도 있다. 온라인 잡지 〈살롱〉은 구독자들이 구독료에다 연간 40달러를 더 내면 블로그를 열게 해 준다.[28] 지역 신문사와 방송국은 독자의 블로그에 광고를 팔거나, 호스팅 서비스를 저렴한 가격으로 팔 수도 있을 것이다. 그러나 이런 것들이 가능하려면 '모두가 뉴스 보도에 참여하는 것'이 활성화되어야 한다.

　이런 시도를 해야 하는 데는 또 다른 이유가 있다. 「우리, 곧 미디어」(We Media, 참여 저널리즘에 대한 2003년 기사로 내가 여기에 서문을 썼다)에서 크리스 윌리스와 세인 바우만이 언급했듯이, "저널리즘의 과정에 참여하는 독자는 수동적인 뉴스 소비자보다 더 많은 것을 (언론에) 요구한다. 그러나 그들은 자신이 무언가를 바꾸어 낼 힘이 있다는 것 또한 느낄 것이다. 그 결과, 그들은 최종 뉴스 보도에 자신들이 공동으로 참여했다는 생각을 갖게 된다."[29]

사례 1. 행동을 촉진하고 보도하기

메이저 언론사 중에 BBC보다 더 시청자 참여에 적극적인 곳은 없을 것이다. 2003년 11월, BBC는 '아이캔'이라는 프로젝트*를 통해, 미래의 저널리즘을 현실화시키는 시도를 했다. 이 프로젝트의 핵심에는 상당히 대담한 철학이 있다. "시청자들에게 정치적 활동을 할 수 있는 도구를 주자. 그리고 나서 그들이 무엇을 하는지, 어떻게 보도하는지 지켜보자."

2003년 10월 내가 런던에서 '아이캔' 담당자들에게 듣기로, 이 프로젝트는 저널리즘의 의미와 정치의 의미를 모두 숙고한 결과물이라고 한다. 우선, BBC는(다른 언론사도 마찬가지다) 크고 중요한 기사들을 놓치고 있었다. 한 예로, 2000년 연료 가격 인상에 대한 거센 항의 때문에

....

■ 2008년 현재 '아이캔'은 사실상 중단된 상태다. 지은이 댄 길모어는 옮긴이에게 보낸 전자우편에서 '발상은 매우 좋았으나 실질적인 활동으로 활성화되지 못한 또 하나의 사례"라며 "('아이캔'의 실패는) 아직 사내·외적인 인식이 부족한 점 등의 문제들 때문에 탄력을 받을 수 있을 만큼 책임감 있는 운영상의 지원이 없었던 것이 원인인 것 같다."고 말했다. 길모어는 그러나 여전히 "'아이캔'의 기반이 된 개념은 매우 유의미하다."고 언급했다.

영국 도로들에서 큰 혼란이 일었을 때, 언론사들에게 이 일은 갑작스런 것으로 보였다. 인터넷에서는 이 문제가 진작부터 끓어오르고 있었는데도 말이다. 2001년 영국 총선은 (언론이 실패한) 또 다른 심각한 사건이었다. 투표율이 60퍼센트로 너무 저조했던 것이다. (영국에서 이것은 매우 저조한 것이다.) BBC의 임무 중 하나는 유권자들이 정보에 기반해 의사 결정을 내릴 수 있도록 돕는 것인 만큼, BBC는 어떻게 해야 그 임무를 더 잘할 수 있었을 것인지 파악하고자 했다.

'아이캔' 프로젝트 부팀장인 마틴 보젤은 "몇 가지 흥미로운 사실을 알아냈다."고 말했다. 예를 들면, 투표를 하지 않았던 사람들은 당시의 정치적 사안에 대해 "관심이 없어서" 투표를 안 한 것이 아니라, 후보들과 그들이 제안하는 정책들이 맘에 들지 않아서 투표를 안 한 것이었다. 젊은 층의 독자와 시청자들이 기성 언론 매체에서 뉴미디어로 옮겨 가고 있다는 점을 고려해서, BBC는 뉴미디어를 이용해 정치적 참여를 활성화할 수 있는 방법을 찾고자 했다.

따라서 '아이캔'은 시민 활동가들이 아래로부터 영향력을 만들어 낼 수 있는 플랫폼을 만드는 것을 목표로 했다. 이 점에서 지역사회는 특히 중요했다. 사람들이 가장 직접적으로 영향을 느끼는 곳이기 때문이다. BBC 기자들은 수개월을 들여 (온·오프라인에 있는 자료들에 대한 링크도 포함해서) 시민 활동가들이 이용할 수 있을 만한 정보들을 모았다. 기자들은 또한 캠페인을 어떻게 시작할 것인지부터 성가신 이웃을 다루는 법까지, 모든 문제에 대한 가이드라인을 만들었다. '아이캔'에 참여한 방송 기자 사만티 디사나예크는 "사람들이 스스로 자신을 위해 무언가를 할 수 있다는 것을 알려 주고 싶었다."고 말했다.

그러나 시간이 지나면서 '아이캔' 사용자들이, '아이캔' 운영진이 아니라, 가이드라인 정보 중 상당 부분을 만들게 될 것으로 기대된다. 편집 운영진은 사용자가 올린 글을 살펴보고 명예훼손의 소지가 있거나 명백하게 틀린 것을 삭제하는 등의 역할을 하게 될 것이다. "무엇보다도 정보를 거르는 것이 기자들의 중요한 역할이 되었다."고 '아이캔' 편집팀장 팀 레벨이 말했다.

'아이캔'은 11월 초 전국 웹사이트 하나와 다섯 개의 실험 지역으로 출발했다. 그중 하나는 런던에서 북쪽으로 한 시간 정도 기차를 타고 가면 나오는 캠브리지셔 카운티인데, 대학 지역, 쇠락한 도심 지역, 농장 지역을 모두 포함하고 있어 인구통계학적으로 광범위한 계층을 포함할 수 있는 유용한 지역이었다. 다섯 개 실험 지역 중 캠브리지셔 카운티를 포함한 네 개 지역에는 '아이캔' 업무만을 전담하도록 차출된 BBC 기자가 한 명씩 파견되었다. 기자들은 지역의 활동에 씨앗을 심고, 시민들의 활동을 지켜보고, 지역 주민의 관심사를 반영하기 위해 기사를 보도했다.

시민이 벌인 초기 캠페인 중 하나는 기숙사에서의 왕따를 막기 위한 것이었다. '아이캔' 편집팀장 레벨은 놀랐다고 말했다. '아이캔'을 구상한 사람들은 기획 단계에서 여러 가지 이슈를 상상했지만, "가장 먼저 등장할 캠페인이 왕따 문제일 것이라고는 예상하지 못했던" 것이다. 그러나 BBC는 (시민이 하는 일을) 귀 기울여 듣고 있었다.

'아이캔'이 다른 언론사가 따라할 모델이 될 수도 있고 아닐 수도 있지만, 가치 있는 실험임은 틀림없다. 공공에게 정보를 제공하는 것을 자신의 임무로 삼는 언론사는 많지만, 공공을 활발한 토론장으로 만들기 위해 시민들이 사용할 수 있는 도구를 제공하는 것을 임무로 삼는 곳은 거의 없다. 사람들이 그러한 도구들을 가지고 무엇을 하는지 지켜보고 그에 대해 보도한다면, 이 과정을 한층 더 심화시킬 수 있다. BBC는 '아이캔'을 통해 단순히 뉴스만 만들고 있는 것이 아니다. 시민들이 스스로 뉴스를 만들도록 돕고 있는 것이다.

사례 2. 시민 기자

이봉렬은 서울의 반도체 회사에서 엔지니어로 일하고 있다. 그리고 여유 시간에는 미래의 저널리즘을 만들어 내는 일을 하고 있다.

그는 온라인 뉴스 서비스인 〈오마이뉴스〉의 열성 '시민 기자'다. 〈오마이뉴스〉는 수많은 독자들을 끌어들이면서 기존의 저널리즘과 정치를 뒤흔들어 왔다. 그것은 20세기의 전통인 (무엇이 뉴스인지를 언론사가 독자들에게 제시하면 독자는 그것을 사든지 말든지 결정하는) 강의식 저널리즘 모델을, 쌍방향적이고 상향적이며 민주적인 방식으로 바꾸어 냄으로써 가능했다. 이것은 중요한 실험이었고, (내가 한국을 방문했던) 2003년 봄에 본 바로는 성공적이었다.

당시 생긴 지 4년밖에 안 된 〈오마이뉴스〉의 영향력은 막대했고 계속 커지는 중이었다. 개혁 성향인 노무현 대통령의 당선에 〈오마이뉴스〉가 한몫했다는 것은 거의 정설로 여겨진다. 노무현 대통령은 당선 이후 첫 언론 인터뷰를 〈오마이뉴스〉와 했다. 오랫동안 인쇄 매체를 지배해 온 3대 보수 일간지를 제치고 말이다.

〈오마이뉴스〉가 미래를 엿보게 해 준다면, 한국이라는 나라도 그렇다. 그리고 이것은 우연이 아니다. 한국은 '인터넷의 나라'다. 전체 가구의 3분의 2 이상이 인터넷을 사용하고 있으며, 그것도 대부분 초고속 회선으로 연결되어 있다. 한국 사람들에게 인터넷은 부가적인 것이 아니라 항상 접속해 사용하는 것이다. 이러한 디지털 환경은 21세기 형태의 매체들을 촉발시켰다. 여러 사람이 함께 참여하는 복잡한 온라인 게임부터 〈오마이뉴스〉 같은 언론까지 말이다.

신문 볼 시간이 없는 택시 운전사도 〈오마이뉴스〉에 대해서는 들어서 알고 있다. 매일 수백만 명이 〈오마이뉴스〉를 찾는다. 광고주들은 〈오마이뉴스〉 온라인 사이트와 인쇄 매체인 주간지 『오마이뉴스』 모두에 광고를 낸다. 〈오마이뉴스〉 설립자이자 최고경영자인 오연호 대표에 따르면 최근 몇 개월간 영업 흑자를 냈다고 한다.

오연호 대표는 진보적 성향의 잡지사에서 일했던 38세의 전직 기자였다. 50여 명의 운영진과 방대한 시민 기자 군단(내가 그를 만났을 당시, 등록된 시민 기자는 약 2만 6천 명이었으며 그중 1만 5천 명 이상이 자신의 이름으로 기사를 게재한 적이 있었다)의 도움으로, 그는 새로운 저널리즘의 환경에서 실질적인 가치를 만들어 냈다.

오연호 대표는 이렇게 말했다. "핵심 개념은 모든 시민이 기자가 될 수 있다는 것이다. 우리는 기자의 의미를 바꾸어 냈다."

기자가 되는 예전의 방식은 언론사에 입사해 직업 기자가 되어 기자증을 받는 것이었다. 한국에서 저널리즘은 굉장한 자격 요건을 요하는 것이었고, 사회적으로도 명망 있는 직업이었다. (기자가 정치인이나 중고차 판매상과 비슷하게 여겨지는 미국 사람이 보기에는 신기하겠지만 말이다.) 새로운 의미의 기자는, 오연호에 따르면, "새 소식을 가지고 있고 그것을 진솔하게 남에게 전하고자 하는 모든 사람들"이다.

정운현 편집국장은 〈오마이뉴스〉 시민 기자들은 주류 언론이 다루지 않는 이슈들을 찾아 나선다고 말했다. 〈오마이뉴스〉는 날마다 들어오는 2백 건 가량의 기사 중 약 70퍼센트를 게재한다. 기사의 중요도에 따라 웹페이지상의 배치가 결정된다. 제목이 페이지의 아래쪽에 나올수록 중요도가 낮은 (혹은 편집진들이 중요도가 낮다고 생각하는) 기사다. 위쪽에 배치되는 것은 뉴스로서의 중요도가 높은 것인데, 중요도가 높을수록 시민 기자는 더 많은 원고료를 받는다.

〈오마이뉴스〉가 등장했을 때, 이 발상은 완전히 새로운 것은 아니었다. 언론사들은 프리랜서로서 기사를 기고하는 비상근 통신원을 오래 전부터 활용해 왔다. 그러나 〈오마이뉴스〉에서 새로운 부분은 누구라도 기자로 등록을 할 수 있으며, 누구나 기사를 게재하는 것이 어렵지 않다는 점이다. 인터넷상에서는 본질적으로 '지면상의 제약'이라는 것이 없다.[30] 그리고 〈오마이뉴스〉는 말 그대로 모든 사람의 기사를 환영한다. 진짜로 평범한 사람들이 기사를 쓴다는 사실은, 〈오마이뉴스〉에 대해 사람들이 더 관심을 갖도록 해 준다.

옛 방식과 새 방식의 융합은 광범위하게 이뤄지고 있다. 〈오마이뉴스〉는 활동이 활발한 시민 기자들에게 임시 기자증을 발급해서 특정한 사안을 더 용이하게 취재할 수 있게 한다. 한편 〈오마이뉴스〉에 소속된 전업 기자들은 옛 방식대로 일을 한다. 즉 정부나 기업을 취재하면서 거대 언론사들과 취재 경쟁을 벌이고, 자신의 기사가 비중 있게 배치되게 하려고 애를 쓴다.

〈오마이뉴스〉는 보수 신문의 제한된 시각을 넘어서기 위한 운영진들의 열정을 보여 준다. 2002년 여름, 미군 장갑차에 깔려 두 명의 여중생이 숨졌을 때, 〈오마이뉴스〉는 이 사건을 상세히 보도함으로써 원래 이 일을 별로 다루지 않았던 주류 언론도 관심을 갖도록 만들었다. 이 사건에 항의하는 시위는 미국에 대한 전국적인 분노로 이어졌고, 민족주의적 열정은 노무현 대통령 당선에 도움을 주었다.

오연호가 비주류 잡지 기자에서 영향력 있는 언론인으로 떠오른 데에는 몇 가지 아이러니가 있다. 우선, 그가 싫어했던 정부가 전국에 초고속망을 깔아 준 덕분에 궁극적으로 〈오마이뉴스〉가 탄생할 수 있는 여건이 마련된 점이다. 또 하나는, 그가 〈오마이뉴스〉를 시작해야겠다는 생각을 하게 된 계기와 관련이 있다. 1997년부터 1999년까지 오연호는 버지니아주의 리젠트 대학에서 석사 과정에 다니고 있었다. 학장 패트 로버트슨은 복음주의 기독교도로서 정치적 성향은 우익이었다.

언론 관련 일을 하는 친구 한 명이 미국을 알려면 보수 우익이 어떻게 돌아가는지를 알아야 한다고 오연호에게 말했다. (보수 우익인) 로버트슨의 경우에는 진보적 성향의 언론에 대응하는 것이 그의 전략이었고 대학에 몇 가지 언론 강좌를 열고 있었다.

오연호는 "나는 그들의 기법을 배웠다. 하지만 나의 접근은 매우 달랐다."고 말했다.

어느 강의에서 새로운 언론사를 구상하라는 숙제가 나왔다. 이때 오연호가 구상한 회사가 〈오마이뉴스〉의 모태가 되었다. 오연호는 그 과목에서 A플러스를 받았다고 말했다.

그가 구상한 것은 한국에서 엄청난 속도로 확장하고 있었던 인터넷을 사용한다는 것과, (그가 확신하기에) 당시 한국 정부와 정책을 지지하지 않는 일반 시민들(이들은 또한 일간지 시장의 80퍼센트를 점유하고 있는 보수 언론이 제대로 대변해 주지 않는 사람들이기도 하다)의 힘을 끌어낸다는 것이었다. 오연호는 진보와 보수가 50 대 50이 되면 더 좋지 않겠느냐고 말했다.

오연호와 그의 팀은 인터넷이라는 매체의 쌍방향적인 특성이 〈오마이뉴스〉에 기고해 달라고 시민 기자들에게 호소하는 것을 넘어서 확장될 수 있다는 것을 잘 알고 있었다. 〈오마이뉴스〉의 접근 방식은 이러한 점을 반영하고 있었다. 모든 기사에는 의견 페이지가 달려 있어서 글을 읽는 사람은 동의부터 신랄한 비판까지 의견을 낼 수 있었고, 의견들에 대해 추천과 비추천을 투표할 수 있었다. (그리고 사람들은 실제로 그렇게 했다.)

때로는 기사를 쓴 시민 기자가 의견 페이지에 직접 응답을 하기도 한다. 〈오마이뉴스〉에서 가장 활발한 시민 기자 중 한 명인 이봉렬은 정기적으로 의견 페이지에 올라온 질문에 답변을 하고 모호한 부분에 대해 설명한다. 그는 또한 자신이 쓴 글에 관한 전자우편도 많이 받는다고 말했다.

그는 예전에 다른 사이트에 글을 썼을 때는 두 딸 이야기를 포함해 주로 가족 이야기를 썼다. 정치적인 글에는 반응이 거의 없다시피 했기 때문이다.

그러나 〈오마이뉴스〉에서는 그렇지 않았다고 이봉렬은 말했다. 드디어 그의 사회적·정치적 견해가 게재되는 사이트가 생긴 것이다. 그리고 그런 내용에 목말라하는 독자들에게 글을 쓸 수 있다는 것은 즐거운 일이었다. 〈오마이뉴스〉 시민 기자로 활동한 3년 동안 그는 매년 평균 백 건의 기사를 썼다. 이봉렬은 편집진이 오타 같은 것은 수정하지만 내용은 거의 손대지 않는다고 말했다. 〈오마이뉴스〉의 편집진들이 사실관계를 확인하는 것은 '면밀함을 요하는' 뉴스의 경우에는 해당하지만, 그가 올리는 기사 같은 개인적인 피처 기사에는 해당하지 않는다.

그가 돈을 벌 요량으로 시민 기자를 하는 것은 분명 아니다. 〈오마이뉴스〉의 메인에 올라가는 기사를 쓰면 원고료 2만 원가량(2004년 기준)을 받는다. 이게 가장 높은 원고료이고, 톱에 올라가지 않는 기사의 원고료는 훨씬 적다. 이봉렬이 〈오마이뉴스〉에서 받는 원고료는 매달 5만 원에서 십만 원 사이다. 푼돈은 아니지만, 수입을 올린다고 말할 수 있을 정도도 아니다.

이봉렬은 직업 기자가 될 생각은 없다. 그는 "직업 기자가 되기에는 자격이 부족하다고 생각한다."고 말한다. 그러나 그는 자신이 쓰고 있는 종류의 (보통 사람들의 삶을 다룬) 기사가, 때로는 전문적인 직업 기자들이 신문과 온라인에 내는 기사보다 독자에게서 더 많은 반응을 얻고 있다고 생각한다.

〈오마이뉴스〉의 야망은 인쇄·문자 매체에만 한정되지 않는다. 〈오마이뉴스〉는 동영상 웹캐스트 서비스도 하고 있는데 멀티미디어 쪽을 더 확장할 계획을 갖고 있다. 언젠가 이봉렬 같은 시민 기자들은 글로만이 아니라 동영상으로도 기사를 보내게 될 것이다. 생기 있고 쌍방향적인 정보 공유의 형태로서 말이다. (2008년 현재, 〈오마이뉴스〉 시민 기자들은 동영상 기사를 쓰고 있다.)

곧 아마추어와 프로페셔널이 쉽게 공존하는 것은 자연스러운 일이 될 것이다. 〈오마이뉴스〉 같은 매체가 여기저기 생겨날 것이다. 왜냐하면 저널리즘의 옛 형태와 새로운 형태의 좋은 점을 결합한 이 모델은 말이 되니까. 〈오마이뉴스〉는 미래의 실험이다. 아직까지는 매우 훌륭한 실험이다.[31]

편집국에서 사용할 수 있는 도구들

독자를 뉴스 생산 과정에 참여시키는 것도 참여시키는 것이지만, 기자는 우선 기자끼리 협업적 취재 보도를 할 수 있게 해 주는 기술을 도입해야 한다. 우리(기자)는 이것을 꽤 잘해 왔지만, 기술은 점점 더 빨리 변하고 있다.

문자로 된 문서만이라면 인터넷상에서 무언가를 쓴다는 것은 간단한 일일 것이다. 그러나 차세대 멀티미디어 도구는 기자에게 더 많은 선택의 여지를 줄 것이다. 이 과정에서 편집자들은 골치가 아프겠지만 말이다. 카메라폰과, 작지만 성능 좋은 디지털카메라는 직업 기자들에게 데스크탑 컴퓨터를 능가하는 새 도구가 되어 왔다. 언론사는 모든 기자에게 카메라폰과 디지털카메라를 한 대씩 지급하고 뉴스가 될 만해 보이는 것이면 무조건 찍도록 해야 한다. 휴대전화에 달린 (화질이 좋지 않은) 카메라 이외에도 나는 작은 디지털카메라를 가지고 다니는데 고화질의 사진은 물론이고 음성을 포함한 초당 30프레임의 동영상도 찍을 수 있다.

기자들이 음성이나 동영상을 현장에서 바로바로 녹음하고 찍을 수 있도록 독려해야 한다. 기자를 촬영 기사로 만들어야 한다는 뜻은 아니다. (적어도 아직은 말이다.) 뉴스를 보도하는 임무로부터 다른 데로 주의를 흩뜨리는 것은 저널리즘에 손상을 줄 것이기 때문이다. 그러나 이를테면 인터뷰 대상자의 사무실 같은 곳의 장면을 동영상으로 잠깐 찍어 두는 것은 굉장히 도움이 된다. 약간의 편집을 거쳐 그 동영상을 웹에 공개할 수도 있을 것이고, 만약 동영상의 상태가 보도에 적합하지 않은 경우라고 해도 기사를 작성할 때 당시의 분위기를 떠올려 주는 데 도움이 될 것이다. 이와 비슷하게 음성 클립도 인터뷰 대상자에 대해 더 잘 이해하게 도와줌으로써 우리가 다루는 주제에 깊이를 더해 줄 수 있을 것이다. 기자들이 인터뷰를 할 때 녹음을 하는 일이 점점 많아지고 있으므로, 그것을 속기로 풀어 내용 전문이나 상세 발췌분을 온라인에 공개하지 않을 이유가 없다. (그리고 가능하다면 항상 공개해야 한다.)

이것이 현재 언론사에서 훌륭한 사진을 찍고 있는 사진기자들에게 위협이 될 것인가? 그렇지 않기를 바란다. 그들의 촬영 기술은 나보다, 그리고 대다수의 아마추어들보다 훨씬 뛰어나다. 그러나 우리는 사진기자가 없을 때도 사진을 확보할 수 있도록 준비되어 있어야 한다. 중대한 사건이라면, 조악하게 나온 사진이라도 없는 것보다는 낫다.

차세대 휴대전화는 사진과 짧은 동영상을 찍을 수 있는 것 이상의 기능을 갖추고 있을 것이다. 더 나아가 휴대전화는 기사를 전송, 게재할 수 있는 수단도 되어 줄 것이다. BBC는 이 분야에서도 선도적인데, 2003년 말 일부 기자들에게 3G 휴대전화를 발급했다.[32] 이 휴대전화는 가장 최신의 초고속 무선 데이터 네트워크를 통해 작동하는데, 이 것으로 동영상 인터뷰를 현장에서 실시간으로 보도할 수 있다.

새로운 기술 가르치기

그러는 와중에, 저널리즘 교육(이 자체도 편협한 제도다) 안에 간극이 생겨났다. 저명한 저널리즘 스쿨들이 테크놀로지가 충분치 않거나 그 것을 어떻게 사용하는지 몰라서가 아니라, 저널리즘 스쿨들이 보수적 이고 변화에 느린 저널리즘 업계를 위해 존재하기 때문이다.

우선 나는 대학 학부에 저널리즘학과를 두는 것에 회의적이라는 사실을 밝혀 둔다. 내가 아는 최고의 기자들 중에는 대학 때 저널리즘 과목을 수강하지 않은 사람이 많다. 물론 그런 과목을 들은 사람도 많다. 이 끝없이 이어질 수도 있을 논쟁에서 당신의 견해가 어느 쪽이 든 간에, 여기서 중요한 사실은 저널리즘 스쿨은 새로운 기자들을 배 출하는 주요 원천이라는 것이다. 그러나 우리는 저널리즘 스쿨들이 언론 업계가 어떻게 변화하는지 모르고 알려고도 하지 않는 기자, 편 집자, 사진기자, 촬영 기사를 기계적으로 찍어내듯 하게 둬서는 안 된다. 사실 이 문제는 학생보다 교수진 사이에서 더 심각하다. 나는 미국의 몇몇 대학에서 초청되어 강연을 한 적이 있고 홍콩 대학에서 매년 가을 5주 동안 뉴미디어 과목을 강의해 왔는데, 뉴스 업계의 새로운 변화에 대해 대다수의 교수와 학장보다 학생들이 더 열린 마음 을 갖고 있다는 것에 별로 놀라지 않았다.[33]

쌍방향적인 온라인 보도와 편집은 교과목에서 핵심 부분이 되어 가고 있다. 그러나 도구를 사용하는 방법을 배우는 것은 상대적으로 사소한 문제다. 사람들에게 정보를 제공하고자 하는 진솔한 마음과 공정함에 대한 감각을 가지고 끊임없이 질문하는 자세를 갖는 법을 어떻게 하면 학생들에게 가르칠 수 있는가가 더 어려운 문제다. 이 점에서 전통적인 교양 수업은 많은 시사점을 줄 수 있을 것이다. 또한 좋은 학교에서는 학부의 저널리즘 과정에서 이런 종류의 교육을 하고 있다.

뉴욕 대학의 제이 로젠은 기자 업무의 이론과 실제에 대한 최신 정보를 담은 내용을 가르치는 것뿐 아니라 새로운 종류의 저널리즘 교육에 대해 설득력 있는 사례를 제시하고 있다. 로젠이 그리는 저널리즘 스쿨의 상은 대부분의 대학들처럼 정보학이라는 유사 과학으로 접근하는 것이 아니라, 예일 드라마 스쿨에서 영감을 받은 것이다.

"예일 드라마 스쿨은 두 부분으로 이뤄져 있다. 한쪽은 여기에 드라마를 연구하는 방법과 배우나 연출가가 되는 방법이 있다고 이야기한다. 다른 쪽은 여기에 예일 레퍼토리 극장과 캬바레, 그리고 프로덕션들이 있다고 이야기한다." 제이 로젠은 이렇게 말했다. 그는 뉴욕 대학이 이런 형태를 일부 받아들이기를 바라고 있다.

재단 기부금을 가지고 뉴욕 대학은 로젠이 "저널리즘 교육의 포트폴리오 모델"이라고 부르는 것을 만들고자 애쓰고 있다. 한 가지 발상은 학생들을 참여시키는 것인데, 특히 이미 직업 기자로 활동한 적이 있어서 자신이 취재하고 싶은 분야를 (이를테면 인권 기자라든가 음악 기자라든가 하는 식으로) 알고 있는 학생들을 염두에 두고 있다. 그러면 그 학생들은 자신이 무엇을 할 수 있는지를 보여 주는 온라인 포트폴리오를 만드는 것이다.[34] 뉴욕 대학은 기본적인 교육과정은 제공하지만, 교육의 초점은 온라인에 공개될 수 있는 작품(학생들의 연락처와 함께 공개한다)을 만드는 것이다. 더 쌍방향적이 되어야 하는 이 모델은 학생들에게 제너럴리스트가 되라고 가르치는 저널리즘 교육의 전통적인 모델과 다소 상반된다. 그러나 전문적인 블로그와 출판물의 시대에, 그리고 다른 분야의 사람들이 '전문 기자'로서 언론계에 참여하는 시대에, 뉴욕 대학의 접근은 적어도 탐구해 볼 가치는 있는 것이다.

뿐만 아니라 저널리즘 스쿨은 강의식에서 대화식으로 바꾸어 가는 추세를 반영해야 한다. 적어도 쌍방향성이라는 것이 무엇인지 학생들이 이해하도록 만들어야 한다. 쌍방향성은 독자와의 대화에서 기본이 되는 것이기 때문이다. 우선 학교에서 교수와 학생 간의 대화를 더 풍성하게 만드는 것에서 시작해 볼 수 있을 것이다. 강의식 교육이 (아직 가치가 있는 경우도 있지만) 늘 가치가 있는 것은 아니니까.

노스웨스턴 대학 메딜 스쿨(세계적으로 유명한 저널리즘 교육기관이다)의 리치 고든 교수(『마이애미 헤럴드』 등 미국의 유수 언론사에서 기자와 편집자를 지냈다)는 대화형 저널리즘의 복음을 전파하는 전도사이자 그것을 직접 실천하는 활동가이기도 하다. 2004년 4월에 그는 이렇게 말했다.

나는 여러 곳에서 뉴미디어에 대해 강의를 한다. 뉴미디어가 저널리즘에 미치는 영향에 중점을 두어 수업을 하고 있고, 자주 다른 과목에 초청되어 인터넷이 저널리즘을 어떻게 변화시키고 있는지 강연한다. 또 미디어 기업 임원을 대상으로 뉴미디어 전략을 설명하기도 한다. 이런 강연에서 나는 항상 뉴미디어가 가진 고유한 능력에 대해 이야기한다. 그중 가장 강력한 것은 뉴미디어가 기자와 이제까지 우리가 독자라고 불렀던 사람들 사이의 관계를 바꾸어 내는 방식일 것이다. 나는 블로그, 토론방, 〈오마이뉴스〉, 포토 블로그 등 저널리즘에서의 흥미로운 사례를 들어 가며 이런 점을 설명한다. 그리고 왜 기성 저널리스트와 언론 기업은 독자와의 관계를 바꿀 수 있는 기회를 잡지 않는지에 대한 문제를 제기한다.

그러나 전적으로 이 주제에 대해서만 수업을 한 것은 이번 학기가 처음이었던 것 같다. 나는 여섯 명의 뉴미디어 석사 과정생에게 수업을 했는데, 그들은 〈어드밴스닷넷〉(그리고 제프 자비스)과 함께 '하이퍼로컬 시민 미디어'가 소규모 지역공동체에서 필요로 하는 정보를 제공하는 데 유용하다는 가설을 연구하고 있었다. 아시겠지만 이런 정도 규모의 공동체(이를테면, 인구 십만 명 미만)는 주류 언론에서 잘 다뤄지지 않는 경향이 있다. 대도시의 주요 일간지는 수십 수백 개의 소도시나 읍에 기자를 다 파견할 여력도 없고, 이런 뉴스를 다 실을 지면도 없으며, 광고 단가는 너무 비싸서 소도시 지역 상인이나 기업이 광고를 (그 지역 사람들에게는 유용한 정보가 될 수 있는데도) 싣지도 못한다. 운이 좋은 소도시라면 이런 종류의 하이퍼로컬 저널리즘을 임무로 삼는 지역 주간지나 일간지가 있을지도 모른다. 하지만 좋은 지역 신문이 있는 곳이라고 해도 여전히 지면에 게재되지 못하는 정보들이 있는 것이다.

고든의 학생들은 실험을 하기 위해 일리노이주에 있는 인구 약 5만 4천 명이 사는 지역 스코키를 선택했다. 이곳은 노스웨스턴 대학이 있는 에반스톤에서도 가깝다. 지역 주민과 단체들에 도움을 요청한 뒤, 그들은 '시민에 의한 시민을 위한 뉴스'라는 모토로, 포럼 기능

등이 달린 블로그 〈고스코키닷컴goskokie.com〉을 열었다. 고든은 학생들이 지역 주민과 단체에 도움을 청하기 위해 접촉했다고 말했다. 이 실험이 어떻게 되어 가는지 지켜보는 것은 매우 흥미로울 것이다. 저널리즘 교육의 한 모델이 될 수 있을지도 모른다.

신뢰 문제

다방향적인 저널리즘의 도구를 사용한다는 것이 우리가 윤리적인 선을 넘어야 한다는 것을 뜻하지는 않는다. 제이슨 블레어 기자가 『뉴욕타임스』에 허위 기사와 표절 기사를 내 물의를 일으킨 사례에서 보듯이, 이미 우리가 생각해 봐야 할 윤리적 문제가 많다. 가십 사이트를 운영하는 매트 드러지가 상원 의원이자 민주당 대선 후보인 존 케리가 전 인턴과의 애정 관계와 관련해 조사를 받고 있다는 소문을 게재했을 때, 공신력 있는 언론사 중에는 이것을 받아 게재한 곳이 거의 없었다. 우리가 알기로 〈드러지 리포트Drudge Report〉에 실린 글들이 사실관계의 정확성 면에서 그리 믿을 만했던 적은 별로 없었다. 드러지의 내용을 무시하기로 결정한 기성 신문과 방송은 온·오프라인 모두에서 옳은 일을 한 것이다. (이 부분에 대해서는 9장에서 더 상세히 언급할 것이다.)

어떤 기술과 도구를 도입하건 간에, 기자들은 공정성, 정확성, 심층성 등의 핵심 원칙을 지켜야 한다. 이것은 부차적인 것이 아니다. 프로페셔널 저널리즘이 살아남기 위해서 필수적인 것이다.

독자들의 지식과 견해에 더 귀를 기울이고 더 자유롭게 독자와 대화를 하더라도, 기자로서 우리는 여전히 최대한 많은 사실을 취재해야 할 의무가 있고, 공정해야 할 의무가 있고, 실수를 했다면 바로 잡아야 할 의무가 있다. 다행히도 우리는 이러한 원칙을 지키도록 도와주는 새롭고 더 좋은 도구들도 가지고 있다. 우리가 그 대화에 참여해 귀담아듣는다면 말이다.

그리고 우리에게는 여전히 편집자가 필요하다. 데스킹의 중요성을 완전히 무시하거나, 뉴스 생산과정에서 편집자들이 하는 역할이 별로 없다고 생각하는 블로거가 있다면 실수하는 것이다.[35] 블로그를 지켜봐 주는 공동체의 눈과 귀는 블로그의 콘텐츠를 좋게 만드는 데 도움을 준다. 앞서도 말했듯이 나의 독자들은 내 실수를 지적해 주고 내가 모르고 있던 것을 알려 주고 전후 맥락을 더 잘 이해하게 해 줌으로써 내가 더 좋은 저널리스트가 되는 데 도움을 주었다.

좋은 편집자는 이것과는 또 다른 방식으로 자신의 경험에서 나온 지혜를 얹어 준다. 그들은 (대부분 오랜 경험을 통해) 기사에서 빠진 것이 무엇인지를 찾아내는 훈련이 되어 있다. 그들은 기자에게 까다로운 질문을 하고, 내용을 뒷받침할 더 좋은 근거를 요구하며, 궁극적으로는 우리가 저널리즘이라고 부르는 것이 어떻게 나아가야 하는지를 이해하고 있는 사람들이다. 때로 편집자는 기자에게 "적은 것이 많은 것"임을 깨닫게 해 준다. 내 칼럼의 편집자가 내 글에서 불필요한 내용이나 쓸데없이 격앙된 부분을 지적해 준 사례는 셀 수도 없을 정도다. 나는 지적된 부분을 삭제해야 내 기사가 더 탄탄해진다는 것을 인정할 수밖에 없었다. 이렇듯 그들은 또 다른 방식으로 내가 기자로서의 일을 더 잘하도록 도와준다. 나는 편집자가 사라지기를 원치 않는다.

우리는 새로운 저널리스트들이 윤리, 공공의 신뢰에 복무하는 것의 중요성, 프로 정신이 무엇인지 이해하고 그것을 가치 있게 여기도록 하는 데 도움을 줄 수 있을 것이다. 우리는 이런 가치들을 몰아낼 수도 없고, 또 그래서도 안 된다.

1) 『제인 인텔리전스 리뷰』가 쓴 〈슬래쉬닷〉에 대한 감사의 글, http://slashdot.org/features/99/10/07/120249.shtml

2) http://www.ohmynews.com/NWS_Web/view/at_pg.aspx?CNTN_CD=A0000001120&PAGE _CD=N0560

3) http://www.nytimes.com/pages/readersopinions/

4) Kristof Responds, http://forums.nytimes.com/top/opinion/readersopinions/forums/editorialsoped/opedcolumnists/kristofresponds/index.html

5) http://fray.slate.com/discuss/forums/2070218/ShowForum.aspx

6) 『워싱턴포스트』의 라이브챗. http://www.washingtonpost.com/wp-dyn/content/liveonline/index.html

7) 9장에서도 설명하겠지만, 블로그 등 온라인 토론 사이트는 끊임없이 '낚시꾼'들이나 스팸 메일 발송업자들과 싸우고 있다. 양보 없는 접전이지만, 나는 결국에는 선한 사람들이 악질적인 사람들을 훨씬 능가해 온라인 대화의 가치를 지킬 수 있을 것이라고 낙관적으로 보고 있다.

8) http://www.cyberjournalist.net/cyber-journalists.php

9) http://www.sacbee.com/insider/

10) http://www.projo.com/blogs/shenews/

11) 『샬롯 옵저버』의 훌륭한 기사들은 『샬롯 옵저버』가 기사를 볼 때마다 돈을 내야 하는 시스템을 운영하고 있기 때문에(다른 신문사들도 많이들 이렇게 한다) 읽기가 어렵다. 허리케인 이사벨에 대한 기사 중 일부는 비영리 기구인 〈웹 아카이브〉에서 볼 수 있다. http://web.archive.org/web/20010307020840/http://www.charlotte.com/special/bonnie/0828dispatches.htm

12) http://tommangan.net/printsthechaff

13) http://www.ojr.org/ojr/workplace/1049381758.php

14) http://denishorgan.com

15) 〈니만 리포트〉의 지난 호 기사들은 심술궂게도 PDF 파일로만 볼 수 있다. http://www.nieman.harvard.edu/reports/03-3NRfall/V57N3.pdf

16) 방송도 그렇다. 〈미네소타 퍼블릭 라디오〉(http://www.mpr.org)는 청취자들이 참여할 수 있는 다양한 프로그램들을 시도하면서, 방송의 새로운 방향을 선도하고 있다.

17) http://www.spokesmanreview.com

18) http://www.ljworld.com

19) http://www.washingtonpost.com/wp-dyn/politics/administration/whbriefing

20) http://www.nytimes.com/pages/politics/trail/

21) http://www.cjr.org

22) http://www.ajr.org

23) http://patterico.com

24) 그해 5월 파테리코(본명은 패트릭 프레이)는 『온라인 저널리즘 리뷰』의 마크 글레이저와의 인터뷰에서, 자신이 블로거로서가 아니라 『로스앤젤레스타임스』 독자의 한사람으로서 제보를 했다고 말했다. 그가 미친 영향은 적지 않았다. http://patterico.com/archives/002026.php

25) 이에 대해 미네소타 퍼블릭 라디오의 마이클 스콜러가 레너드 위크의 〈퍼블릭 저널리즘 블로그〉와의 인터뷰에서 잘 설명하고 있다. "기성 언론 조직들이 일반 대중들이 집합적으로 갖고 있는 지혜와 열정을 자신들의 일에 결합할 수 있다면, 편집진의 판단력, 사실 확인 능력, 진실 추구 등 전통적인 저널리즘의 가치를 새로운 시대(더 양질의, 더 신뢰할 만한 뉴스가 나오는 시대)로 가져올 수 있을 것이다. 이것이 이뤄지지 않는 경우에는, 체계적이지 않은 블로그 방식의 저널리즘 모델이 기성 언론을 잠식할 것으로 보인다. 그렇게 되면, 민주주의를 확장하면서도 중요한 사안에 대해 대중에게 깊이 있고 믿을 만한 정보를 줄 수 있는 길을 잃게 될 것이다." http://pjnet.org/weblogs/pjnettoday/archives/000172.html

26) http://www.jsc.nasa.gov/instructions.html

27) http://www.signonsandiego.com/news/fires/weekoffire/index.html

28) http://www.salon.com/blogs

29) http://www.hypergene.net/wemedia/weblog.php

30) 기사 길이에 제한이 있다면, 긴 기사를 (온라인으로) 읽으려 하지 않는 참을성의 한계다. 나만 보더라도 읽고 싶은데 길이가 긴 기사를 발견하면 일단 출력하고 본다.

31) 〈오마이뉴스〉 방식의 운영이 미국이나 다른 나라에서도 성공할 수 있을까? 대답하기 어려운 문제다. 나라마다 각기 다른 법적 문제가 있다는 것이 한 이유다. 그러나 이 방식의 잠재력은 어느 나라에나 있는 것 같다. 미국의 예를 들자면 내가 본 중 가장 좋은 커뮤니티 사이트 〈아이 브래틀보로〉(http://www.ibrattleboro.com)를 들 수 있다. 버몬트주의 브래틀보로는 체인 기업에 속해 있는 한 지역 신문이 준독점적 지위를 갖고 있는 곳이다. 내가 제3자적 관점에서 볼 때 이곳에서 〈아이 브래틀보로〉는 신문에서는 잘 다뤄지지 않는 중요한 사안들을 일관되게 다루고 있다.

32) http://www.cyberjournalist.net/news/000793.php

33) 나는 1999년에 홍콩에서 내가 가르치던 학생들에게 블로그를 만들도록 독려하기 시작했다. 당시 내가 쓰는 소프트웨어는 여전히 베타 버전이었고, 사실 블로그라는 개념조차 알려져 있지 않았다.

34) http://journalism.nyu.edu/portfolio

35) 블로거에게 편집자가 필요할까? 나는 블로깅과 저널리즘에 대한 토론에 패널로 참석한 적이 있다. 이에 대해서는 J. D. 라시카가 『온라인 저널리즘 리뷰』에 쓴 글을 참고할 것. http://www.ojr.org/ojr/lasica/1032910520.php

제7장

기존 독자들이 참여하다

군인보다 훨씬 많은 민간인 사상자를 낸 저항 세력의 폭탄 테러에 항의하기 위해, 2003년 12월 10일 수천 명의 이라크인이 바그다드 거리에서 시위를 벌였다. 여러 현실적인 이유 때문에 『뉴욕타임스』를 비롯한 주류 언론은 시위 사실과 중요성에 대한 내용을 담지 못했다.

그러나 현지의 몇몇 블로거들은 그렇지 않았다. 이들은 이미 시위가 있기 며칠 전부터 (곧 있을) 친민주주의적인 시위에 대해 이야기해 오고 있었다. 블로그는 이 중요한 사안에 대해 소식을 전하는 최고의 방법이 되었다.

두드러진 보도를 한 블로거로는 제야드를 꼽을 수 있다. 그가 운영하는 블로그 〈힐링 이라크〉는 점령군 통치하의 이라크가 (아니면 적어도 바그다드의 일부가) 어떻게 돌아가고 있는지 알고 싶은 사람에게는 필수 사이트가 되었다. 그가 올리는 글은 실상을 잘 보여 주면서 깊이도 있었다. 일단 소문이 나기 시작하자 독자는 빠르게 늘어 갔다.

"나는 사람들이 뉴스와 함께 내 블로그도 정보 창구로 신뢰하는 것을 보고 놀랐다."라고 내게 보낸 전자우편에서 그는 말했다. "내 독자 중 많은 사람이 CNN이나 BBC 같은 뉴스 사이트보다 내 블로그를 먼저 확인한다고 했다. 나는 사람들이 이라크인의 일상에 관한 생생한 내용을 알고 싶어하며 서구 기자들이 쓰는 것보다 이라크 사람이 직접 쓴 것을 더 신뢰한다는 것을 알게 되었다."

제야드는 풀뿌리 저널리즘이 주류 언론은 아직도 제대로 이해하지 못하고 있는 방식을 통해서 어떻게 진정한 저널리즘으로 형성되고 있는지를 보여 주는 사례다. 실제로 풀뿌리 언론은 지난 반세기 동안 뉴스의 생산과 소비를 특징지워 온 생기 없는 소비주의를 뛰어넘고 있다. 근대 역사상 처음으로 사용자들이 언론의 소비자이자 동시에 생산자로서의 역할을 하고 있는 것이다.

7장에서는 크게 두 부류의 사람들을 다루려고 한다. 첫 번째 부류는 풀뿌리 저널리즘이 보편화되기 전부터 이미 자신의 방식대로 활발히 활동해 온 사람들이다. 이들은 예전부터 독자 투고를 통해 주로 지역 문제에 적극적으로 참여를 해 왔다. 그런데 사람들은 이제 〈밋업〉을 조직하고 블로그에 글을 쓰면서 (정치 문제든 아니든) 자신이 관심 있는 다양한 주제에 관해 많은 사람에게 의견을 피력할 수도 있게 됐다. 자신이 일반적인 뉴스 채널들을 상당한 정도로 넘어설 수 있다는 것을 알게 되고 실제로 저널리즘의 과정에 영향을 미치게 되자, 이들은 예전 어느 때보다도 더 활발히 대화의 일부가 됨으로써 영향력을 확대해 나가고 있다.

내가 더 관심이 많은 쪽은 두 번째 부류, 즉 예전에는 독자였지만 다음 단계로 나아가고 있는 사람들이다. (나는 첫 번째 부류보다 두 번째 부류가 더 많기를 바란다.) 알찬 내용을 올리는 블로거, 홈페이지 운영자, 이메일 리스트 운영자, SMS 마니아들(이 중 어떤 것을 사용하는지보다는 사용자의 의도나 재능이 더 중요하다)이 다른 사람에게 뉴스를 제공하는 주요 원천으로 자리를 잡아 가고 있다. 직업 기자도 이들에게서 유용한 정보를 얻는다. 때로는 이들 중에서 전업 기자가 되는 등 취미로 시작한 일을 직업으로 삼게 되는 사람도 있다.

시민 기자, 어디에나 있는 블로거

2004년 2월 19일, 테네시주에서 작은 출판사를 경영하는 렉스 해모크는 워싱턴의 백악관 구청사로 안내받아 들어갔다. 그를 포함한 다섯 명의 중소기업인은 그날 조지 W. 부시 대통령과 함께 경제 현안에 관해 짧은 토론을 나눴다. 부시 대통령이 정부 정책을 지지하는 사람들을 초청해 연달아 열고 있는 만남의 자리의 일환이었다. 그런데 앞서 있었던 모임과 달리 이번 모임은 취재진에게 공개되지 않았다.

그러나 백악관에서 모르고 있던 사실이 있었으니(또는 알고 있었더라도 대수롭지 않게 생각했을 수도 있다) 해모크 자신이 바로 시민 기자였다는 것이다. 그날 공항으로 돌아가는 길에 그는 휴대용 컴퓨터로 길고 약간은 두서없는 글을 써서 곧 자신의 블로그[1])에 올렸다. 그의 글에는 놀랄 만한 뉴스 속보는 없었지만, 생생한 시민의 목소리가 있었다. 그는 정책에 대해 논하기보다는 자신의 느낌과 인상을 쓰고 싶었던 것이다.

해모크는 부시 대통령에 대해 "공부벌레가 아닌 것은 분명하지만, 이 나라(미국)와 경제가 번영하려면 무엇이 필요한지에 대한 분명한 생각을 갖고 있었다."고 적었다. "(부시 대통령은) '만약에 이렇게 했더라면 어땠을까'라든가 '이런 걸 해 보는 건 어떨까'라는 식의 돌고 도는 논쟁에는 관심이 없어 보였다. 그 점에 대해서는 나도 마찬가지다."

언론사들은 기존 언론에게 취재가 허용되지 않은 상황에서 시민 기자인 해모크가 어떤 일을 해냈는가에 대해 기사를 썼다. 해모크의 블로그와 기사는 작은 화젯거리가 되었다. 여기에 한 가지 분명한 교훈이 있다. '취재진에게 공개를 하지 않는다'는 것은 이제는 별 의미가 없다는 것이다.

이보다 아홉 달 전, 『월스트리트저널』 칼럼니스트인 월트 모스버그와 카라 스위셔도 같은 사실을 깨달았다. 모스버그와 스위셔는 캘리포니아 남부에서 『월스트리트저널』이 주최한 'D'(디지털의 모든 것) 컨퍼런스에 참석 중이었는데, 나를 포함하여 언론사에 소속된 '공식' 기자들로서는 몹시 난감하게도 주요 세션이 '오프더레코드'(비보도 전제)'로 진행됐다. 하지만 (기자가 아닌) 수많은 일반 참석자가 자신의 블로그에 빌 게이츠나 스티브 잡스 같은 유명 연사의 발언 내용을 올리는 것을 막을 수는 없었다. (나중에 나는 내 블로그에 이 '비공식 보도'들을 링크해 두었다.) 2004년의 컨퍼런스에서는 '오프더레코드'라는 제한이 없어졌다.

많은 사람이 참여하거나 직업 기자가 아닌 사람들, 즉 보도해도 되는 것과 안 되는 것을 결정하는 업계의 관행이 배어 있지 않은 사람들이 참여하는 자리에서는 '오프더레코드'라는 것이 얼마나 무의미해지고 있는지를 보여 주는 사례다. 서문에서 언급한 나치오의 사례를 상기해 보라. 블로거들이 어떻게 청중들이 전화 업체 최고경영자(나치오)에게 등을 돌리게 만들었는지 말이다. 그 다음해 가을에 있었던 또 다른 컨퍼런스[2]에서 하워드 라인골드는 나치오의 경우처럼 블로거들이 컨퍼런스 중에 실시간으로 글을 올리고 퍼뜨리며 덧글을 단다면 자칫 발언자들이 덜 솔직해지지 않겠느냐는 질문을 받았다. 블로깅 현상이 공공의 담론에 찬물을 끼얹을 우려가 없겠느냐는 질문이었다.

라인골드는 오히려 정반대로 "찬물을 뒤집어쓰는 건 (공공의 담론이 아니라) 엉터리 같은 작자들일 거라고 본다."고 답변해 박수갈채를 받았다.

직업 기자가 아닌 사람들이 중요한 사안들을 보도한다는 것 말고도 중요한 점이 있다. 그 사람들은 말하고 싶은 자신의 이야기와 목소리를 가지고 있다는 것이다. 이것은 언론의 긴 역사에서 가장 건강한 발전 중 하나라고 할 만하다. 우리는 이제 새로운 목소리들을 듣고 있다. 대중에게 이야기를 하는 것을 직업으로 삼고자 하는 사람들의 목소리뿐 아니라, 그저 생각하는 바를 말하고 싶은 사람들, 또 자신이 말하는 것을 (아무리 소수일지라도) 누군가가 들어주기를 바라는 사람들의 목소리 말이다.

블로그에 대한 비판 중 하나는 너무 많은 블로그가 사소하고 자기중심적인 신변잡기로 채워진다는 것이다. 블로그의 글 대부분이 글을 쓰는 사람 자신과 가족, 친구에게만 관심이 있을 내용으로 되어 있다는 것은 사실이다. 그러나 그것이 블로그라는 양식 자체를 폄하하거나 서로 소통하는 사람들이 갖는 가치를 사소하게 치부할 이유가 되지는 못한다. 그런데 이런 맥락에서 내가 주목하는 부분은 전문적인 분야에 깊이 있는 글을 쓰고자 하는 사람들의 블로그가 늘고 있다는 점이다.

이런 변화는 중요한 시사점을 가진다. 블로그가 시민 참여 행동이 될 수 있는 것이다.

또한 블로그는 취재 시간에 쫓기거나 지면 및 방송 시간의 제약을 받는 직업 기자들보다 더 깊이 있고 더 나은 보도를 할 수도 있다. 변호사 보조인 파멜라 존스의 블로그가 좋은 사례다. 존스는 〈그로크로〉3)라는 블로그를 운영하고 있는데, 소프트웨어 업체 〈SCO 그룹〉과 프리 소프트웨어 공동체 간에 벌어진 법적 분쟁에 대해서라면 아마 가장 좋은 정보들을 담고 있는 곳일 테다. 이 소송에서 〈SCO 그룹〉은 리눅스 운영체제의 모태가 된 소프트웨어의 소유권을 주장하고 있었다. 〈SCO〉는 〈IBM〉을 포함한 몇 개 회사를 상대로 소송을 제기했으며 리눅스 사용자들을 위협해 왔다. 이 싸움은 오픈 소스 소프트웨어의 미래 자체를 결정할 수도 있는 것이었다. 이 중요하고도 복잡한 사건을 어떤 주류 언론사도 존스와 자원봉사자들로 구성된 이 팀만큼 잘 보도하지 못했다. 존스의 팀이 보여 준 취재와 조사는 놀랍다고밖에 할 수 없는 것이었다. 〈리눅스 온라인〉4)과의 인터뷰에서 존스는 이 일을 하게 된 동기를 이렇게 설명했다.

제 자신에게 물었죠. 좋아, 그럼 내가 잘할 수 있는 게 뭐지? 대답은 자료를 조사하고 글을 쓸 수 있다는 것이었어요. 그게 변호사 사무실이나 기업에서 내가 하는 일이기도 하고요. '내가 가장 잘할 수 있는 일을 하자. 그리고 편지를 병에 담아 물에 띄워 보내듯이, 내가 쓴 글을 내보내자.' 이렇게 결심했죠. 내 글을 읽는 사람이 많을 거라고는 기대하지 않았어요. 어쩌면 〈IBM〉이 내가 올린 글들을 발견해서 거기서 도움을 받을 수 있을지도 모른다는 생각은 했지만요. 아니면 어딘가에서 누군가가 내 글을 읽고는 소송에서 좋은 근거 자료로 이용될 수 있겠다고 생각해서 〈IBM〉이나 FSF(〈프리 소프트웨어 재단〉)에 알려 줄 수도 있겠죠. 이미 그 사람들이 갖고 있는 게 아니라면, 내가 올리는 자료는 〈IBM〉이나 FSF에 틀림없이 도움이 될 거예요. 제가 법률 자료를 다루는 일을 계속 해 왔기 때문에, 적어도 이 사건에 대해서라면 어떤 것이 중요한지를 알고 있으니까요. 〈IBM〉 같은 회사에는 인터넷을 샅샅이 검색해서 자기네 회사에 대해 언급한 내용을 찾는 일을 하는 사람들이 있잖아요. 그래서 나는 내가 올린 글도 그 사람들이 찾아낼 거라고 생각했어요. 내가 기대한 건 그게 전부였어요. 그렇다고 내가 한 일을 과소평가하려는 건 아니에요. 다만 날마다 수천 명의 독자가 와 줄 거라고는 예상하지 못했다는 거죠.

존스가 기대했고 얻은 것은 '지켜보는 수많은 눈동자의 위력'이었다. 이것은 굉장히 중요한 통찰이다. '수많은 눈동자의 위력'(오픈 소스 저널리즘)은, 개인의 열정에서 시작된 일이 사회 속으로 퍼져 나갔기 때문에 힘을 발했다. 열정적인 비전문가가 테크놀로지를 사용해서 실질적인 변화를 만들어 내는 데 기여할 수 있음을 보여 주는 사례다.

진화와 혁명

일반적으로 말해서, 수정헌법 제1조가 표현의 자유를 보장하고 있는 미국에서는 사람들이 블로그에 올리는 글이 엄청난 결과를 초래하지는 않을지 모른다. 그러나 자유로운 언론이 보장되지 않는 나라들에서는 블로그가 훨씬 더 심각한 방식으로 중요성을 갖는다. 블로그가 진짜 혁명의 도구가 되는 것이다.

언젠가 억압적 정치 체제를 가진 이란이 폭력적 혁명을 다시 거치지 않고서도 진정한 개혁을 이루게 된다면, 여기에는 후세인 데라크샨 같은 사람들이 하고 있는 활동이 상당히 큰 역할을 했다고 보아야 할 것이다. 데라크샨은 '호더'라는 이름으로 불리는 20대 청년인데, 이란에서 추방된 뒤 토론토로 와서 2000년 12월에 블로그5)를 열었다. 아마도 그가 페르시아어로 블로그를 연 최초의 인물일 것이다. 호더는 '블로거Blogger' 소프트웨어의 설정을 일부 조정함으로써 "페르시아어로 글을 입력하고 올릴 수 있었다." 페르시아어 문자의 특성상, 이전에는 가능하지 않았던 일이었다.

용기를 얻은 호더는 다른 이란 사람들도 블로그를 열 수 있게 돕기로 했다. "2001년 11월 5일, 나는 (페르시아어 블로그를 만드는) 간단한 단계별 '따라하기'를 올렸다. 1년 안에 백 명이 블로그를 시작할 수 있으면 좋겠다고 생각했다." 호더가 말했다. "그런데 겨우 한 달 만에 백 개가 넘는 페르시아어 블로그가 생겨났다. 믿을 수가 없었다."

그러나 아직 여기에서 놀라서는 안 된다. 그 블로그들이 해낸 역할에 비하면 말이다. 2002년 서비스를 시작한 〈페르시안블로그닷컴 PersianBlog.com〉은 2년이 채 안 돼 10만 명 이상의 사용자 계정을 갖는 곳으로 성장했다. 호더는 2004년 초까지 생겨난 이란 블로그가 20만 개가 넘는 것으로 추산하고 있다. (페르시아어를 쓰지 않은 곳도 있고, 지속적으로 운영되지 않는 곳도 많이 있기는 하지만 말이다.) 여기에서 가장 중요한 것은 '인터넷이 무엇을 가능하게 했느냐'다. 언론 통제가 엄격한 억압적 국가에 사는 이란 사람들이 자신의 목소리를 내고 다양한 뉴스와 견해에 접할 수 있게 된 것이다.

블로그들은 이란 사회를 보여 주는 단면이다. 많은 블로그들이 인간관계, 성, 문화, 정치 등 이란 언론은 자유롭게 다루지 못하는 주제에 초점을 맞추고 있다. (이란에서) 블로그는 억압받는 사람들을 위한 커뮤니케이션 네트워크이고, 이란 정권에 대해 많은 것을 이야기해 준다. (이란 정권은 시민들이 현대의 커뮤니케이션 테크놀로지를 사용하지 못하게 통제하려고 애쓰고 있다.)

물론 억압적 정권은 개인의 목소리를 억누를 수 있고 실제로 그렇게 한다. 최근 중국의 정보 당국은 개인 매체들이 갖는 위력을 깨닫고는 인기 있는 개인 매체를 (적어도 금지된 주제를 다루거나 정권 비판적인 내용을 담고 있는 글만이라도) 통제하려고 해 왔다. '무쯔메이'라는 필명을 쓰는 중국의 젊은 여성은 자신의 성생활을 솔직하게 쓴 블로그를 운영하다가 광둥성에 있는 신문사의 칼럼니스트직에서 해고당했다.

그래도 진실이 퍼지는 것을 막기는 어렵다. 이란 블로거인 시나 모탈레비의 사례가 이 사실을 확인케 해 준다. 2003년, 그는 자신이 운영하던 블로그 때문에 감옥에 가게 되었는데, 세계 각지의 블로거들과 언론인들이 그의 투옥에 항의했다. 모탈레비는 23일 후에 석방되어 유럽으로 갔다.[6] 그가 한 이야기들은 정부 방침과 일치하는 내용 이외의 것을 원하던 이란 사람들의 뇌리에서 사라지지 않았다. 페르시아의 블로거들은 계속해서 현 상태에 도전하고 있기 때문이다.

수정헌법 제1조의 보호를 받는 미국인들이라고 너무 방심해서는 안 된다. 진정으로 자유로운 언론을 포함해서 미국인들이 누리는 자유는 시계추처럼 흔들리며 방향을 바꿔 왔는데, 지금은 굉장히 안 좋은 방향으로 가고 있다. 권력의 핵심층에서는 '비밀'이 일상적인 것이 되었고, 대기업, 특히 엔터테인먼트 업계는 언론의 자유를 크게 침해할 수 있는 지적 재산권에 목을 매고 있다. (이 문제는 9장에서 상세히 다룰 것이다.)

그렇다, 기술의 발달은 수백만 명의 사람들이 자유롭게 말하고 듣는 것을 (많은 이들에게는 최초로) 가능하게 해 주었다. 그러나 이 자유를 지키기 위한 싸움은 이제 막 시작되었을 뿐이다. 그리고 이 싸움은 억압적이지 않은 자유 국가에서조차도 많은 위험을 야기하고 있다.

비영리 공동체의 매체

〈멜로즈 미러〉[7]는 블로그가 아니다. 이것은 매달 첫 금요일마다 글이 갱신되는 인터넷 매체로, 마을 소식지와 비슷하다. 그러나 이것은 미래 저널리즘의 좋은 본보기다. 〈멜로즈 미러〉의 초기 화면에는 이렇게 쓰여 있다. "월드와이드웹은 카우치 포테이토*를 위한 것이 아니다. (현안에 대해) 알고 있고, 관심이 있으며, 다른 사람과 공유하고자 하는 사람들을 위한 것이다."

〈멜로즈 미러〉는 1996년 매사추세츠주 멜로즈 지역에서 공동체의

---

* 소파에 파묻혀 앉아 포테이토칩을 먹으면서 텔레비전이나 보는 사람.

필요에 따라 생겨났다. 시간과 열정을 들여 마을 공동체의 일을 챙기는 노년층 시민들의 모임 '멜로즈 실버 스트린저'가 편집진을 맡고 있다. 현란한 상업 뉴스 사이트에 비한다면 그리 볼거리도 없고 쌍방향적이지도 않다. 하지만 이것은 진정으로 풀뿌리적인 매체다. 〈멜로즈 미러〉는 지역 생활의 면면에 대해 독자들에게 많은 정보를 주는, 지역 특유의 냄새가 나는 기사와 사진으로 채워져 있다.

〈멜로즈 미러〉는 〈MIT 미디어 연구소〉의 '미래의 뉴스News-in-the-Future' 컨소시엄이 추진한 프로젝트의 시범 사업이었다. MIT는 지역 공동체 매체를 온라인에서 쉽게 만들 수 있게 해 주는 웹 기반 소프트웨어인 '실버스트린저'[8]를 만들었다.

이 소프트웨어는 큰 호응을 얻었다. "세계 각지의 노인, 십대, 어린이들이 실버스트린저 소프트웨어를 사용한다."고 잭 드리스콜이 말했다. (드리스콜은 〈미디어 연구소〉의 교환 학자이자 편집사이며, 실버스트린저 소프트웨어를 사용하는 여러 그룹에 컨설팅도 해 주고 있다.) 실버스트린저는 미국뿐 아니라 핀란드, 이탈리아, 브라질, 태국, 아일랜드, 인도, 멕시코, 코스타리카 등 많은 나라에서 풀뿌리 저널리즘의 플랫폼 역할을 하고 있다. 현재까지는, 실버스트린저를 가장 큰 규모로 설치해 운영하고 있는 곳은 이탈리아의 신문 『라 리퍼블리카*La Republica*』다. 이 신문의 온라인 사이트 〈카타웹〉[9]은 4200개의 온라인 학교신문을 펴내는 데 실버스트린저를 사용한다.

실버스트린저를 사용하는 사이트 중 가장 많이 알려진 곳은 아마도 〈주니어 저널〉[10]일 것이다. 〈주니어 저널〉은 세계 각지의 어린이들이 운영하는 사이트로, 『보스톤글로브』 편집자 출신인 드리스콜이 자문 역할을 하는 것을 제외하고는 어른의 도움을 받지 않는다. 지난 5년간 90개국, 3백 명 이상의 어린이가 〈주니어 저널〉에서 활동해 왔다.

드리스콜은 이 어린이 기자들이 얼마나 철저하게 기사 내용을 검토하고 엄격하게 편집하는지 나에게 말했다. 각 기사는 통상 세 명의 편집자가 살펴보게 되는데, 때로는 다섯 명의 검토를 거치기도 한다. 이러한 과정을 통해 어린이들은 언론의 책임감과 윤리성에 대한 감을 기른다.

"한 어린이 기자가 다국적 기업에 대해 기사를 썼다. 그 아이가 쓴 원래 기사에는 (그 기업이) 뇌물 전력이 있다고 씌어 있었지만 〈주니어 저널〉은 편집 과정에서 그 부분을 삭제했다. 그 회사가 고위직이 뇌물을 수수했다는 의혹으로 고발을 당한 적이 있기는 했지만, 유죄가 아니었던 것이다. 어린이 기자들은 정말 철저하게 취재와 조사를 했다." 그리고 결국에는 그 기사의 어조를 낮췄다.

또 다른 사례를 들자면, 〈주니어 저널〉 편집진은 가수 에미넴의 랩 가사가 들어 있는 기사를 게재하지 않기로 했다. 한 어린이 기자가 쓴 리뷰에 에미넴의 공격적인 가사가 포함되었는데, 독자 중에 아홉 살짜리 어린이들이 있다는 것을 생각했을 때 이것은 적절한 내용이 아니라고 편집진이(편집진에도 아홉 살짜리 어린이가 있었다) 판단한 것이었다.

거대 언론사 사람 중에 이런 종류의 지역 매체가 경쟁력이 있을 거라고 보는 사람은 거의 없다. 그러나 이런 매체가 존재한다는 것은 두 가지 면에서 긍정적인 효과를 가진다. 첫째, 사람들에게 그들이 스스로 무언가를 해낼 수 있다는 것을 보여 준다. 둘째, 거대 언론사가 (비용 절감을 위해) 인력과 자원을 줄여 나가는 이 시기에, 사람들이 접할 수 있는 정보를 확대해 준다. 또한 〈멜로즈 미러〉나 〈주니어 저널〉에는 오늘날 주류 언론에는 빠져 있는 생기가 있다. 드리스콜은 아마도 이러한 종류의 매체가 거대 언론에 경각심을 불어넣어 줄 수 있을 것이라고 말했다. 적어도 이러한 매체들은 우리 사회가 필요로 하는 목소리들을 보태 줄 것이다.

드리스콜은 이렇게 말했다. "나는 이것을 뉴스의 확장이라고 생각한다. 우리는 뉴스라는 것의 의미를 남들과 공유하고 싶은 삶의 경험을 가진 평범한 사람들의 관점까지 포함하는 것으로 확대해 나가고 있다. 어떤 방식으로 읽든 간에 뉴스는 뉴스다."

늘고 있는 대안 매체들

이상하게도 미국의 소위 '대안 언론'들은 인터넷을 그리 잘 사용하지 않는 것 같다. 특히 대안 신문들의 뉴미디어 도입은 더디기만 했다. 이런 양상은 부분적으로는, 많은 대안 신문들이 〈빌리지 보이스 미디어〉와 〈뉴 타임스 미디어〉라는 두개의 기업에 속해 있는 업계 구조에 기인한 것으로 보인다.[11] 다 그런 것은 아니지만, 몇몇 대안 신문들은 주변부로서의 특징을 잃어 버렸다. 그래서 새로운 종류의 대안 매체가 인터넷에서 떠오르고 있다.

그 중 유명한 것을 들자면, '인디미디어'[12]로도 알려져 있는 〈인디펜던트 미디어 센터〉가 있다. 이 프로젝트는 1999년 시애틀에서 열린 세계무역기구 회의를 주류 언론과는 다른 관점에서 보도하려는 반세계화 활동가들이 만들었다. 이들은 시민이 길거리에서 찍은 경찰의 폭력적인 시위 진압 장면 사진 등을 포함해 다양한 사람과 출처에서 오는 정보들을 한데 모았다. 뉴스레터와 웹사이트를 통해 〈인디미디어〉는 많은 독자를 갖게 되었으며, FBI가 〈인디미디어〉에 격한 관심을 보여 주는 바람에 더욱 유명해졌다. 시애틀에서의 활동에 힘입어 〈인디미디어〉는 활동을 확장했다. 2003년 중반 현재, 〈인디미디어〉는 미국과 세계 각지에 수십 개의 지부를 두고 있다.

2003년 봄 미국이 이라크를 침공했을 때 이 전쟁에 반대하는 사람들이 샌프란시스코의 거리를 점거하고 시위를 벌여 도시가 거의 마비될 지경이었다. 디지털카메라, 노트북 컴퓨터, 와이파이 무선랜 등으로 무장한 〈인디미디어〉 기자들(자발적으로 조직된 보도 본부)은 이 사건을 정말 훌륭하게 취재했다. 『샌프란시스코 크로니클』의 디지털 미디어 담당 부사장을 지냈던 밥 코손은 2004년 4월 온라인 저널리스트들과의 만남에서 "〈인디미디어〉가 우리한테 제대로 한방 먹였다."고 말했다. 그는 특히 독립적인 저널리스트들이 주류 언론은 놓치고 있었던 경찰의 만행을 여러 건 폭로했다고 말했다.

전체적으로 볼 때, 〈인디미디어〉는 존중할 만한 결과물들을 내놓고 있다. 그러나 주류 언론인들이 우려하는 점도 있었는데, 이것은 편집 및 데스킹 과정이 없는 데 기인한 측면이 크다. 〈구글 뉴스〉 사이트는 뉴스 목록에서 〈인디미디어〉의 기사들을 제외했다. 〈구글〉에 따르면, 〈인디미디어〉가 편집 권한을 갖는 중앙 조직을 두어 개별 기사를 검토하는 것을 정책적으로 피하려고 하는 것에 문제의 소지가 있을 수 있다는 것이다.[13] 〈인디미디어〉 기사의 상당수는 탄탄한 내용을 갖추고 있고, 때로는 놀랄 만큼 뛰어난 저널리즘을 보여 주고 있다. 하지만 대의명분을 위한 보도가 으레 그렇듯이, 독자들은 기사가 편향되어 있을 가능성에 대해 언제나 주의하는 것이 좋을 것이다.

퍼시피카 라디오 네트워크가 후원하는 좌파 성향의 라디오 및 인터넷 뉴스 매체인 『데모크라시 나우!』14)는 편집과 데스킹 과정을 매우 중요시한다. 에이미 굿맨과 그녀의 동료들은 (때로는 정말 최신의 기술을 활용해서) 뉴미디어의 기술적 도약을 보여 주면서도, 실질적인 영향력을 갖는 기사를 만들어 내고 있다. 굿맨은 티모르 독립 투쟁에 대한 내용을 다루다가 정보 당국으로부터 구타를 당하고 동티모르에서 추방되었는데, 그녀가 썼던 내용은 티모르의 독립 투쟁을 다룬 것 중에서 가장 훌륭한 기사라고 할 만했다. 그녀는 자료를 국외로 보내는 것이 쉽지 않은 일이었다고 말했다. 한번은 호주로 가는 비행기를 타는 승객에게 압축 동영상 프로그램이 들어 있는 시디를 가지고 가 달라고 부탁했다. 그리고 호주 인터넷 카페의 주인이 그 프로그램을 뉴욕 본부로 전송했다. 굿맨의 동료인 제레미 스캐힐은 이라크 전쟁 관련 내용을 보도할 때도 이라크 정부의 검열이 문제였다고 말했다. 2003년 미국이 이라크 침공의 수순을 밟고 있던 당시, 이라크 정부는 0.5메가바이트보다 용량이 큰 파일은 인터넷 카페에서 전송할 수 없도록 했다. 그래서 스캐힐은 80메가바이트짜리 동영상 기사를 작은 조각으로 나누는 소프트웨어를 찾아내었고, 여러 곳의 인터넷 카페를 통해 기사를 뉴욕으로 전송했다.

굿맨은 『데모크라시 나우!』가 전통적인 형식의 커뮤니케이션에 여전히 의존하면서도 동시에 "인터넷 세계와 대중 매체 사이의 상호작용"의 기능을 하고 있다고 말했다. 인터넷에는 훌륭한 정보가 가득차 있지만 대다수의 사람들은 컴퓨터가 없어서 인터넷에 접근하지 못한다. 따라서 전 세계 인구 대부분에게는 아직도 대중 매체가 주류를 차지하고 있다. 그러나 『데모크라시 나우!』의 모든 뉴스 프로그램은 음성과 동영상 모두 웹 '스트리밍'을 통해 들을 수 있어서 사용자는 방대한 용량의 파일을 먼저 다운받지 않고도 방송을 보거나 들을 수가 있다. 〈인디미디어〉와 마찬가지로 『데모크라시 나우!』는 오픈 소스 소프트웨어를 사용하고 있으며, 자신이 사용하는 도구를 다른 사람들에게 제공하고 있다. 이 프로그램들은 사람들이 인터넷으로 (해당 주제에 대한 추가적인 동영상이라든지, 상세한 인터뷰, 문서로 된 다양한 자료 등의) 더 많은 정보를 찾을 수 있도록 해 준다. 이것은 큰 영향력을 발할 수 있는 일이다.

내가 좋아하는 독립 언론 중에는 전적으로 독자들이 글을 쓰고 독자들이 편집을 하는 곳들이 있다. 1장에서 언급한 〈Kuro5hin〉은 오픈 소스 형식의 저널리즘을 전면에 내세웠다. 사용자들이 맘에 드는 기사에 투표를 하고, 그에 따라 기사들이 화면 위쪽 또는 아래쪽으로 배치된다. 내가 특히 좋아하는 부분은 광고에도 덧글을 달 수 있게 해 놓은 것이다. 독자에게 많은 권한을 준다는 것을 보여 주는 이 재치 있는 감각이란!

자발적으로 조직된 뉴스 매체의 또 다른 사례로는 2003년 걸프 전쟁 기간 중에 생겨난 〈커맨드 포스트〉[15]가 있다. 여기에서 활동하는 사람들은 실제로는 서로 만나 본 적이 없는 이들이 대부분이었다. 이 사람들의 목적은 뉴스 기사를 포함해서 걸프 전쟁에 대해 구할 수 있는 모든 자료를 모아서 되도록 빨리 올리는 것이었다. 곧 많은 사람들에게 '필독 사이트'가 된 〈커맨드 포스트〉는 이후 미국 선거를 다루는 정치 사이트로 발전했다.

독립 저널리즘의 영웅 I. F. 스톤이 오늘날 활동을 하고 있었더라면, 틀림없이 〈퍼블릭 인티그러티 센터〉[16]의 열렬한 팬이 됐을 것이다. 어쩌면 여기에 기고하는 사람이 됐을지도 모른다. 비영리 조직인 〈퍼블릭 인티그러티 센터〉는 텔레비전 뉴스에서 일했던 찰스 루이스가 1989년에 설립했고, 현재 많은 독자층을 확보하고 있다. 워싱턴에 본부를 두고 보기 드물 만큼 뛰어난 수준의 탐사 보도들을 내보내고 있는데, 주요 신문과 방송 뉴스를 심층적으로 분석하는 코너도 있다. 『데모크라시 나우!』와 마찬가지로 이 센터는 여러 개의 저널리즘 상을 수상했다. 이라크와 미국 정부가 정치적 유착 관계인 기업과 계약을 맺은 사실을 보도한 것으로 2004년 조지 폴크싱을 수상한 것이 그중 하나다. 〈퍼블릭 인티그러티 센터〉는 기사를 인쇄 매체로도 배포하고 있다. 루이스와 그의 동료들은 프라이머리 시즌 때부터 모아서 온라인 상에 게재했던 여러 후보들에 대한 방대한 자료를 토대로 『2004년, 미국 대통령직 사들이기 The Buying of the President』라는 책을 출간했는데, 상당히 잘 팔렸다. 주류 언론사 중에 이만큼 좋은 결과물을 낸 곳은 없었다.

이들은 어떻게 이런 일을 해낼 수 있었을까? 루이스는 이렇게 말했다. "『2004년, 미국 대통령직 사들이기』 같은 책을 내는 데는 수백 건의 인터뷰와 53명의 연구 조사원 및 편집자가 필요했다. 주류 언론사 중에는 이렇게 할 수 있는 곳이 없을 것이다."

루이스와 그의 동료들은 다음 세대의 본보기가 될 수 있을 것이다. 만약 거대 언론이 쇠퇴한다면, 공공성에 관심이 있는 재단과 부유한 개인은 〈퍼블릭 인티그러티 센터〉와 같은 조직을, 현명한 시민사회를 만들 수 있는 최상의 방법이라고 여기게 될 것이다.17)

위키 미디어 현상

위키는 온라인 정보 수집의 민주화된 형태라고 할 수 있다. 2004년 2월, 자발적으로 참여하는 시민들에 의해 운영되는 세계에서 가장 방대한 온라인 백과사전 〈위키피디아〉18)에 50만 번째 글이 올라왔다.

〈위키피디아〉는 디지털 시대의 흥미로운 발전상 중 하나다. 생겨난 지 겨우 3년 만에 가치 있는 정보의 창고가 되면서, 오늘날처럼 상호 연결된 세상에서 풀뿌리가 얼마나 커다란 일을 할 수 있는지 보여 주고 있다. 그것은 다른 어떤 것과도 다른 참여 매체의 모델이며, 인터 넷의 역량이 저널리즘의 맥락에서 자연스럽게 확장된 것이다.

언뜻 보면 〈위키피디아〉 모델은 이상해 보일 것이다. 또 전형적인 직업 기자를 위축시키는 모델일 수도 있다. 〈위키피디아〉에는 거의 아무나 글을 쓸 수 있기 때문이다. 또한 누구나 어느 페이지든 편집하 고 수정할 수 있다. (〈위키피디아〉에서는 심각하게 잘못된 행동만이 금지된다.) 세계 각지에서 수천 명의 사람들이 자신이 알고 있는 것, 자신의 목소 리, 자신의 열정을 보태고 있으며, 날마다 새로운 참여자가 계속 생겨 나고 있다.

〈위키피디아〉는 사람들이 일반적으로 생각하는 가정을 모두 빗나 갔다. 사람들은 이렇게 생각한다. 아무나 어느 페이지든 편집을 할 수 있다면 사이버 건달들이 사이트를 엉망으로 만들지 않겠는가? 선 정적인 기사 경쟁이 좋은 의도를 몰아내지 않겠는가? 올라오는 기사 들은 아마추어적이고 말도 안 되는 것들이지 않겠는가?

꼭 그렇지는 않다. 개방성은 〈위키피디아〉의 가장 큰 자원이었으며 신뢰도를 높여 주는 원천이 되어 왔다.

〈위키피디아〉는 2장에서 언급한 위키 소프트웨어를 사용한다. 다 시 한 번 설명하자면, 위키는 어느 사용자든 어느 페이지라도 편집할 수 있게 해 주는 소프트웨어다. 또한 위키 소프트웨어는 사용자가 만 든 모든 수정 사항의 내역을 저장해 보관하기 때문에 누구나 변경 내역을 상세히 알 수 있다. 제대로 작동한다면 위키는 진정한 공동체 를 만들어 낼 수 있다. 그리고 제대로 된 도구를 가지고 있는 공동체는 스스로를 돌볼 수 있다.

〈위키피디아〉의 글은 중립성을 유지하는 경향이 있고, 논란의 여지 가 있는 주제에 대해서는 기본적인 사실관계와 함께 그것을 둘러싼 다양한 견해를 함께 제공한다. 당신이 올리는 글을 다른 사람이 수정 할 수 있는 상황에서는, 이러한 공정성이 매우 중요하다.

〈위키피디아〉 창업자 지미 웨일즈는 "당신의 글이 살아남게 하려 면, 유일한 방법은 당신의 견해에 반대하는 사람일지라도 수긍하지 않을 수 없게 하는 것이다."라고 말했다.

1990년대에 처음으로 위키 소프트웨어를 만든 워드 커닝햄은 도시 계획자나 범죄학자들이 이야기하는 '깨어진 유리' 현상에 대해 나에게 설명했다. 깨진 유리를 방치하는 동네는 쇠락한다. 부랑자들이나 나쁜 사람들이 자신이 무슨 짓을 저지르더라도 아무도 상관하지 않을 것이라고 생각하게 되기 때문이다.

〈위키피디아〉에서는 누가 온라인상에서 나쁜 활동을 하면 사용자들이 자발적으로 잡아내 고친다. 이것이 〈위키피디아〉의 힘이다. 고약한 짓을 저질러도 누군가가 몇 분 안에 그것을 고쳐 놓으리라는 것을 안다면, 그래서 고약한 짓을 해 봤자 별 효과가 없으리라는 것을 안다면, 사이버 건달들은 이곳에서 놀기를 포기하고 더 허술한 곳으로 옮겨 갈 것이다.

의견의 불일치가 발생하지 않는다거나 〈위키피디아〉가 완벽하다는 뜻이 아니다. 편집진은 논쟁이 생기면 더 나은 결과물로 이어질 수 있도록 유도한다. 어떤 글이 게재되어도 좋은지 아닌지에 대해 사람들이 논쟁을 하는 메타 페이지들도 있다. (메타 페이지는 〈위키피디아〉에 올라온 글에 대해 논의하는 사이트다.) 결국에는, 가장 격렬한 반대자라고 할지라도 차이를 이해하고 받아들이면서 공통된 점들을 찾아 나갈 수 있을 것이고, 그럼으로써 〈위키피디아〉에 더 폭넓은 정보가 실리게 될 것이다. 그러나 끝까지 해결되지 않는 논쟁들도 있다.

지미 웨일즈는 가장 심각하고 격렬한 논쟁들을 해결하는 '자애로운 독재자'다. 그러나 그는 어떤 글이 삭제되어야 하는지 여부 등을 결정할 때 되도록 사용자들이 직접 결정을 내릴 수 있도록 중재하고 조정하는 체계를 세우는 일을 계속하고 있다.

웨일즈의 추산에 따르면 거의 날마다 글을 올리는 핵심 기고자가 2백여 명, (매일은 아니어도) 자주 들어와 글을 남기는 사람이 천 명 가량

되며, 한 번 이상 글을 올린 사람은 만 명 정도 된다.

〈위키피디아〉는 곧 〈위키피디아 1.0〉 프로젝트를 시도하려고 한다. 온라인에 올라온 내용들을 더 체계적으로 검토해서 "책으로 출판해도 될 정도"로 만드는 것이라고 웨일즈가 설명했다. 그런데 이것은 몇 가지 문제를 야기한다. 일부 글이 (책에 실려도 될 만큼) 양질의 내용으로 선별된다면, 〈위키피디아〉의 나머지 글은 신뢰할 만하지 못한 글이 되어 버리는 게 아닌가? 나는 그렇게 생각하지 않는다. 현재, 나는 중요한 의사 결정을 내릴 때 〈위키피디아〉 같은 백과사전 정보에 전적으로 의존하지 않고, 우선 그 정보들의 진위를 확인할 것이다. 그러나 내 경험에 따르면 (적어도 내가 잘 알고 있는 분야의 글로 판단해 보건대) 〈위키피디아〉의 글들은 많은 조사를 바탕으로 한 (믿을 만한) 것들이었다.

언뜻 생각하기에는 그렇게도 허술해 보이는 위키 공동체들이 실제로는 굉장히 탄탄하다는 사실에 나는 여전히 놀란다. 이것을 가능케하는 것은 모든 사람이 각자의 역할을 하며 참여할 수 있다는 점이다.

그렇다면 한 가지 간단한 교훈을 얻을 수 있다. 내용을 편집하고 수정하는 것에 대해 장벽을 없애면 잘못된 내용을 고치는 데도 장벽이 없어진다는 것이다. 커닝햄은 성공적인 위키들은 본질적으로 취약한 점이 있을지도 모르지만, 한 가지 중요한 점을 보여 준다고 말했다. "사람들은 대체로 선하다는 것이다."

나는 몇몇 상황에서는 위키가 가장 이상적인 저널리즘 도구가 될 수 있다고 생각한다. 〈위키트래블〉 사이트[19]는 이러한 잠재력을 잘 보여 준다. 이 여행 정보 사이트는 해당 지역에 살고 있거나, 적절한 정보를 올릴 수 있을 만큼 충분히 오래 살아 본 사람들이 올리는 글로 이뤄져 있다. 많은 면에서 허술한 점이 있는 것도 사실이지만 굉장한 정보 원천이 될 수 있는 잠재력만큼은 분명하다. 내가 지내 봐서 잘 아는 몇몇 장소들에 관한 내용을 살펴보았는데, 〈위키트래블〉의 정보는 매우 정확했다.

위키가 꼭 외부 세계에 완전하게 개방되어야 하는 것은 아니다. 비밀번호를 입력해야 들어갈 수 있도록 설정할 수도 있다. 캘리포니아에 있는 회사인 〈소셜텍스트〉[20]는 위키와 블로그를 결합하고 있다. 이곳의 최고경영자인 로스 메이필드는 저널리즘적인 개념 또한 갖고 있다.

2004년 초, 메이필드는 전국적인 선거 위키 〈퍼블릭 레코드〉를 만드는 일에 착수했다. 내가 이 글을 쓰고 있는 현재 이 프로젝트는 아직 본격화되지 않았지만, 메이필드는 굉장히 설득력 있게 프로젝트의 가능성을 (물론, 위키에서) 설명했다.

> 〈퍼블릭 레코드〉는 2004년 대선에서의 논쟁점과 중요 인물에 대한 정보가 모인 곳이다. 시민들의 자발적인 참여를 통해 자율적으로 구성된 정보들로 이루어진다. 민주주의적인 과정에서는 정확성과 신뢰성이 낮다는 문제가 있었다. 이는 우리의 시민사회와 민주주의적 제도들을 약화시킨다. 그러나 시민사회를 강화할 수 있도록 '시민을 위한, 시민에 의한 정보'를 제공할 수 있는 기회가 존재한다.
>
> 언론 매체들이 서로 경쟁을 하는 대신에 공공의 자료를 만들기 위해 협력을 한다면 어떨까? 사실관계, 출처 등은 게재되고 난 후에야 공유가 된다. 그러나 인쇄 매체가 존재하지 않는다면 어떻게 되었을까? 물론 인쇄 매체

는 존속할 것이고, 매체 간 경쟁은 사회적으로 좋은 결과를 촉진한다. 그러나 인쇄 매체의 대안으로서 아마추어들이 논평하고 정보를 모으는 능력도 새로운 사업 모델이 될 수 있다.

〈퍼블릭 레코드〉는 기본적으로 위키 소프트웨어에 기반해서 어떤 시민이나 언제라도 웹사이트에 글을 쓸 수 있도록 허용한다. 이것은 통제권을 포기함으로써 신뢰를 높이는 도구다. 위키를 블로그와 결합하면 건전한 토론을 이끌 수 있고, 내용의 질을 떨어뜨리지 않고 다양한 콘텐츠를 생산할 수 있다. 사용자에게 부담을 주거나 사용자를 압도하지 않는 방식의 출판·구독 포맷으로 말이다. 위키는 수평적 정보 결합(이것은 전문 지식이 있는 프로그래머들만 이용할 수 있는 수직적 정보 결합과 대조적인 것이다)을 가능케 함으로써 더 많은 시민들이 오픈 소스 운동에 참여할 수 있게 해 준다.

물론 이런 사이트가 처음부터 직면하게 될 문제점이 여럿 있다. 정확성에 대한 우려도 그중 하나다. 그러나 주류 언론사들이 적절하게 보완을 해 준다면, 그리고 적절한 편집이나 데스킹 정책이 수반된다면 이것은 비중 있는 저널리즘 자원이 될 수 있을 것이다.

개인 저널리즘을 위한 수익 모델

"우리는 완벽한 수익 모델이 있어요." BBC의 온라인 담당 임원이 농담으로 말했다. "'돈을 내시든지 감옥에 가시든지 하세요'라는 모델이죠."

그가 이야기한 것은 영국에서 텔레비전을 소유한 사람은 무조건 내게 되어 있는 (본질적으로는 세금이나 다름없는) 시청료다.

이런 수익 모델을 가지고 연간 1억 달러를 쓸 수 있는 온라인 언론 매체는 지구상에 여기밖에 없을 것이다. 그러니 나머지는 적자를 내지 않으면서 운영할 수 있는 사업 모델을 찾아야 한다. 개인 저널리즘 세계의 유능한 아마추어들은 앞으로도 훌륭히 제 몫을 해낼 것이다. 그러나 그중에는 그러한 활동으로 생계를 유지하거나 추가 수입을 올리고자 하는 사람도 있을 수 있다. 비상업적 목적으로 저널리즘의 가려운 곳을 긁어 주는 오픈 소스 방식이 다양하게 생겨나는 것과 마찬가지로, 수익을 낼 수 있는 흥미로운 사업 모델도 다양하게 생겨나고 있다.

아시다시피 광고는 현실성이 있는 수익 모델 중 하나다. (유료) 구독 신청을 받는 것도 언젠가는 현실성이 있게 될 것이다. 아직까지는 자발적인 소액 기부가 그나마 유료화로서는 가장 멀리 나간 형태다.

글을 쓰는 사람이 시간과 비용에 대해 어느 정도의 보상을 원한다고 가정할 때, 블로그 같은 개인 저널리즘에서 투자에 대한 수익은 대체로 평판에 달려 있다. 2장에서 소개한 글렌 플레시맨의 무선 네트워킹 관련 블로그는 크게 수익을 내고 있지는 않지만 글렌의 전문성에 대한 신뢰를 높이는 데 매우 기여하고 있다. 인터넷 미디어 컨설턴트인 수잔 머닛은 개인 블로그에 인터넷 매체와 관련한 글을 올린다. 일종의 개인 홍보 역할을 한다고 볼 수 있는데, 효과가 있다.

새로운 사업 모델 가운데 가장 유망한 것 중 하나로 '나노 출판'이 있다. 예를 들어 닉 덴톤의 글은 특정한 니치를 표적으로 삼으며 그에 맞는 스타일과 품질을 가지고 있다. 〈고커〉21)는 뉴욕시의 뉴스와 가십에 특화한 블로그다. 〈기즈모도〉22)는 전자 제품 전문 블로그다. 또한 〈플레시봇〉23)은 에로물을 다루며, 새로운 가십 사이트인 〈원켓〉24)은 정계 가십 면에서 세계 수도라 할 만한 워싱턴 DC를 다루고 있다. 이런 (세부 분야에 특화한) 블로그들이 더 많이 생겨나고 있다.

덴톤은(물론 블로그를 가지고 있다)25)『파이낸셜타임스』 등에서 특파원으로 이름을 날린 인쇄 매체 기자였다. 덴톤의 사업가적 본능은 그를 인터넷으로 이끌었다. 블로그의 세계에 발을 들이기 전에 그는 여러 웹사이트에서 뉴스와 헤드라인을 모은 〈모어오버〉26)를 공동 설립했다. 〈모어오버〉는 RSS 구독기의 초기 형태이자 더 광범위한 형태라고 할 수 있었다.

덴톤과 그의 동료들은 사용하기 쉽고 저렴한 인터넷 출판 도구들을 만듦으로써 나노 저널리즘의 경계를 확장하고 있다. 또한 새로운 모델을 사용하는 사람들이 가질 수 있는 이득도 확장해 나가고 있다. 덴톤은 자신의 첫 나노 출판 사이트인 〈기즈모도〉가 2개월마다 트래픽이 두 배씩 증가하고 있다고 말했다.

초기에 〈기즈모도〉는 독자들이 글을 읽다가 관련 제품을 구매할 수 있도록 〈아마존닷컴〉과 연동을 시켜서 커미션 수익을 올렸다.27) 그러나 지금은 〈기즈모도〉 사이트가 유명해져서 자체 광고를 유치하고 있다. 나는 여기에 굉장한 잠재력이 있다고 생각한다. 왜냐하면 전자 기기들을 능숙하게 다루고 관련 정보를 섭렵하는 사람들은 잡지를 기사 때문만이 아니라 그곳에 실리는 광고 때문에 구매하는 경향도 있기 때문이다. 기사와 광고 모두 흥미로운 정보니까 말이다.

덴톤과 그의 팀은 현명한 고객 세분화를 통해, 종이 잡지가 타깃 독자층으로 잡기에는 규모가 작은 틈새를 공략하고 있다. 이러한 종류의 블로그를 여는 비용은 약 천 달러.[28) 잡지를 출간하는 비용에 비하면 매우 적은 것이다. 출판 사업 모델이 전환되고 있음이 분명하다. 출판의 경제학은 되돌릴 수 없이 변해 왔으며, 나는 이러한 종류의 웹사이트들이 전통적인 매체를 위협하게 될 것이라고 생각한다. 독자와 광고주를 전부 빼앗아 올 수는 없겠지만, 가장 열성적인 독자와 대부분의 광고주를 전통 매체로부터 끌어내 올 수많은 대안 중 하나가 될 수 있을 것이다.

〈실리콘 앨리 리포터〉(Silicon Alley Reporter, 현재는 벤처 캐피탈 웹사이트의 일부가 되었다) 발행인 출신인 제이슨 맥케이브 칼라카니스도 나노 출판의 사례를 보여 준다. 칼라카니스는 2003년 말에 〈웹로그Inc〉[29) 를 설립했다. 일종의 기업 대 기업 출판 회사로서, 생명과학, 테크놀로지, 미디어, 금융 등의 분야에 대한 틈새 기업 블로그를 만든다.

〈웹로그Inc〉에는 덴톤이 운영하는 방식과 커다란 차이점이 있다. 덴톤은 블로그들을 덴톤 자신이 소유하고 있으면서, 거기에 글을 쓰는 프리랜서들에게 원고료를 지급하지만, 칼라카니스의 방식은 파트너십 형태에 더 가깝다. 글을 쓰는 사람에게 공동 소유권을 주고, 수익을 배당하는 것이다. 양쪽 모두 현실성이 있으나, 기업가형 블로거들을 끌어들이는 데에는 아마도 칼라카니스의 방식이 더 유리할 것이다.

수익 분배 구조는 매우 간단하다고 칼라카니스가 말했다. 블로그에 글을 쓰는 사람은 매달 수익 중에서 처음 1000달러를 배분받고, 나머지의 수익은 〈웹로그Inc〉와 50 대 50으로 나눈다. 콘텐츠는 글을 쓰는 블로거와 〈웹로그Inc〉가 공동으로 소유하며, 블로거가 그만둘 때는 모든 콘텐츠의 복사본을 가지고 갈 수 있다. 마지막으로, 쌍방 중 어느 쪽이라도 언제든지 계약을 끝낼 수 있다.

이 사이트는 2003년 가을에 선을 보였으며, 2004년 2월 현재 20여 개의 블로그를 가지고 있다. 그중 하나는 (협업 소프트웨어 블로그인데) 매달 2천 5백 달러의 수입을 올리고 있다. 칼라카니스는 2004년 말까지 백 개의 블로그를 예상하고 있으며, 각자가 천 달러에서 2천 달러의 월수입을 올릴 수 있기를 기대하고 있다고 말했다.

한편, 많은 블로거들이 〈구글 애드워즈AdWords〉에 등록했다. 이것은 블로그 페이지의 주제에 따라 그 페이지에 〈구글〉의 검색엔진을 통해 광고가 들어가도록 해 주는 시스템이다. 이러한 수익 분배 모델은 몇몇 블로거에게 작지만 의미 있는 수입원이 되어 주고 있다.

〈블로그애드〉30)도 눈여겨볼 만하다. 이것은 헨리 코프랜드가 블로거들을 위해 만든 광고 서비스다. 여기에는 몇 가지 눈에 띄는 성공 사례가 있는데, 5장에서 설명한 벤 챈들러의 경우가 그중 하나다. 켄터키주에서 열린 의원 보궐 선거에서 민주당의 챈들러가 〈블로그애드〉를 통해 낸 정치 광고가 20 대 1이라는 투자 대비 수익(즉 광고비 대비 모금액)을 올린 것이다.

J. D. 라시아는 〈뉴미디어 뮤징〉31)이라는 블로그를 운영하면서, 〈구글 애드워즈〉, 〈블로그애드〉, 온라인 광고 업체가 제공하는 단순한 문자 광고 등 여러 가지 광고 형태를 실험해 보았다. 도박 사이트 광고도 포함되어 있는데, 그는 도박 사이트를 좋아하지는 않지만 도박 사이트 광고가 "현재까지 가장 많은 (광고) 수익을 내준다."고 말했다.

그의 블로그와 개인 웹페이지에 (도박 사이트로 연결되는) 문자 광고를 띄우는 것으로 월 3백 달러의 수입을 올린다는 것이다. 그는 광고 내용에 대해서는 합법 여부만 따질 뿐, 광고되는 제품에 대해서는 보증하지 않는다는 공지를 독자들에게 미리 내보냈다. 또 광고주들에게는 스파이웨어와 같이 사용자의 컴퓨터에 침입할 수 있는 코드를 심은 경우에는 광고를 내린다고 공지했다. 라시아는 이렇게 설명했다.

> 이 새로운 매체가 생기자마자 이런 종류의 광고를 보게 되는 게 눈살 찌푸려지는 일일 수도 있겠지만, 주간지 뒷면에는 이보다 심한 광고들이 더 많이 실려 있다. 언젠가는 세분화된 고객을 대상으로 하는 타깃 광고가 제자리를 잡아서, 주류 광고주들이 내 블로그처럼 소득 수준과 교육 수준이 높고, 첨단 테크놀로지와 미디어에 관심이 많은 독자가 날마다 3천 명 이상 방문하는 사이트의 가치에 주목하게 될 때가 올 것이다. 그때까지는, 광고 내용이 적절하냐 아니냐 하는 어찌 보면 큰 의미 없는 문제 때문에 유료 광고를 내릴 생각은 없다.

다른 블로거들에게도 그렇지만, 라시아에게 가장 유용한 보상은 그가 쓴 글이 온라인 미디어 전문가로서의 그의 평판을 높여 준다는 것이다. 라시아는 "프리랜서로 글을 쓰는 것도 공신력을 높여 주지만 정기적으로 블로그를 운영하거나 온라인으로 자주 글을 쓰는 것이 특정 분야에 관한 자신의 신뢰도를 높이는 가장 좋은 방법인 것 같다."고 말했다.

소액 후원 모금함

창조적인 작품이나 저널리즘을 후원하는 사람들은 늘 있어 왔다. 그러나 블로거 같은 온라인 저널리스트들은 이 '후원'의 모델을 현대 사회로 가져왔다. 예전의 후원자가 부유한 사람들이었다면, 오늘날의 저널리스트는 인터넷을 통해 더 광범위한 계층에게서 후원금을 모을 수 있다. 아마도 가장 좋은 사례로는 앤드류 설리반이라는 잡지 기자를 꼽을 수 있다. 앤드류의 블로그[32]는 독자들에게 좋은 일을 위해 후원금을 보내 달라고 호소해 자금을 모은 최초의 블로그 가운데 하나일 것이다.

더 인상적인 사례는 크리스 올브리튼이다. 블로거로 전환한 전직 통신사 기자인 올브리튼은 2003년 '후원금'이라는 개념을 현대적으로 탈바꿈시켰다. 그는 온라인 독자들에게 띄우는 호소의 글에서 "돈을 보내 주세요. 그러면 저는 이라크에 가서 전쟁을 취재하겠습니다."라고 썼다. 독자들은 돈을 보냈고, 올브리튼은 저널리즘의 역사에 남을 일을 했다. 나는 그의 선례를 따르는 사람들이 앞으로 더 많아지기를 바란다.

올브리튼의 역사적인 여행은 터키에서 얼마간, 그리고 북이라크에서 1주일여를 보냈던 2002년에 시작되었다. 올브리튼은 그해 가을 미국으로 돌아왔는데, 워싱턴의 분위기가 전쟁을 일으키려는 쪽임을 확인하고는 이라크로 돌아가서 곧 닥쳐올 전쟁을 취재해야겠다고 결심했다. 그해 10월 올브리튼은 〈다시 이라크로〉라는 블로그[33]를 열었다. 이라크 취재 비용을 후원해 달라는 호소의 글을 올린 곳이 바로

이 블로그다. 10월부터 12월까지 들어온 후원금은 겨우 5백 달러였다.

다행히도 2003년 2월에 온라인 뉴스 사이트인 〈와이어드 뉴스Wired News〉가 올브리톤의 블로그와 그의 다소 기이한 후원금 호소에 대해 보도를 했다. 3일 만에 추가로 2천 달러가 모금됐다. 그리고 나서 다른 언론사들도 올브리튼에 대한 기사를 썼고, 그의 블로그 방문자가 급증했다. 전부 합해서 342명의 독자가 약 1만4500달러를 보내 주었다. 올브리톤은 터키를 통해 북이라크로 들어갔고, 그곳에서 전쟁을 현장감 있고 특색 있게 보도했다.

올브리튼은 하나의 주제를 정하고 그것에 집중하는 것이 블로거에게 중요하다고 말했다. 대다수의 블로그는 너무 초점이 없어서 문제라는 것이다. 그는 이러한 방식(독자에게 후원을 요청하는 방식)으로 돈을 모으려면 "논쟁적인 현안(양극으로 견해가 갈리는 사안이라면 더욱 좋다)"을 찾아내는 것이 중요한데, "전쟁이 바로 그런 종류의 주제"였다고 말했다. 올브리튼은 구체적으로 무엇을 언제 어떻게 하겠다는 계획을 가지고 있었다. 사람들은 그가 이미 해 온 일들을 통해서 그를 신뢰하고 있었고(아니면 적어도 일단 한번 믿어 보려는 마음을 가지고 있었다), 그래서 후원금을 보냈다. 2003년 말, 올브리튼은 다시 한 번 이라크로 가서 〈다시 이라크로 3.0〉 웹페이지를 만들기로 했다. 내가 올브리튼과 이야기를 나눴을 당시에, 그는 당장의 경비를 감당할 수 있을 만큼의 후원금은 이미 확보했으며, 모자라는 비용은 프리랜서로 기사를 쓰는 일을 해서 채울 것이라고 했다.

올브리튼이 비교적 성공을 거둘 수 있었던 관건은 그와 독자 사이의 관계에 있다. 이것은 '돈을 보내 주시면 다른 사람들보다 기사를 먼저

전자우편으로 받아 보시게 해 드릴게요.' 정도의 수준을 넘어서는 것
이었다. 북부 이라크 바깥의 세상 돌아가는 일에 관해서는 독자들이
그에게 눈이 되어 주었다. 올브리튼은 "독자들은 날마다 세계 각지에
서 벌어진 뉴스들을 내게 알려 주었다."고 말했다. 또한 독자들은 그의
블로그에 수많은 의견을 덧글로 남겨 주었다. 물론 저열한 덧글이나,
그가 거짓말을 하고 있다고 비난하는 덧글도 있었지만, 또 다른 사람
들이 논쟁에 뛰어들어 그를 두둔해 주었다.

올브리튼이 독자에게서 후원금을 모은 첫 블로거는 아니다. 하지만
이런 종류의 프로젝트를 수행하려고 후원금을 모은 첫 블로거이기는
할 것이다. 분명히, 그가 이런 일을 하는 마지막 블로거는 아닐 것이다.

정치 블로그 〈터킹포인트메모〉34)를 운영하는 조슈아 미카 마샬은
2004년 1월에 대선 뉴햄프셔 프라이머리를 취재할 수 있게 후원금을
보내 달라고 독자들에게 요청했다. 4천 달러가 넘는 후원금이 모였고,
그는 대선 후보 경선에서 매우 중요한 시기에 생생하고 더할 나위
없이 훌륭한 현장 보도를 해냈다. 마샬은 블로그만으로 생계를 유지하
지는 않는다. 『더힐The Hill』이라는 워싱턴 정계 잡지에 칼럼을 쓰는
것을 포함해서 그는 다양한 기고 활동을 하고 있다. 그러나 만약 당신
이 정치 문제에 관심이 있다면, 마샬의 블로그는 중독성 있으면서도
꼭 읽어야 할 내용들을 담고 있다.

특별히 투자를 받았다거나 부유한 후원자를 두는 등의 다른 수입원
이 없다면, 블로거나 독립 매체가 떼돈을 벌 수 있을 것이라고는 생각
하지 않는다. 그러나 우리는 적자를 내지 않고도 운영이 가능한 대안
매체가 생겨나는 시대로 가고 있다. 결국 결정을 내리는 것은 독자의

몫이 될 것이다. 독자들이 '이 사이트는 읽고 보고 들을 필요가 있다.'
고 생각하게 만들 수 있는 곳들이 성공할 것이다. 가치 있는 것은 항상
그렇게 성공을 거둬 왔고, 앞으로도 그럴 것이다.

1) http:www.rexblog.com

2) 메인주 캠덴에서 열린 팝테크 컨퍼런스. http://www.poptech.org

3) Groklaw, http://www.groklaw.net

4) http://www.linux.org/people/pj_groklaw.html

5) http://hoder.com/weblog

6) 자세한 내용은 『온라인 저널리즘 리뷰』에 실린 글 "이란 저널리스트들이 말하기를, 그의 석방에 블로그가 중대한 역할들 했다"를 참고할 것. http://www.ojr.org/ojr/glaser/1073610866.php

7) Melrose Mirror, http://toy-story.media.mit.edu:9000

8) http://silverstringer.media.mit.edu

9) http://www.kataweb.it

10) http://journal.jrsummit.net

11) 『뉴욕타임스』의 관련 기사를 참고할 것. http://www.nytimes.com/2003/01/27/business/media/27PAPE.html

12) http://www.indymedia.org

13) 그러나 〈구글 뉴스〉는 다른 뉴스 사이트의 굉장히 편향된 기사를 올리기도 했다.

14) http://www.democracynow.org

15) http://www.command-post.org

16) http://www.publicintegrity.org

17) 이 책에서는 공공적인 논쟁점들을 다루는 사이트에 초점을 맞추었지만, 그 밖의 주제에 대한 온라인 저널리즘의 성장을 과소평가해서는 안 된다. 일례로 테크놀로지 분야는 빠른 속도가 핵심적인 특징인 사이버 공간이라는 이점을 살려 온라인 저널리즘이 좋이 신문을 어떻게 능가할 수 있는지를 잘 보여 준다. CNET의 〈뉴스닷컴〉(http://www.news.com) 서비스는 테크놀로지 분야 기사로 널리 알려져 있다. 대담하면서 생기 있고 알찬 기사로 인기를 끌고 있는 영국의 〈레지스터〉(http://www.theregister.co.uk)도 유명한데, 둘 다 테크놀로지 분야를 담당하는 기자들에게는 필수적으로 봐야 하는 사이트가 되었다.

18) http://www.wikipedia.org

19) http://www.wikitravel.org

20) http://www.socialtext.com

21) http://www.gawker.com

22) http://www.gizmodo.com

23) http://www.fleshbot.com

24) http://www.wonkette.com

25) http://www.nickdenton.org

26) http://www.moreover.com

27) 나는 이런 종류의 사업은 좋게 보지 않는다. 윤리적인 문제가 생길 수 있기 때문이다. 그러나 〈기즈모도〉 사이트에는 아마존과 연계되어 있다는 내용이 분명하게 명시되어 있었다. 즉 적어도 완전한 정보 공개는 되어 있었던 셈이다. 덴톤은 독자들이 신뢰도에 따라 판단을 할 것이라고 말했다. "만약 당신이 안 좋은 것을 광고한다면, 독자는 당신을 외면할 것이다."

28) 개인 블로그를 여는 비용은 훨씬 적게 든다. 공짜인 곳부터 매월 몇 달러(대체로 10달러 미만)를 내는 곳까지 있다. 물론, 여기에 컴퓨터 사는 돈과 인터넷 연결하는 비용이 추가로 필요하다.

29) http://www.weblogsinc.com

30) http://www.blogads.com

31) http://www.newmediamusings.com

32) http://www.andrewsulivan.com

33) http://www.back-to-iraq.com

34) http://www.talkingpintsmemo.com

다음 단계

월드와이드웹이란 것이 막 확산될 무렵이던 1990년대 중반에, 나는 인터넷이 우리 생활에서 막강한 위력을 발휘하게 되리라는 확신을 갖고 있었다. 하지만 〈구글〉 같은 인터넷 서비스가 생겨날 것이라든 가, 블로그 같은 개인 미디어들이 내가 속한 업계(저널리즘)에 이렇게 큰 변화를 몰고 오리라고는 감도 잡지 못했다.

인터넷 잡지 〈피드〉가 보여 준 온라인상의 실험이나(현재는 운영되지 않지만 온라인 잡지의 개척자 격인 〈피드〉는 나중에 블로그에서 본격적으로 도입된 혁신적인 특성들을 가지고 있었다), 〈Kuro5hin〉같이 독자가 편집에 참여하 는 사이트의 등장(〈Kuro5hin〉에서 독자들은 글도 쓰고 올라온 글들에 대한 순위 도 매기며, 이후의 토론에 참여하면서 다양한 맥락과 아이디어를 보태 준다)도 예견 하지 못했다. 또 블로그 같은 도구들이 등장해서 웹상에서 글을 쓰는 것을 읽는 것만큼이나 쉽게 만들어 주리라는 것도 생각지 못했다. 그 래서 나는 지금부터 10년 뒤에 뉴스 업계가 어떻게 되어 있을지, 어떤 방식으로 운영되고 있을지에 대한 예측은 하지 않으려 한다. 그러나 구체적인 예상을 할 수는 없다 하더라도 미래의 뉴스를 특징지을 구조와 테크놀로지에 대해 몇 가지의 확실한 전망과 그것의 시사점을 생각해 볼 수는 있을 것이다.

내가 생각하는 전망은 두 가지의 근본 원칙에 기반하고 있다. 첫째는 정확성, 공정성, 윤리 기준 등 저널리즘의 기본 가치에 대한 믿음이다. 둘째는 막을 수도 피할 수도 없는 흐름이라는 점인데, 이는 테크놀로지의 본질적인 속성과 관련이 있다.

오직 한 가지만이 확실하다. 앞으로 다가올 변화들에 우리는 깜짝 놀라게 될 것이라는 사실이다.

테크놀로지의 법칙

대체로 20세기 후반의 대중 매체는 비교적 단순한 하향식 구조였다. 거대 언론사에 속한 편집자와 기자가 무엇을 기사로 게재할 것인지를 결정했다. 그들은 다양한, 그러나 아주 많이 다양하지는 않은 출처에서 정보를 얻었다. (대부분은 공식 출처에서, 그리고 가끔씩 비공식 출처에서 정보를 얻었다.) 편집자의 데스킹을 거쳐 기사는 신문, 잡지, 라디오, 텔레비전에 게재, 방송되었다. 대안적인 방식의 언론도 존재하기는 했다. 특히 데스크탑 출판이라는 것이 등장하면서 말이다. 하지만 우리가 이 책에서 이야기하고 있는 대화형 뉴스는 아직 나타나지 않았다.

기술이 발달하면서, 그리고 대중 매체에 대한 사람들의 불만이 커지면서 새로운 구조가 나올 수 있는 여건들이 생겨났다. 이것을 이해하려면 테크놀로지에 대해, 그리고 테크놀로지와 저널리즘의 융합이라는 현상의 기저에 놓인 경향에 대해 먼저 알아야 한다. 우리는 이것을 몇 가지 '법칙'으로 설명할 수 있을 것이다.

첫 번째 법칙은 컴퓨터 칩 제조 회사 〈인텔〉의 공동 창업자인 고든 무어의 이름을 딴 '무어의 법칙'이다. 오늘의 현실과 내일의 가능성을 이해하는 열쇠는 뭐니 뭐니 해도 이 '무어의 법칙'이다.

'무어의 법칙'이란 일정한 크기의 실리콘에 집적할 수 있는 트랜지스터의 밀도가 18개월 혹은 24개월마다 두 배가 된다는 것이다. 무어가 이 개념을 처음 제시한 1960년대 이래로 이 법칙은 계속 맞아떨어져 왔으며, 앞으로도 한동안은 이런 속도로 기술 향상이 일어날 것으로 보인다. 역사상 (인류가 이뤄 온 발전 중에서) 여기에 필적할 만한 발전은 없었다. 무언가를 두 배 좋게 만들거나 두 배 빠르게 만드는 것을 단 한 번만 이루더라도 운이 좋다고 할 만한데, 두 배씩 향상시키는 것을 계속해서 해 나간다니 말이다. '무어의 법칙'은 기하급수적 변화에 대한 것인데, 이 법칙에 따르면 어떤 것의 위력을 천 배 증가시키는 데까지 그리 오랜 시간이 걸리지 않는다.[1]

수백만 개의 트랜지스터가 작은 칩 하나에 들어가면, 우리가 사용하는 전자 기기들은 거의 '지능'에 가깝다고 할 만큼 막대한 계산 처리 능력을 가질 수 있게 된다. 우리는 날마다 아주 많은 컴퓨터를 사용한다. 컴퓨터, PDA, 알람 시계, 커피 메이커, 가정용 온도계, 손목시계, 자동차 등에 마이크로프로세서(마이크로콘트롤러라고도 한다)가 들어 있다. 이러한 전자 제품들은 대부분 초창기의 메인 프레임 컴퓨터보다도 훨씬 강력한 처리 능력을 가지고 있다.

인류는 모든 전자 기기에 두뇌를 집어넣었을 뿐 아니라 기억 장치까지 집어넣었다. 메모리 칩과 디스크 드라이브를 만드는 회사들은 심지어 '무어의 법칙'이 예견한 것보다 더 빠른 속도로 제품을 향상시키고 있다. 그리고 이제 유무선의 현대 커뮤니케이션 기술 발달로 인해, 똑똑한 '지능형' 전자 기기들이 서로 연결되기까지 하고 있다.

풀뿌리 저널리즘은 이 모든 혁신적 발달을 자양분 삼아 자란다. 데이터를 모으고 처리해서 유통시키는 도구들은 해마다 크기는 작아지면서 성능은 강력해지고 있다. 전문 언론인들은 이제야 겨우 감을 잡기 시작했지만 사람들은 이런 기술 발달을 이미 활용하고 있다. 독자들이 카메라폰으로 찍은 뉴스 사진을 직접 올리고, 글을 쓰고, 편집하는 공동 제작 방식의 뉴스 사이트에서 볼 수 있듯이 말이다.

무어 자신도 실리콘밸리 기술자들이 이렇게 오랫동안 그의 법칙을 살아 있게 만드는 것을 보고 놀랐다. 2001년에 무어는 "내가 상상했던 것 이상이다."라고 말했다.

두 번째 법칙은 '멧캘프 법칙'인데, 이것은 현재 모든 개인용 컴퓨터에서 사용되고 있는 이더넷Ethernet 네트워크 표준을 발명한 밥 멧캘프의 이름에서 따온 것이다.2) '멧캘프 법칙'은, 네크워크가 갖는 가치는 결절점(즉 연결망의 말단 지점) 개수의 제곱이라는 것이다.

'멧캘프 법칙'을 설명하는 데 등장하는 고전적인 예는 팩스 기계다. 만약 전 세계에 팩스가 딱 한 대밖에 없다면 이건 별 소용이 없는 물건일 것이다. 그러나 팩스를 가진 사람이 한 명 더 있다면 두 대의 팩스로 자료를 주고받을 수 있게 돼 실질 가치가 생성된다. 팩스를 가진 사람이 많아질수록 팩스끼리 연결된 네트워크는 더 많은 가치를 갖게 될 것이다. 즉 여기서 나오는 효용은 팩스의 개수가 증가하는 것보다 훨씬 빠르게 증가한다.3)

인터넷에 연결되어 있는 개별 컴퓨터들은 각각 하나의 결절점이라고 할 수 있다. 무선 인터넷이 가능한 휴대전화도 그러한 결절점이 되어 가고 있다. 그리고 머지않아 '무어의 법칙'에 따라 더 똑똑해진 대부분의 전자 제품들(냉장고, 자동차, 컴퓨터 등) 또한 결절점이 될 것이다. 수십억, 아니 수조의 사람과 장비가 연결되면, 이 네트워크의 가치는 계산할 수 있는 수치를 넘어설 것이다.

마지막으로 살펴볼 것은 '리드의 법칙'이다. (데이비드 리드의 이름에서 온 것인데, 그에 대해서는 11장에서 더 이야기하게 될 것이다.) 리드는 사람들이 온라인에서는 전화나 팩스에서처럼 일대일 커뮤니케이션을 하는 것이 아니라 다수 대 다수, 혹은 소수 대 소수의 커뮤니케이션을 한다는 점을 짚어 냈다.

'리드의 법칙'에 따르면 각각의 집단들도 결절점이다. 이런 의미에서 그는 네트워크의 가치가 집단 개수의 계승이라고 주장했다. 계승이란 그 숫자보다 작은 정수들을 전부 곱하는 것이다. 예를 들면 8의 계승은 $8 \times 7 \times 6 \times 5 \times 4 \times 3 \times 2 \times 1$이다. 결절점 역할을 하는 집단 개수의 계승은 어마어마하고도 어마하게 큰 숫자가 된다.

어떤 '법칙'도 마찬가지겠지만 '멧캘프 법칙'과 '리드의 법칙'은 (진리라기보다는) 그들의 견해다. 하지만 직관적으로 매우 그럴듯하며 실질적으로도 점점 더 (현실과) 맞아떨어져 가고 있다. 연결망이 커질수록 그 네트워크는 더 가치 있고 강력해진다.4)

하워드 라인골드는 커뮤니케이션에 일반적으로 적용되는 이 모든 경향성(법칙)들을 합치면 "(정보의) 생산과 유통 수단에의 급진적으로 민주적인 접근"을 의미하게 된다고 말했다.

미래의 미디어를 개발할 사람들은 내 또래가 아닐 것이다. 그들은 지금 자라나고 있는 세대다. 라인골드는, 10년 후면 "현재 서울이나 헬싱키에서 이미 미디어를 능숙하게 다루고 있는 열다섯 살 청소년들이 스물다섯 살이 된다. 그리고 그들이 주머니에 넣고 다닐 도구들은 오늘날보다 수천 배 성능이 좋을 것이다."라고 말했다.

이것이 뉴스와 저널리즘에 의미하는 바는 무엇일까? (정보를) 생산하고 소통하는 테크놀로지들이 강력해지고 (기기들이) 작아지면, 그리고 궁극적으로 우리 생활 구석구석까지 스며들면, 우리는 어마어마하게 많은 정보를 접하게 될 것이다. 그러면 우리는 이러한 정보들을 이해할 수 있게 도와줄 도구와 사람들이 필요하게 될 것이다.

뉴스 만들기

다양한 종류의 개인 출판이 중요한 트렌드가 되리라는 것에는 이제 의심이 없다. '퓨 인터넷 앤드 아메리칸 라이프 프로젝트Pew Internet & American Life Project'에 따르면 2003년 중반 현재, 성인 인터넷 인구 중 절반에 약간 못 미치는 사람들이 "자신의 생각을 드러내거나, 다른 사람들에게 답변을 하거나, 사진을 올리거나, 파일을 공유하는 등 온라인 콘텐츠의 폭발적 증가에 기여하는 방식으로 인터넷을 이용해 본 적이 있는 것으로 조사되었다."5) 여기에 18세 미만 인구까지 합하면 그 숫자는 엄청나게 증가할 것이다. 이 조사에서 '온라인에서의 출판'의 범주에 포함된 것 중 상당 부분은 (단순한) 파일 교환이기 때문에 실제 온라인 출판은 이보다 적을 것이라고 보는 사람들도 있지만, 어쨌든 여기에서 중요한 것은 콘텐츠를 생산하는 사람들이 무수히 증가하고 있다는 것이며, 그들 중에 뉴스를 만들어 내는 사람도 있다는 것이다.

이제 콘텐츠나 뉴스를 생산할 수 있는 도구는 어디에서나 이용 가능하며 기능도 향상되고 있다. 음악가는 몇 천 달러의 비용이면 구할 수 있는 소프트웨어 패키지를 가지고 거대한 녹음 스튜디오나 진배없는 시설을 갖출 수 있게 되었다. 눈높이를 약간 낮춘다면 훨씬 더 적은 비용으로도 가능하다. 디지털비디오의 가격도 너무 싸져서 이제 누구라도 재능만 있으면 예전보다 훨씬 적은 돈으로 영화 장면을 찍을 수 있다. 웹상에서 글을 쓴다는 개념은 모든 종류의 매체를 아우르고 있으며, 어느 것도 이러한 추세를 막을 수는 없을 것으로 보인다.

지금의 인터넷은 대형 이벤트를 보도할 수 있는 라이브 텔레비전에는 필적할 수 없다. (아마도 우리가 살아 있는 동안에는 계속 그럴 것이다.) 이것은 웹의 구조상 어쩔 수가 없는 문제다. 하지만 그 밖의 거의 모든 것에 대해서라면 인터넷은 이상적인 매체다. 엠티비의 VJ로 유명세를 탔으며, 그 이후로 지금까지 블로그는 물론 더 최신의 미디어에까지 깊은 관심을 가지고 있는 아담 커리6)는, 인터넷을 이용해 동영상 콘텐츠를 더 효율적으로 유통시키는 "개인 텔레비전 네트워크" 개념을 제시했다. 2004년 블로그 컨퍼런스에서 그는 이렇게 연설했다.

비디오테이프 녹화기가 발명된 이래로, 텔레비전을 통해 전달되는 콘텐츠는 대부분 방송되기 한참 전에, 오프라인에서 제작이 된다. 많은 경우에 프로그램은 방송국 법무 부서의 검토를 거쳐야 하고 방송 '정책'에 저촉되지 않는지 심의도 거쳐야 한다. 그래서 제작된 프로그램은 방영을 기다리며 한참을 대기하고 있다. 그러니까 그럴 시간에 프로그램을 사람들에게 자전거를 타고 직접 갖다 준다고 해도 아마 현재 방송으로 방영하는 것보다 늦지 않게 사람들에게 보여 줄 수 있을 것이다. 아니면 (…) 프로그램이 인터넷을 통해 사람들에게 닿게 하는 것은 어떻겠는가? 대용량 파일은 내려받는 데 시간이 걸리므로 하루 정도 잡으면 충분할 것이다. 네트워크와 컴퓨터 사용이 뜸한 밤 시간 동안 내려받아 놓으면 앉아서 기다리고 있을 필요도 없을 것이다. 아침이면 전송이 끝나 있을 테니까.[7]

전 세계에서 수억 명의 사람들이 카메라폰(곧 동영상폰이 될 것이다)과 SMS를 사용해 정보를 얻고 있다. 〈포인터 인스티튜트〉 멀티미디어 담당 편집자인 래리 라슨은 머지않아 '위치 정보'가 핵심 데이터 중 하나가 될 것이라고 말했다. 예를 들어, 라슨이 살 집을 알아보러 다니고 있다면, 그는 해당 장소에 가서 자신의 '트레오' PDA폰을 통해 반경 3킬로미터 이내에서 발생한 뉴스를 모두 불러올 수 있을 것이다. "범죄 관련 기사가 많다면 나는 그곳을 떠날 것이다."[8]

그렇다면 콘텐츠를 만들어 낼 수 있는 이러한 도구를 사용하는 것은 어느 정도나 쉬워질까? 현재는 블로그가 어느 정도의 초기 표준을 마련하고 있지만, 여전히 블로그는 비교적 번거로운 도구라고 할 수 있다. 블로그를 잘 운영하려면 아직도 HTML을 어느 정도 알아야만

한다. 미래에는 온라인 도구들이 훨씬 쉬워질 것이다. 그렇지 않으면 풀뿌리 저널리즘에 대한 약속은 지켜질 수 없을 것이다.

미래의 기자들은 (아마추어든 프로든) 굉장한 도구들로 무장하게 될 것이다. 하지만 뉴스 보도는 사실이나 원천 자료들을 모으는 것만으로 되는 것이 아니다. 라인골드가 말한 '참여 군중'은 전례 없이 광범위한 영역과 광범위한 정보에 닿을 수 있는 뉴스 팀이 되어 가고 있다. 그런데, 이 뉴스 팀은 전례 없이 깊이 있는 보도도 해낼 수 있을까?

가상의 미래 세계에서의 미국을 그린 닐 스티븐슨의 소설 『스노 크래시』9)에 인상적인 단락이 있다.

> 중앙 지능 회사에 고용된 가고일들은 이 회사의 어이없는 면을 보여 주는 단면이다. 그들은 노트북을 사용하는 대신 컴퓨터를 몸 위에다 입는다. 컴퓨터를 각각의 모듈로 분해해 허리, 등, 헤드셋 등에 착용하는 것이다. 이 컴퓨터들은 주변의 모든 것을 기록하며, 인간을 감시하는 도구로 사용된다. 이보다 더 멍청한 것은 없을 테다. 이런 복장은 허리춤에 계산기를 차고 다니며 '나는 고지식한 지식벌레요'라고 광고하는 것이나 마찬가지다. 즉 인간 사회에서 자신이 독특한 계층, 즉 매우 높으면서도 동시에 한없이 낮은 계층에 속한다는 것을 보여 준다.▪

스티븐슨이 생각한 가고일은 언론인은 아니다. 그보다는 두 가지

▪ 가지고 있는 지식의 양은 매우 많지만 사회적 맥락 속에서 그것들을 판단하는 능력이나 인간관계의 방식, 사회 생활적 감성 등의 수준은 매우 낮다는 의미.

역할을 하는 개인 비서라 할 만하다. 하나는 주변의 모든 것을 기록하는 것이고, 다른 하나는 네트워크와 상호작용(예를 들면, 인터넷으로 누군가의 얼굴이나 신상 정보를 찾는 등의 일)을 하는 것이다. 어느 면에서 가고일은 두뇌가 달린 웹카메라라고 할 수 있다.

"언론인은 단지 주변 상황을 닥치는 대로 찍기만 하는 웹카메라가 아니라 정보들을 거르는 거름망이 되어야 한다."고 스티븐슨은 나에게 말했다. "사람들이 저널리즘의 기능을 여기저기 웹카메라를 달아 놓는 것과 비슷한 정도로만 여긴다면 저널리즘의 중요성과 가치에 대해 잘못 생각하고 있는 것이다. 모든 정보들의 경중을 혼자서 판단하고 거를 수 있는 시간을 가진 사람은 아무도 없다."

정보를 거르는 과정에는 사람과 기계, 둘 다 필요할 것이다. 저널리스트의 역할은 변하기는 하겠지만 사라지지는 않을 것이다. 그러나 자동화된 전자 기기들의 역할은 증가할 것이다.

정보를 걸러 내기

네트워크의 세계에서는 원하는 뉴스를 찾아내는 능력이 핵심이다. 예전 같으면 (좁은 영역에만 한정돼 다양한 맥락에서의 깊이 있는 보도를 하기 힘든) 지역신문이나 지역 방송이 뉴스 공급을 독점했겠지만, 이제 사람들은 자신이 사는 지역을 넘어서 다양한 정보 원천을 활용해 자신만의 뉴스를 만들어 낸다.

자신만의 뉴스를 만드는 것은 아직 주먹구구식으로 이뤄지는 경우가 많다. 정보의 양이 너무 많아서 아주 열성적인 뉴스 수집가가 아니라면 엄두도 내기 힘들다. 그러나 도구들은 빠르게 향상되고 있으며, 머지않아 사람들이 오늘날보다 훨씬 체계적으로 정보를 찾고 골라낼 수 있게 될 것이다. 바로 이런 분야에서 〈구글〉, 〈마이크로소프트〉, 〈야후〉 같은 새로운 종류의 거대 미디어 기업이 등장하고 있다. 그러나 소규모 미디어들에게도 기회는 많다.

나는 2002년 초 베타 버전이 나왔을 때부터 〈구글 뉴스〉[10]의 팬이었다. (내가 이 원고를 쓰는 지금도 여전히 베타 버전이다.) 〈구글〉의 연구원 크리슈나 바라트의 아이디어에서 나온 〈구글 뉴스〉는, 사용자가 많아졌고 (내 생각에는) 인터넷 뉴스 인프라에서 필수적인 것이 되었다. 검색 엔진이 여러 뉴스 사이트들(어느 뉴스 사이트를 여기에 포함할 것인지는 사람이 결정한다)에서 내용을 긁어 와, 정치, 경제, 스포츠, 예능 등의 다양한 주제별로 제목의 목록을 보여 준다(이 부분은 기계가 담당한다). 화면 구성은 신문과 비슷하도록 고안됐다. 현재 주요 뉴스가 무엇인지, 아니면 적어도 (언론사의) 편집자들이 주요 뉴스라고 생각하는 것이 무엇인지를 한눈에 훑어보는 데 매우 유용하다.

특정한 주제에 대한 정보가 더 필요한 사람은, 내용을 깊이 파고드는 데도 〈구글 뉴스〉를 이용할 수 있다. 아마도 이것이 〈구글 뉴스〉 사이트의 가장 중요한 점일 것이다. 클릭 한 번이면 사용자는 해당 주제에 대한 모든 기사를 〈구글〉이 계산한 관련도 순이나 날짜 순으로 볼 수 있다. 중복되는 것들도 많지만, 같은 주제를 다른 미디어 회사들이 얼마나 다루는지, 또 얼마나 다른 관점에서 다루는지를 본다면 눈이 휘둥그레질 것이다.

〈구글 뉴스〉의 유용한 기능 중에 '구글 알림Google Alerts' 서비스가 있다. 사용자가 키워드를 설정해 놓으면 그것을 검색한 결과가 주기적으로 전자우편으로 들어오는 것이다. 그러나 2004년 초 현재, '구글 알림' 서비스는 RSS로 받아 보는 기능까지는 제공하지 않고 있는데, 이것은 큰 흠이다.

(이 글을 쓰는 현재 시점에서) 〈구글 뉴스〉의 또 다른 흠은 풀뿌리 저널리즘에서 나오는 콘텐츠를 뉴스로 인정하지 않고 있다는 점이다. 블로그 중에서는 극소수만이 포함된다. 그러다 보니 훌륭한 블로그들도 가치 절하되는 경우가 생긴다. 바라트는 〈구글 뉴스〉에는 한 가지 원칙이 있다고 말한다. 뉴스란 (전문적인) 편집자의 손을 거친 것이어야 하며, 〈구글 뉴스〉는 매시점에 편집자들이 중요하다고 판단한 것만을 보여 준다는 것이다. 바라트는 〈구글 뉴스〉의 역할은 신문을 "보완해 주는 것"이라고 보고 있는데, 내 생각에는 이런 견해가 〈구글 뉴스〉의 잠재성을 과소평가하는 것 같다. 물론 다른 곳(언론 매체들)에서 실제로 뉴스 취재, 보도, 편집이 이뤄지지 않는다면 〈구글 뉴스〉 서비스는 존재할 수 없을 것이다. 하지만 〈구글 뉴스〉는 우리에게 사실상의 신문 1면 역할이 되어 줄 잠재성을 가지고 있다.

〈마이크로소프트〉는 (검색엔진 싸움에서는 〈구글〉의 뒤에서 추월을 노리는 상황이지만) 뉴스 분야에서 오랫동안 독보적인 기반을 다져 왔다. 〈마이크로소프트〉가 〈제너럴일렉트릭〉의 NBC 뉴스 사업부와 합작해 만든 〈MSNBC〉는 고전이라 할 만한 뉴스 사이트로, 거대하고, 묵직하고, 콘텐츠가 풍부하다. 〈MSNBC〉는 멀티미디어 뉴스 분야에서 혁신적이다. 〈마이크로소프트〉는 '뉴스봇newsbot'을 통해 뉴스 영역에서도 〈구

글〉같은 실험을 하고 있는데, '뉴스봇'의 초기 테스트 버전은 〈구글 뉴스〉와 매우 비슷하다.▪

더 흥미로운 것은(이름부터가 재미있다), 2004년 말 선보일 〈마이크로 소프트〉의 '뉴스광Newsjunkie' 서비스다.▪▪ 『새너제이 머큐리 뉴스』 2004년 3월 24일자 크리스티 하임의 기사에 따르면, '뉴스광'은 독자들이 이미 본 뉴스들을 정돈된 형태로 업데이트해 주는 것이다. "'뉴스광'은 뉴스를 재정리해서 가장 최신 정보가 위로 올라가게 하고 중복된 정보는 아래로 내려가게 하거나 완전히 솎아 내 버린다."

주요 인터넷 회사들의 전략 중에서 나에게 가장 큰 인상을 준 것은 〈야후〉가 택한 방향성이다. '마이야후!' 페이지는 다른 메이저 인터넷 사이트들에 비해 사용자가 자신에게 맞는 뉴스 보도를 설정할 수 있는 맞춤식 서비스를 더 많이 제공해 왔다. 2004년 초, 〈야후〉는 이 서비스에 RSS를 추가했다. 이제 사용자들은 블로그나 다른 웹사이트에서 RSS 피드 구독 신청을 하면 그것을 '마이야후' 뉴스 페이지에서 받아 볼 수 있게 되었다. 지금까지 있어 온 옛 미디어와 뉴미디어의 결합 중 최고라 할 만하다.

▪ 그러나 저자 댄 길모어는 옮긴이에게 보낸 전자우편에서 2008년 현재 '뉴스봇' 사업은 (적어도 뉴스봇이라는 이름으로는) 실질적으로 많이 추진되지 않았다고 말했다.
▪▪ 댄 길모어는 이 서비스도 2008년 현재 (적어도 뉴스광이라는 이름으로는) 적극적으로 진행되 지는 않고 있다고 말했다.

신디케이션의 도약

다시 RSS 이야기로 돌아가 보자. RSS는 블로그나 웹사이트의 소프트웨어들이 자동적으로 생성하는 파일로, 해당 웹사이트에 있는 콘텐츠들을 다른 곳의 콘텐츠와 쉽게 통합될 수 있도록 보여 준다는 것은 앞서 설명하였다.

예를 들어 보자. 전형적인 블로그는 여러 개의 게시물이 올라오는 홈페이지 형태로 구성되어 있다. 각 게시물은 제목과 본문 글로 되어 있다. RSS '피드'란 본문 글의 전체 또는 일부와 제목을 담고 있는 파일이다. 다른 말로, RSS는 특정 페이지의 구성과 일부 내용을 보여 준다.

이 RSS 피드 파일들은 여러 사이트들에서 받아 온 뉴스를 하나의 화면으로 볼 수 있게 해 주는 소프트웨어인 '애그리게이터'나 '뉴스 구독기'를 통해 읽을 수 있다. 그러니까 사용자는 각각의 웹사이트를 일일이 돌아다닐 필요가 없다. RSS 구독기 소프트웨어들은 아직 원시적인 수준이지만 곧 달라질 것이다.

RSS를 활용한 흥미로운 서비스들이 〈피드스터〉 같은 신생 회사들에 의해 도입되고 있다. 〈피드스터〉는 제품에 대한 블로거들의 평가를 계속 따라갈 수 있게 RSS 데이터를 관리해 준다. 온라인상의 대화들을 훨씬 상세하게 따라갈 수 있게 해 주는 것을 포함해서, 이런 서비스가 가져다 줄 가능성은 거의 무한한 것 같다. 내가 이 책의 집필을 거의 끝냈을 때, 〈마이크로소프트〉는 구상 중인 '블로그봇'이라는 서비스를 넌지시 알려 왔는데, 이것은 〈테크노라티〉나 〈피드스터〉와 매우 흡사해 보이는 검색 도구로 보였다. 이상하게도, 블로깅 소프트웨어 업체인 〈블로거〉를 인수해 소유하고 있는 〈구글〉은 이런 종류의 서비스를 (내가 책을 쓰고 있는 현재까지) 만들지 않고 있다.■

이 분야의 기술자들은 블로그와 웹사이트에서 생성된 RSS 등의 데이터들이 정보의 풍성한 광맥이 되어 줄 것으로 보고 있다. RSS 피드 같은 구조화된 정보를 통해 날마다 방대한 데이터가 생성되고 있으며, 미래의 뉴스 구조에서 핵심이 될 도구들도 개발되고 있다.

월드 라이브 웹

여러 혁신적인 사업을 벌여 온 데이브 시프리는 2002년 〈테크노라티〉를 시작했다. 2004년 4월, 그가 체크하는 블로그는 2백만 개가 넘었고, 날마다 수천 개씩 늘고 있었다. 운영이 안 되는 채로 방치된 블로그도 많이 있지만, 전반적으로 빠르게 성장하는 추세다.

〈테크노라티〉의 기술은 반#정형적 데이터베이스 질의 형식에 기초하고 있는데, 데이터베이스가 계속 업데이트되면서 금방 방대해진다. 시프리는 이것을 '저스트 인 타임Just-in-time' 검색엔진이라고 부른다. 이 서비스는 사람들이 인기 블로그, 관심 있는 블로그, 뉴스 속보, 온라인에서 화제가 되는 이야깃거리 등을 검색하고 읽을 수 있게 도와준다. 또한 사용자들은 온라인상의 글을 (링크 숫자 등) 단순 인기도뿐

■ 저자 댄 길모어는 옮긴이에게 보낸 전자우편에서, 〈구글〉이 이후에 블로그 관련 서비스를 내놓았다고 말했다. 예를 들면 〈구글〉의 블로그 검색 서비스 http://blogsearch.google.com 같은 것이 대표적이다.

아니라 가중치를 부여한 인기도(얼마나 유명한 블로그에 링크되었는가 등을 감안한 것)에 의해서도 순위를 볼 수 있다. 인기가 많은 블로그뿐 아니라 급속하게 인기가 상승하고 있는 블로그도 보여 준다. 지난번에 확인했을 때 내 블로그에는 2천백 개의 인커밍 링크(다른 사람이 내 블로그를 링크한 것)가 되어 있었다. 내가 링크를 백 개 더 얻는다면 감사한 일이기는 하겠지만 증가율 개념으로 보자면 큰 증가는 아니다. 그러나 만약 누군가의 블로그가 오늘 열두 개의 링크를 얻었는데, 곧 이어 여섯 개의 링크를 더 얻으면 상대적으로 굉장한 증가율이 된다. 〈테크노라티〉는 인기도의 '증가율'이 높은 블로그에 표시를 해 준다. 인기도 변동 지표buzzmeter라고 할 수 있을 것이다. 즉 어느 블로거가 (또는 그가 쓴 특정 게시물이) 얼마나 빨리 뜨거나 지는지 알려 주는 지표가 되는 것이다.

〈테크노라티〉가 기반을 두고 있는 아이디어는 '〈구글〉 가설', 즉 '링크의 구조가 매우 중요하다'는 개념이다. 누가 누구에게 링크를 했는지 안다면, 언뜻 마구잡이처럼 보이는 블로그들의 세계에서도 상당히 체계적인 정보를 뽑아 낼 수 있다. 그 다음에 이 정보는 다양한 방식으로 분류되고 걸러질 수 있다. 〈테크노라티〉의 원래 소프트웨어는 '링크 코스모스'였다. 시프리에 따르면 그것은 "어느 웹사이트를 최근에 링크한 모든 웹사이트들의 상세 목록을 제공해 주는 것"이었다. 즉 어느 블로그의 웹 주소나 특정 게시물의 주소를 검색엔진에 입력하면, 그 주소가 링크된 모든 블로그의 목록을 링크된 시간 순이나 링크되어 있는 블로그의 인기도 순으로 보여 준다. 링크가 되어 있는 블로그를 검색하면, 그것이 속한 우주를 전체적으로 볼 수 있는 것이다. 이 밖에도 가능성 있는 서비스는 많다. (링크의 연결망을 그래픽으로 보여 주면 어떨까. 머지않아 누군가 틀림없이 그런 도구도 개발할 것이다.)

링크 구조를 보여 주는 것 이외에도, 〈테크노라티〉는 데이터를 순위 목록으로 보여 주기도 한다. 이를테면 '톱 100 목록'은 웹상에서 가장 인기 있는 100개 사이트(블로그일 수도 있고 〈슬래쉬닷〉 같은 웹사이트일 수도 있다)의 목록을 보여 준다. 순위의 기준은 각 블로그에서 몇 개나 아웃 링크 되었는지다. 〈테크노라티〉의 알고리즘은 〈구글〉보다 단순하지만, 〈테크노라티〉는 〈구글〉이 뉴스 분야에서 〈구글 뉴스〉 사이트를 통해 제공하는 것과 비슷한 것을 블로그 분야에서 제공해 줄 수 있을 것이다. 그것은 바로 '시의성'이다. 블로그의 세계는 매우 빠르게 변화하기 때문에, 어떤 것이 '언제' 게재되었는지를 알면 도움이 된다. 시프리는, 〈구글〉은 페이지 순위를 매기기 위해 링크와 문서를 보지만 〈테크노라티〉는 여기에 두 가지 특성을 더 보탰다고 말했다. 게시된 시간, 그리고 블로그에는 공적인 글보다는 개인적인 글이 많다는 사실. 이것들을 결합하면 '월드 라이브 웹', 즉 월드 와이드 웹의 일부분으로서, 살아 있는 실제의 대화를 얻을 수 있는 공간이 탄생한다는 것이다.

2004년 3월 현재, 〈테크노라티〉는 '뉴스 토크(화제가 되는 뉴스 기사들)', '북 토크(화제가 되는 책들)', '커런트 이벤트(시사 문제들)' 등의 서비스를 제공하고 있다. 뉴스에 관심 있는 사람에게는 상상을 초월하는 가치를 더해 주는 것이다.

그러나 이것들은 더욱 흥미로운 일의 시작일 뿐이다. 웹은 단순한 링크의 수준을 넘어선다. 기계는 이제 사람을 대신해 기계들끼리 이야기를 나누고 있는 것이다.

API와 웹서비스

〈테크노라티〉 사용자 중에도 '테크노라티 API'에 대해 아는 사람은 거의 없다. (하물며 관심이 있는 사람은 더 없다.) API는 '애플리케이션 프로그래밍 인터페이스Application Programming Interface'의 약자로, 소프트웨어의 한 부분을 다른 소프트웨어에 연결하는 방법과 관련된 기술 용어다. API는 어떤 제품이 다른 제품과 맞물려 돌아가게 하기 위해 개발된 표준이다. 벽에 붙어 있는 전화선 연결 잭을 전화기와 전화 통화 네트워크를 연결해 주는 API의 일종이라고 생각해 볼 수 있다. 누구라도 이 잭에 플러그를 꽂아 전화기와 벽 사이의 연결망에 접속할 수 있는 것이다.

소프트웨어 개발은 API에 달려 있다. 컴퓨터의 운영체제는 API를 가지고 있어서, 개별 소프트웨어(이를테면, 워드프로세서)를 개발하는 프로그래머들은 해당 운영체제의 기본 원리에 맞게 프로그램을 개발할 수 있다. 소프트웨어를 새로 개발할 때마다 이미 다 되어 있는 부분까지 다시 만드느라 시간을 낭비하지 않아도 되고, 그 플랫폼상에 생태계를 만드는 데 일조할 수 있는 것이다. 〈테크노라티〉는 〈구글〉, 〈아마존〉 등과 함께 자사 소프트웨어의 API를 만들고 공개하는 회사 중 하나다. (이런 회사는 점점 증가하고 있다.) 또한 대부분의 블로그 소프트웨어도 API를 가지고 있다.

개발자들은 API의 도움으로 '웹 서비스' 기술들을 활용해, 정보 게임의 기본적인 규칙을 바꾸어 나가고 있다. 개발자이자 블로거인 에릭 벤슨[11]에 따르면, "웹 서비스란 사람들이 일일이 손품 발품을 팔지 않아도, 웹사이트들이 서로 알아서 정보를 주고받을 수 있게 해 주는 시스템이다." 어느 면에서는, 사람들은 이미 오랫동안 이런 방식으로 인터넷을 이용해 왔다. 이를테면, 〈구글〉에서 검색어를 치거나 아마존에서 책을 사는 일이 바로 웹 서비스를 이용하는 것이다.

〈구글〉,12) 〈아마존〉,13) 〈테크노라티〉14) 같은 회사들이 API를 제공하는 방식은, 미국 정부가 인구통계조사 자료를 제공할 때처럼 전체 데이터베이스를 통째로 제공하는 것은 아니다. 그들이 제공하는 것은 데이터베이스로부터 특정한 정보를 구조화된 방식으로 얻을 수 있는 방법이다. 그러나 이 회사들이 기꺼이 이런 정보들을 제공한다는 것은, 우리가 어느 정도의 지식만 있으면 웹 서비스를 사용해 완전히 새로운 종류의 검색을 할 수 있고 새로운 것들을 배울 수 있게 된다는 것을 의미한다. 이렇게 하려면 여러분이나 나의 수준을 넘어서는 전문 지식이 필요할 테지만, 프로그래머들은 API와 웹 서비스를 이용해서 이미 유용한 프로그램을 만들어 오고 있다. 이를테면 〈아마존라이트〉15)를 들 수 있다. 이것은 아마존의 API를 이용해서, 본래 온라인 쇼핑몰인 아마존 사이트를 검색엔진 사이트와 비슷해지도록 만든 것이다. 웹 서비스를 적용한 또 다른 흥미로운 사례로는 발디스 크렙스의 연구를 들 수 있다. 발디스는 (웹서비스 기법을 이용해서) 정치 분야 서적을 구매한 사람들을 대상으로 그들이 고른 책의 성향을 조사했는데, 좌파 서적을 사는 사람과 우파 서적을 사는 사람이 거의 겹치지 않는다는 것을 알아냈다.16)

웹 서비스들을 결합하면 얼마나 새로운 종류의 프로그램들을 만들 수 있을지 생각해 보라. 〈테크노라티〉가 책 관련 서비스를 만들기

한참 전에, 벤슨은 〈올컨수밍〉17)이라는 사이트를 만들었다. 이것은 블로거들 사이에서 화제가 되는 책이 무엇인지를 알려 주기 위해, 네 개의 웹 서비스를 통합한 것이다. 신문에 나오는 부음 기사를 모은 후 〈구글〉 검색 서비스로 추가적인 보여 주는 〈구그오비트〉18)도 매우 흥미롭다.

이러한 테크놀로지는 미래의 뉴스 유통 시스템의 일부가 될 것이다. 그렇게 되면 우리는 온라인상의 대화들을 더욱 잘 따라갈 수 있을 것이다. (이것은 본질적으로 중요한 일이다.) 예를 들면, 나는 내 트레오 스마트폰에서 사용할 수 있는 소프트웨어에 관한 최신 소식을 놓치지 않고 싶을 것이다. 이 소식들 중에는 언론인뿐 아니라 평범한 시민 중 내가 신뢰하는 사람들에게서 나오는 것도 있을 것이다. 내가 신뢰 하는 누군가가 트레오에 관한 글을 올린다면 나는 당연히 그 내용을 보고 싶다. 또한 나는 그 사람이 속한 집단에 있는 다른 사람들이나 (온라인상에서) 믿을 만하다고 평판이 난 사람들이 그 글에 대해 어떻게 이야기하는지도 알고 싶다. 나는 뉴스 기사, 블로그 게시물, SMS 문자 를 보여 주는 것뿐 아니라, 이러한 내용들이 다양한 미디어를 넘나들 며 어떻게 진화해 가는지도 보여 주는 소프트웨어를 갖고 싶다. 이런 소프트웨어가 지역, 전국, 국제 뉴스에 대해 이러한 일을 해 준다고 생각해 보라. 현재로서는 이런 일을 하려면 시간과 노력을 아주 많이 들여야 하지만, 웹 서비스는 이런 가능성을 높여 줄 것이다.19)

누구의 '정보'를 믿어야 하나?

이런 식으로 정보를 체계화하려면 필요한 요건이 있다. 그중 하나를 들자면, 누가 얼마나 믿을 만한지를 정교하게 알아낼 수 있는 방법이 필요하다. 아직 엉성한 수준인 현재의 시스템보다 정교해야 한다. 믿을 만한 평판 시스템이 있으면, 우리는 "내가 믿는 사람들은 이 글과 이 글을 올린 사람을 어떻게 평가했는지" 등을 감안해서 그 사람과 글에 대한 신뢰도를 판단할 수 있을 것이다. 이런 면에서 〈구글〉도 일종의 평판 시스템이라고 볼 수 있다. 내 이름을 〈구글〉에서 검색해 보면 내 직장, 내가 썼던 기사, 여러 이슈들에 대한 나의 견해, 다른 사람들이 나에 대해 내리는 평가(다 호의적인 것은 물론 아니다) 등 나에 대한 정보들이 나온다. 〈테크노라티〉도 이런 시스템의 일종이다. 내 글을 링크하는 사람이 많을수록 나는 더 많은 공신력을 갖게 된다. 하지만 〈테크노라티〉가 관리하는 블로그의 대다수는 아무에게서도 링크되지 않았다는 것도 염두에 두어야 한다. 이것은 그 블로그들이 가치가 없다는 의미가 아니다. 그 블로거는 가까운 사람들에게서 신뢰를 받고 있을 수 있기 때문이다. 누구라도 잘 알거나, 새로운 것을 알고 있는 주제가 적어도 한두 개는 있을 것이다.[20]

언젠가는 자기 동네의 학교 시스템에 관심이 있는 사람은 (지금은 학교에서 특이한 사건이 발생하지 않는 한 동네 학교 소식은 신문에 단신 이상으로 다뤄지는 일이 별로 없다.) 지금보다 훨씬 상세한 정보를 얻을 수 있을 것이다. (학교뿐 아니라) 어떤 주제라도 정보를 더 쉽게 찾을 수 있을 것이다. 정보의 범위는 지역의 학교 운영 시스템에서 시 위원회로,

주 정부로, 연방 정부로, 국제적으로 확장될 것이다. 이제 이 가능성을 다른 영역까지 망라해서 (전문 영역이든 아니든 간에) 확장해 보자. 여기에 음성과 동영상까지 널리 사용된다면(이 현상은 개발자들이 다양한 미디어 프로그램을 연결시키면서 벌써 현실화되고 있다) 온라인상에서의 대화는 더욱 깊어질 것이다.

공룡과 위험

테크놀로지의 측면으로만 보자면 우리는 명백히 하나의 방향을 향해 나아가는 중인 것 같다. 그러나 그 과정에서 제기될 법률과 문화적인 문제들이 많이 있다.

20세기 후반의 미디어는 대체로 거대 언론 기업의 영역이었다. 테크놀로지와 풀뿌리의 추세만 본다면 거대 언론 기업은 점차 사라질 것이다. 하지만 (거대 언론의) 권력과 영향력이라는 측면을 고려하면 그렇게 간단하지가 않다. 오늘날의 거대 언론이 공룡이라면, 이 공룡은 조용히 사라지지는 않을 것이다. 이들은 자신의 사업 모델이 뉴미디어에 의해 잠식당하는 것을 인정하기보다는 정부의 도움을 받아 뉴미디어를 통제하려고 할 것이다.

한편 근현대의 저널리즘은 저널리즘 윤리라는 중요한 가치를 일궈 왔다. (가끔씩 제대로 안 지켜질 때도 있었지만 말이다.) 그런데 풀뿌리 저널리즘의 성장은 부정확한 정보나 속임수 등 심각한 윤리 문제 또한 몰고 왔다. 저널리즘이 일궈 온 가치는 새로운 미디어와 함께 나아갈 수 있을 것인가? 윤리 문제와 언론 통제를 둘러싼 싸움은 미래 저널리즘에서 떼어 내기 어려운 골치 아픈 문제가 될 수 있다. 이제 이 문제에 대해 더 자세히 알아보기로 하자.

8장 미주

1) 이에 대한 무어의 원래 페이퍼는 〈인텔〉 웹사이트에서 볼 수 있다. http://download.intel.com/research/silicon/moorespaper.pdf

2) 2003년 멧캘프는 CNET과의 인터뷰에서 이더넷의 기원과 미래에 대해 이야기했다. 인터뷰 내용은 이곳에서 볼 수 있다. http://news.com.com/2008-1082-1008450.html

3) 『정보가 지배한다』(하버드 경영대학원 출판부, 1999)에서 할 배리언과 칼 사피로는 '멧캘프의 법칙'이 경제학에서 말하는 '네트워크 외부성' 때문에 생긴다고 설명했다. 즉 어떤 제품을 사용하는 사람들의 네트워크가 커질수록 그 제품은 고객을 더 많이 끌어오게 된다. 그러면 경쟁사가 시장에 진입해서 기존의 제품을 쓰던 고객을 자사의 새 제품으로 끌어오기가 점점 어려워진다.

4) 이 법칙들을 내가 이해하는 데 도움을 준 하워드 라인골드에게 감사한다.

5) 콘텐츠 생산에 대한 퓨 리서치의 보고서는 http://www.pewinternet.org/reports/toc.asp?Report=113에서 볼 수 있다.

6) http://live.curry.com

7) 앤드류 그루멧은 동영상으로 RSS와 비슷한 실험을 해 오고 있다. 사용자가 필요로 할 때 컴퓨터로 동영상을 보내 주는 것이다. 상세한 내용은 http://blogs.law.harvard.edu/tech/bitTorrent.html에서 볼 수 있다.

8) 광고업자들은 진작에 이런 가능성을 알아차렸다. 2000년 홍콩에서 내 친구가 자신의 휴대전화기를 나한테 보여 준 적이 있는데, 근처의 어느 가게가 할인 행사를 하고 있다는 내용이 들어와 있었다.

9) *Snow Crash*, 밴탐 출판사, 1991년. [국역판: 『스노 크래시』 전 2권, 남명성 옮김, 대교베텔스만(주), 2008년]

10) http://news.google.com

11) http://erikbenson.com

12) http://www.google.com/apis

13) http://www.amazon.com/gp/aws/landing.html/102-2039287-6152169

14) http://www.technorati.com/developers/index.html

15) http://www.kokogiak.com/amazon

16) http://www.orgnet.com/divided.html

17) http://www.allconsuming.net

18) http://www.googobits.com

19) 2004년 4월, 〈테크노라티〉는 이런 방향으로 가도록 도와주는 서비스의 기초 형태를 선보였다. 내가 블로그에 A라는 글을 올렸을 경우, A를 링크한 다른 모든 블로그를 보여 주는

〈테크노라티〉 목록의 링크가 내 블로그에 자동으로 생성되는 것이다. 이것은 〈보잉보잉 BoingBoing〉 사이트에서 선을 보였는데, 바로 히트를 쳤다.

20) 앤디 워홀의 경구를 인용해 데이비드 와인버거가 이야기했듯이, "미래에는 누구나 열다섯 사람 사이에서는 유명 인사일 것이다."

제9장

낚시, 스핀, 진실의 경계선

새 영화 홍보를 위한 바람잡이용으로 할리우드 스튜디오들이 가짜 웹사이트를 만들어 왔다는 사실이 2001년 봄에 알려졌을 때, 놀란 사람은 거의 없었다. 이 웹사이트들(대외적으로는 팬들이 운영하는 것으로 되어 있었다)은 마케팅의 세계에서 일반적으로 벌어지고 있는 속임수의 최신 형태일 뿐이니까.

이 가짜 웹사이트가 폭로되면서, 우리는 우리가 살고 있는 시대의 어떤 현실에 대해 다시금 생각해 보게 되었다. 정보를 조작하는 사람, 사기꾼, 뒷공론을 쑥덕대는 사람, 질 나쁜 농담을 퍼뜨리는 사람들에게 인터넷은 천상의 매체라는 것이다.

테크놀로지 덕에, 멀쩡하게 믿을 만해 보이는 웹 페이지를 거의 아무나 만들 수 있게 되었다. 컴퓨터나 휴대전화만 있으면 누구라도 온라인 포럼에 글을 올릴 수 있다. 포토샵 같은 사진 편집 소프트웨어를 어느 정도만 다룰 줄 알면 누구나 현실을 왜곡할 수 있다. 특수 효과 때문에 동영상마저 곧이곧대로 믿을 수 없게 되었다.

　여기에 문제가 있다.

오려 붙이기, 옳은 것과 그른 것

　잘못된 정보가 퍼지는 게 꼭 나쁜 의도에서 비롯하는 것은 아니다. '오려 붙이기' 문제만 해도 그렇다.

　얼마 전까지만 해도 사람들은 신문이나 잡지를 오려서 기사를 스크랩했다. (필요한 경우에는) 스크랩한 기사를 다른 사람에게 건네주거나 우편으로 보냈다. 이제 우리는 기사를 디지털로 복사해서 붙여 보낸다. 그런데 우리가 문서를 오려 붙일 때, 문제가 생길 수 있다. 중요한 정보들이 가끔씩 오리는 과정에서 누락된다. 단어나 문장이 바뀌어서 의미가 완전히 왜곡되는 경우도 있다. 둘 다 나쁜 영향을 가져올 수 있지만, 특히 후자는 명백하게 악의적이다.

　오려 붙이기 문제의 유명한 사례로, 『시카고트리뷴』 칼럼니스트 메리 슈미히가 (1997년에) 쓴 칼럼이 소설가 커트 보네거트의 MIT 졸업식 초청 연설문으로 둔갑해 인터넷에 떠돈 것을 들 수 있다.■ 슈미히는 자신이 연사라면 이런 연설을 했을 것이라며 "자외선 차단 크림을 바르세요."라는 말로 시작하는 연설문 형태의 칼럼을 썼다. 그런데 이 글이 퍼져 나가는 와중에 어쩌다가 슈미히의 이름이 없어지고 보네

■ 그해 MIT 졸업식 초청 연사는 커트 보네거트가 아니라 코피 아난 당시 유엔 사무총장이었다.

거트의 이름이 대신 들어간 것이다. (이 연설문을 인용한 전자우편을 나도 십여 통은 받았을 것이다.) 1997년 8월, 슈미히는 또 다른 칼럼에서 이 사건을 언급하며 이렇게 말했다. "사이버 공간이라는 늪지에서는 누가 무언가를 진실이라고 말하면 그냥 그게 진실이 된다. 치실과 자외선 차단 크림에 대한 내 단순한 단상은 커트 보네거트의 영원한 지혜가 되어 그 늪지를 떠돌았다. 가엾은 분. 보네거트는 이런 식으로 명예가 실추되기에는 너무 훌륭한 분인데."

(존스 홉킨스 대학) 컴퓨터 과학 교수인 애비 루빈이 겪은 일은 이보다 더 심각했다. 그는 2004년 메릴랜드주 프라이머리의 선거 관리인이었는데 전자 투표기에 대해 강한 반대 입장을 갖고 있었다. 그는 2004년 선거에서의 전자 투표기 사용 경험에 대해 장문의 글을 썼다. 선거 과정에서 드러난 전자 투표기의 오류에 대해 강하게 비판하는 입장을 견지하면서, 잠재적으로는 전자 투표기의 장점도 있을 수 있다는 내용을 약간 언급했다.[1] 그런데 몇 주 뒤에 루빈이 내게 말하기를, 전자 투표기를 지지하는 사람들이 문맥과 상관없이 글의 일부분만 잘라 퍼뜨렸다는 것이었다. 그는 오하이오 주의 한 의원 보좌관에게서 받은 전자우편을 내게 보여 주었는데, 과연 (그가 전자 투표기를 지지한다는) 잘못된 인상을 줄 소지가 있어 보였다. (고의적인 오도였는지 아닌지는 확실하지 않다.) 루빈 교수는 이걸 바로잡느라고 진땀을 뺐다.

나도 내 글이 잘못 인용되는 경우를 당한 적이 꽤 있다. 그중 기억에 남는 것은 1997년의 일이다. 나는 익명을 요구한 〈마이크로소프트〉 임원이 (회사가) 불법적인 기업 활동을 했음을 인정하는 발언을 '인용' 해서 풍자적인 칼럼을 썼다. (풍자적인 칼럼이라고 제목에 명시했다.) 그 칼럼에서 나는 소프트웨어 산업협회 두 곳의 대변인들도 인용했는데, 불법 복제되는 소프트웨어의 수치를 (그 협회들이) 과장해서 발표했다는 내용이었다. 마지막으로 개인용 컴퓨터 업계의 또 다른 대변인을 인용해, (그의 회사는) 앞으로 컴퓨터 광고를 할 때 비디오 모니터까지 같이 나온 사진을 내놓고는 그 옆에 작은 글씨로 "모니터는 별도 구입하셔야 합니다."라고 쓰는 등의 얄팍한 광고 관행을 중지할 것이라는 내용도 칼럼에 포함됐다.

1주일 후 〈나이트 리더〉 통신사를 통해 그 칼럼이 나간 뒤에, 〈기업 소프트웨어 협회〉의 한 여성에게 전화를 받았다. 〈기업 소프트웨어 협회〉와 〈소프트웨어 출판 협회〉의 대변인을 인용한 칼럼 내용을 보고 너무 놀랐다며, 칼럼에 나온 것처럼 소프트웨어 업계에서 해적판 추정치를 부풀렸다는 이야기를 나에게 했을 법한 사람은 없다는 것이었다.

"그건 농담이었는데요?"

내가 이렇게 말하자, 수화기 저쪽 편에서는 한동안 말이 없었다. "오." 그녀가 말했다. 나중에 알고 보니, 누군가가 그녀에게 그 문제의 인용 부분을 전자우편으로 보내면서, 내 칼럼의 첫 문장은 빼고 보낸 것이었다. 첫 문장은 "있을 법하지 않은 기사들"이었다. 여러 사람 오해하게 만들 만한 누락이었다. 실제로 그날 나는 홍보 대행 업계 사람에게서 비슷한 내용의 전화를 받았다. MS사와 MS사의 홍보 대행사에는 하루 종일 전자우편이 쇄도했고, 임원들은 내 기사에 인용된 익명의 임원은 자신이 아니라고 말하느라 바빴다는 것이다.

그 칼럼은 금세 전설이 되어 떠돌았다. 나중에 이 일을 회상하면서 나는 이런 글을 썼다. "사실 이 이야기의 (안 좋은 쪽으로) 압권은, 빌

게이츠가 스위스에서 전 세계 지도자들을 대상으로 연설을 하다 말고 나한테 전화를 걸어서, 이 칼럼 쓰는 것은 그만두고 자신이 쓰는 『뉴욕 타임스』 신디케이트 칼럼의 편집자가 되어 달라며 천만 달러를 (그리고 스톡 옵션도) 제안한 것이었다. 나는 내 상사에게 이 이야기를 하면서 보수를 올려 달라고 했지만, 어째 그는 내 말을 믿지 않았다." 다행히 이번에는 아무도 이 이야기를 믿지 않았다.

나는 아주 소중한 교훈을 얻었다. 전자우편으로 기사를 보낼 때는 전체를 다 복사해서 보내든지, 원문 전체가 실린 곳의 주소URL를 보낼 것. 그리고 기사에 대한 판단은 읽는 사람이 하도록 할 것. 그리고 내가 겪은 사례가 보여 주듯이, 풍자를 할 때는 조심할 것. 풍자를 이해하기에는 너무나 고지식한 사람들도 있으니까.

진실을 오도할 수 있는 새로운 방법들

2004년 초, (민주당) 존 케리 대선 선거운동 진영은 보수주의적인 온라인 논객들이 (그리고 잘 속아 넘어가는 몇몇 신문사가) 존 케리와 여배우 제인 폰다가 나란히 나오도록 합성한 사진을 게재해서 난리가 났다. (제인 폰다는 보수 진영이 즐겨 공격하는 타깃이었다.) 나중에 조작이었음이 밝혀진 이 사진은 1970년대 베트남전쟁 반대 집회에 두 사람이 '함께' 있는 모습을 보여 주고 있었다.[2] 누가 이 가짜 사진을 만들었는지는 알려지지 않았다. 그러나 많은 사람이 이 사진을 기꺼이 믿으려고 한다는 사실은, 여론이란 게 얼마나 쉽게 조작될 수 있는지를 말해 준다.

이 사건은 현대적인 속임수의 유해함을 보여 주는 최근의 한 사례일 뿐이다. 사진은 이제 어떤 것의 증거가 되어 주기 어렵다.[3] 그래서 이러한 사진들을 게재하는 것이 비판을 받는 것이다. 『내셔널 지오그래픽』이 표지 사진에서 피라미드 중 하나의 위치를 옮겼을 때처럼 말이다. 대다수의 신문과 잡지는 분명하게 밝히지 않고 사진을 조작하는 것을 언론 규범에 어긋나는 일로 여긴다.[4]

저널리즘의 관점에서 볼 때, 어떤 것도 **뻔뻔한** 속임수를 정당화하지는 않는다. 그러나 조작을 하는 것과 사진의 질이 좋아지도록 다듬는 것의 경계는 우리가 생각하는 것처럼 분명하지가 않다. 예를 들면, 사진 일부를 잘라 내는 것이 어떤 때는 원래 있었던 사람을 (부당하게) 없애는 결과가 될 수도 있고, 다른 때는 사진의 중요한 부분을 강조해 주는 결과가 될 수도 있다. 포토샵과 같은 사진 편집 도구들은, 사진 현상 전문가들이 사진 이미지를 보정하는 효과적이고 새로운 수단이 되어주고 있다. 예전에는 사진의 일부를 강조하고 다른 부분을 배경으로 처리하는 등의 일을 하려면 여러 가지 물리적인 기법을 동원해야 했는데 말이다.

더 우려스러운 것은 조작된 동영상이 점점 많이 유통되고 있다는 것이다. 이를테면 텔레비전에 나오는 스포츠 프로그램에서 관중석 앞의 빈 벽에 디지털로 광고를 삽입하는 것은 널리 쓰이는 기법이다. PPL(Product Placement, 간접 광고를 위해 특정 제품을 텔레비전이나 영화에 끼워 넣는 것)은 뉴스 프로그램에까지 들어오려 하고 있는데, 정말 우려할 만한 일이다. 영화 〈포레스트 검프〉에서 보았듯이, 우리는 어느 장면에 실제로는 거기 존재하지 않았던 사람을 끼워 넣을 수 있다. 디지털 테크놀로지가 꾸준히 향상된다는 사실은 이런 일들이 곧 우스울 정도로 쉬워지리라는 것을 의미한다.

뉴스 프로그램에서 눈속임은 오랫동안 있어 왔다. 예를 들면 앵커 뒤로 보이는 도시의 모습은 디지털로 삽입되는 경우가 흔하다. 그러나 1999년 CBS 뉴스는 눈속임의 새로운 경지를 선보였다. 타임 스퀘어에서 댄 래더가 진행하는 뉴스 방송에, 디지털로 빌보드 광고를 만들어 끼워 넣은 것이다. 당시 CBS의 공식 입장은 문제 될 것이 없다는 것이었다.5) 이 일은 『뉴욕타임스』에 허위 기사들을 게재했던 제이슨 블레어 기자 사건에 비하면 사소하다고 할 수 있지만, 책임감 있는 언론사라면 실제로 존재하지 않는 것을 보도 장면에 끼워 넣지 않아야 할 것이다. 만약 시청자들이 이런 종류의 속임수에 익숙해지고 있다면, 문제는 심각하다.

이런 (속임수의) 기술들은, 거짓이 너무나 빨리 퍼져서 진실이 그것을 따라잡기 전에 막대한 해를 끼칠 수 있는 인터넷의 속성에 너무나 잘 들어맞는다. 가짜를 잡아낼 수 있도록 사진이나 동영상에 워터마킹▪을 하는 방법 등 몇몇 치료책들은 그럴 듯해 보인다. 하지만 해커들이 지속적으로 이것을 깨뜨리는 방법을 찾아낸다는 것을 생각하면, 완전히 안전한 방법이라고 할 수 없다. 게다가 (워터마킹 등의 기술은) 저작권법을 강화시키려는 쪽에 힘을 실어 줘서 궁극적으로 현재 형성된 풀뿌리 언론과 학계에 해를 끼치게 될 것이다.

▪ 위변조나 불법 복제를 막기 위해 지폐, 미술품, 디지털 콘텐츠 등에 특정한 표식을 삽입하는 기술.

누가, 왜 말하는가?

2000년 마크 시메온 제이콥은 가짜 보도 자료를 배포했다. 잘 속아 넘어가는 언론사가 이것을 게재한 후, 〈이뮬렉스〉라는 회사의 주가가 곤두박질쳤다. 제이콥은 그 회사 주식을 공매도(가격 하락에 베팅을 하는 기법, 즉 주가가 떨어져야 수익을 올린다)함으로써, 당국에 적발되기 전까지 거의 24만 천 달러를 벌었다. 그는 중범죄를 인정하고 징역형을 선고 받았다.6)

제이콥이 한 일은 몹시 악질적이다. 그러나 이게 요즘 인기를 끌고 있는 채팅방이나 토론 게시판에서 벌어지는 일들과 얼마나 다르다고 할 수 있을까? 허위 정보로 주가를 조작하는 작전 세력들은 오랫동안 온라인 토론장에서 활동해 왔다. 정보를 심어 놓고, 그에 따라 주식을 팔거나 사는 것이다. 상당 부분 이런 행위들 때문에 인터넷 거품이 끓어올랐다. 온라인에서만 벌어진 일은 아니었다. 유명한 월가의 '전문 분석가'들은 업계 속어로 '개'■라고 부르는 회사의 주식을 사라고 대중에게 조언했다. 나는 거품 시절에 큰돈을 잃은 개미 투자자들에게 안쓰러움을 느끼고, 어처구니없이 과대평가된 주식을 일부러 대놓고 선전한 분석가들을 경멸한다. 그러나 어디에나 욕심은 넘쳐났고, 개미 투자자들이 진실이라고 믿기에는 너무 좋아 보이는 주식에 혹했다면 그들도 상식에 거스르는 일을 한 것이다.

그러나 투자자 포럼은 놀랄 만큼 좋은 정보를 제공하는 원천도 될

■ dog, 한계 기업.

수 있다. 어떤 때는 해당 회사의 직원이 주주들에게 안 좋은 시기가 닥칠 수 있음을 경고해 주는 내부 정보를 올리기도 한다. 때로는 전문가들조차 놓친 유용한 정보를 똑똑한 아마추어 분석가가 짚어 낸다. 온라인 정보는 모두 무가치한 것으로 치부하는 것은 온라인을 아예 모르는 것만큼이나 어리석은 일일 테다. 그러나 가장 어리석은 일은, 중요한 결정을 내리기 전에 사전 조사를 철저히 하지 않는 것이다.

사전 조사를 할 때는 그 정보가 어디에서 나온 것인지를 살펴보는 것이 중요하다. 훌륭한 기자들은 경험을 통해 이것을 알고 있다. 기자들은 길 가는 사람을 아무나 찍어 그 사람이 핵무기 전문가일 거라고 간주하지 않는다. 또 익명으로 인터넷에 올라온 글을 근거 삼아 쓴 기사를 보면 우리는 크게 비웃을 것이다. (적어도 나는 비웃을 것이다.)

인터넷 가십의 대가인 매트 드러지가 '존경할 만한 저널리즘'을 행하지는 않지만(공정하게 말하기 위해 덧붙이자면, 그 역시 자신을 언론인이라고 말하지 않는다), 나는 적어도 한 가지 점에 대해서만은 그에게 경의를 표한다. 그는 자신이 올리는 모든 글에 자신의 이름을 명기한다. 물론 이 사실이 2004년 민주당 대선 후보였던 존 케리에게는 그리 위안이 되지는 못했을 것이다. 기억하시겠지만, 존 케리는 2월 초, 혼외 관계에 대한 '스캔들'이 〈드러지 리포트〉 웹사이트7)에 올라오면서 곤욕을 치렀다. 이 스캔들은 증거도 하나도 없었고, 관련되었을 만하다고 여겨진 사람들은 모두 단칼에 스캔들을 부인했다.

'케리 스캔들' 자체는 불행한 일이었겠지만, 적어도 우리는 애초에 이 소문이 떠돌게 된 책임이 누구에게 있는지 알고 있었다. 그리고 (드러지의) 이전의 평판에 비추어 스캔들의 진위를 가늠해 볼 수 있었다.

그러나 온라인상의 다른 글들은 이런 판단을 할 수 없는 경우가 많다. 익명성은 인터넷의 장점이지만 크나큰 결점이기도 하다.

내가 존경하는 사람 중에는 인터넷에서 익명성을 없애야 한다고 주장해 온 이들이 있다. 이 사람들의 주장에는 그럴 만한 이유가 있다.

불쾌하게 남용되는 경우가 있기는 하지만 익명성은 우리에게 소중한 것이기도 하다. 그리고 사람들의 신원이 숨겨져야 하는 정당한 이유들이 있다. 에이즈나 다른 질병을 가진 사람은 신원이 밝혀지면 직장이나 주거를 잃을 수도 있고, 그보다 더한 폭력에 노출될 수도 있다. 또는 하나의 정치 성향이 지배적인 작은 마을에서 어떤 사람이 다수 의견과는 다른 정치적 입장을 가지고 있다고 해 보자. 그 사람은 아마도 인터넷상에서 자신과 비슷한 뜻을 가진 사람들과 대화를 하고 싶어 할 것이다. 기업이나 정부의 내부 고발자들은 신분 노출에 대한 우려 없이 당국자나 기자를 만날 수 있어야 한다. 그리고 반정부적 견해를 가지려면 목숨을 걸어야 하는 나라에서 정권에 반대하는 사람들은 자신이 필요로 할 때 익명성의 보호를 받을 수 있어야 한다.

익명성이 이러한 혜택을 가져다주는 것은 분명하지만, 익명성의 해악도 있다. 지금은 유명해진 사건인데, 2004년 〈아마존닷컴〉에서 소프트웨어의 결함 때문에 (그 전까지는 의혹만 제기되었던) 독자 리뷰의 문제점이 우연히 폭로되었다. 책의 저자들이 가짜 이름으로 (독자로 가장해) 자기 작품을 칭찬하거나 경쟁 서적을 깎아내리는 서평을 올린 것이다. 『뉴욕타임스』 기사[8])에 따르면, 저자들은 이러한 속임수를 마케팅 수단이라고 변명하려는 강한 경향이 있었다. 이보다 더 그럴듯한 변명은, 자신을 깎아내리고자 하는 사람들이 올리는 부당한 서평에 대항하려고 그랬다는 것이었다. 나도 지금 이 책이 출판되고 나면 어떤 일이 벌어질지 걱정스럽다. 나에게도 내 생각에 반대하는 사람들이 있다. 그 사람들이 〈아마존〉에 악의적인 서평을 올릴까? 틀림없이 그럴 것이다. 그러면 책 판매에 지장이 생길까? 아마 그럴 것이다. 그 사람들이 내가 소송을 걸 수 있을 정도로 심각하게 나의 명예를 훼손한 것이 아니라면, 내가 그들에 대항해 뭔가 할 수 있는 일이 있을까? 아마 없을 것이다.

내 블로그상에서 벌어졌던 저작권 관련 토론에서, 나는 자신이 누구인지 밝히지 않으려는 '조지'라는 논객에게 문제제기를 했다. "익명으로 계시는 것은 좋습니다만, 누구신지 밝혀 주시면 말씀하시는 내용이 더 큰 신뢰성을 얻을 것이라고 생각되네요. 보통의 독자라면 왜 당신이 익명을 고집하시는지 의아해할 것 같습니다."

그는 이렇게 답변했다. "나를 판단하실 때는 내가 누구인지에 의해서가 아니라, 내 주장이 사실관계, 논리적 적합성, 법적 적합성 등에 부합하는지를 기준으로 하셔야 한다고 생각합니다."

부분적으로 그의 말은 맞았다. 토론의 기교는 어느 것도 증명해 주지 않는다. 자신의 논평을 뒷받침해 주는 근거가 없어서 그는 누구의 신뢰도 얻지 못했다. 신뢰는 영리한 주장에서만 나오는 것이 아니다. 신뢰는 익명으로 남아야 하는 마땅한 이유가 없는 경우에, 당당히 나서서 자신의 주장을 뒷받침하고자 하는 의지에서도 나오는 것이다. 그의 경우에는 두 가지 다 없었다.

역시 가짜 이름을 사용하던 또 다른 논객은, 전자 투표기의 결함을 알리는 메모가 퍼지는 것을 막기 위해 전자 투표기 제조 업자들이 저작권법을 이용하는 것을 지지하는 글을 올렸다. 그런데 그 사람이 여러 개의 가짜 이름을 이용해 비슷한 (때로는 완전히 똑같은) 글을 버클리 캘리포니아 대학 저널리즘 스쿨의 지적 재산권 관련 블로그에도 올린 것 같았다. 나는 이 일을, 그 블로그9)의 주요 필자인 메리 호더가 그 곳에 올라온 글과 내 블로그에 올라온 글 중 스타일이 너무나 비슷한 것들이 있다는 것을 발견해서 알게 되었다. 우리 블로그들은 다루는 주제가 비슷해 독자층이 많이 겹친다. 우리는 문제의 글들의 IP 주소를 확인했는데, 전부 동일했다. 동일한 IP 주소라고 해서 반드시 동일인이 쓴 것이라는 증거가 되는 것은 아니지만, 그럴 가능성이 많다고 볼 수 있는 것이다. 그는 자신이 누군지를 밝히지 않았을 뿐 아니라, 마치 한 무리의 사람들이 우리의 블로그를 살펴보면서 우리 접근 방식에 문제점이 있다고 지적하는 것처럼 보이게 했다. 사실은 같은 사람이 양쪽에서 장난을 친 것이었는데 말이다.

이러한 사례가 시사하는 바는 무엇인가? 토론 게시판에 올라온 코멘트를 읽는 사람들은 그 코멘트가 어디에서 나온 것인지 확신할 수 없을 때는 그 글의 진실성을 의심하리라는 것이다.10)

8장에서 언급했듯이, 테크놀로지가 발전하면 온라인 논객의 실제 신분을 공개하지 않고도 그의 의도, 평판, 진실성 등을 판단할 수 있게 될 터이다.

그 사람이 예전에 다른 곳에서는 무슨 이야기들을 해 왔는지 보기 위해 〈구글〉에서 그 아이디를 검색해 보는 것은 좋은 출발점이 될 수 있다. 물론 이것이 궁극적인 해답은 되지 못하지만, 사람들이 일관된 아이디를 사용한다면 우리는 누가 믿을 만한지, 어디서 물의를 일으킨 적이 있는지 등을 알게 될 가능성이라도 갖는 것이다.

현재 내가 가장 좋아하는 해결책은 '가장 현실적인' 것은 못 된다. 모든 사람이 블로그나 웹사이트를 갖게 된다면, 일종의 디지털 서명처럼 자신이 올리는 글에 자신의 웹사이트를 링크로 넣을 수 있으리라는 것이 나의 아이디어다. 물론 가짜 웹사이트 주소를 넣을 가능성도 있다. 그러나 부적절한 목적으로 다른 사람의 이름을 도용하거나 별명 뒤에 숨는다면 당국으로부터 달갑지 않은 관심을 받게 될 것이다. 그리고 웹사이트 운영자는 인터넷 서비스 업체에 요금을 내야 하기 때문에 누구인지 추적하는 것이 가능하다. 다시 말하지만, 나는 인터넷에서 익명성을 없애기 위한 일은 전혀 하지 않을 것이다. 그러나 우리가 온라인에서 진지한 토론을 하기를 원한다면, 참여자들은 (극히 소수의 예외적 상황을 제외하면) 자신이 누구인지 밝혀야 한다고 생각한다. 밝히지 않는다면 자신이 하는 말이 의혹을 받거나 무시당할 위험을 감수해야 할 것이다.

낚시, 그리고 그 밖의 골칫거리들

풀뿌리 저널리즘에는 익명으로 글을 올리는 것이 좋은가 나쁜가를 판단하는 것보다 더 많은 문제들이 있다. 우선 '낚시' 문제를 생각해 보자.

로브 맬더와 제프 베이츠 등 〈슬래쉬닷〉 운영진은 오랫동안 '낚시' 와 씨름해 왔다. "샌님을 위한 뉴스: 중요한 일들"이라는 부제가 달린

〈슬래쉬닷〉에는 독자들이 적극적으로 참여한다. 독자들은 끊임없이 인터넷을 돌아다니며 기사, 칼럼, 보도 자료, 메일링 리스트에 올라온 글 등 흥미로운 정보를 찾아서 〈슬래쉬닷〉 편집진에게 추천한다. 매일 〈슬래쉬닷〉의 편집진은(편집진 인원은 매우 적다) 가장 좋은 것 십여 개를 골라서 간단한 요약 및 하이퍼링크와 함께 〈슬래쉬닷〉 홈페이지에 게시하고, 독자들이 그에 대해 논평을 달 수 있도록 한다. 그리고 편집 진은 뒤로 물러나 무슨 일이 벌어지는지 들여다본다. 수십만 명의 독 자도 그렇게 한다.

처음에 (편집진이) 요약과 링크를 게시하는 것은, 이곳에서 벌어지는 대화의 (끝이 아니라) 시작이다. 평균적으로 한 건당 250건 정도의 덧글 이 달린다. 훨씬 더 많이 달리는 것도 있다. 조정자들(이들도 다른 토론에 서 어떻게 참여했는지에 바탕한 평판을 기준으로 선정된다)은 올라온 덧글들의 수준에 따라 순위를 매기며, 독자들은 올라온 덧글을 한꺼번에 보거나 내용이 알찬 것들만 보거나 하는 식으로 선택할 수 있다. (대부분은 후자를 선택한다.)

〈슬래쉬닷〉 운영진은 사이트를 운영하는 데 필요한 소프트웨어를 계속 손보아야 했다. '낚시꾼'들이 관련성이 없거나 외설스러운 게시 물들로 토론 공간을 더럽혀서 다른 사람들의 온라인 활동을 망치려고 하기 때문이다. 베이츠는 이것이 끊이지 않는 골칫거리지만, 이 일을 하며 치러야 할 비용으로 생각한다고 말했다.

당신의 사이트에 있는 글이 '낚시'인지 아닌지 어떻게 알 수 있을까? 워드 커닝햄의 위키는 '낚시'에 대해 가장 좋은 낱말 뜻을 제공한다.

'낚시'는 다른 사람이 시간과 힘을 낭비하도록 하려고 고의적으로 관심을 자극하는 것이다. '낚시꾼'은 시간 도둑이다. 낚시질을 하는 것은 다른 사람한테서 (시간을) 훔치는 것이다. 그러니 낚시질은 악질적이다.

'낚시꾼'은 진행 중인 토론이나 주장과 동떨어진 글이 올라오는 것을 보고 잡아낼 수 있다. '낚시꾼'들은 자신이 하는 말을 믿지 않으며, 그저 사람들을 낚을 속셈으로 그 내용을 쓰고 있을 뿐이다.

'낚시꾼'의 동기는 사람들의 관심을 끄는 것인데, 그들은 생산적인 방법으로는 관심을 끌 수도 없고, 끌려고 하지도 않는다.

'낚시꾼'이 아닌 사람 중에도 짜증나게 하고, 얼토당토않고, 어이없고, 무식한 얼간이가 있을 수 있다. 또 '낚시꾼'이라고 해서 꼭 모욕적이거나, 교활하거나, 무례한 것은 아니라는 점도 염두에 두어야 한다. 쉽게 잡아낼 수 있는 것은 가장 조잡하고 명백한 '낚시꾼'들뿐이다. (대개는 훨씬 교묘해서 잡아내기가 어렵다.)

만약 그리 친절하지 않은 누군가가 계속해서 제기하는 모호한 문제에 대해 당신이 아주 참을성 있게, 상세하게, 길게 설명하고 있다면, 아마도 '낚시'에 걸린 것일 수 있다.[11]

덧글을 달 때 이름과 전자우편 주소로 로그인하게 하는 것은 '낚시'에 대한 하나의 해결책이 될 수 있을 것이다. 많은 네티즌들이 알다시피 당신이 할 수 있는 가장 안 좋은 일은 '낚시'에 반응하는 것이다. 보통의 경우, '낚시꾼'은 무시하는 게 상책이다. 온라인 공간을 이런 식으로 더럽히는 사람들은 온라인상의 토론에 참여하지 못하도록 막을 수도 있을 것이다. 다른 사람들의 사이트에 글을 올리거나 다른 사람의 토론에 참여할 권리가 누구에게나 주어지는 것은 아니다.

스핀 감시

기자들은 '스핀'이라고 불리는 활동을 잘 알고 있다. 〈위키피디아〉
는 홍보 업계에서 사용되는 의미에서의 스핀을 이렇게 설명하고 있다.
"사건이나 기타 사실들(특히 정치적으로나 법적으로 중요한 것들)을 끼워 넣
어 자신이나 고객사의 입장, 혹은 홍보해야 하는 대의에 도움이 되도
록 하는 것. 아니면 적어도 반대 입장과 비교해 볼 때 더 나아 보이도록
하는 것. 언론 매체가 사람들이 정보를 접하는 주요 통로로 자리를
잡으면서, 뉴스메이커와 홍보 담당자들은 스핀을 많이 해 왔다. 우리
는 스핀에 걸려들었다가 저항했다가를 반복하고 있다."

오프라인 세계에서 인터뷰를 할 때, 나는 인터뷰 대상자가 이 인터
뷰를 통해 얻을 수 있는 이점이 뭔지를 따져 본다. 우리는 그들이 이렇
게 저렇게 말을 하는 데는 어떤 동기가 깔려 있다는 것을 간파해야
하고, 그에 따라 기사의 내용을 조정해야 한다.

그러나 스핀은 은밀한 경로들을 통해 대중에게 도달한다. 아주 안
좋은 경우 중 하나는 언론사가 게으르게 보도 자료를 그대로 뉴스로
사용하는 것이다. 군소 신문사들 중에는 보도 자료를 마치 기자가 작
성한 기사인 양 뉴스로 내보내는 경우도 있는 것으로 알려져 있다.
최근에는, 동영상 보도 자료가 홍보 업계와 저널리즘 모두에 오점을
남기고 있다. 지역 방송국들은 기업이나 정부 기관의 담당자를 인터뷰

하는 가짜 '기자'의 모습까지 포함된 동영상 보도 자료를 받아서 이것의 일부, 또는 전체를 방영하는 일이 너무나 자주 있다. 2004년 3월 부시 행정부는 몇 개월 전 의회에서 통과된 처방약 값 지원에 대한 의료보험 관련 법안을 굉장히 정치적인 방식으로 홍보하는 동영상 보도 자료를 배포한 것 때문에 비난을 받았는데, 이것은 정말 비난받을 만한 일이었다.

온라인상에서의 스핀은 비교적 해가 없는 것(때로는 유쾌한 것도 있다)부터 윤리적으로 문제가 되는 것까지 다양하다. 무해한 쪽으로는 '〈구글〉 폭격'을 들 수 있는데, 어떤 단어나 구절이 〈구글〉 검색엔진을 통해 특정 사이트에 연결되도록 하는 것이다. 한 무리의 〈구글〉 폭격자들이 '참담한 실패miserable failure'라는 단어를 〈구글〉에서 검색하면 백악관 홈페이지의 조지 W. 부시 대통령 약력 페이지가 나오도록 만들자, 부시 대통령의 지지자들은 존 케리 상원 의원의 홈페이지에 '와플'*이라는 단어를 연결시켜 복수를 했다.12) 〈구글〉은 곧 이런 일을 막는 방법을 개발할 것이다. 그렇지 않으면 사이트의 신뢰성을 떨어뜨릴 위험에 처하게 될 테니까.

사이버 공간에서의 스핀은 점점 정교해지고 있는데, 특히 글쓴이가 그 주제와 어떤 관련이 있는지를 명시하지 않은 채 특정한 점을 강조하는 글들이 정교한 스핀에 해당한다. 내 블로그를 비판하면서 저작권법 수호에 목청을 높였던 엔터테인먼트 업계 사람은 나뿐만 아니라 나의 독자들에게까지 스핀을 한 셈이다. 온라인에서 벌어지는 대화의 의도

■ waffles, 우유부단한 사람이라는 의미도 있음.

치 않은 결과이지만, 우리는 이것을 감수하고 나아가야 한다.

2004년 1월 소비자 가전 박람회CES, Consumer Electronics Show가 열리기 직전에, 나는 그 박람회에 선보일 어느 제품에 대해 알려 줄 것이 있다는 사람에게서 전자우편을 한 통 받았다. 그 사람은 공식적인 제품 발표 이전에는 공개하지 않기로 되어 있는 정보를 그 회사가 부주의하게 흘린 게 신나는 것 같았다. 그는 몇 개 웹사이트 주소를 링크해 주었는데, 그 제품(가정용 멀티미디어 네트워킹 장비의 일종이었다)의 사진이 담긴 웹사이트도 있었고, 온라인 포럼에서 그 회사의 최고경영자가 그 제품이 존재한다는 것을 확인해 준 내용이 담긴 웹사이트도 있었다.

그래서 나는 이 정보를 내 블로그에 올렸다. "미래의 저널리즘을 오늘 볼 수 있는 한 사례라고 생각해 주세요. 무언가에 대해 나보다 더 많이 아는 독자가 유용한 정보를 찾아내 보도했군요. 이제는 여러분도 이 정보를 알게 되었고요."

내가 스핀에 걸린 것일까? 애당초 이게 내가 다룰 법하지 않은 제품이었기는 하다. 나중에 이리저리 알아본 결과로 추측하건대, 스핀이 아니라 나에게 정말로 정보를 주고 싶어하는 사람의 제보였던 것 같다. 그래도 나는 앞으로는 그런 글을 올리기 전에 좀 더 조심해야겠다고 생각하고 있다.

온라인 스핀 중에는 명백하게 속임수인 것도 있다. 아담 가핀이 당한 사례처럼 말이다. 가핀은 〈보스톤 온라인〉13)에서 '위키드굿 Wicked Good'이라는 포럼을 운영하고 있다. 2003년, 한 드라마에서 '가장 섹시한 남자' 선발 대회를 주관하는 것으로 나오는 가상의 회사에 대한 이야기가 이 포럼에 줄줄이 올라왔다. '딕시 렉트'라는 이름을 쓰는 사람이 섹시한 남자 선발 대회와 그 텔레비전 프로그램에 대해 열성적으로 글을 올리고 있었다. 수상쩍게 생각한 가핀이 딕시 렌트가 글을 올리는 곳의 인터넷 주소를 확인해 보았더니, 워싱턴에 있는 〈뉴미디어 스트래티지〉라는 회사였다. 〈뉴미디어 스트래티지〉의 홈페이지에 따르면, 이곳은 온라인 입소문 방식으로 제품과 브랜드를 알리는 마케팅 회사다. "우리가 걸려들었어요."라고 가핀은 포럼 회원들에게 말했다.[14] 그리고 이렇게 덧붙였다. "그래서 말인데요, 이 페이지가 〈구글〉에서 검색될 경우를 대비해 이 말을 써야겠어요. 〈뉴미디어 스트래티지〉는 재수 없다. 다시 한 번 쓸게요. 〈뉴미디어 스트래티지〉는 재수 없다."

재미있는 건, 2004년 초까지도 〈구글〉에서 '뉴미디어 스트래티지 new media stratigies'를 검색하면 나오는 첫 번째 화면에 "〈뉴미디어 스트래티지〉가 재수 없는 이유"라는 제목의 〈보스턴 온라인〉의 웹페이지가 올라와 있었다. (4월 이후에야 두 번째 페이지로 내려갔다.)

〈뉴미디어 스트래티지〉를 성토하려거나, 이런 짓이 그 회사가 늘상 하는 영업 방법이라고 말하려는 것은 아니다.[15] 다만 내가 말하고자 하는 바는, 이런 사례가 하나만 있어도 그게 발각돼 온라인상에서 공분을 자아내면 영원히 지워지지 않는 타격이 될 수도 있다는 것이다.

교훈이 하나 더 있다. 스핀꾼들을 발각해 드러내는 것이 합당한 반격이 될 수 있다는 것이다. 안타깝게도 모두가 이런 일을 잡아낼 수 있는 것은 아니다. 우리는 평판 시스템과 같이 스핀꾼들을 적발할 수 있는 더 좋은 방법이 필요하다. 많은 경우에, 가장 좋은 해결책은 충분한 정보를 갖고 있는 독자들 사이에 공개적인 대화가 오갈 수 있도록 보장하는 것이다. 모이면 서로에게 정보를 알려 줄 수 있기 때문이다.

시민 기자들, 구원 투수로 나서다

2001년, 블로거 켄 레인[16])은 온라인 세계의 본질적인 특성 하나를 포착한 글을 올렸다. "한 마디 한 마디 다 확인할 수 있거든?We can Fact Check your ass"[17]) 다른 사람의 말을 요모조모 살펴보는 시민 기자가 많으면, 진실에 다가갈 수 있는 방법을 갖게 되거나, 아니면 적어도 일관되지 못한 것을 지적해 낼 수 있을 것이다.

좋은 사례가 하나 있다. 케이시 니콜은 생명, 질병, 상실에 대해 공개적으로 이야기하려고 블로그를 열었다. 니콜은 병이 심해지고 죽음에 가까워지면서 커뮤니티를 만들었다. 2000년과 2001년, 수천 명의 사람이 니콜의 블로그를 방문해 도움과 격려의 말로 니콜을, 그리고 자신들을 서로 위로했다. 사람들은 니콜의 병세를 호전시킬 수 있는 방법을 찾아보려고 니콜이 앓고 있는 병에 대해 조사했다. 니콜의 병세는 잠깐 동안이나마 정말로 호전되었다. 그러다 결국에는 병이 다시 악화되어 백혈병에 굴복하고 말았다.

그런데 2001년 5월 18일 '신랄한 토끼acridrabbit'라는 이름을 쓰는 사람이 〈메타필터〉(MetaFilter, 블로그와 뉴스에 대한 통합 사이트)에 짧은 질문을 하나 올렸다. "케이시가 실존 인물이 아니었을 수도 있을까?" 이 질문은 격렬한 논쟁을 불러일으켰다. 소수지만 집요한 몇 명의 네티즌이 이 고통의 이야기들을 파헤쳤고, 결국 허위였음을 밝혀냈다. 그들은 법원 기록을 조사했다. 각자 알아낸 것들을 서로 확인하기도 했다. 우리가 볼 수 있는 가장 훌륭한 탐정 역할을 한 것이다.

이들은 탐사 보도를 했다고도 할 수 있다. 그러나 이 사람들은 전문 언론인이 아니다. 그들은 대부분 온라인상에서만 알고 지내는 낯선 사람들이었다. 그러나 인터넷의 위력과 옛날 방식의 보도를 결합해서, 그들은 함께 (처음에는 슬픔으로, 나중에는 실망과 분노로) 상황을 조사하고 결국 의혹을 풀어냈다.

사실관계 확인은 커뮤니티가 잘 돌아가게 해 주는 도구 중 하나일 뿐이다. 오픈 소스 프로젝트처럼, 많은 눈과 아이디어를 합치면 스스로 지속적으로 고치고 복원해 내는 시스템을 창출할 수 있다. 2003년 여름, 데이비드 와인버거와 나는 공동체에 도움이 되는 또 다른 장점을 하나 발견했다. 우리는 작은 비상업적 웹사이트를 하나 열었다. 이름은 '워드해적'[18]으로, 우리 언어의 좋은 단어들이 어떻게 기업과 정치적 이해관계에 악용되어 왔는가를 알리는 게 목적이었다.

우리는 누구라도 이 사이트에 적합한 단어와 그 단어를 꼽은 이유를 올릴 수 있도록 사이트를 공개했다. 예상했듯이, 논점이 없거나, 부적절하거나, 미숙한 글(종종 아무 설명도 달지 않은)을 올리는 사람이 많았고, 우리는 그것을 걸러 내느라 고생해야 했다.

그러나 한 인터넷 무법자가 이 사이트의 소프트웨어에서 보안상의 결함을 발견하고는 이걸 악용했다. 덧글란에 HTML 프로그래밍 코드를 올려서 사용자들이 엉뚱한 홈페이지(내가 본 중 최악의 포르노 사진이 있는 페이지였다)로 가도록 해 놓은 것이다. 이 페이지가 어떻게 끔찍하게 악용될 수 있는지를 발견해 우리에게 알려 준 한 프로그래머 덕분에, 우리는 그 악질 코드를 제거할 수 있었다. 또 이 프로그램을 개발한 업체는 이런 문제가 생길 수 있다는 사실을 예상도 하지 못하고 있었는데, 그런 식으로 알게 되어서 결함을 수정할 수 있었다.

인터넷에 단점이 있다는 것을 우리는 잘 알고 있다. 그러나 인터넷 커뮤니티가 문제를 찾아내고 분석하고 고치도록 도와주는 장점을 가지고 있다는 것도 잘 알고 있다. (악성 덧글 사건으로) 난리를 치른 후 와인버거가 말했듯이, "인터넷은 사실관계뿐 아니라 윤리적인 면에서도 자기 정화적인 특징을 갖는 것 같다. 온라인상에서 시도되는 나쁜 짓들은 곧 선한 시도에 의해 고쳐진다."

질적인 비상

인터넷에서 범람하는 믿을 수 없는 정보들은 (적어도 단기적으로라도) 거대 언론 기업의 영향력을 강화시키는 아이러니를 낳을지 모른다. 물론 온라인 저널리즘 사용자가 거대 언론에 애초에 신뢰를 갖고 있었다는 전제를 두고서 말이다. (많은 이들은 거대 언론 역시 신뢰하지 않는다.)

(언론 기업을 신뢰하지 않는) 대다수 미국인과는 달리, 그리고 몇 차례의 언론 스캔들에도 불구하고, 나는 신문사들이 정확성과 공정성을 기하기 위해 무척 노력하고 있다는 것을 믿는다. 나는 『월스트리트저널』의 오랜 독자인데, 1면에 실리는 기사는 일반적으로 취재가 탄탄하고 기사 작성과 편집도 잘 되어 있었다. 나는 이 신문사가 최선을 다하고

있다고 생각하고, 내용에 오류가 있으면 그것을 바로잡을 수 있는 제도적 장치가 있다는 것도 알고 있다. 하지만 거기 나오는 모든 것이 다 진실일 것이라고 믿는다는 뜻은 아니다. 『월스트리트저널』에 대한 나의 신뢰는 종이 신문으로 읽을 때보다 온라인으로 기사를 읽으면서 더 강화되었다. (제이슨 블레어의 허위 기사 사건에도, 나는 『뉴욕타임스』에 대해서도 이런 신뢰를 갖고 있다.)

온라인상의 새로운 대화에 참여하면서 거대 언론 기업들은 신뢰성이 손상될지 모른다는 위험을 감수하고 있다. 오늘날에는 누군가가 『월스트리트저널』이나, 『뉴욕타임스』, CNN 같은 언론 기업의 보안을 뚫고 들어와 완전한 가짜 내용을 기사인 양 올려놓을 수도 있다. 기업에 우호적인 내용이나 끔찍한 사건 등을 기사로 위장해서 해커, 테러리스트, 악질적인 정치 세력 등이 주가를 조작하거나 대혼란을 유발하거나 선거 결과 조작에 이용하게 하는 식으로 말이다.[19]

나는 이런 일들이 '아마도'라기보다는 '분명히' 일어날 것으로 보는데, 거대 언론이 온라인 매체보다 더 신뢰를 얻는 방향으로 사람들이 생각하는 뉴스 매체의 신뢰도가 바뀔 수 있다. 적어도 어느 정도 기간 동안에는 말이다. 그런데 장기적으로도 그럴까? 나쁜 소행이 (온라인에서) 반복적으로 일어난다면 그럴 수 있을 것이다.

단순하고 오래된 상식

기자의 업무에는 기본적으로 해야 할 일이 몇 가지 있다. 보도 가치가 있다고 여겨지는 것을 보거나 듣게 되면, 그것이 진짜인지 아닌지를 직접 확인하거나, 사안을 잘 알고 있는 공신력 있는 사람의 말을 인용하거나, 자료(사람이든 문서든)를 찾는다. 흥미롭기는 한데 진짜인지 확신할 수 없는 내용을 내 블로그에 링크할 때는 (사실이 아닐 가능성이 있다는) 주의 문구를 함께 올린다. 일반적으로 나는 익명으로 올라온 게시물은 퍼오지 않는다. 내가 신뢰하는 출처에서 나온 것이 아니라면 내용을 다시 확인한다.

온라인에서 정보를 얻는 사람들은 이와 비슷한 내용 거름 장치를 개발할 필요가 있다. 신뢰도의 순위를 정할 필요가 있는 것이다.

나는 슈퍼마켓에서 파는 대중 신문tabloid보다 『뉴욕타임스』를 신뢰한다. 못 들어 본 사이트에 내가 모르는 블로거가 올린 글보다 닥 설즈가 자신의 블로그에 올린 글을 더 신뢰한다. 앞서 말했듯이, 우리는 게시물의 내용을 평가하고 좋은 것을 추천할 수 있는 더 좋은 도구가 필요하다. 믿을 만한 친구와 친구의 친구의 추천을 이용해 웹을 누빌 수 있는 소프트웨어 말이다. 수년 안에 이러한 방법이 개발될 것이다. 그리고 나는 우리가 점점 잘해 나가고 있다고 확신하고 있다.

그러나 지금으로서는, 인터넷의 정보를 취할 때 '액면 그대로 받아들이지 말라'는 말을 새길 필요가 있다. (이를테면 뭔가 비싼 것을 사거나 팔도록 설득하는 기사와 같이) 영향력을 발휘할 법한 정보를 보게 되거든 행동에 들어가기 전에 내용의 진위를 따져 보아야 한다.

여기에도 한계는 있지만, 중대한 문제에 대해서라면 풋내기 기자에게 노련한 편집자가 으레 해 주는 훈계를 명심해야 할 것이다. '너네 엄마가 너를 사랑한다고 말하거들랑 진짜인지 아닌지 확인해라.'

9장 미주

1) 선거 관리인으로서의 경험을 쓴 애비 루빈 교수의 글은 http://www.avirubin.com/judge.html에서 볼 수 있다.

2) 허무맹랑한 뜬소문들을 다루는 웹사이트 〈스노프스닷컴Snopes.com〉에 의해 이 사진이 조작이었음이 폭로되었다. http://www.snopes.com/photos/politics/kerry2.asp 조작된 사진에 이용된 존 케리의 원래 사진을 찍은 사람인 켄 라이트는, 〈디지털 저널리스트〉 사이트에서 이 사건에 관해 언급했다. http://www.digitaljournalist.org/issue0403/dis_light.html

3) 풀러톤 캘리포니아 스테이트 대학의 커뮤니케이션 교수 폴 마틴 레스터가 말했듯이, 이것이 새로운 현상인 것은 아니다. "사진 저널리즘, 즉 신문이나 잡지의 독자들에게 기사와 함께 전달되는 사진들은 진실을 알려온 소중하고 오랜 전통을 가지고 있다. 그런데 불행히도, 사진을 조작하는 것도 오랜 전통을 가지고 있다. 사진기자가 촬영시에 연출을 하는 것이든, 나중에 암실에서 조작을 하는 것이든 간에 말이다. 그러다보니 퓰리처상을 받은 사진들까지 (사람들을 감동시켜 행동으로 이끈 사진들, 희망과 즐거움이 담긴 아름다운 인류의 기록이라고 칭송받아 온 사진들까지도) 미심쩍은 눈초리를 받기에 이르렀다. 그 결과, 조작된 것일지도 모른다는 의혹 때문에 좋은 사진들의 영향력이 줄어들고 있다. 이런 의혹은 보통 근거 없는 것으로 곧 밝혀지고, 또 의혹을 받는 것이 일반적이라기보다는 예외적인 것이기는 하다. 하지만 컴퓨터 테크놀로지는 사진을 흔적도 없이 디지털화해서 조작할 수 있게 해줌으로써, 가짜 사진에 대한 우려를 몰고 오고 있다." http://commfaculty.fullerton.edu/lester/writings/faking.html

4) 컬럼비아 대학 저널리즘 교수인 스리나드 스리니바산은 조작된 사진을 모아 놓은 홈페이지를 제공하고 있다. http://sree.net/teaching/photoethics.html

5) "보도의 정확성과 공정성", http://www.fair.org/activism/cbs-digital.html

6) 증권거래위원회 문서를 참고할 것. http://www.sec.gov/litigation/litreleases/lr17094.htm

7) http://www.drudgereport.com

8) 2004년 2월 14일자 『뉴욕타임스』 기사, "〈아마존〉의 소프트웨어 결함이 리뷰어들 사이의 전쟁을 드러내다"

9) 버클리 지적 재산권 블로그: http://journalism.berkeley.edu/projects/biplog

10) 내 블로그에 코멘트를 올리는 사람 중에는, 스팸 메일을 뿌리는 사람들이 자신의 전자우편 주소를 알아내지 못하게 하기 위해 코멘트를 올릴 때 가짜 전자우편 주소를 쓴다는 사람들이 있다. 충분히 근거 있는 우려다. 스팸 메일 업자들은 언제나 새로운 전자우편 주소를 찾아 헤매고, 온라인 포럼과 블로그들을 돌아다니며 전자우편 주소를 수집한다. 그러나 온라인 포럼과 블로그 소프트웨어의 기능은 향상되고 있다. 곧 스팸 메일 업자들의 소프트웨어가

온라인 게시물들을 통해 전자우편 주소를 모으는 것이 매우 어려워질 것이다.

11) 워드 커닝햄은 낚시의 정의뿐 아니라 대처법과 구별법에 대한 조언도 제공하고 있다. http://c2.com/cgi/wiki?TrollDefinition

12) 〈구글〉 폭격에 대해서는 마크 메모트가 쓴 『USA 투데이』 기사를 참고할 것. http://www.usatoday.com/news/politicselections/nation/president/2004-04-11-kerry-waffles_x.htm

13) http://www.boston-online.com

14) 딕시 렌트에 대한 가핀의 설명은 http://www.wickedgood.info/cgi-bin/forum/ gforum.cgi?post=12703;#12703에서 볼 수 있다.

15) 예를 들면, 누군가 '위키드굿'에서 언급했듯이 〈뉴미디어 스트래티지〉는 어린이 고객에게 주는 장난감 사은품이 잠재적으로 유해할 수 있다는 점을 알리기 위해 〈버거킹〉과 함께 일을 했다. 〈뉴미디어〉의 일대일 기업 커뮤니케이션 전략을 통해 이 내용은 즉시 관심 있는 부모들 사이에 퍼졌고, 〈버거킹〉은 고객들, 그리고 소비자 권익보호위원회로부터도 호평을 받았다.

16) http://www.kenlayne.com

17) 2002년에 『가디언』에 나온 기사는 이것이 글렌 레이놀즈가 한 말이라고 인용하고 있다. 레이놀즈도 이 재밌고도 정곡을 찌르는 말을 자신의 블로그에 올렸다. "나 역시 한 마디 한 마디 다 확인한다는 말을 자주 쓰기는 하지만, 이 말을 만들어 낸 사람은 켄 레인이다. 『가디언』의 기사는 한 마디 한 마디 다 확인한다는 말이 내가 만들어 낸 말인 것처럼 되어 있는데, 사실이 아니다. 한 마디 한 마디 다 확인한다는 말을 처음 만들어 낸 사람도, 더 자주 사용하는 사람도 레인이다. 나는 지금 한 마디 한 마디 다 확인한다는 말에 대한 『가디언』 기사의 사실관계를 한 마디 한 마디 다 확인했다. 헥헥. 같은 말 많이 반복하기 대회에 나가도 되겠군."

18) http://www.wordpirates.com

19) 1998년 『뉴욕타임스』의 공식 웹사이트가 해킹당해 메인 페이지가 변경되었다. 그러나 이것은 『뉴욕타임스』에 반대하는 관점을 알리려는 사람들의 소행이었으며, 그들은 더 심각한 문제를 만들 의도는 없었다.

제10장

판사와 변호사가 납신다

브록 미크스는 인터넷이 얼마나 위력적인 저널리즘 도구인가를 우리보다 훨씬 먼저 이해한 선구자였다. 워싱턴에서 발간되는 전문지 『커뮤니케이션스 데일리*Communications Daily*』의 기자였던 미크스는 1993년에 혁신적인 전자우편 뉴스 통신을 만들었다. 그는 그것을 '사이버와이어 디스패치CyberWire Dispatch'라고 이름 짓고, 이후 몇 년 동안 정기적으로 주류 매체의 기사들을 선별해 제공했다.[1]

현재 〈MSNBC〉의 특파원으로 일하고 있는 그는 또 하나의 영예를 가지고 있다. 이런 일로 유명해지기를 원하지는 않았겠지만 말이다. 미크스는 명예훼손으로 고소된 최초의 인터넷 기자였다고 볼 수 있다. 실질적인 면에서 따지자면 소송에서는 그가 승리했다. 자기 회사에 비판적인 기사를 썼다며 소송을 제기한 오하이오주의 한 기업에게 미크스는 손해 배상을 한 푼도 하지 않았다. 다만 앞으로 그 회사나 경영자에 대한 기사를 쓸 때는 사전에 알려 주기로 동의하기는 했다.[2]

미크스가 변호사 비용을 내기는 했다. 변호사 중에는 수정헌법 제1조에 관한 전문가로 이름을 날리는 사람들도 있었는데, 이들은 기꺼이 많은 시간과 노력을 들여 이 사건을 맡아 주었다. 우리의 권리를 지키고자 하는 사람들에게 이 사건이 큰 관심을 불러일으켰다는 점에서도 미크스는 운이 좋았다.

미크스 사건은 인터넷이 많은 자유를 가져다주는 매체이기는 하지만 현실 사회와 동떨어져 존재하는 것은 아니라는 점을 알려 주는 일종의 경고사격이었다. 법은 오프라인에서도 온라인에서도 적용된다. 풀뿌리 저널리즘을 실천하려는 사람들은 이 점을 명심해야 한다.

10장의 내용은, 겁을 줘서 사람들을 인터넷에서 쫓아내려고 쓴 것이 아니다. 절대로 아니다. 또한 법률문제에 대한 조언도 아니다. 나는 변호사도 아니고 이 글에서 변호사 노릇을 할 생각도 없다. 전문가의 법률 조언이 필요한 사람은 다른 곳을 알아보시기 바란다. (이 책의 홈페이지 http://wethemedia.oreilly.com에는 법률 자료에 대한 몇 가지 링크가 있다.)

그러나 온라인 영역에서 발생할 수 있는 법률문제들에 대해 생각해 보는 것은 매우 중요하다. 명예훼손은 그중 단지 하나일 뿐이며, 이것은 언론인뿐 아니라 채팅방에서 이야기하는 사람에게도 적용된다. 그밖의 사안으로는, 저작권 문제, 링크와 관련된 문제, 관할 지역이 어디인가 하는 문제, 그리고 다른 사람이 당신의 사이트에 올린 글에 대한 책임 소재의 문제 등이 있다.

명예훼손

내가 개인적으로 명예를 훼손당했던 적이 분명히 있었을 것이다. 사람들이 나에 대해 안 좋은 (나라면 아주 확실한 근거가 있지 않는 한 다른 사람에 대해 절대 하지 않을) 이야기를 상당히 많이 써 왔을 거란 말이다. 하지만 나는 아무도 고소하지 않았다. 25년간의 기자 생활 동안 내가 고소를 당한 적도 없다. 내 견해가 잘못되었거나, 사실관계를 잘못 해석했던 경우도 있기는 했을 테다. 하지만 나는 기본적인 사실관계는 틀리지 않으려고 매우 노력하며, 실수를 했다면 즉시 바로잡는다.

온라인 기자들도 마찬가지로 법을 지켜야 한다. 명예훼손을 저지르는 블로거는 그에 상응하는 결과를 감수해야 할 것이다.[3]

유명한 온라인 기자가 명예훼손 소송을 당한 경우가 적어도 한 번은 있었다. 1997년, 인터넷 가십 사이트를 운영하는 매트 드러지는 익명의 소식통을 인용해 (민주당원으로, 책을 쓰기도 했고 클린턴 정부 시절 백악관 비서관을 지냈던) 시드니 블러멘탈이 배우자를 학대했다는 글을 올린 것이다. 그 내용은 사실이 아니었고, 드러지는 금방 글을 수정했다. 하지만 블러멘탈은 드러지를 명예훼손으로 고소했다. 사건은 2001년에 양측의 합의로 마무리되었다. 언론 보도에 따르면 블루멘탈은 2천5백 달러의 출장비를 드러지 변호사에게 제공했다. 사실상 드러지는 이긴 셈이었고, 적어도 그가 잃은 것은 없었다.

9장에서도 말했듯이 나는 드러지의 보도 스타일이나 소문을 그렇게 즉시 게재하려는 경향 등에는 관심이 없다. 그러나 일단 그가 고소를 당했다는 사실 때문에 마음이 불편했다. 어쨌든 그는 기사를 빨리 수정했고, 자신 역시 소식통에게 속았다고 이야기했으니까. 블루멘탈이 고소를 한 것도 이해는 간다. 기사 내용은 악질적이었고 그의 경력에 치명타를 가할 수 있었다. 하지만 꼼꼼히 읽어 본 사람이라면 누구나 드러지의 기사가 과장되어 있다는 것을 금세 알 수 있었다. 또한 블루멘탈은 보수적인 정치 집단들이 드러지를 옹호하리라는 것을, 그래서 소송비용을 잡아먹으리라는 것을 계산에 넣지 않았다. 그것도, 드러지가 즉시 문제의 내용을 〈드러지 리포트〉 사이트에서 삭제했다는 점을 감안하면 이기기 어려운 소송에서 말이다. 결국 드러지의 원래 기사가 얼마나 악질적이었든 간에, 이 사건은 저널리즘의 자유를 진전시킨 사건이 되었다.

오하이오주에서 활동하는 데이비드 L. 마버거는 브록 미크스의 명예훼손 소송 변호사 중 한 명이었다. 그는 수정헌법 제1조 관련 내용을 20년 넘게 담당해 온 전문가였다. 그는 자신이 인터넷 관련 법률에 대해서는 전문가가 아니라고 하지만, 사이버 공간의 활동을 포함해서 모든 종류의 저널리즘에 적용될 수 있는 조언을 몇 가지 해 주었다.

첫째, 인터넷에서 다른 사람이나 조직(정부, 기업 등)에 대해 정기적으로 글을 쓰는 사람은 누구나 명예훼손 소송에 대비한 보험을 들어두어야 한다. 그는 "만약의 경우에 대비해야 한다."며 "보험료를 낼 여력이 되는 마땅한 상품이 있으면 가입하는 것이 좋을 것"이라고 조언했다. 둘째 "소송을 제기할 가능성이 높은 사람이 누군지 파악하고 있어야 한다. 경력이나 사회적 생명이 평판과 여론에 크게 의존하는 사람이 명예훼손에 민감할 가능성이 크다." 마버거는 이런 부류에는 기업뿐 아니라 의사, 변호사, 공직자 등도 포함된다고 말했다.

마버거는 일반적으로 제기되는 문제 하나를 조심스럽게 덧붙였다. (대다수의 블로거들처럼) 편집자나 데스킹 과정 없이 글을 쓰는 사람들은 "글을 검토해 줄 제2, 제3의 눈을 갖지 못한 셈이다. 따라서 위험이 더 크다. 자신이 쓴 글은 (편집자들처럼) 비판적으로 분석하며 읽기가 어렵기 때문이다."

이런 점에서 온라인에서 글을 쓰는 것에는 장점이 있을 수도 있어 보인다. 독자들이 실수를 바로잡아 줄 것이고, 그러면 당신은 실수가 퍼져 나가지 않게 얼른 수정을 하면 되니까. 하지만 마버거는 "(실수를 찾아낸) 당신의 독자가 당신에게 소송을 제기할 원고가 될 수도 있다는 점을 명심해야 한다."고 말했다.

블로그 〈인스타펀디트〉의 운영자이자 테네시에서 인터넷 관련법에 대해 강의를 하고 있는 글렌 레이놀즈는, 대다수의 블로거에 대해서는 (명예훼손 소송을 당할 위험에 대해) 낙관적이다. 블로그에는 사실 보도보다는 (개인적인) 의견이 올라오는 경우가 더 많기 때문이다.

"블로거들이 올리는 글은 대부분 의견이거나 평론인데, 그것으로 명예훼손죄가 적용되기는 쉽지 않다. 대다수의 블로거는 다른 사람의 글에 링크를 걸고 거기에 대해 의견을 다는 정도이지 않은가?"

게다가 유명한 블로거들은 (유명 인사와 같은) '공인'에 대해 글을 쓰는데, 이 경우에는 명예훼손죄가 성립하는 조건이 더 까다롭다. 이를테면 공인에 대한 글은 설령 내용이 사실이 아니었다고 해도 악의가 없었다면 명예훼손죄가 성립되지 않는다. 여기서 '악의'라 함은 말 그대로 해를 입힐 의도를 가지고 있었거나, 내용이 허위인지 여부에 상관하지 않은 경우다.

또한 소송을 거는 원고의 목적이 손해배상을 받아 내는 것이라면 블로거를 상대로 소송을 제기해서 득이 될 일이 별로 없을 것이다. 블로거들은 대개 돈이 별로 없으니까. 만약 손해배상을 받는 것이 목적이 아니라 다시는 악의적인 글을 쓰지 못하도록 하는 것이 목표라면, (실제로 소송을 걸지 않고) 소송을 걸겠다고 협박하는 것만으로도 목적을 달성할 수 있다. 블로거가 변호사를 고용하려면 막대한 돈이 들 테니까.

이런 이유로 레이놀즈는 자신(과 같은 블로거들)을 "보험회사의 드림 고객"이라고 부른다. 어떤 문제에 대해서도 이미 적절하게 방어가 되어 있으니까 말이다. (즉 실제로 소송을 당할 염려가 없어서 보험회사가 보험금을 지급해야 할 경우가 생기지 않으니까.) "(명예훼손죄로 걸리지 않을) 진짜 이유는 내가 누군가의 명예를 진짜로 더럽힐까 봐 무서워해서가 아니다." 라고 그가 말했다. "관건은 누군가로부터 소송을 당해서 내가 파산을 하게 되거나 더는 글을 쓸 수 없게 되는 경우에 대비한 안전장치들이 마련되었느냐인 것이다."

또한 예일대 법대의 '정보 사회 프로젝트' 디렉터이자 헌법 및 수정 헌법 제1조에 정통한 교수인 잭 M. 발킨에 따르면, 내가 내 블로그에 직접 쓴 글에 대해서는 명예훼손죄가 될 수 있더라도 다른 사람이 내 블로그에 와서 쓴 글에 대해서는 책임을 묻지 않을 가능성이 크다. 자신의 블로그 〈발키나이제이션〉⁴⁾에서 발킨은 항소 법원의 판례를 예로 들면서, 1996년의 통신 법안은 "다른 사람이 쓴 명예훼손성 글에 대해서는 해당 웹사이트의 운영자가 소송을 당하지 않도록 보호하고 있다."고 말했다.

발킨은 "블로거 자신이 쓴 글에 대해서도 보호받는다는 의미는 아니다."라고 말했다. "이것은 (예를 들면) 다른 사람이 내 블로그의 덧글난에 쓴 글에 대해서 내가 처벌받지 않는다는 뜻이다. 내 블로그는 다른 사람의 글에 대해 단순하게 공간만 제공한 것이기 때문이다. 채팅방 (블로그) 등과 같이 상호작용적인 인터넷 공간은, 신문의 독자 투고란과는 성격이 다르다는 것이 미국 의회의 입장이다."[5]

이제까지 블로거들은 (위협이야 많았지만) 법적인 도마에 오르는 것을 대체로 잘 피해 왔다. 하지만 인터넷 포럼에 글을 올리는 사람들에게는 문제가 조금 더 심각했다. 특히 몇몇 회사들은 금융 포럼 사이트를 문제 삼으면서, 자사에 불리한 게시물을 올린 사람의 신원 정보를 알려 달라는 요청을 ISP(인터넷 서비스 업체)에 하기도 했다.

이러한 요구에 대한 대응 정책은 ISP마다 다르다. 어떤 곳은 (문제의 글을 올린) 회원 본인에게는 알려 주지도 않은 채 그 사람의 신원 정보를 기업에 제공한다. 조금 더 나은 영업 윤리를 가진 곳은 이렇게 하지 않고, 당사자에게 대비할 시간을 주기 위해 (글을 올린) 회원에게 (기업이 그의 신원 정보를 요구했다는 사실을) 알려 준다. '익명의 아무개' 회원의 개인 정보를 제공받을 수 있도록 허용해 달라는 기업의 청원이 법원에서 받아들여지는 경우가 있는데, 특히 글의 내용이 대놓고 명예훼손적인 상황일 때 그렇다.

그러나 시민의 자유를 위해 활동하는 단체들은 (기업이 온라인 사용자의 개인 정보를 요청하는) 이러한 경우에 대해 기준을 강화해야 한다는 입장을 밝혀 왔으며, 성과가 있기도 했다. 2001년에 시작된 어느 사건의 경우, 캐나다의 제약 회사 〈니목스〉는 〈야후〉의 〈니목스 온라인〉

게시판에 글을 올려 온 회원들의 이름과 개인 정보를 건네 달라고 〈야후〉 측에 요청했다. 게시된 글은 〈니목스〉가 부정한 행위를 하고 있다고 주장하고 있었으며 분명히 선정적이었다. 하지만 여기서의 관건은 이것이 법적으로 〈니목스〉에 대한 명예훼손죄가 성립될 수 있을 정도로 심각한 정도였는가 여부이다.

스탠포드 법대의 〈스탠포드 사이버 법률 클리닉〉은 〈니목스〉가 제기한 법률 청원에 대항해 싸웠고 2003년 초 샌프란시스코 연방 판사에게서 의미 있는 판결을 얻어 냈다. 판결문에 따르면, 〈니목스〉의 청원이 받아들여지려면 〈야후〉에 게시된 내용이 실제로 "효력을 발할 수 있는" 것이었는지를 증명해야 했다. 다른 말로 하면, 만약 〈니목스〉가 명예훼손 소송을 제기할 경우 이 사건이 증거 불충분으로 기각되지 않으리라는 것을 입증해야 하며, 문제의 게시물 때문에 실질적인 손해를 입었다는 것도 입증해야 한다는 뜻이다.

〈니목스〉 사건의 판결문은, (〈야후〉에 올라온) 게시물 중에 명예훼손적인 내용이 포함되어 있는 것은 분명하지만, 여기에서는 내용 자체만 볼 것이 아니라 그 글이 어떤 맥락에 있는지도 고려해야 한다고 밝혔다.

> 문제의 글은 익명으로 인터넷 게시판에 올라온 것이다. 일반 독자라면 (이러한 형태로) 올라온 글들에 대해서는 그 내용의 신빙성에 대해 어느 정도 의심하게 될 것이다. 〈니목스〉는 이 게시물 때문에 입은 실질적인 손해를 밝혀내려는 노력을 하지 않았다. 〈니목스〉는 그 게시물이 올라온 후 주가가 떨어졌다는 주장을 했지만 모호하고 설득력이 약하다. 신빙성이 약한 정보에 기반해서 투자에 대한 의사 결정을 하는 투자자는 없을 것이다.

판결문은 〈니목스〉의 청원을 무시해도 좋다고 판결함으로써 (게시판에 글을 올린) '아무개'가 계속 익명으로 남아 있을 수 있도록 허용했다.6)

나는 '낚싯글'을 올리는 사람을 전혀 지지하지 않는다. 이 사건에서 〈니목스〉에 대해 올라온 안티성의 게시물은 잘 봐줘도 참 조악했기 때문에 윤리적인 면에서 누구의 동정이나 공감도 얻을 수 없는 글이었다. 그러나 익명성의 가치를 지키는 것도, 신뢰성 있는 글(이나 발언)의 가치를 지키는 것도 모두 중요하다. 이 사건의 판사는 (〈니목스〉의 청원을 기각하는 결정을 내리기는 했지만) 놀라운 균형 감각을 유지하며, (온라인 게시판 회원들이) 익명의 그늘 아래 숨어서 남에게 해를 입히거나 명예를 훼손할 권리 또한 없다고 말했다. 〈니목스〉는 다만 이 소송에서 충분한 근거를 제시하지 못했을 뿐이다.

관할 법정의 문제

만약에 내가 "호주 고등법원 판사들은 세상에서 제일로 멍청이"라고 말한다면 다음번 호주 여행을 취소해야 할까? 아마 취소해야 할 것이다. 왜냐하면 그 판사들이 내가 그러한 견해를 제시함으로써 자신의 명예를 훼손했다고 판결할 수도 있기 때문이다. 2002년의 어느 소송에 대한 판결에서, 호주의 판사들은 나를 자기네 나라 법정에 고소할 수 있는 권리를 만들어 내었다. 즉 미국인인 내가 미국에 기반을 두고 있는 내 블로그와 내 칼럼에 쓴 글에 대해 호주의 법정에서 호주의 명예훼손법에 따라 고소할 수 있다는 것이다.

문제의 2002년 사건은 미국에서 출판되는 다우존스의 주간신문인 『배론스*Barrons's*』에 실린 한 기사에 관한 것이었다. 호주의 어느 기업 임원이 『배론스』가 자신에 대해 쓴 기사 내용에 문제가 있다며 호주 법정에 소송을 제기했다. 그는 인터넷상에서의 출판은 전 세계 모든 곳의 지역신문에 기사를 게재하는 것과 같다는 주장을 폈는데, 어이없게도 호주 고등법원이 이에 동의했다.[7]

그 판결은 개방성이라는 인터넷의 특성에 일격을 가한 것이었다. 명예훼손죄가 그 글을 올린 사람이 사는 곳의 법정이 아니라 읽는 사람이 사는 곳의 법정에서도 적용된다는 것은 온라인 게시판을 돌아다니며 문제가 될 거리를 찾아다니는 행위를 만연시키고, 또 이것을 원고가 악용할 수 있는 길을 열어 준 것이나 마찬가지다.

관할 법정에 대한 문제는 한동안 인터넷에 어두움을 드리워 왔다. 1994년 빌 클린턴 대통령 시절 미 법무부는 캘리포니아주 밀피타스에 있는 성인용 게시판 소유자들을 바이블 벨트 지역*의 법정에서 음란물 유포로 기소했다. 그 게시판은 캘리포니아주 기준으로는 범법이 아닌 포르노 사진을 제공했는데, 테네시주 내쉬빌에 사는 사람이 그 사진들을 내려받았을 때 이곳의 기준으로는 범법으로 판단되었던 것이다. 게시판 소유자들은 유죄가 인정돼 징역형을 선고받았다. 이것은 법률 시스템을 오용한 것이다. 또한 수정헌법 제1조에 반기를 든 것이기도 하다. 이 판결은 미국에서 가장 엄격하고 억압적인 법률을 가진 지역의 기준에 따라 모든 미국인이 무엇을 읽고 듣고 볼 수 있는

---

* 미국에서 보수적 성향의 기독교 신자가 많이 사는 남부 지역을 일컫는다.

지가 결정된다는 뜻이나 마찬가지기 때문이다.

이제, 전 세계에서 가장 억압적인 국가의 기준을 우리가 따라야 할 경우를 생각해 보자. 2001년 프랑스 법정은 나치 기념품의 경매를 막으라고 〈야후〉에 명령했다. 〈야후〉는 미국 법정에서 그 명령은 효력이 없다는 답을 들었지만, 결국에는 유럽 경매 사이트를 닫았다. (〈야후〉는 사업상의 의사 결정이었다고 밝혔다.)

(앞서 말한) 다우존스 사건에서의 호주 법원 논리에 따르면 인터넷에 무언가를 올리는 사람이나 단체는 190개국의 명예훼손법을 알아야 하고 그것을 지켜야 한다. 뿐만 아니라 각각의 국가 안에서도 관할 구역이 또 얼마나 많은가. 이걸 다 파악한다는 것은 말도 안 되는 일이다. 위험한 일이기도 하다. 권세 있는 사람들이 지방법들을, 특히 달갑지 않은 뉴스 보도나 논평을 억누르는 데 유용한 법들을 악용할 소지가 있기 때문이다. 괜한 걱정으로 보이는가? 아니다. 독재자들은 자신에 대한 비판 세력을 억누르거나 침묵시키는 데 여러 규제와 제재를 가하는 법률이 얼마나 유용한지를 이미 알고 있다. 아프리카의 독재 국가인 짐바브웨에서는 정부가 영국인 기자를 기소한 적이 있는데, 그 기자가 일하는 신문사의 영국 홈페이지에 올린 기사 때문이었다. 그 기자는 사면된 후 추방되는 것으로 끝났지만, 그의 회사는 상당한 비용을 치러야 했고 심층 보도가 더 많이 (더 적게가 아니라) 필요한 짐바브웨에서의 저널리즘 활동도 그만큼 손상을 입었다.

호주 판결과 같은 결정은, 매체를 소유한 사람들에게 (언론 자유를 보장하는 방향으로) 자유주의적인 관점에서 명예훼손법을 적용하게 해 주는 국제조약이 필요함을 말해 준다. 다른 대안으로는 인터넷에 '소국분할주의적 정책'을 적용하는 것이 있다. 예를 들면, 〈버크만 센터〉의 공동 창업자이자 하버드 법대 교수인 조나단 지프레인은 인터넷 콘텐츠를 지역별로 묶는 등의 방법이 시도될 것으로 예상한다. 즉 같은 홈페이지 주소를 입력해도 미국에서 보이는 내용과 프랑스에서 보이는 내용이 다를 수 있는 것이다. 이 부분에 대해 적어도 두 가지 질문이 있을 수 있다. 첫째는 이러한 구획 나누기가 다문화적인 세계에서 전적으로 안 좋은 생각인가 하는 것이다. 어쨌든 현재도 『뉴욕타임스』나 『월스트리트저널』은 국내판과 인터내셔널판을 달리 내고 있지 않은가? 이 방법이 아니고서는 가장 억압적인 법률이 콘텐츠를 통제하도록 하는 방법밖에 없다면, 그나마 구획 나누기가 나은 대안이 될 것이다. 둘째, 구획 나누기는 불가피한 것인가? 그렇지 않기를 바란다. 모든 법률적 관할 구역에 맞도록 사이트의 콘텐츠를 조정해야 한다는 것은 현실적이지도 않을 뿐더러, 근본적으로는 표현의 자유 원칙과 어긋난다.

전자우편과 표현의 자유

(대부분의 개인용 컴퓨터에서 핵심 두뇌를 이루는 마이크로프로세서 제조 업체인) 실리콘밸리의 거대 기업 〈인텔〉은 기발한 법률 이론을 적용해서 전직 직원을 고소했다. 전前 직원인 쿠로시 케네스 하미디가 전자우편으로 〈인텔〉에 적대적인 내용을 담은 글을 현 직원들에게 보냈는데, 〈인텔〉에 따르면 하미디가 회사의 컴퓨터 서버를 무단 침입했다는 것이다.

캘리포니아 고등 법원은 2003년 〈인텔〉의 법리는 지나치다고 4 대 3으로 판결했다. 이 판결은 표현의 자유와 관련해 매우 중대한 의미를 가진다. 법원은 케네스 하미디가 자의로 전자우편을 보낸 것은 회사의 시스템에 아무런 해를 끼치지 않았기 때문에 법적으로 〈인텔〉의 서버 컴퓨터에 무단 침입한 것이 아니라고 판결했다. 판결은 하미디의 행위를 인정하지는 않지만 그렇다고 하미디의 의견을 몰아내기 위해 〈인텔〉이 법률을 부적절하게 적용하려 해서는 안 된다고 밝힌 것이다.[8]

예상하다시피 〈인텔〉과 그 지지자들은 이 판결을 비난하면서 스팸 메일이라는 유령을 물고 늘어졌다. 하지만 이 사건은 스팸 메일에 대한 것이 아니며, 〈인텔〉은 표현의 자유 자체를 침해하는 법리에 기대지 않고도 하미디의 행동을 해결할 수 있는 기술적인 방법들을 가지고 있었다.

재미있는 것은 (다수 의견에서건 소수 의견에서건) 판결문에서 사용된 비유법이다. 판사 캐스린 워데거는 다수 의견에서 이렇게 적었다. "그 (하미디)는 기업 본사에서 피켓을 들고 서 있거나 스피커를 들고 연설을 하는 것, 또는 우편으로 편지를 보내거나 기업 활동에 대해 전화로 불평을 하는 사람보다 회사(〈인텔〉)의 자산을 더 많이 침해했다고 볼 수 없다." 그러나 소수 의견을 낸 판사들은 하미디의 행위가 3만 명의 직원에게 편지를 보내기 위해 (회사) 우편실로 들어온 것과 마찬가지라고 했다. 어쨌거나 중요한 것은, 법원의 다수 의견은 하미디가 표현의 자유를 제한당해야 할 정도로 회사에 실질적인 해를 끼치지는 않았다고 보았다는 것이다.

다른 사람의 글을 잘못 사용하는 것

잡아내기가 더 어려운 것은 속임수일 것이다. 속임수는 우리 사회에 만연해 있다. 커닝을 별로 잘못이라고 여기지 않는 학생도 있고, 속임수를 기업 전술이라고 생각하는 기업도 있으며, 세금 보고에서 속임수를 쓰는 개인과 기업 또한 부지기수다. 속임수에 대한 요즘 사람들의 태도는 이런 것 같다. "안 들키면 그만이다."

기존 저널리즘도 최근 이 속임수의 대열에 동참해 왔다. 『뉴욕타임스』 기자였던 제임스 블레어는 속임수와 표절을 통해 성공했다가 결국은 몰락했다. 이보다 최근에는 『USA 투데이』의 자체 조사 결과 스타 기자 잭 켈리를 퓰리처상 최종 후보에까지 오르게 한 기사의 내용에 조작이 있었다는 것이 밝혀졌다.

오려 붙이기 문화는 인터넷 특유의 문제라고 할 수 있는데, (이로 인해) '거의 뭐든 된다'는 태도가 인터넷에 만연해 있다. 오리고 붙이는 것이 그 자체로 나쁜 일은 아니다. 예를 들면 다른 사람의 글에서 일부를 인용하는 것은 일반적인 일이다. 그러나 상습적으로 남의 글을 자신의 것인 양 퍼뜨린다면 문제다. 이런 종류의 문제 중에서는 (가장 만연한 문제로 보이는) 학생들의 표절 문제가 많이 이야기되어 왔지만, 인터넷 언론인들도 이런 짓을 해 왔다. 한 예로, 기술 전문 뉴스 사이트에 기고하는 한 캐나다인 기자는 『머큐리 뉴스』의 내 동료 마이크 랭버그의 기사를 그대로 복사해 쓰기까지 했다. 2001년 우리의 기사에 따르면 그녀는 해고되었다. 또 2002년에는 유명한 블로거 션 폴 켈리가 다른 곳에서 이라크 전쟁 관련 내용을 베껴 온 것이 드러나 공개적으로 사과해야 했다. 들킨 다음에도 자신의 잘못을 인정하지 않으려는 사람이 많은 시대에, 그가 자신의 행위에 대해 책임을 진 것은 칭찬할 만한 일이지만, 어쨌든 그의 신뢰도는 (일시적일지라도) 타격을 입었다.[9]

속임수가 만연해 있기는 하지만, 인터넷은 그것을 잡아낼 수 있는 메커니즘도 제공한다. 이를테면 〈구글〉 검색엔진이나 〈턴잇인〉[10] 등이 효과적으로 사용되어 왔다.

어디까지가 허용될 수 있는 행위인지는 사람들마다 다르게 여기고 있지만, 법과 윤리는 대략 다음과 같은 기준을 제시하고 있다. 다른 사람의 글을 아주 작은 부분이라도 사용할 경우에는 출처를 밝혀야 한다. 또한 '공정 사용fair use'의 범위를 넘어서는 분량을 베껴 오는 것은 불법이다. 즉 간략히 인용하는 것만 가능하다. 다른 사람의 글을 베껴서 재판매한다면, (인용해서 다른 곳에 싣는다든지 하는 허용된 경로가 아닌 경우라면) 법정에 출두해야 하는 일이 생길 것이다.

〈전자 프론티어 재단〉의 변호사 웬디 셀처는 저작권 침해와 표절을 비교해 설명하면서, (다른 사람의 글을 사용할 때) 주의점을 지적했다.

> 출처를 밝히고 다량의 부분을 (베껴) 올리는 경우 소송을 당할 가능성이 낮기는 하지만, 그렇다고 해도 누군가가 소송을 건다면 출처를 밝혔다는 사실만으로 '저작권 침해' 행위가 '공정 사용'이 되지는 않는다. 저작권 보호를 받는 다른 사람의 글에서 출처를 밝히고 핵심적인 부분을 다량 인용했다면 윤리적으로는 괜찮을지 모르지만 법적으로는 저작권 침해가 되는 것이다. 반대로, 짧은 분량을 출처를 밝히지 않고 인용하는 것은 '공정 사용'의 범주에는 속할 수 있을지 모르지만 윤리적으로 문제가 있다.

법률적 의미의 '공정 사용'은 우리가 보통 생각하는 '정당하다fair'는 말의 뜻과 꼭 맞아떨어지는 것은 아니다.

'공정함'에 대해 명확한 정의를 내리는 것은 불가능할지 모르지만, 우리는 모두 속임수가 어떤 것인지 알고 있다. 우리 사회는 속임수를 너무 많이 받아주고 있다.

저작권법과 그것의 남용

오늘날 가장 씁쓸한 경향 중 하나는 거의 모든 디지털 형태의 자료나 내용에 대해 지적 재산권을 적용하려 한다는 것이다. 11장에서도 살펴보겠지만, 그중에서도 저작권법이 가장 큰 골칫거리다. 하지만 그 밖에도 문제는 많다.

그중 하나는 상표trademark 문제다. 상표는 단어, 구절, 로고 등 특정 브랜드를 정의하는 용도로 사용되는 표식을 말한다. 셀처의 설명에 따르면 "상표법은 소비자 보호의 취지로 출발했다. 상표, 그리고 제품의 원천을 알게 해 주는 단어나 상징은 사람들이 물건을 살 때 품질에 대한 지표로서 삼을 수 있게 하기 위해 법으로 보호되었다. 좋은 브랜드의 경우 믿고 살 수 있고, 예전에 구매했다가 좋지 않은 경험을 한 브랜드의 경우 그 제품을 피할 수 있도록 말이다."

〈칠링 이펙트 클리어링하우스〉[11])에 따르면 상표권 분쟁은 오늘날 매우 흔하다. 일반적인 상표권 침해 중 하나는 도메인 이름을 "잘 알려진 브랜드의 것과 동일하거나 비슷하게" 만드는 것이다. 소위 '사이버 무단 점거자'들이라고 불리는 사람들은 이런 행위를 통해 유명한 브랜드 이름으로 현혹해 (자기네 사이트의) 방문자 수를 늘리거나 도메인 이름을 되팔려고 한다. 미국의 법은 그런 행위로 "이득을 취하고자 하는 불순한 의도"를 금지하고 있다. 또 다른 상표권 침해로는 다른 회사의 로고를 베껴다 내 웹사이트에 붙여서 내 사이트가 마치 그 회사의 유명 제품이나 서비스와 '공식적으로 연계된' 것처럼 보이게 하는 것이다.

상표권 소유자가 자신의 브랜드에서 남이 단물을 빼먹고 있는 것을 발견해 이를 중단시키고 싶어할 경우 그에 반대하기는 어렵다. 다른 사람이 가지고 있던 〈뉴욕타임스닷컴newyorktimes.com〉이라는 도메인을 『뉴욕타임스』에게 주도록 〈세계 지적 재산권 기구〉[12]가 결정했을 때 이에 대해 반대한 네티즌은 거의 없었다.

자, 그러나 내가 속한 신문사 『새너제이 머큐리 뉴스』를 공격하는 〈mercurynewssucks.com〉■이라는 웹사이트가 있다고 생각해 보자. 사람들을 오도하는 잘못된 해석이나 명예훼손적인 공격은 금지해야 겠지만, 이러한 사이트는 표현의 자유의 일환으로 보호되어야 할 것이다. 따라서 만약 내가 그 도메인 이름을 빼앗기 위해 소송을 한다면 법정에서 비웃음을 사게 될 것이다. 그러나 불행히도 스위스에 있는 〈세계 지적 재산권 기구〉 본부에 제소한다면 도메인 이름을 빼앗아 올 수 있을지도 모른다. 아마 여기서는 〈mercurynewssucks.com〉 도메인을 우리에게 넘겨주라고 명령했을 것이다. 이 기구는 표현의 자유

■ '머큐리 뉴스는 쓰레기' 정도의 의미.

를 증진시키는 것이 임무가 아니라, 지적 재산권을 증진시키는 것이 본질적인 임무이기 때문이다.

〈세계 지적 재산권 기구〉는 판결 과정에서 중립성을 지킨다고 주장하고는 있지만, 상표권 소지자에게 유리한 판결을 내리는 경향을 강하게 보여 왔다. 2004년 3월 현재, 〈지적 재산권 기구〉홈페이지가 제공하는 통계에 따르면 이곳에서 맡아 처리한 사건의 80퍼센트에 대해 (상표권 소지자에게) 도메인을 넘겨주도록 판결했다.

몇몇 판결들은 (좋게 말해서) '확장 논리'에 따르고 있다. (원래 상표권이 있는 이름에 다른 단어들을 덧붙인 것도 안 된다는 것.) 워싱턴에 본부를 둔 〈CP테크〉[13]에 따르면, 많은 사례에서 〈지적 재산권 기구〉는 해당 회사 이름 뒤에 'sucks.com'이라고 붙인 안티 사이트는 상표권을 소유한 회사에 도메인을 넘겨주어야 한다고 명령했다.

일례로, 런던에 본사를 둔 전자제품 유통 업체 〈딕슨Dixon〉은 〈Dixons -sucks.com〉이라는 사이트를 제소했다. 이 사건을 담당한 사람은 (이런 수법으로 웹사이트를 키우려는 곳이 많다는 것을 알고 있었는데) 'sucks'가 붙은 도메인 이름이 제소한 원래 회사의 이름과 "관련이 없다고 쉽게 여겨질 수 있는지"를 판단 기준으로 삼았다. 그러고는 아니라고 결론지었다.

문제의 도메인 이름에서 즉시 눈에 띄는 부분은 소를 제기한 회사의 이름이다. 이것을 도메인 이름에 사용한다는 것은 보는 사람들로 하여금 딕슨이라는 회사와 이 웹사이트가 연관이 되어 있을 것이라고 여기게 하는 요소가 된다. 뒤에 덧붙은 'sucks'라는 말이 부정적인 의미이므로 해당 업체와 관련되어 있다는 인식을 없애 줄 것이라는 의견도 있을 수 있다.

하지만 뒤에 붙은 글자에 아무런 의미를 부여하지 않고서, 두 곳이 연관이 있다고 혼동할 사람도 여전히 있을 수 있다.14)

아니, 그걸 혼동한다고? 내 생각에는 열 살짜리의 평균 지능이면 혼동하지 않을 것 같은데?

〈지적 재산권 기구〉가 늘 상표권 소유자의 손만 들어 준다고 주장하려는 것은 아니다. 그러나 이러한 의사 결정은 비논리적일 뿐 아니라 지적 재산권만큼이나 보호받을 가치가 있는 것들(하나만 예를 들자면, 표현의 자유)을 침해할 소지가 있다. 불행히도 사이버 공간에는 글로벌 수정헌법 제1조 같은 것이 명문화되어 있지 않다.

다른 웹사이트의 전체적인 디자인과 감각을 모방한 웹사이트를 만들어 금전적 이득을 취하려 하는 경우도 있다. 이것은 명백히 잘못된 행위다. 하지만 이렇게 하는 목적이 풍자적인 비판인 경우라면 이렇게 간단히 말할 수는 없다.

2004년 〈내셔널 디베이트National Debate〉 웹사이트에 『뉴욕타임스』 오피니언면 칼럼에 대한 '바로잡습니다'가 실렸다. 정말로 『뉴욕타임스』의 '바로잡습니다' 페이지와 모양이 비슷했다. 『뉴욕타임스』의 당시 정책은 칼럼에 대해서는 '바로잡습니다'를 싣지 않는 것이었기 때문에 (잘못된 것이 있으면) 해당 기고자가 자신의 칼럼란에서 오류를 밝히든지 아니든지를 결정하도록 되어 있었다. 이 가짜 페이지는 〈내셔널 디베이트〉의 로버트 콕스가 보기에, 포함되어야 하는데도 『뉴욕타임스』에서 빠져 있다고 생각한 내용들로 채워져 있었다. 내가 보기에 몇몇 '바로잡습니다'는 말이 안 되는 것이었지만, 사소하다고 할 수 없는 것도 상당히 많았다. 이 풍자적이고 통렬한 내용은 언론을 감시하는 데 유용한 역할을 했다.

『뉴욕타임스』는 변호사를 고용해서 '디지털 밀레니엄 저작권법'을 매우 부적절한 방법으로 남용했다. 이 법에 따르면 저작권 보유자가 자신의 저작권이 침해되었다고 인터넷 서비스 업체에 알리면, 그 인터넷 서비스 업체는 저작권 침해의 의혹이 제기된 문제의 웹사이트(이 웹사이트가 법적으로 대항하겠다는 의사를 밝히지 않는 한)를 닫아야 하도록 되어 있다. ('디지털 밀레니엄 저작권법'에 대해서는 11장에서 더 상세히 다룰 것이다.) 『뉴욕타임스』의 주장에 말이 되는 부분이 있다손 치더라도, 이것은 저작권의 문제라기보다는 상표권 문제에 더 가까워 보인다. 문제가 된 〈내셔널 디베이트〉의 페이지가 『뉴욕타임스』 웹페이지의 실제 레이아웃을 상당 부분 가져다 썼기 때문에, 보는 사람들은 이게 진짜 『뉴욕타임스』 페이지라고 착각할 소지가 있기는 했으니까.

이러한 위협에 대해 예측 가능한 결과가 펼쳐졌다. 몇 개의 다른 웹사이트가 『뉴욕타임스』에 대한 저항의 뜻으로 그 금지된 페이지를 미러링(mirroring, 콘텐츠를 자신들의 컴퓨터 서버에 올리는 것)하기 시작한 것이다. 그래서 〈내셔널 디베이트〉는 더 많은 독자를 갖게 됐고 『뉴욕타임스』는 악당처럼 여겨지게 되었다. 『뉴욕타임스』로서는 거의 생각지 못한 반응이었을 것이다. 결국 『뉴욕타임스』는 "〈내셔널 디베이트〉가 풍자 사이트임을 명시한다면 문제 삼지 않겠다."고 한 발 물러섰다. 그리고 칼럼에 대한 바로잡기 정책을 일부 수정해서, (오류가 있을 경우) 그 다음의 칼럼에서 바로잡는 부분을 포함하도록 했다.[15]

금지된 링크, 그리고 기타 불법 행위들

링크는 인터넷에서 핵심 기능 중 하나다. 홈페이지를 만들면 누구라도 거기에 링크를 걸 수 있다. 그렇지 않은가? 음, 항상 그렇지는 않은 것 같다.

링크가 나쁜 일인 경우도 있다. 이를테면 폭력을 선동하는 사이트처럼 내가 유해하다고 생각하는 사이트에 링크를 거는 일은 없을 것이다. 하지만 구체적으로 저널리즘의 목적에 부합하는 웹사이트라면 나는 아마 링크를 하려고 할 것이다. 물론 이때도 (링크를 할 만한 사이트인지 아닌지) 심사숙고해서 결정하겠지만 말이다. 이런 문제들에서 어디에 선을 그어야 할 것인지는 각 개인이 직업적 기준에 따라 결정하는 것으로 여겨진다. 무엇보다 우리는 윤리와 뉴스 가치의 측면에서 이런 문제들을 바라보아야 한다.

그러나 일단 내가 링크를 거는 것 자체가 허용되어 있어야 한다는 기본적인 전제가 깔려 있어야 한다. 몇몇 기업 분쟁은 이 전제 자체를 시험에 들게 하고 있다. 1997년 (온라인) 티켓 판매 업체인 〈티켓마스터 Ticketmaster〉는 〈마이크로소프트〉를 상대로 소송을 제기했는데, 이유는 〈마이크로소프트〉가 소유한 도시 여행 가이드 회사가 〈티켓마스터〉 사이트에 '깊은 링크deep link', 즉 〈티켓마스터〉의 메인 페이지를 통과하지 않고 개별 티켓 판매 페이지로 바로 가도록 링크를 걸었다는 이유에서였다. 판사는 '깊은 링크'가 합법적이라고 판결했다.

〈티켓마스터〉가 테크놀로지를 활용해 문제를 해결하려 하지 않은 것은 이상한 일이다. 기술적으로 '깊은 링크'를 막는 것은 어려운 일이 아닌데 말이다. 즉 〈티켓마스터〉가 〈마이크로소프트〉의 '깊은 링크'에 그렇게 화가 났다면 〈티켓마스터〉로 오는 링크를 막으면 되는 것이었다. 물론 이런 의문도 생긴다. 대체 왜 〈티켓마스터〉는 (〈마이크로소프트〉를 통해) 소비자가 들어오는 것을 싫어한단 말인가? 〈티켓마스터〉 측의 설명으로는 (자사 사이트의) 모든 방문자는 〈티켓마스터〉의 메인 페이지를 통과해서 들어오도록 통제할 권리가 자신들에게 있다고 하던데, 나는 여전히 잘 이해가 안 간다.16)

'금지된 링크'에 대한 더욱 심각한 사례는 '〈유니버설〉 대 라이머드 사건'인데, 이것은 설명이 좀 필요하다.

DVD 포맷이 처음 개발되었을 때, 저작권 문제에 대해 몹시 예민했던 〈유니버설 스튜디오〉는 DVD 포맷을 통제하던 회사들과 함께 암호 표준을 하나 만들었다. 즉 이 회사들이 공식적으로 인정하지 않은 기기에서는 DVD를 틀 수 없도록 한 것이다. 그러니까 DVD를 가진 사람은 디지털 데이터 파일을 복사는 할 수 있어도 틀어서 볼 수는 없다. 이것을 풀 수 없도록 고안된 소프트웨어 암호 코드는 CSS(Content Scrambling System의 약자다)라고 불린다.

그러나 1999년 9월, 노르웨이의 한 십대 소년 존 조한센이 (신원이 알려지지 않은 다른 몇 사람과 함께) 그 코드를 풀었다. 그것은 어떤 면으로 더 약한 보호 장치였던 것이다. 조한센은 리눅스 운영체제로 돌아가는 자신의 컴퓨터로 DVD를 보고 싶었다고 말했다. (운영체제가 리눅스인 기기 중에는 공인된 DVD 플레이어가 없었다.) 조한센이 만든 프로그램(그는 이것을 DeCSS, 즉 CSS '제거' 프로그램이라고 부른다)은 인터넷에 올라왔고,

많은 사람들이 다른 운영체제에서도 작동할 수 있도록 이것을 바꾸어서 적용했다. DVD 재생에 대한 절대적인 통제권이 침해된 〈유니버설〉은 난리가 났다.

몇 가지 소송이 이어졌다. 그중 하나는 노르웨이 법정에서 진행됐다. 조한센은 저작권법을 침해한 것으로 기소되었고 노르웨이 법정은 무죄를 선고했다. 검사는 항소를 했고 다시 재판이 열렸다. 그는 또다시 무죄 판결을 받았다.

한편 몇몇 영화제작사는 『2600』이라는 해커 잡지의 편집자를 상대로 소송을 제기했다. 저널리즘에 심각한 함의를 갖는 사건이었다. 제작사들의 주장은 이 잡지의 편집자 에릭 콜리가 DeCSS 코드를 『2600』 웹사이트에 올리고, 그 코드가 올라와 있는 다른 사이트들에 링크를 건 것은, 다른 이들에게는 유효했을 저작권 보호 방법을 무력화하는 데에 사용될 수 있는 테크놀로지를 만듦으로써 '디지털 밀레니엄 저작권법'을 위반한 것에 해당한다는 것이었다. 이 소송에서는 제작사들이 승리했고, 수정헌법 제1조가 보호하는 중요한 권리들이 이 과정에서 침해되었다.

2000년, 일련의 판결이 나오기 시작했다. 우선, 뉴욕의 1심 법원은 (나중에는 고등 항소 법원도) 코드(여기에서는 DeCSS 코드를 말함)는 수정헌법 제1호가 표현의 자유에서 보호하고 있는 '표현'에 해당하지만, '기능적인' 코드는 2차적인 지위를 가지며, 따라서 합법적인 사용이 있을 시라도, 이것이 가능케 할 수 있는 불법적인 사용을 이유로 금지될 수 있다고 밝혔다. 이 판결에 대항해서 사이버 활동가들은 DeCSS 코드를 티셔츠에 새겨서 입고 다녔다. 또한 DeCSS 코드를 일본 단문시인 하이쿠 등 여러 가지 형태로 변형해서 인터넷에 올렸다. 물론 이것도 (법원에 따르면) 불법이겠지만, 그 판결 자체가 본질적으로 얼마나 비논리적인지를 보여 주는 것이었다. 그러나 이런 풍자적인 비판만으로는 저작권 보유자들 정부를 등에 업은 쪽의 위세를 줄이지 못한다. 그들이 개인을 상대로 무기를 휘두른다면 말이다.

둘째로, (이것이 더 놀라운 것인데,) DeCSS 코드를 직접 올리는 것이 아니라 코드가 올라와 있는 사이트에 링크를 거는 것까지도 불법이라고 판단한 것이다. 게다가 링크된 사이트가 미국 사이트가 아닌 경우에도 말이다. 이번에도 1심 판사와 항소 법원 판사 모두, 이러한 상황에서의 링크는 금지될 수 있다고 판결했다.[17]

저작권 보유자들이 이러한 판결을 따른다고 했을 때, 이 판결들이 가져올 숨 막히는 결과는 명확하다. 나 역시 내 블로그에 DeCSS 코드의 링크를 걸었지만, 영화 제작사들은 나나 내가 속한 회사를 고소하지 않았다. 내가 콜리보다 더 '합법적인' 저널리스트라는 말인가? 법원은 효과적으로 이러한 구분을 해냈지만, 이것은 매우 우려스러운 것이다. 버클리 캘리포니아 대학 법대 교수인 마크 렘리는 온라인 잡지 〈살롱〉에서 이렇게 언급했다.

분명히 법원은 링크가 법적으로 문제가 되는 경우를 한정하려고 한다. 하지만 그렇더라도, (법원이) 다른 곳의 정보에 링크를 거는 것을 불법이라고 말했다는 사실 자체만으로도 언론 매체에 우려스러운 함의를 갖는다. 예를 들어, 만약에 〈살롱〉이 독자들에게 DeCSS에 대해 돌아가는 상황을 상세히 알려 주고자 한다면, (〈살롱〉) 기자들은 법정에 불려 가 왜 그러한 정보들에 링크를 걸었는지 심문을 당할 것이다. 언론사의 의도에 대한 소송이 이어지고, 많은 기자들이 법정에 가게 될 것이다.

다행스런 점은, 내가 아는 한에서는 아직 이 시나리오가 현실로 나타나지 않았다는 것이다. 하지만 이렇게 될 가능성은 남아 있으며, 또 다른 위험을 수반할 수 있다. 만약 판사들이 어떤 종류의 저널리스트는 합법적이고 다른 저널리스트는 아니라고 한다면, 풀뿌리 저널리즘이라는 개념 자체가 위협을 받게 되는 것이다. 1) 존재하지도 않으며, 2) 소위 '합법적인' 저널리스트들의 활동까지도 제한할 수 있는 이상한 구분을 짓게 되는 것이다. 언젠가는 저널리스트가 허가제나 자격증제가 되어야 한다는 말인가?

DVD CSS 사건은 또 다른 표현의 자유 문제를 제기했다. 영화 업계는 텍사스에 사는 사람을 캘리포니아 법정에서 고소했는데, 그가 올린 DeCSS 코드가 기업 기밀을 훔친 것에 해당한다는 것이었다. 고소당한 사람의 변호사는(〈전자 프론티어 재단〉의 변호사들도 여기에 참여했다) DeCSS가 이미 널리 퍼져 있는 것을 생각할 때 이것이 더는 기밀로 간주될 수 없다는 점을 지적했고, 법원도 이에 동의했다.[18] 상식이 1점을 따내는 순간이었다.

저작권과 관련된 논쟁은 표현의 자유나 링크의 자유 침해에 대한 문제를 넘어선다. 인터넷 테크놀로지의 핵심과 관련된 것이기 때문이다. 11장에서 자세히 살펴보자.

1) 사이버통신 디스패치 아카이브: http://cyberwerks.com/cyberwire.cwd

2) 미크스는 나에게 이렇게 말했다. "(그 회사나 경영자를 언급하는 기사를 쓸 때 이야기를 해 주기는 하지만) 기사 내용을 미리 보여 줘야 한다는 요구 사항은 없었다. 그래서 이 조건을 받아들이는 것이 어렵지 않았다. 그리고 내가 그곳에 대해 무언가를 쓴다면 그 회사는 기사가 나가기 42시간 전에 어차피 알게 된다. 내가 취재를 하기 위해 전화를 했을 테니까 말이다." 게다가 그 협정은 18개월 동안만 지속되었고, 어쨌든 그 이후에 미크스는 그 회사에 대해 기사를 쓰지 않았다.

3) 블로거이자 법학 교수인 글렌 레이놀즈는 이렇게 말했다. "명예훼손죄가 성립하려면 문제의 발언이 1) 의견이 아니라 사실관계에 대한 것이어야 하고(사실의 적시), 2) 거짓이어야 하며, 3) 누군가의 명성에 실질적인 해를 입혀야 한다." 공인에 대해서는 명예훼손죄가 성립하는 기준이 더 까다롭다. 문제의 발언이나 보도가 현실적 악의하에 이뤄졌다는 것, 즉 발언자나 보도자가 그것이 허위임을 알았거나 허위 여부를 상관하지 않고 발언/보도했음까지 입증되어야 공인에 대한 명예훼손죄가 성립한다.

4) Balkinization, http://balkin.blogspot.com

5) 발킨의 글 전문을 보려면 다음 사이트를 참고할 것. http://balkin.blogspot.com/ 2003_06_ 29_balkin_archive.html#105723343690170641

6) 〈니목스〉 사건에 대한 〈스탠포드 사이버 법률 클리닉〉 자료는 http://cyberlaw.stanford. edu/about/cases/000905.shtml을 참고할 것.

7) 이 사건에 대해서는 『이코노미스트』지의 기사를 참고할 것. http://www.economist.com/ agenda/displayStory.cfm?story_id=1489053).

8) 당시 하미디를 도왔던 〈전자 프론티어 재단〉의 관련 자료를 참고할 것. http://www.eff.org/ Spam_cybersquatting_abuse/Spam/Intel_v_Hamidi/

9) 『온라인 저널리즘 리뷰』에 게재된 마크 글레이저의 글을 참고할 것. http://www.ojr.org/ ojr/glaser/1050584240.php

10) http://www.turnitin.com, 학교에서 사용하기 쉽도록 만들어진 것으로 학생들이 제출한 페이퍼를 온·오프라인을 망라한 데이터베이스와 비교해서 이미 존재하는 다른 페이퍼를 표절했는지를 잡아낸다.

11) http://www.chillingeffects.org, 〈전자 프론티어 재단〉과 하버드, 스탠포드 등 몇몇 유명한 법대가 후원하는 조직.

12) http://www.wipo.int, 이런 종류의 분쟁에 대해 제소가 들어오면 조정하고 결정을 내릴 수 있는 권한을 가지고 있다.

13) Consumer project on technology, http://www.cptech.org

14) 〈세계 지적 재산권 기구〉 조사단의 전문을 보려면 http://arbiter.wipo.int/domains/

decisions/html/2000/d2000-0584.html을 참고할 것.

15) 『뉴욕타임스』 2004년 2월 28일자에 실린 기사, "오피니언의 특전, 사실관계 확인의 의무"를 참고할 것.

16) 링크를 금지하려는 움직임의 또 다른 다른 사례에 대해서는 〈칠링 이펙트 클리어링 하우스〉의 웹사이트를 참고할 것. 여러 기업 사이트들에서도 (의도치는 않았겠지만) 웃기기 짝이 없는 '링크 정책'을 찾을 수 있을 것이다.

17) 〈전자 프론티어 재단〉은 이와 관련된 사건들의 아카이브를 제공하고 있다. http://eff.org/IP/Video/MPAA_DVD_cases/

18) DVD CSS에 대한 항소 법원 판결. http://www.eff.org/IP/Video/DVDCCA_case/20011101_bunner_appellate_decision.html

제11장

제국의 역습

우리에게 약속된 것은 자유였다. 그리고 한동안 자유는 현실이었다.

우리는 일찍이 인터넷은 (사회적인) 경계와 구분이 중요하지 않은, 대체적으로 규제되지 않은 공간이 될 것이라고 믿었다. 좋은 면으로든 나쁜 면으로든, 개인의 자유가 가장 중요한 조건인 공간 말이다. 어쨌 거나 인터넷은 견고한 커뮤니케이션 시스템이 될 것이었다. 인터넷은 이론상으로는 핵 공격에도 끄떡없을 수 있었다. 그래서 초기의 네티즌 들이 인터넷에서는 뭔가 다른 원칙이 적용될 거라고 믿은 것도 무리는 아니었다. 왜냐하면, 한동안은 실제로 그랬으니까.

우리는 '사이버 공간의 자유'가 우리의 문화와 정보에 강력하고 전 례 없는 방식으로 확장될 거라고 생각했다. 최초의 다수 대 다수 매체 인 인터넷은, 거대 언론과 거대 기업이 제공하고 싶어하는 것만을 수 동적으로 받아들이라고 하는 중앙 집중식 매체의 전횡과 역겨운 소비 주의로부터 우리를 해방시켜 주리라고 믿었다. 우리는 "주어지는 것을 받아들이든지, 싫으면 떠나든지" 식의 세상을, 정보에 기반을 둔 전 지구적 대화의 세계로 바꾸게 될 것이라고 믿었다. 피통치자들은 정치적 과정에서 "우리, 즉 국민"■으로서 진정한 참여자가 될 것이라고 믿었다.

그러나 탄압이 시작되었다. 우리가 바라보는 모든 곳에서 중앙 집중적인 권력과 당국은 우리가 만들어 온 진보의 속도를 늦추는, 어쩌면 아예 멈추는 방법을 찾아내고 있다.

이런 세력에는 정부나 거대 통신 회사, 그리고 내가 '저작권 카르텔'이라고 부르는 엔터테인먼트 업계가 포함되어 있다. 이것은 예상할 수 있는 일이다. 그러나 안타깝게도, 한때는 사이버 공간의 자유를 약속해 줬던 테크놀로지 업계의 개척자 중 일부도 이런 세력의 일원이 되어 있다.

점점 증가하는 탄압과 제약이 풀뿌리 저널리즘에 악영향을 끼치게 될까? 그럴 가능성이 정말로 있다. 따라서 우리는 자유를 지키기 위해 싸워야 한다. 그렇지 않으면 저널리즘의 구조는 정부와 거대 기업이 거의 전적으로 지배하는 체제가 될지 모른다. 이 시나리오는 거대 미디어가 상당한 통제력을 가지고 있는 오늘날보다도 훨씬 더 좋지 않은 상황이다.

11장의 내용은 (사이버 공간의 자유에 대한) 심각한 위협이 무엇인지와, 그에 대응하기 위해 우리가 개인적으로, 또 집단적으로 무엇을 해야 할지에 관한 것이다.

■ We, the People, "우리, 미합중국 국민은We, the people of the United States"으로 시작하는 미국 헌법의 첫 세 단어.

정부와 거대 기업의 참견이 심해지다

이제까지 풀뿌리 저널리즘에 대한 정부의 제약은 은밀히 이뤄지기보다는 대놓고 이뤄지는 경향을 보였다. 예를 들면, 2003년 중국 정부는 몇 번씩이나 수천 개의 블로그에 접근하는 통로를 무차별적으로 틀어막아 버렸다. 중국 정부의 '만리방화벽'■은 이전에도 자국민이 보지 않았으면 하는 특정 뉴스나 사이트를 (내가 속한 신문사도 포함해서) 막아 왔지만, 이번에는 아예 (대표적인 블로그 호스팅 사이트인) 〈블로그스팟닷컴blogspot.com〉에서 생성된 블로그라면 종류를 불문하고 중국에서 접속할 수 없도록 차단한 것이다.

정치적인 내용에 대해 검열을 하는 나라가 중국뿐인 것은 아니다. 하버드 법대 〈인터넷과 사회를 위한 버크만 센터〉의 조나단 지트레인과 벤 에델만에 따르면, 사우디아라비아 정부도 구석구석 통제력을 행사하고 있다. 정부의 간섭(정보가 국경을 넘나들며 흐르는 것을 정부나 기업의 입맛대로 막는 것)은 점점 줄어들기는커녕 더 광범위한 현상이 되어 가고 있다. 게다가 꼭 중국이나 사우디아라비아 같은 억압적 정권에서만이 아니라 프랑스나 싱가포르 같은 나라에서도 그렇다. 침해 행위가 이런 검열만 있는 것이 아니다. 미국 같은 서구 민주주의 국가의 정부는 국민의 생활을 살펴보고 감시하는 능력을 강화하고 있는데, 이것은 정부의 통제에서 벗어난 목소리에 찬물을 뿌릴 수 있는 것이다.[1]

정보에 대해 진정으로 자유로운 접근이 이뤄지려면 추적당하지 않

■ 만리장성the Great Wall의 패러디.

고 정보를 보내거나 받을 수 있어야 한다. 그런데 이것이 급속도로 불가능해지고 있다. 여기서 정말 아이러니한 일은, 시민의 일상을 감시하는 테크놀로지 사용에 관한 한, 정부가 아니라 미국의 기업들이 (시민들의) 프라이버시를 침해하는 주범이라는 것이다.2)

원래의 웹 공간은 누가 어느 사이트를 방문해서 무엇을 하는지를 다른 사람들이 알 수 없는 구조였다. 그러나 1990년대 중반 〈넷스케이프〉가 '쿠키'라는 것을 개발했다. 이것은 사용자의 컴퓨터 안에 생성되는 파일인데, 웹사이트 운영자가 방문자들이 어디로 갔는지, 그리고 언제 갔는지를 추적할 수 있게 해 준다. 스탠포드 법대 교수 로렌스 레시그는 '쿠키'가 프라이버시를 침해할 가능성이 있다는 점을 우려하면서, "'쿠키'라는 달콤하고 행복한 이름을 붙일 것이 아니라, 실제로 하는 일에 걸맞게 '네트워크 스파이'라는 이름을 붙였어야 한다."고 말했다.

'쿠키'는 프라이버시와 관련해 중대한 문제가 될 수 있다. 이런 테크놀로지들이 다 그렇듯이 '쿠키'에는 좋은 점도 있다. 자주 방문하는 사이트 주소를 저장해 두기 때문에 사용자의 시간을 절약해 준다. '쿠키'가 없다면 나의 '마이 야후!' 페이지도 존재할 수 없을 것이다. 하지만 '쿠키'(의 프라이버시 침해 가능성)에 대해 우려하는 네티즌들은 자신들이 어떤 웹사이트들을 다니는지 추적할 수 없게 하기 위해 컴퓨터에 '쿠키' 파일을 생성하지 않도록 웹브라우저를 설정해 놓기도 한다. 그러나 웹사이트 개발자들은 '쿠키'가 사용자의 편리성을 높이는 데나 마케팅 활동에 굉장한 가치가 있다는 것을 알게 됐다. '쿠키'는 인터넷의 기본적인 기능 중 하나가 되었고, 앞으로도 사라지지 않을 것이다.

온라인이 아니라 현실 생활이라고 생각해 본다면 '쿠키'가 얼마나 심각한 프라이버시 문제를 가지고 있는지 실감할 것이다. 당신이 백화점에 갈 때 아무도 비디오카메라를 들고 따라다니면서 당신이 보는 모든 물건을 카메라로 찍어 대지 않는다. (점점 많이 사용되고 있는 '몰래카메라'가 있지 않은 다음에야 말이다.) 그런데 '쿠키'가 있으면 바로 이런 일이 가능해지는 것이다. 컴퓨터 사용자가 인터넷상에서 보는 것은 무엇이든 기록하는 것. 그 결과, 사람들의 사적인 정보가 값을 많이 쳐 주는 사람이나 법률 청원을 내는 사람 등에게 팔리는 상품이 되어 버리고 말았다.

컴퓨터는 인터넷을 통해 돌아다니는 정보의 움직임도 추적할 수 있다. 레시그는 '모르페우스Morpheus' P2P 서버를 설치해 사람들이 그의 강의를 자유롭게 내려받을 수 있도록 했다. 그런데 스탠포드 대학의 시스템 관리자인 "네트워크 경찰"에게서 전화가 왔다. 레시그의 사무실에 있는 컴퓨터에서 불법적인 행위가 이뤄지고 있음이 포착되어 그 컴퓨터의 네트워크 연결을 끊었다는 것이다. 엔터테인먼트 업계를 화나게 할까 봐서, 스탠포드 대학 당국은 특정한 소프트웨어가 설치되었다는 사실만으로도 불법이라고 간주해 버린 것이다. 이는 그 소프트웨어를 합법적인 용도로 이용하는 것까지도 막아 버리는 정책이다.[3]

스팸 메일과 같은 소위 '불량 콘텐츠objectionable content'를 걸러 내는 '필터링' 시스템은 유용한 정보까지 차단해 버릴 우려가 있다. 자발적인 활동가들이 작성한 "스팸 요주의 목록Spam Blacklist"이 현재 널리 사용되고 있는데, 자칫 스팸 메일이 아닌 것까지 블랙홀 안으로 사라지게 만들 가능성이 있다. (그 전자우편 계정이 하필이면 스팸 메일 발송자가 많이 사용하는 ISP의 것이라든가 하는 이유로 말이다.) 이것은 검열이라고는 볼 수 없다. 정부가 막는 것이 아니기 때문이다. 하지만 좋은 의도로 시작됐다고 해도, 일부에게 해가 되는 콘텐츠를 막는다는 이유로 더 광범위한 콘텐츠의 유통을 전반적으로 막아 버리게 되는 것은 바람직하지 않은 경향이다.

필터링에는 전문용어로 'IP 매핑IP Mapping'이라고 하는 것도 포함된다. 이것은 데이터가 어느 웹사이트로부터 요청을 받았는지를 서버가 확인할 수 있게 해 주는 기술이다. 이러한 기술은 필연적으로 '인터넷 구획나누기'라는 결과를 가져온다. 10장에서 언급했듯이, 그렇게 되면 각기 다른 나라에 있는 사람들은 동일한 웹사이트 주소를 입력해도 각기 다른 내용들을 보게 된다. (곧 이런 상황이 올 것 같다.)

저작권 카르텔

미국 헌법 제1조 제8절 「연방 의회에 부여된 권한」에 따르면 (미국 연방 의회는) "저작자와 발명자에게 그들의 저술과 발명에 대한 독점적 권리를 일정 기간 확보해 줌으로써 과학과 유용한 기술의 발달을 촉진시키"도록 되어 있다.

여기에서 저작권법의 역사에 대해 상세히 다루지는 않을 것이다. (이 부분에 대해 자세히 알고 싶다면 레시그가 쓴 글들, 특히 저서 『자유로운 문화: 거대 언론이 문화를 죽이고 창조력을 통제하기 위해 어떻게 테크놀로지와 법을 이용하는가』[4]를 참고할 것.) 하지만 현재 돌아가는 상황은 저작권법을 처음 입안한 사람들의 취지를 왜곡하고 있으며, 앞으로 이런 국면은 훨씬 더 악화될 것만 같다.

우선 '저작권'이라는 개념 자체가 원래 헌법을 입안했던 사람들이 생각한 것에서 얼마나 많이 달라졌는지를 알아야 한다. 원래는 무언가를 발명하고 창조한 사람과 나머지 사람들 사이의 거래 관계를 정할 의도로 입안됐지만, 현재는 무자비하고 절대적인 통제의 수단이 되어 버렸다. 균형은 사라졌다.

법과 전통에 의거하여, 저작권법은 발명한 사람 당사자뿐 아니라 다른 모든 사람에게도 그 작품을 사용할 권리를 부여한 것이었다. 예를 들면 학자들은 저작권 보호를 받는 책에서 일부를 인용해 새로운 연구에 활용할 수 있다. 이것이 내가 만들 새로운 작품의 일부분으로서 다른 사람의 작품 중 작은 부분을 이용하는 데 있어서의 '공정 사용'이라는 개념이다. 최근에는 '공정 사용'의 개념이 소프트웨어를 개인적으로 백업해 두거나, 텔레비전 프로그램을 나중에 다시 보려고 녹화하는 것 등으로까지 확대되었다. 그러나 통제를 행사하려는 세력은 '공정 사용'의 정의를 바꾸어 버렸다. 그들은 '공정 사용'이란 저작권 보유자가 승인할 경우에만 적용되는 것이라고 간주한다. 그리고 (공정 사용 범위에 논란을 가져올 만한) 새로운 테크놀로지가 등장하는 경우, 법은 점점 더 그들의 손을 들어주고 있다.

본래 '공정 사용'이라는 것의 핵심은 저작권 보유자가 승인을 하지 않더라도, 혹은 심지어 반대를 하더라도, 다른 사람들이 여전히 합법적으로 그 사람의 작품을 사용할 수 있는 범위를 정해 놓은 것이다.

뉴욕 대학 문화 커뮤니케이션학과의 학부 과정 디렉터인 시바 바이드히아나탄은 컨트리음악에 대한 학술 서적을 쓴 어느 저자의 사례를 이야기해 줬다. 그 저자는 음악에 대한 책을 쓰면서도 가사를 하나도 인용하지 못했다. 겁쟁이 출판사는 저작권자에게서 소송이 들어올까 봐 걱정이 되어서, '공정 사용'의 범주에 해당하는 만큼의 인용은 (저작권 보유자의 허가 없이) 그냥 할 수 있음에도 불구하고, 저자가 쓰고 싶어 했던 가사를 인용하지 않은 채 출판을 한 것이다.5) '공정 사용'의 개념을 저작권 보유자가 승인하는 경우로만 한정해 버리는 것은 공정 사용을 아예 없애 버리는 것이나 마찬가지다. 11장의 뒷부분에서 이에 대해 다시 알아볼 것이다.

헌법을 처음 만든 사람들이 생각한 '지적 재산권'의 핵심은, 법이 정한 '제한된 기간'이 지나면 저작물은 공유 재산으로 간주된다는 것이었다. 즉 그 기간이 지나면 다른 사람들이 그 작품을 마음껏 활용할 수 있다. 그런데 문제는 그 제한된 기간이 원래는 14년이었는데, 〈디즈니〉 같은 저작권자들의 로비로 점점 늘어난 것이다. 14년이었던 것이 지금은 저자의 생후 70년, 혹은 기업이 저작권자인 경우 95년으로 늘었다. 이게 무슨 놀라운 우연의 일치인지, 저작권 유효 기간은 매번 미키 마우스의 저작권이 만료될 즈음에 연장된 것 같다. (이것으로 보건대, 이제는 어떤 것도 공유 재산에 들어갈 수 없을 것 같아 보인다.) 이것은 저작권 보유자가 이중으로 도둑질을 하는 셈이다. 소수의 가치 있는 작품을 보호하기 위해 우리에게서 공공의 유산을 박탈해 갔다. 또한 그들은 혁신을 가로막고 있다.

만약 1930년대에도 오늘날과 같은 규정이 적용됐더라면, 월트 디즈니는 미키 마우스를 결코 창조하지 못했을 것이다. (미키 마우스는 다른 사람의 작품에서 따온 것이다.) 빅토르 위고는 오늘날의 〈디즈니〉 제국이 『노틀담의 곱추』를 어린이용 만화로 만든 것을 보면 무덤에서 벌떡 일어날 것이다. 그러나 빅토르 위고의 작품은 공유 재산이 되었기 때문에 그것으로부터 새로운 예술이 탄생했던 것이다.

이러한 상황은 사람들이 모든 종류의 디지털 콘텐츠를 다양한 방법으로 사용할 수 있는 자유에 기반하고 있는 오늘날의 풀뿌리 저널리즘에 어떤 시사점을 가질까? 온통 나쁜 것들뿐이다.

보는 이의 눈

현재의 저작권 논쟁에는 여러 가지 아이러니가 있다. 그중에서도 두드러진 것은, 지금 그렇게도 절대적인 통제권을 주장하는 기업들이 정작 자신은 오늘날 그들이 '불법 복제'라고 부르는 것을 통해서 사업을 시작했다는 점이다. 또한 수정헌법 제1조의 정신을 지키기 위해 그토록 영예롭게 싸웠던 산업이(수정헌법 제1조가 아니었다면 그 산업 자체가 살아남을 수 없었을 것이다) 이제는 다른 사람들의 표현의 자유를 위협하는 소송을 앞장서서 내고 있다는 것도 부끄러운 일이다.

기술의 진보는 항상 기존의 사업 모델을 위협한다. 그리고 위협당하는 업계는 항상 진보를 멈추려고 한다. 온라인 시민 자유주의 활동가이자 공상 과학 소설가인 코리 독토로는 자신이 쓴 소설 두 편을 서점에서 판매가 시작되는 것과 동시에 온라인에서도 공짜로 내려받을 수 있게 했다. 독토로는 이렇게 말했다. "마르코니를 상대로 소송을 걸었던 보드빌 배우들은, 누가 극장에 와서 자신들의 공연을 볼지에 대해 100퍼센트 통제력을 갖고 있던 체제에서 누가 라디오를 갖고 자신이 나오는 채널을 들을지에 대해 0퍼센트의 통제력을 갖는 체제로 들어가야 했다." 즉 보드빌 배우들은 성공적이었던 자신들의 옛 사업 모델을 위협하는 새로운 기술을 막고 싶었던 것이다.

이때뿐이 아니었다. 최근의 사례를 들자면, 할리우드 제작사들은 가정용 비디오 녹화기를 없애려고 했다. (다행히) 고등법원의 1984년 판결은 근소한 차이로 텔레비전 프로그램을 녹화해서 나중에 다시 볼 수 있는 권리를 지켜 냈다.6)

디지털 테크놀로지의 등장은 엔터테인먼트 업계를 공포에 떨게 했는데, 그럴 만도 했다. 디지털로 복사를 하는 것은 비디오테이프와 같은 아날로그 형태를 복사하는 것과 달리 원본의 상태를 손상시키지 않는다. (아날로그 복사는 한두 번만 해도 원본이 손상되지만 말이다). 게다가 (디지털 콘텐츠를) 복사해서 퍼뜨리는 것이 매우 쉬운 사이버 공간은 저작권 침해의 온상으로 여겨지면서 엔터테인먼트 업계를 긴장시켰다.

그러나 엔터테인먼트 업계는 약삭빠르게 (그리고 옳지 않게) 이 문제를 '훔치기' 대 '재산권'의 구도로 몰아갔다. 사실 문제의 본질은 이런 성질의 것이 전혀 아니다. '아이디어'라는 것은 물리적 재산과는 다른 것이며, 실제로 우리 역사에서 내내 별도의 것으로 취급되어 왔다. 만약 내가 당신의 자동차를 가져간다면 당신은 그 자동차를 탈 수 없게 된다. 그러나 내가 당신이 가진 노래를 복사한다고 해도 당신은 여전히 그 곡을 가지고 있는 것이다. 남의 것을 침해하는 것은 물론 옳지 않은 일이다. 나는 침해를 옹호하자는 것이 아니다. 그러나 어느 정도의 침해는 항상 있어 왔고, 저작권 보유자들도 사회와의 전반적인 거래의 일부분으로써 어느 정도의 침해는 받아들여 왔다.

1990년대 초, 할리우드(특히 음반 업계)가 경고 사이렌을 울리기 시작했다. 의회는 그들에게 우호적이었고(엔터테인먼트 업계가 선거에서 기부를 많이 한데다가, 미국 사회에는 재산권을 다른 모든 권리보다 우선시하는 경향이 있는 점 등이 이유일 것이다), 1998년 엔터테인먼트 업계는 연방 의회에 로비를 해 '디지털 밀레니엄 저작권법Digital Millenium Copyright Act, DMCA'이 통과되게 했다. 이 법은 (디지털 콘텐츠) 사용자와 생산자의 권리를 존중한다며, 저작권법을 정책을 디지털 영역으로 가져온 것이다.

DMCA는 파격적이면서 복잡한 법이다.[7] 이 법은 저작권 보유자들에게 그들이 이제까지 누렸던 어떤 것보다도 훨씬 더 큰 힘을 실어 주었다. 특히 문제가 많은 조항은, 저작권 보호 규정이나 장치를 피해 가는 방향으로 사용될 가능성이 있는 테크놀로지의 경우, 그 테크놀로지의 사용 자체를 (합법적인 사용의 경우까지도) 막은 것이다. 이 법은 사람들이 저작권 보호 장치를 피해 가기 위해 어떻게 했는지에 대해 정보를 주는 것도 금지하고 있다. DVD 코드를 해킹한 노르웨이의 존 조한슨이나 그것을 인터넷에 올린 에릭 콜리가 호되게 겪었듯이 말이다.

DMCA는 계속해서 남용되어 왔다. 엔터테인먼트 회사들의 제품에 적용된 보안 장치가 쉽게 해체될 수 있다는 점을 연구해 발표했다는 이유로 법적인 위협에 처한 학자들도 있다.[8] 2002년에는 한 러시아인 프로그래머가 기소되고 그의 회사도 소송이 걸렸는데(무죄 판결이 되었다), 이유인즉 전자책을 만들 수 있는 소프트웨어를 판매했다는 것이었다.9) 또 어느 프린터 업체는 저렴한 대체용 카트리지를 만든 업체에게 DMCA법 위반을 들어 소송을 제기했다.10) 해마다 이런 소송은 숫자도 늘고 있고, 내용도 점점 황당해지고 있다.

저작권의 매력, 그리고 험난함

(저작권 문제에 대한) 엔터테인먼트 회사의 입장을 가장 일목요연하게 밝힌 사람은 아마도 잭 발렌티일 것이다. 그는 〈전미영화협회〉 회장을 오랫동안 맡아 왔고, 저작권법 관련 로비의 핵심 인물이다. 2002년 가을, 워싱턴에 있는 그의 사무실을 찾아가 보니, 그는 늘 그렇듯이 유쾌한 사람이었다. 발렌티는 자신들의 모든 입장은 할리우드가 고객들을 행복하게 해 주길 원하며 인터넷은 사람들을 행복하게 해 주는 데 굉장한 수단이 될 수 있다는 원칙에서 나온다고 말했다. 그는, 그러나 인터넷의 이러한 잠재성을 갉아먹는 커다란 위협들이 있다며, 영화를 고객에게 전달해 온 기존의 방법들과 달리 인터넷은 사람들에게 "자기 것이 아닌 것들까지 가져가게 해 주는" 방법을 제공하고 있다고 말했다.

그럴듯하게 들린다. 그러나 발렌티는 "저널리즘의 혁신과 더 넓게 말해 지적인 혁신에 매우 중요한 '공정 사용'(녹화나 프로그래밍뿐 아니라 인용까지 포함해서) 권리를 침해하지 않으면서도, 인터넷에서 영화나 텔레비전 프로그램이 복사되고 퍼지는 것을 막는 방법이 뭐라고 생각하는가?"라는 중요한 질문에 대해서는 점잖게 답변을 거부했다. 그리고 그는 미래의 테크놀로지(개인용 컴퓨터를 포함해서)는 사람들이 승인받지 않은 복사를 할 수 없도록 개조되어야 할 것이라고 철석같이 믿고 있었다.

발렌티는 엔터테인먼트 업체의 입장에서 그러한 개조가 필요하다고 보는 세 가지 주요 영역을 언급했다. '방송 깃발broadcast flag', '아날로그 홀analog hole', 'P2P 파일 공유'가 그것이다. 발렌티는 각각에 대해 테크놀로지 업계 및 소비자 가전업계와의 협상을 통해 서로가 동의할 수 있는 결과를 얻어야 할 것이라고 말했다.

이 중에 테크놀로지 업계와 협상이 이뤄진 것은 딱 하나뿐인데, FCC에 의해 2003년에 입안되었다. 이것이 '방송 깃발'[11]인데, (디지털 방송에 실어 보내는 특정한 신호를 통해) 디지털 방송 프로그램에 표시를 해서 불법 복제를 막는 것이다. 이론적으로는, 가정에서 텔레비전을 보는 시청자들은 디지털 방송을 녹화해서 나중에 다시 보는 것이 여전히 가능하다. 하지만 녹화한 프로그램을 퍼뜨릴 수는 없다. 물론 가정에서 녹화를 할 수 있다는 것도 규정일 뿐이고, 엔터테인먼트 업계는 이 정도의 소비자 자유마저 막으려 들 것이 확실하다. 그러니 "도대체 가정용이 아닌 목적의 녹화는 효과적으로 금지하면서도 가정에서 볼 목적의 녹화는 완전히 허용하는 것이 가능한가?"라는 문제에 대해서는 고민하지 마시라.

발렌티가 지적한 두 번째 문제는 엔터테인먼트 회사들이 '아날로그 홀'이라고 부르는 것이다. 인간은 디지털 미디어를 구성하고 있는 0과 1의 조합들을 읽어 낼 수 없다. 그래서 기계가 디지털 콘텐츠를 우리 눈과 귀가 보고 들을 수 있는 동영상과 음성의 형태로 바꾸어 준다.

따라서 엔터테인먼트 업체가 0과 1을 (복사할 수 없게) 잠가 놓는다고 해도, 누군가 비디오를 텔레비전으로 틀어 놓고 그것을 다시 비디오카메라로 촬영한다면, 짜잔, 문제는 다시 시작되는 것이다. 엔터테인먼트 업계는 이런 행동을 막을 수 있는 테크놀로지(와 법률)를 마련하려하고 있다.

세 번째 문제는 가장 광범위한 영역에 걸친 문제다. 바로 P2P 파일공유다. 영화 업계는 음반 업계에서 벌어진 일을 보고 긴장했다.[12] 발레티는 오늘날 인터넷에서 볼 수 있는 영화는 (업계의) 통제를 영원히 벗어났지만, P2P를 통해 영화를 훔치는 행위는 금지되어야 한다고 말했다.

엔터테인먼트 업계는 테크놀로지 업체가 기기를 판매할 때 아예처음부터 기기에서 일부 기능을 제한해야 한다고 요구하고 있다. 저작권 보유자들이 공식적으로 허가하지 않는 것들은 복사하지 못하도록 컴퓨터 등의 기기를 불구로 만들라는 것이다. '방송 깃발'도 그러한 위험한 방향으로 나아가는 조치 중 하나다. 더 대담하게도 엔터테인먼트 업계는 자신들이 보기에 저작권을 침해하는 데 사용되고 있다고 여겨지는 네트워크나 컴퓨터에 침입할 수 있도록 허가해 줘야 한다고 까지 주장하고 있다. 2002년, 캘리포니아주의 한 의원은 엔터테인먼트 기업의 이러한 권한 남용을 합법화하자는 법안을 제출했다. 다행히도 아직까지는 이러한 움직임이 많이 진행되지는 못했다.[13]

저작권 보유자들에게 그들이 파악한 모든 저작권 침해의 소지를 '뜯어고칠' 능력을 준다면, 이는 곧 그들에게 미래의 정보와 나아가 문화 자체에 대해 전례 없는 통제권을 주는 셈이 될 것이다. 예를 들어 보자. DVD에서 동영상의 일부를 직접 복사해 다른 작품에 사용하는 것은 현재 불법이다. 그러나 문서로 된 작품일 경우에는 일부를 복사해서 다른 작품의 일부분으로 사용할 수 있다. 그런데 전자책 업계는 저작권 보유자가 인가를 하지 않으면 극히 적은 분량이라도 잘라다 붙일 수 없게 만들려고 애쓰고 있다. 만약 단순히 인용을 하는 것까지 허락을 받아야 하거나 돈을 내야 한다면, 이것으로 인해 심각하게 손상되는 영역은 학계뿐만이 아닐 것이다.

프라이버시 문제 역시 저작권 논쟁에서 중요한 부분이다. 엔터테인먼트 업계가 자신의 저작권을 강요하려면 개개인이 무엇을 구매하고 어떻게 사용하는지 일일이 추적해야 한다. 언젠가 (아마도 우리가 생각하는 것보다 더 빨리) 거대 기업과 정부는 우리가 무엇을 읽고 듣고 보는지 전부 (그것이 저작권 보호를 받는 작품일 경우) 알게 될 것이다. 역사 감각이 있는 사람이라면 누구나 이런 상황을 우려해야 한다.[14]

이러한 미래는 내가 이 책에서 촉진하고자 하는 참여 저널리즘의 전망을 (완전히는 아니더라도) 상당히 어둡게 만든다. 예를 들어, 모든 아마추어 저널리스트가 저작권이 적용되는 내용을 인용할 때마다 반드시 허가를 받거나 돈을 내야만 한다면, 아마도 대다수는 굳이 그렇게 하면서까지 저널리즘 활동에 참여하려 하지는 않을 것이다. '공정 사용'을 가장 최근에 만든 법이 규정한 대로 해석하려는 저작권 정책이 제기하는 위험은 우리가 상상할 수 있는 어느 것보다도 살벌할 것이다.

안타깝게도 영화나 음반 업계만 이런 입장을 가진 것이 아니다. 출판사도 온라인상의 유통을 점점 우려하고 있다. 온라인상의 유통을 구식 인쇄·유통 시스템을 현실적으로 넘어서는 단계이며 새로운 독자들을 확보하는 기회로 여기는 것이 마땅한데도 말이다. 그들은 바로 자신의 존재 조건이었던 수정헌법 제1조를 비웃는 체제를 지원하고 있다. 그런데 출판업 자체가 표현의 자유라는 토대 위에서 세워진 것이 아니었던가. 출판사들이 음반 업계나 영화 업계와 같은 강경 노선을 취할 경우, 책을 빌려 주는 도서관은 특히나 위험에 처하게 된다. 볼 때마다 돈을 내야 하는 저작권 체제하에서는, '대여'라는 것이 불가능해지기 때문이다.15)

그러면 상식적인 합리성은 또다시 재정적인 위협(실제든, 그렇게 인식되는 것이든) 속에서 살아남을 수 없을 것이다. (출판 업계의) 걱정이 이해는 된다. 출판사들은 불법적인 유통이 자신들 수익성의 근간이 되는 부분에 악영향을 미칠 가능성을 우려하는 것이지, (저작권법 등을 남용해서) 얻을 수 있을 막대한 잠재적 이득을 바라고 있는 것은 아닐 것이다. 나는 전자책에 주석을 달고 하이퍼링크를 통해 다른 출처로 이동할 수 있게 하겠다는 아이디어가 마음에 들지만, 그렇게 되기 위해 치러야할 비용이 다른 기기에 책의 내용을 백업해 두지도 못하고 그 책을 다른 사람에게 줄 수조차 없게 되는 것이라면, 이건 너무나 큰 비용이라고 생각한다.

엔터테인먼트 업계가 추구하는 방향이 미래 저널리즘에 심각한 손상을 끼치게 되는 길이 또 있다. 이 책의 2장에서 나는 (예를 들면 블로거 같은) 인터넷 사용자가 만든 대용량의 음성이나 동영상 파일을 저렴하게 유통시킬 수 있는 P2P 테크놀로지의 가치에 대해 설명했다. ISP 업체는 당신의 사이트로 들어오는 트래픽의 양과 당신이 콘텐츠를 사람들에게 제공하는 데 들어가는 대역 용량에 따라 요금을 부과한다.

쉽게 풀어서 말하자면, 당신 사이트의 콘텐트가 인기를 얻을수록 당신이 지불해야 하는 사이트 운영비는 많아진다는 말이다. 이것은 '규모의 경제'■가 작용해 규모가 커질수록 유리한 오프라인과는 정반대의 상황이다.

엔터테인먼트 업계가 자신들이 통제할 수 없기 때문에 P2P 테크놀로지를 싫어한다는 점을 기억해 보자. 이들 업계가 〈냅스터〉나 〈리플레이 TV〉 같은 혁신적인 회사를 상대로 소송을 걸어 결국 이 회사들을 몰아냈다는 점도 상기해 보자. (〈〈리플레이 TV〉는 방송 프로그램을 녹화·저장하고 광고를 건너뛸 수 있게 해 주는 가정용 비디오 시스템을 개발한 회사다.) 또한 엔터테인먼트 업계는 P2P 테크놀로지를 억누르고, 그것을 사용하는 사람들을 추적할 수 있도록 의회와 규제 당국을 상대로 로비를 벌여왔다.16)

그들이 성공한다면 풀뿌리 음성과 동영상을 가장 효과적으로 유통시킬 수 있는 방법이 영영 사라지고 말 것이다. (엔터테인먼트 업계가) P2P를 통해 개별적으로 주고받는 파일의 움직임을 추적할 수 있는 권한까지만 얻어 낸다고 해도, 권위주의적 국가들에서 국민의 자유에 중요한 역할을 해 왔던 풀뿌리 저널리즘에 찬물을 끼얹게 될 것이다. 미디어의 미래는 수정헌법 제1조의 보호를 받는 사람들만 가진 것이 아니다. 전 세계의 모든 사람들에게도 속하는 것이다. 그리고 그렇게 되어야 한다.

■ 생산량이 많을수록 단위당 평균 비용이 떨어지는 현상을 일컫는 경제학 용어.

테크놀로지 기업의 배반

몇 년 전, 혁신 세력과 저작권 보호 세력 사이에 큰 싸움이 벌어졌다. 전선은 이렇게 그어졌다. 새로운 테크놀로지를 발명한 실리콘밸리 대 그러한 테크놀로지의 사용을 통제하고자 하는 할리우드. 전황은 미래의 뉴스를 만들어 내기 위해 테크놀로지의 편을 드는 사람들에게 썩 좋지가 않았다.

서서히, 그러나 확실하게, 몇 가지 중요한 쟁점에서 테크놀로지 편의 핵심 기업들이 엔터테인먼트 업계 쪽으로 넘어가 그들의 종복이 되어 갔다. 〈인텔〉은 FCC가 의무 사항으로 규정한 '방송 깃발' 테크놀로지 개발에 깊이 관여하고 있다. 〈인텔〉이 자신의 고객을 배신한 것이 이번이 처음은 아니다. 몇 년 앞서 DVD 협상에서도 그랬다. 그때 할리우드 제작사들은 DVD의 기능을 심각하게 제한하는 '디지털 복제 방지 시스템CSS'을 요구했다. (나중에 〈인텔〉의 한 내부 관계자는 이 시스템이 PC 사용자들에게 실질적인 문제를 야기할 수 있다고 인정했다).

가장 열심히 저작권 카르텔 편에서 장단을 맞춘 테크놀로지 기업은 〈마이크로소프트〉일 것이다. (많은 테크놀로지 기업이 그렇듯이) 〈마이크로소프트〉도 자신이 성장하는 동안은 저작권법을 계속해서 무시해 왔다. 코리 독토로는 이렇게 말했다.

〈마이크로소프트〉가 내놓은 첫 번째 검색엔진은 (검색하는 모든 페이지를 복사하게 되어 있었으므로) 저작권법을 위반한 것이었다. 〈마이크로소프트〉가 내놓은 첫 번째 프록시서버도 (캐시 서버에 임시로 저장하는 모든 페이지를 복사하게 되어 있었으므로) 저작권법을 어기는 것이었다. 〈마이크로소프트〉가 개인 컴퓨터에 시디를 복사해 저장하게 해 주는 '리핑ripping' 기술을 개발했을 때, 이것도 저작권법을 어기는 것이었다.

〈마이크로소프트〉가 저작권법을 깨뜨린(위반한) 것은, 저작권법 자체가 깨져 있었기 때문이다.* 〈마이크로소프트〉 같은 회사가 발명하는 새로운 기술이 나올 때마다 저작권법도 바뀌어 왔다. 〈마이크로소프트〉가 고객들에게 정말 도움이 되는 제품과 서비스를 제공하고자 한다면, 〈소니〉와 〈애플〉의 DRM(Digital Rights Management, 디지털 권리 관리)을 무력화할 수 있는 범용적인 도구를 개발해야 한다. (가정에서 음악이나 DVD 플레이어를 사용하는 고객들이 다양한 기능을 사용하게 할 수 있도록 말이다.) 〈마이크로소프트〉는 자신들의 수익 모델을 지키기 위해 반反독점 세력과 대접전이라도 불사하려는 의도를 보여 왔다. 그 다음 상대는 저작권법에 대한 법정과 의회였는데 상대적으로 약한 상대여서 〈마이크로소프트〉는 그들에게 한방 먹일 수 있다. 1984년 〈소니〉가 VCR을 설치하고 판매하는 권리를 지켜내어 그들에게 한방 먹였듯이, 또 초기의 MP3 플레이어 개발자들이 〈소니〉라면 개발하지 않았을 제품을 내놓아 〈소니〉에게 한방 먹였듯이 말이다.[17]

불행히도 〈마이크로소프트〉가 가고 있는 방향은 DRM 프로그램(더 적절한 이름은 '디지털 제약 관리Digital Restrictions management'일 테지만)을 자사가 개발하는 모든 제품에 탑재하는 쪽이다. 어떤 기능을 어떻게 제한할 것이냐에 대해서는 여러 가지가 가능하다. 어떤 콘텐츠를 여러

■ 영어로는 '깨지다'와 '법을 위반하다' 모두 break다.

개의 기기에서 볼 수 있게 할 수도 있고, 딱 하나의 (지정된) 기기로만 볼 수 있게 할 수도 있다. 콘텐츠의 일부만 복사가 가능할 수도 있고, 전체가 다 가능할 수도, 혹은 전혀 복사할 수 없을 수도 있다. 문서로 된 콘텐츠를 출력할 수 없을 수도 있다. 놀라운 것은, 이러한 각종 제한들이 개인용 컴퓨터를 텔레비전 등 다른 장비에 연결하는 시스템인 '윈도 미디어 센터'에 포함된 기능이라는 것이다. DRM 신봉자들의 주장은 DRM이 보안을 향상시키고 지적 재산권을 보호한다는 것이다. 그러나 DRM의 실제 효과는 소비자들이 자신이 구매하고 소유한 것들을 정당하게 사용할 권리를 빼앗는 것이다.

〈애플〉조차도 DRM의 기차에 올라탔다. (〈마이크로소프트〉만큼 열정적으로는 아니었지만 말이다.) 〈애플〉의 〈아이튠 뮤직 스토어〉(iTune Music Store, 음악을 판매하는 사이트)에 올라온 곡은 일반적인 MP3나 OGG 포맷으로 쉽게 전환할 수 없도록 코딩되어 있다. 〈애플〉이 사용한 DRM(음반 업계가 요구해서 도입된 것이다)은 이전의 DRM보다는 사용자들이 더 다양한 기기에서 곡을 자유롭게 복사할 수 있도록 해 주고는 있다. 그러나 〈애플〉의 핵심 고객(새로운 매킨토시 컴퓨터를 계속해서 사는 사람들)에게는 불리하게 되어 있다. 〈아이튠 뮤직 스토어〉에서 곡을 구매한 고객은 그 노래를 다섯 대의 컴퓨터에서 들을 수 있게 되어 있지만, 매번 인증을 받아 확인하는 것은 성가신 일이다. 또한 〈애플〉이 오늘날 제공하고 있는 자유는 내일 사라질 수도 있다는 점을 기억해야 한다.[18]

〈마이크로소프트〉, 〈인텔〉 등 몇몇 주요 테크놀로지 회사들은 '트러스티드 컴퓨팅(Trusted Computing, TC, 신뢰할 수 있는 컴퓨터 사용)'이라는 프로젝트를 진행하고 있다. 그들은 이것이 사람들의 컴퓨터에 바이러스나 버그가 침투하는 것을 막고 문서가 유출되지 않도록 보호하기 위한 것이라고 한다. 근사하게 들린다. 하지만 그 효과는 정보의 자유를 침해하는 것이 될 수도 있다. 이 시스템이 전제로 하는 것은 신뢰가 아니라 불신이다. 2003년, 보안 전문가 로스 앤더슨은 트러스티드 컴퓨팅이 "개인용 컴퓨터의 통제권을 사용자에서 그 사람이 사용하는 소프트웨어를 개발한 회사로 넘기는 결과를 낳을 것"이라고 지적했다. 그는 이렇게 설명했다.

> (트러스티드 컴퓨팅은) 설치되어 있는 소프트웨어에 당신은 개입할 수 없고, 그 소프트웨어들이 제조사와 교신할 수 있는 컴퓨팅 플랫폼을 제공한다. 원래의 동기는 DRM이었다. 〈디즈니〉는 당신에게 TC 플랫폼에서는 볼 수 있지만 복사는 할 수 없는 DVD를 판매할 수 있게 될 것이다. 음반 업계는 다운로드해서 들을 수는 있지만 당신의 컴퓨터에 복사해서 저장은 안 되는 음원을 판매할 수 있게 될 것이다. 혹은 딱 세 번만 들을 수 있거나, 생일에만 들을 수 있는 음원도 판매할 수 있게 될 것이다. 모든 종류의 새로운 마케팅 가능성이 열릴 것이다.

그러나 저작권 보유 업체들이 자신들이 판매한 콘텐츠를 단순히 추적하는 수준을 넘어서 이 시스템을 사용한다고 생각해 보자. 앤더슨은 이렇게 설명했다.

> 이것이 남용될 수 있는 가능성은 경제적인 전쟁이나 상업적인 남용의 수준

을 넘어 정치적인 검열로까지 이어진다. 내 생각에 한 단계씩 그 쪽으로 나아갈 것 같다. 처음에는 경찰, 좋은 의도를 가진 경찰이 어린이 포르노 사진이나 철도 시스템 교란 방법 같은 내용이 유포되는 것을 막기 위해 법원으로부터 콘텐츠 추적에 대한 허가를 받을 수 있을 것이다. TC가 적용 되는 모든 컴퓨터는 이런 나쁜 콘텐츠를 삭제하거나 (경찰에) 보고하게 될 것이다. 그 다음으로는, 명예훼손이나 저작권 침해로 소송을 건 원고들 이 문제가 된 콘텐츠를 찾으려고 민사 법정에 콘텐츠 추정을 요청하게 될 것이다. 사이언톨로지교 신도들은 그 유명한 "피시맨 진술서"■를 블랙 리스트에 올리려고 할 것이다. 또한 독재자들의 비밀경찰은 그 시스템을 이용해서 반체제적 문건을 작성한 사람들의 문서를 발견되는 족족 삭제할 것이다. 그 사람이 쓴 새 책, 세금 환급 서류, 자녀의 생일 카드 등 뭐든지 말이다. 서구 국가들에서는 포르노 사진을 만드는 데 사용됐던 도구 등 문제가 되는 것은 그냥 삭제해 '블랙홀'로 만들어 버릴 수 있을 것이다. 변호사, 경찰, 판사가 이러한 가능성을 알게 되는 순간, 이러한 사례는 봇물 터지듯 할 것이다.19)

'신뢰할 수 있는 컴퓨팅' 움직임은 2002년 초 앤디 그로브(오랫동안 〈인텔〉의 최고경영자를 지낸, 진정한 테크놀로지 업계의 개척자다)와 나눴던 대 화를 떠올리게 한다. 그는 곧 손자와 동영상을 주고받는 것이 굉장히

■ 전前사이언톨로지교 신도였던 스티븐 피시맨이 1993년에 "사이언톨로지교 대 피시맨과 기르 츠" 법정 사건에서 자신이 사이언톨로지교 신도 시절 이 종교 때문에 범죄를 저질렀다고 증언을 포함해 사이언톨로지교를 비판하는 내용의 진술서를 제출했다. 사이언톨로지교는 특정한 신을 지칭하지는 않지만 과학 기술을 통한 영혼 치료, 외계인의 존재 등을 믿는 종교로 공상 과학 소설 작가 론 허바드가 창시한 것으로 알려져 있다.

쉬워질 것이라고 이야기했다. (그러나) 나는 현재의 경향이 지속된다면, 그로브가 (손자와 동영상을 주고받으려면) 조만간 할리우드의 허가를 받아야 할 것이라고 말했다. 『편집증적인 사람만이 살아남는다』[20]라는 베스트셀러의 저자는 그때 나더러 편집증적이라고(쓸데없이 예민하게 걱정을 한다고) 말했다. 몇 년 뒤 저작권 보유 업체들이 점점 더 공격적으로 나오고 (불행하게도) 〈인텔〉이 선두에 서서 저작권 보유 업체들의 행위를 돕게 되었을 때, 나는 그에게 아직도 내가 쓸데없이 걱정한다고 생각하느냐고 물었다. 직접적인 답변은 듣지 못했다.

'주변에서 주변으로'의 종말

애초에 인터넷을 고안했을 때 목적으로 삼은 것은 '엔드 투 엔드', 즉 '주변에서 주변으로'라는 원칙이었다. 본질적으로 우리가 원한 것은 지식과 정보를 네트워크의 주변부에 둔 채로, 데이터들이 그 사이를 가능한 쉽고 빠르게 이동할 수 있게 하는 것이었다. 즉 네트워크를 통해 0과 1들이 가능한 한 거의 방해를 받지 않고 이곳저곳으로 돌아다닐 수 있게 하고, 개인용 컴퓨터나 서버와 같은 장비들을 사용하는 사람들이 무엇이든 할 수 있게 만드는 것이다. 이 개념의 초기 주창자 중 한 명인 데이비드 리드는 전자우편에서 이렇게 설명했다.

커뮤니케이션 시스템은, 사용자들도 스스로 만들어서 설치할 수 있는 기능까지 설치하려고 해서는 안 된다. 특히 시스템 디자이너들은 유연성이 없는 플랫폼을 만들고 거기에 특정한 사용자만을 염두에 둔 기능을 설치하는 것을 막을 수 있는 시스템을 개발하려 노력해야 한다. 이러한 기능을 구성하고 설치하는 것은 (소프트웨어 기업이나 커뮤니케이션 회사가 만드는 것이 아니라) 네트워크의 주변부에서 이뤄져야 하며, (기업이 아니라) 사용자들이 통제하는 소프트웨어의 일부로서 설치되어야 한다.

인터넷 디자인 분야는 '네트워크' 기능이라고 여겨지는 많은 기능이 사용자들끼리의 약속과 규정이라는 형태로 설치될 수 있다는 것을 많이 경험해 왔다. 예를 들면, 보안은 (위조될 수 없는) '엔드 투 엔드' 암호화와 '엔드 투 엔드' 인증을 통해 설치될 수 있을 것이다. 그렇게 되면 네트워크 시스템 자체에는 '보안'이라는 것이 필요하지 않게 될 것이다.

이와 비슷하게, 스팸 메일의 문제를 '엔드 투 엔드'의 관점으로 생각해 본다면, 스팸 메일이 '네트워크' 자체로 해결될 수 있는 문제가 아니라는 것을 알게 될 것이다. 그것은 (네트워크 자체의 문제가 아니라) 네트워크 사용자들 사이의 문제다. 따라서 이 문제는 사용자들 사이에서 해결되어야 한다. 물론 이것은 아직도 어려운 일이다. 하지만 이 어려움은 누구나 자유롭게 나에게 연락할 수 있게 하고 싶다는 열망과, 나를 혼자 내버려 둬 줬으면 좋겠다는 열망 사이에 본질적으로 내재해 있는 갈등이라고 보아야 한다. 네트워크는 우리 개개인의 열망을 다 알 수는 없다. '엔드 투 엔드' 원칙에 따르면 네트워크는 우리의 열망을 일일이 파악하려고 노력해서도 안 된다.

'엔드 투 엔드'가 갖는 긍정적인 가치는, 이것이 예상치 못했던 기술의 새로운 사용과 새로운 적용에 적응할 수 있는 네트워크의 유연성을 지켜 준다는 것이다.

한 지역에 하나나 두개, 기껏해야 세 개의 광대역 통신 업체만 존재하는 세계에서는 '엔드 투 엔드' 원칙이 심각하게 훼손될지 모른다. 거대 통신 회사(케이블 회사와 지역 전화 회사)들이 데이터의 이동에서 콘텐츠 내용 자체까지 모든 것을 수직적으로 통제해야 하는가? 내가 이 책의 원고를 쓰고 있었을 때, 내가 사는 지역의 독점 케이블 업체인 〈컴캐스트〉는 〈디즈니〉 인수를 시도했다. 실패했지만, 만약 성사되었더라면 〈컴캐스트〉는 (이제는 자사가 된) 〈디즈니〉의 콘텐츠가 〈컴캐스트〉 망에서 다른 곳의 콘텐츠보다 빠르게 전송되도록 했을지도 모른다. 수익을 내기 위해 다른 콘텐츠를 차별하는 것이다. 이러한 상황은 정보가 장애 없이 흘러가야 한다는 원칙을 훼손하는 것이다. 우리는 더 수평적인 시스템, 즉 전화나 케이블 망을 소유한 회사가 경쟁사들에게도 그 망을 교차 사용하도록 허용하게 만드는 시스템이 필요하다고 주장해야 한다. 불행히도 오늘날 규제 당국과 정치 권력자들은 잘못된 방향 쪽으로 쏠려 있다.

2003년, 케이블·전화회사들은 자신들에게 수직적 통제권이 필요하다고 주장하면서, 수직적 통제권이 없으면 미국 가정에게 광대역 연결망을 제공할 수 없다고 협박했다. 이들은 FCC에 로비를 했고, FCC의 마이클 파월 의장과 의원 다수는 이들의 입장이 옳다고 결론 냈다. FCC는 미국의 지역 전화 업체들에게 그들이 설치하는 새로운 초고속 데이터 망에 대해서는 다른 업체의 접근을 통제할 수 있는 권리를 부여했다. (FCC는 이때 기존의 구리 전화선에 대해서는 계속해서 다른 업체와 공유해야 한다고 판정했다.) 이 정책은 본질적으로 (정부로부터 독점권을 부여받아 케이블 망을 설치했던) 케이블 업체들에게 그들의 망을 다른 곳과 공유하지 않도록 허용했던 이전의 판결과 맥을 같이 하는 것이다.

케이블과 전화 업체들은 계속 자신들의 힘을 남용해 왔다. 역사적으로 이들은 정부로부터 방대한 영역에 대한 통제권을 부여받은 독점기업이었다. 그러나 지금까지는 정부의 규제도 받는 독점기업이었는데, 점점 규제에서 벗어나고 있다.

거대 통신 업체들은 자신들의 광대역 인프라를 실질적으로 구축하는 데는 그렇게나 게을러 왔으면서, 그렇다고 남들이 인프라를 구축하려고 하는 것은 못마땅해한다. 주 정부와 지방정부는 자신의 통신망을 직접 구축할 수 있으며 그렇게 해야 한다. 그렇게 한 곳도 있는데, 오리건주의 애쉬랜드가 그 사례다. 놀랄 일도 아니지만, 전화와 케이블 업체는 주 의회에 로비를 해서 지방정부가 직접 네트워크 망을 설치할 수 없도록 했다. 그래서 몇몇 주에서는 이제 지방자치정부가 직접 인터넷 서비스를 제공하는 것이 법으로 금지되어 있다.

몇 년 안에 미국의 고속 데이터 통신은 두 개의 가장 반경쟁적인 업계의 손에 들어가게 될 것이다. 바로 케이블 업체와 전화 업체다. 이들이 자신들이 달가워하지 않는 목소리를 완전히 제외시키지는 못하겠지만, 자신들의 시스템을 '벽으로 둘러싸인 정원'으로 만들 수 있다. 이 말은 자신들이 제공하는 콘텐츠를 우선시하고, 통제하지 못하는 콘텐츠는 차별한다는 것이다. 앞서 말한 〈컴캐스트〉-〈디즈니〉 사례는 아직 발생하지 않았지만, 이러한 가능성은 한가한 공상 속의 일만이 아니다.

인터넷 트래픽의 방향을 지정하는 장비를 판매하는 회사인 〈시스코 시스템스〉는 통신 업체들에게 이 '벽으로 둘러싸인 정원'을 만드는 도구를 제공하고 있다. 부끄럽게도 이러한 테크놀로지를 진작부터 사용해 왔던 것은 독재자들이었고, 〈시스코〉, 〈노텔〉, 〈마이크로소프트〉 등 수많은 거대 테크놀로지 기업이 이들에게 협력해 왔다. 〈국제 사면위원회〉에 따르면 이 테크놀로지는 자국 국민들이 특정한 콘텐츠에 접근하지 못하도록 방화벽을 쌓는 데 이용된다. 이 회사들은, 자신들이 판매한 것을 고객이 어떻게 사용하든 그것에 대한 책임은 없다며 이러한 ('협력'한 것이라는) 의미 부여에 반박했다.[21]

명시적인 차별이 없더라도, 시장 지배력은 (고객의) 선택을 왜곡한다. 미국의 거대 통신 회사 중 하나인 〈SBC 커뮤니케이션〉은 DSL 연결망에 등록한 소비자를 대상으로 〈야후〉와 파트너십을 맺고 있다. 〈야후〉의 콘텐츠는 회원의 홈페이지 화면에서 좋은 위치를 차지하게 된다. 회원은 물론 홈페이지 구성을 수정할 수 있지만, 어떤 제품이든지 대다수의 소비자는 기본으로 설정되어 있는 것을 그냥 두게 마련이다.

버클리 캘리포니아 대학의 정보 관리와 시스템 대학원 교수인 예일 브론스타인은 "이것은 켜거나 *끄거나*의 문제가 아니"라고 말했다. "그래요, 『뉴욕타임스』 사이트가 뜨도록 할 수도 있죠. 하지만 그건 더 힘들 거예요."

문서만으로 된 뉴스 기사는 상대적으로 빠르게 내려받을 수 있을 것이다. 하지만 그보다 더 나아간 정보 콘텐츠, 특히 동영상의 경우, 통신 회사가 자신들의 이익을 위해 시스템을 바꿀 수 있는 기회는 훨씬 더 많다.

그래서 〈월트 디즈니〉사는 2002년 말에 FCC에 청원(거의 주목은 못 받았지만)을 냈다. 내용은 FCC가 집중화(혹은 독점화)되어 가는 통신망에서 모든 ISP 업체들에 대해 동등한 대우를 하도록 (통신) 업계를 지도해야 한다는 것이었다.[22] 〈디즈니〉와 함께 공동 서명을 한 곳으로는 〈마이크로소프트〉와 몇몇 공익 관련 단체가 있다. (이 단체들은 평소 같으면 〈디즈니〉나 〈마이크로소프트〉와 같은 입장에 설 일이 좀처럼 없을 곳들이다.) 나는 몇 가지 점에 관해서는 〈디즈니〉에 대해 비판적인 입장이지만, 이번만큼은 〈디즈니〉가 자유의 편에 섰다고 생각한다.

케이블 텔레비전 업계는 이 청원에 대해, 〈마이크로소프트〉가 자신은 수년간 반경쟁적 기업 활동으로 그렇게 악명이 높았으면서 이 청원서에서 반경쟁적 전술을 비난한 것은 위선적이라고 대응했다. 그건 그렇지만, 위선자도 바른말을 할 때가 있는 법이다.

거대 케이블 업체들은 자신들의 시스템을 구축하고자 하는 유인이 〈SBC〉보다도 더 크다. 케이블 회사들은 자신들의 망을 통해 유통되는 텔레비전 프로그램을 많이 소유하고 있고, 이 방식을 유지하고 싶어한다. 현재 미국에서 가장 큰 케이블 사업자인 〈컴캐스트〉는 콘텐츠 소유권자로서의 이해관계도 많이 가지고 있다.

명시적인 교차 소유에 대해서만 우려하는 것은 더 큰 문제를 못 보고 있는 것이라고 브론스타인은 말했다. 만약 당신이 소유권을 〈SBC〉가 〈야후〉와 맺은 것과 같은 배타적 계약으로 대체해도, (명시적인 교차 소유와) 같은 결과를 얻을 수 있을 것이다.

거대 언론이 이 문제에 별로 관심을 보이지 않는 것도 어느 정도는 이해할 만하다. 이 위협은 (적어도 미국에서는) 현실이라기보다는 아직 이론상의 것이기 때문이다. 정부가 인터넷 콘텐츠를 검열하는 중국의 국민들은 아마 중앙 집중적 시스템의 위험성을 체감하고 있을 것이다.

물론 매스미디어 또한 여러 가지 이해관계의 상충에 얽혀 있어서, 소유권 집중화가 제기하는 현재의 위협을 무시하는 측면도 있다. FCC가 정한 미디어-소유권 규정에 대해, 이것이 확정될 때까지 거대 언론들이 이상할 정도로 보도를 하지 않았던 게 그 증거다. 그 규정이 아직 확정되지 않았던 기간 동안, 방송국들은 다른 일은 다 보도하면서도 자사를 소유한 모기업이 미디어 통합을 확대하려고 로비를 벌이는 것은 보도하지 않은 것이다. 데이터를 유통시키는 통로가 많다면야 이것은 문제가 되지 않을 터이다. 하지만 현실은 그렇지가 못하다. 이렇게 집중되어 있는 시장에서는 콘텐츠의 소유와 유통을 분리하는 것이 해답이다.

인터넷은 무한한 다양성을 가진 매체다. 하지만 그 다양한 것들을 찾을 수가 없다면, 또는 인터넷에서 콘텐츠를 보는 것을 어떤 인위적인 장벽이 막고 있다면 다양성은 아무 의미가 없다.[23]

제다이 사용자들의 귀환

2004년 1월에 열린 '연례 소비자 가전 쇼Consumer Electronics Show'에 참석한 〈휴렛 팩커드〉 최고경영자 칼리 피오리나는 라스베이거스 행사장의 연단에서 유명 인사에게 둘러싸여 있었다. 그때, 테크놀로지 기업의 최고경영자인 피오리나는 저작권 업계에 충성을 맹세했다.

〈휴렛 팩커드〉는 개인용 컴퓨터 기반의 가정용 미디어 센터, 음악 재생장치, 디지털 텔레비전과 같은 소비자 가전을 판매한다. 피오리

나는 〈휴렛 팩커드〉가 콘텐츠를 저작권 보유자들이 인증하지 않은 방식으로 사용하는 것을 막기 위해 가능한 모든 방법을 동원하겠다고 선언했다. 만약 〈휴렛 팩커드〉도 고객의 '공정 사용' 권리(개인적으로 복사를 하고 다른 사람 작품의 일부를 인용할 수 있는 것)를 제한한다면……. 아이고, 나도 모르겠다.

나는 이렇게 맹세한다. 〈휴렛 팩커드〉가 그 창업자와 계승자들이 만든 다른 원칙들, 이를테면 "고객에게 힘을 주는(고객에게 강한 권한을 주는) 기술" 같은 원칙을 다시 기억해 내지 않는다면, 두 달 전에 산 〈휴렛 팩커드〉 노트북이 내가 구매한 마지막 〈휴렛 팩커드〉 제품이 될 것이다.

여기서 이야기하고 싶은 것은 '고객의 힘'이다. 문제는 〈마이크로소프트〉, 〈인텔〉, 〈휴렛 팩커드〉가 엔터테인먼트 업계를 가장 중요한 고객으로 생각하고, 실제 세계의 일반 고객들은 곁다리라고 생각한다는 점이다.

또 내가 말하고 싶은 것은 고객의 힘을 정치적인 활동으로 이어지게 하는 것이다. 어떻게? 누구나 할 수 있고 해야 하는 세 가지 일이 여기 있다.

1. 당신이 선출한 정치인들에게 편지를 쓰고 전화를 하라. 워싱턴뿐 아니라 주 정부에도 해야 한다. 할리우드 군단은 정보를 통제하기 위해 연방 정부, 주 정부, 지방정부 가릴 것 없이 로비를 하고 있기 때문이다.
2. 당신의 권리를 지키기 위해 일하는 단체에 기부하라. 〈전자 프론티어 재단〉[24]은 저작권 업체들이 고용한 전문가 군단에 맞서 변호사와 로비

스트를 고용하고 있는 여러 단체 중 하나다. 이 책의 웹사이트에서 단체의 목록과 하고 있는 일에 대한 설명을 볼 수 있다.

3. 고객으로서의 힘을 행사하라. '공정사용'을 남용하고 예술가들을 속이는 회사의 제품을 구매하지 마라. 독립 예술가들의 콘서트에 갈 때는 그 사람의 시디를 현장에서 직접 사라. 이것에 대해서도 이 책의 웹사이트에 몇 가지 팁이 있다.

해커들도 몇 가지 면에서 구출에 나서고 있다. 나는 어쩌다 (이를테면 방금 구매한 DVD를 비행기 안에서 볼 생각으로 내 컴퓨터의 하드 디스크에 복사하는 경우처럼) 저작권법을 위반하는 상황에 처할 때가 있기는 하지만 시민 불복종을 옹호하지는 않는다.

(몇몇) 기술자들은 '덮어씌우기 네트워크'라는 것을 만들고 있다. (여기저기서 모인) 암호화되고 익명화된 데이터들로 다른 네트워크를 덮어씌운 후, 그 데이터가 평범한 커뮤니케이션인 것처럼 보이게 하는 시스템이다. 이들이 성공한다면 저작권 보유자들에게 위협 이상의 무엇이 될 여러 결과가 나타날 것이다. 그리고 이것이 심각한 문제점을 야기할 수 있다는 점은 나도 부인하지 않겠다. 하지만 긍정적인 면도 있다. 통신 회사가 데이터의 흐름을 추적할 수 없고, 따라서 특정한 콘텐츠를 차별할 수도 없게 된다. 독토로는 만약 모든 트래픽이 구분 가능하지 않게 되면, 유일한 해답은 플러그를 뽑아 모든 것을 닫아 버리는 게 될 것이라고 지적했다.

나는 콘텐츠 생산자들이 '크리에이티브 커먼스Creative Commons, CC'의 라이선스를 받도록 권장한다.[25] 그것은 콘텐츠 생산자가 일정한 권리를 보유하면서도, 다른 사람들이 그 창조물을 우리의 전통을 존중하는 방식으로 자유롭게 이용하도록 허용하는 것이다. 예를 들면 이 책도 CCL로 출판될 것인데, 사람들이 인터넷에서 책의 내용을 자유롭게 내려받을 수는 있지만 내려받은 것을 판매할 수는 없다. (상세한 내용은 12장 참고.)

새로운 독점기업들에 맞서서 우리가 어떻게 인터넷의 '엔드 투 엔드' 정신을 지킬 수 있을 것인가? 납세자들이 낸 세금으로 주간(州間) 고속도로를 건설했듯이, 미국의 모든 가정과 기업에 광대역 연결망을 공급하도록 납세자의 세금을 활용하는 타개책을 시작할 수 있을 것이다.[26] 아마도 이것은 광섬유 케이블이나 무선 테크놀로지를 이용한 네트워크가 될 것이다. 또 그것은 최종 소비자가 원하는 것을 구매할 수 있고, 그러한 방향에서 기업들의 혁신을 촉진하는 네트워크가 될 것이다.

또한 우리는 광섬유 라인(또는 광섬유와 무선을 결합한 라인)을 모든 사람에게 구축해 줄 수 있을 것이다. 아직까지 서비스가 제공되지 않은 '마지막 1마일'을 이어 주는 라인 말이다. 즉 우리의 가정을 여러 지역이 연결된 초고속 '백본backbone' 라인과 연결하는 것이다. 그런 다음에 콘텐츠 제공과 네트워크의 관리는 시장에 맡기면 된다.

적어도 우리는 케이블 회사와 전화 회사가 콘텐츠를 차별할 수 없도록 하는 규칙을 만들어야 한다. 그게 강력한 규제를 의미하는 것이라도 말이다.

탈규제적인 구원?

예상치 못했던 또 다른 놀라운 일이 떠오르고 있다. 이것은, 우리가 독점 기업들이 원하는 것을 주면서도 진정한 경쟁도 지킬 수 있다는 점에서 매우 흥미로운 것이다. FCC가 방송 전파를 규제하는 (이 경우에는 규제를 완화하는) 방법에 대해 합리적인 정책으로 방향을 잡아갈 수 있을지도 모르기 때문이다.

FCC의 〈대역정책 태스크포스〉[27]는 중요한 공공 자원인 전파에 대한 규제 내용을 재정비하려 하고 있다. 1930년대 이래로 미국은 전파의 특정 부분(라디오, 텔레비전, 휴대전화, 경찰 비상 통신, 응급 통신 등)에 대해, 해당 정부 기관과 기업에게 사용 허가를 내 주는 방식을 채택해 왔다. 전파는 희소한 자원이며, 점점 부족해지는 자원은 배분제를 실시해야 한다는 원칙에 의거한 것이었다.

이 분야를 연구하는 학자들 중에는 이 원칙이 구닥다리 학문에 근거를 둔 것이라고 보는 사람도 있다. 이 학자들(의 설득력 있는 주장)에 따르면, 우리가 제대로 사용한다면, 즉 전파 간섭 등의 문제를 없앤 현대의 무선 송수신 장비들을 사용한다면 전파는 본질적으로 (희소한 자원이 아니라) 무한한 자원이다.

어쩌면 이 학자들이 FCC 의장(이며 이제껏 기를 쓰고 거대 언론, 케이블 업체, 전화 업체의 편을 들어 준 인물인) 마이클 파월을 설득할 수 있을지도 모른다. 파월이 2003년에 한 연설 내용을 보면, 그도 전파 문제에서 무엇이 중요한지를 파악하고 있으며 광대역 통신에서 진정한 경쟁 시장을 만들 수 있는 기회가 있다는 것을 인식하고 있는 것 같다.

"현대의 기술은 전파 사용의 범위와 특성을 근본적으로 바꾸고 있습니다. 나는 FCC가 장기적으로는 규제만을 통한 개입 방식을 대체할 수 있는 해법이 있는지를 계속해서 연구해야 한다고 생각합니다. 그 해법이 시장에 의한 것이건, 테크놀로지를 통한 것이건 말입니다."[28]

파월과 FCC 위원들이 (그리고 권력을 유지하고자 하는 자금력 두둑한 기업들의 이해관계 쪽으로 치우친 경향이 있는 의회가) 전파에 대해 현명한 정책을 실시한다면, 케이블 회사와 전화 회사들이 치사한 전술을 써도 문제가 되지 않을 것이다.

FCC가 아직 허가를 내주지 않은 전파를 자유롭게 공개한다면 혁신이 크게 증가할 가능성이 있다. 몇 가지 증거를 들 수도 있다. 우선 와이파이 무선랜 기능을 생각해 보라. 라이선스가 없는 전파를 사용한 지 몇 년 되지 않아서, 처음에는 사소했던 이것이 얼마나 광범위한 산업과 테크놀로지로 발전했는가. 아마도 그 전파는 대부분의 사람들이 예상한 것을 훨씬 넘어서는 혁신을 몰고 올 것이다. (이에 대해서는 잠시 후 다시 설명할 것이다.)

테크놀로지 업계에도 이 점을 잘 이해하고 있는 사람들이 있다. 이들은 단기적으로는 케이블 회사와 전화 회사의 복점 체제를 지지하지만, 혁신적인 테크놀로지 등의 다른 원천을 통해 경쟁이 촉발될 가능성을 위해서도 노력하고 있다. 〈인텔〉의 한 고위 임원은 자신이 전화 업체와 케이블 업체를 싫어한다며, 궁극적으로는 그 업체들을 통하지 않아도 되는 상황이 오길 바란다고 내게 말했다.

FCC가 올바른 전파 정책 쪽으로 나아가고, 지방정부가 광섬유 인프라를 구축하는 데 힘을 쏟는다면, 전화와 케이블 회사가 차별적으로 자기네 콘텐츠만을 유통시키는 망을 갖게 돼도 상관없을 것이다. 그들의 것 말고도 다른 네트워크 망이 깔려 있어서 전화 회사나 케이블 회사가 네트워크 망을 독점적으로 가지고 있지 못하다면, 그것을 남용할 수도 없기 때문이다.

장기적으로, 우리는 단순한 물리적 현상을 통해 '엔드 투 엔드' 원칙을 되살릴 수 있을지도 모른다.

희소성 원칙의 종말?

전파가 희소한 자원이라는 원칙이 영원불멸한 것이 아니라 구식 테크놀로지에서나 통하는 원칙이라면 어떻게 될까? 희소성이 극복될 수 있는 것이라면, 이것이 의미하는 바는 흥미롭기도 하고 파괴적이기도 할 것이다. 즉 다양한 통신이 엄청나게 많이 생겨서 거대 통신 회사들에게 우려와 기회를 가져다주게 될 것이다. 데이비드 리드는 FCC가 본질적으로 시대착오적인 기구라고 말했다.

리드는 테크놀로지 분야에서 잔뼈가 굵은 사람이다. MIT에서 박사학위를 받고, 컴퓨터 공학을 가르쳤으며, 컴퓨터 시스템 구조 그룹 연구소를 이끌었다. 혁신적인 소프트웨어 회사인 〈로터스〉와 〈소프트웨어 아트〉의 최고 과학 책임자였으며, 폴 앨런이 기금을 지원한 팔로 알토의 싱크 탱크(현재는 문을 닫았다) 〈인터벌 리서치〉에서도 일을 했다. 그는 수십 년간 인터넷 테크놀로지에 대해 일을 해 왔고, 최근에는 컨설턴트, 기업가, 그리고 연구자로서 활동해 오고 있다.[29]

리드는 이제 전파를 희소한 자원이 아니라 무한한 자원으로 보아야 한다고 말했다.

전파를 배분·할당하는 현재의 규제 방식은 "물리적인 실재에 들어 맞지 않는, 법률적 은유에 불과하다."고 리드는 말했다. 그 이유는 무엇인가? 첫째, '통신 교란'이라는 개념은 전파 자체의 물리적인 속성 때문이라기보다는 신호를 보내고 받는 장비의 문제라고 보아야 한다. 리드는 "전파는 서로 통과해 지나간다."며 "(그러면서) 서로 해를 입히지 않는다."고 말했다.

라디오가 개발된 초기 시절에는 신호가 겹치면 장비가 쉽게 혼동을 일으킬 수 있었다. 그러나 이제 우리는 전파의 흐름을 구별해 낼 수 있는 장비를 만들 수 있다.

오늘의 현실이 구닥다리 (희소성) 논리와 맞지 않는 두 번째 이유는, 네트워크에 무선 장비를 추가하면 어떻게 되는지와 관련이 있다. 리드 의 주장에 대한 상세한 내용은 이 책에서 다루지 않는다. (리드의 홈페이 지를 참고할 것.) 다만 리드의 주장 중 여기서 말하고 싶은 것은 우리가 예전보다 훨씬 더 많은 데이터 유통 능력을 갖게 됐다는 점이다.

리드는 "원칙적으로 볼 때, 특정한 물리적 공간에서 특정한 대역의 용량은 주어진 공간 안에 무선 송수신기의 수가 많을수록 증가한다." 고 말했다. 그런데 FCC는 전파의 용량이 고정되어 있다는 전제하에서 규제 정책을 펴고 있다.

리드는 자신의 주장이 언뜻 듣기에는 말이 안 된다고 여겨질 수도 있다고 인정한다. 그리고 리드의 견해에 동의하지 않는 학자들도 있다.

그러나 리드의 말이 옳다면 우리는 암울하게 망가져 있는 현재의 규제 시스템을 고치기 위해 해야 할 일이 너무나 많다. 리드의 말처럼 된다면 미래의 커뮤니케이션은 말 그대로 무한할 것이다. 동시에 우리의 경제에서 가장 힘 있는 업체들은 우울한 결과를 맞게 될 수도 있다. 이들은 희소성의 경제에 기반을 두기 때문이다. 예를 들면, 거대 방송국의 시장 가치는 상당 부분 그들이 정부로부터 특정 영역의 전파를 통제할 수 있는 허가를 부여받았기 때문에 나오는 것이 아닌가.

리드는 FCC가 전파 대역의 일부를 새롭고 더 개방적인 무선 네트워크에 개방해야 한다고 생각한다. 그것은 혁신적 기업가들에게 우리 모두를 위한 가치를 창조해 낼 수 있는 새로운 공공의 장을 제공하는 것이다. 이 새로운 공간에서 누가 돈을 벌 것인지는 리드도 잘 모른다. 그러나 확실한 것은, 장비 제조 업체와 소프트웨어 기업들이 혁신의 물결에서 중심에 서게 된다는 점이다.

리드가 그려 보는 미래에서 가장 핵심은 소프트웨어다. 현재 전파 사용과 관련한 대부분의 장비들(라디오, 텔레비전, 휴대전화 등)은 옛날 방식에 기초를 두고 있으며, 특정한 지역에서 특정한 방식으로만 신호를 송수신하는 하드웨어에 의해 제약을 받고 있다.

완전한 승수 효과를 누리려면 포괄적이면서 강력한 하드웨어를 가진 새로운 장비들이 필요하다고 리드는 말했다. "소프트웨어에 의해 정의되는 라디오"는 구닥다리 라디오보다 더 유연하고 효용이 클 것이라고 리드와 그의 동료들은 말한다. (이들은 이러한 개념을 확장시키기 위해 노력하고 있다.) '애자일 라디오agile radio'라고 불리는 이러한 종류의 장비는 군사 목적으로 사용되어 왔는데, 비용이 줄어들면서 민간인을 위해 사용될 가능성도 커지고 있다.

이러한 새로운 세계에 대한 상상은 (미국에서 우리는 당연하게 여기고 있지만, 현재의 규제 시스템에 의해 손상되어 온) 시민의 자유를 높여 줄 수 있을 것이다. 여기에서 이야기하는 것은 표현의 자유에 대한 이야기다. 전파에 대한 규제는 표현의 자유에 대한 규제이기도 했다. 이를테면 FCC는 텔레비전이나 라디오의 내용을 심의한다. 이 규제는 2004년 봄에 매우 좋지 않은 모습을 드러냈는데, (의원 선거가 있던 해에 의회 압력에 의해) FCC가 방송사들에 막대한 벌금을 물린 것이다. 언론 자유를 직접적으로 침해한 최근 사건 중 가장 두드러진 사건이었다.

이런 식으로 언론을 제한하는 것은 전파가 공공재이고 한정된 자원이라는 생각에 의해 어느 정도 정당화되어 왔다. 그러나 그 생각이 사실이 아니라면 언론을 이런 식으로 규제해야 할 이유가 없다. 언젠가는 사람들이 자기 견해를 (신문에 싣거나 인터넷에 올릴 때만이 아니라) 방송으로 내보낼 때도 수정헌법 제1조가 의미 있게 될 것이다.

리드는 현재 FCC가 움직이고 있는 방향 중 가장 나쁜 것은, 전파를 효율적으로 사용하지 않는 독점 사업자들에게 할당해 주는 방식을 계속 유지하는 것이라고 말했다. 그는 새로운 종류의 열린 공간은 공공재이며, 다음과 같은 비유로 말할 수 있다고 설명했다.

"네트워크에 대해서 인터넷이 해냈던 일과 비슷한 것을, 우리는 전파에 대해서도 해야 할 필요가 있다."

1) 정부의 인터넷 검열에 대한 지트레인과 에델만의 연구는 http://cyber.law.harvard.edu/filtering/을 참고할 것.

2) 유럽은 정보 프라이버시 관련법이 미국보다 엄격하고, 아시아는 상대적으로 더 느슨하다.

3) 스탠포드 대학의 인터넷 정책에 대한 레시그의 사례는 『리즌』 매거진에 나온 인터뷰 기사를 참고할 것. http://www.findarticles.com/cf_dls/m1568/2_34/85701100/print.jhtml

4) 펭귄 프레스, 2004년.

5) 시바 바이드히아나탄의 블로그를 참고할 것. http://www.nyu.edu/classes/siva/. 그의 2004년 저서 『도서관의 아나키스트: 어떻게 자유와 통제의 충돌이 현실 세계를 해킹하고 시스템을 망가뜨리는가*The Anarchist in the Libirary: How the Clash Between Freedom and Control is Hacking the Real World and Crashing the System*』(베이직북스 출판사)는 중앙 통제 세력이 어떻게 창조성, 혁신, 심지어 자유를 파괴하고 있는지에 관심 있는 사람이라면 꼭 읽어야 할 책이다.

6) 〈소니〉 대 〈유니버설〉 사건(일명 베타맥스 사건)에 대한 1984년 고등법원 판결.

7) DMCA의 전문은 http://www.copyright.gov/legislation/dmca.pdf을 참고할 것.

8) 프린스턴 대학 컴퓨터 공학 교수인 에드 펠튼은, 음반 업계의 실험적인 파일 포맷 중 하나를 얼마나 쉽게 열 수 있는지를 이야기했다고 해서 법적 조치의 위기에 처했다.

9) "러시아 소프트웨어 회사 무죄판결"(CNET). http://news.com.com/2100-1023-978176.html

10) "〈렉스마크〉 프린터 회사, 잉크 카트리지 제조 업체에 소송을 제기하다"(CNET). http://news.com.com/2100-1023-979791.html

11) FCC의 '방송 깃발' 관련 규정: http://hraunfoss.fcc.gov/edocs_public/attachmatch/FCC-03-273A1.pdf

12) 음반 업계가 처한 어려움은 그들의 주장과는 반대로 MP3 파일 공유에서만 비롯한 것이 아니다. 오늘날 음악의 질이 전반적으로 낮아진 것과 새 음반 발매가 줄어든 것, 그리고 너무나 높은 가격 등도 큰 이유다. 게다가 하버드 경영대학원과 노스캐롤라이나 대학의 교수들이 수행한 연구에 따르면 파일 공유는 음반 매출에 분명한 영향을 미치지 않으며, 오히려 실제로는 판매에 도움이 되는 것으로 나타났다. http://www.unc.edu/~cigar/papers/FileSharing_March2004.pdf

13) 베르만 법안에 대한 〈와이어드 뉴스Wired News〉의 기사: http://www.wired.com/news/politics/0,1283,54153,00.html

14) 프라이버시에 대한 관리와 디지털 권리에 대한 관리(Ditigal Rights Management, DRM)가 얼마나 위험하게 결합하고 있는지에 대해서는 포드햄 법대 교수 소니아 카트얄이 쓴 두 개의 논문을 추천하고 싶다. 「DRM과 프라이버시」("DRM and Privacy", http:// www.

law.berkeley.edu/institutes/bclt/drm//papers/cohen-drmandprivacy-btlj2003.ht
ml), 그리고 더 최근에 출판된 「새로운 감시」("The New Surveillance," http://papers
.ssrn.com/sol3/papers.cfm?abstract_id=527003).

15) 전직 의원이었다가 출판 업계의 주요 로비 조직 대표로 자리를 옮긴 패트리샤 슈로더는
2001년 『워싱턴포스트』와의 인터뷰에서 이런 유명한 말을 했다. "도서관과 관련해 우리는
매우 심각한 문제를 가지고 있다." 나는 이 말을 여러 사람들에게 보여 줬는데, 한결같은
반응은 슈로더의 발언을 도무지 믿지 못하겠다는 것이었다. http://www.washingtonpost.
com/ac2/wp-dyn/A36584-2001Feb7

16) 의회는 P2P를 아예 불법화하려는 쪽으로 가고 있으며, 엔터테인먼트 업계는 보이는 족족
소송을 걸고 있다. 어느 음반 녹음 회사는 저작권 침해에 기여했다며 〈냅스터〉에 투자한
실리콘밸리 투자자를 상대로 소송을 제기했다. 이 사건은 아직 법정으로 가지 않았다.

17) 독토로 글 전문: http://www.boingboing.net/2004/01/27/protect-your-investm.html

18) 그리고 실제로 〈애플〉은 소비자가 활용할 수 있는 권한들을 없애 나가고 있다. 2004년
4월 말, 〈애플〉은 〈아이튠〉 '업데이트'를 내놨다. 업데이트가 설치될 때 예전 버전의 기능은
삭제된다. 나는 〈애플〉이 앞으로도 계속 이렇게 할 것이라고 예상하고 있다.

19) 트러스티드 컴퓨팅에 대한 로스 앤더슨의 글 전문은 http://www.cl.cam.ac.uk/~rja14/
tcpa-faq.html을 참고할 것.

20) *Only the Paranoid Survive*, 커런시 출판사, 1999년.

21) 『인포월드』의 기사를 참고할 것.
http://www.infoworld.com/article/04/02/02/HNchinacensor_1.html 만약 당신이 거
대 기업이라면, 〈냅스터〉의 방어 논리를 사용하는 것이 더 나을 것이다.

22) http://cyberlaw.stanford.edu/lessig/blog/archives/121002%2002-52%2000-185.pdf

23) 이 절에서 나는 '콘텐츠'라는 용어를 넓은 의미로 사용했다. 엔터테인먼트 업계뿐 아니라
어느 누가 생산한 것이든 다 포함하는 개념으로 말이다. 실제로, 사용자들이 직접 만드는
콘텐츠가 할리우드에서 만드는 것보다 점점 중요해지고 있다는 점을 인식해야 한다. 특히
미래의 네트워크에 대해 생각할 때는 더욱 그렇다. 이에 대한 자세한 내용은 앤드류 오들리즈
코의 논문 「콘텐츠는 왕이 아니다Content is Not King」를 참고할 것).

24) Electronic Frontier Foundation, http://www.eff.org

25) Creative Commons, http://www.creativecommons.org

26) 주간 고속도로는 데이터에 대해 우리가 필요로 하는 것의 거울 이미지다. 1950년대에 미국
의 주 고속도로와 지방 고속도로는 잘 개발되었다. (그러나) 우리가 필요로 했던 것은, 그리고
미국의 기업들이 공급할 수 없었던 것은, 장거리 도로 시스템이었다. 오늘날은 그 반대다.
장거리 정보 고속도로, 즉 '백본' 네트워크는 풍부하게 존재한다. 우리에게 필요한 것은 우리
집까지 들어오는 지역 도로다. 거대 통신 회사들은 우리가 그들에게 콘텐츠를 통제할 권한을
줄 때만 이러한 지역 통신망을 제공하겠다고 말한다. 어떤 자동차가 도로를 사용할 수 있고
어떤 자동차는 사용할 수 없는지를 결정할 권한을 도로를 건설한 기업에게 주었다고 생각해
보라.

27) http://www.fcc.gov/sptf

28) 전파 대역에 대한 파월의 2003년 연설 전문.
http://www.fcc.gov/Speeches/Powell/2002/spmkp212.html

29) 데이비드 리드의 홈페이지: http://www.reed.com/dpr.html

제12장

우리 자신의 뉴스를 만들기[*]

　사람들은 미래를 상상할 때조차도 과거에 얽매이게 마련이다. 하지만 때때로 우리는 변화해 나가며, 미디어는 이러한 변화를 어떻게 바라볼 것인지에 있어서 핵심적인 부분이 될 수 있다.

　이탈리아의 르네상스는 서구 문명에 몇 가지 중대한 변화를 몰고 왔다. 그중 이 책의 주제와 관련해서 가장 중요한 것은 '관점'일 것이다. 1300년대의 지오토 디 본돈[*]이나 그보다 백 년쯤 뒤의 토마소 마사치오[**]와 같은 화가는, 주로 2차원으로 표현되던 유럽 미술계에 '깊이'라는 차원을 더했다. 1353년에 출판된 보카치오의 『데카메론』은 무언가를 이해하는 데 '관점'이라는 것이 중요하다는 것을 보여 준

_____

[*] Giotto di Bondone, 피렌체 출신의 화가로 평면적인 방식의 회화에서 입체감을 살리는 기법을 창시한 것으로 평가된다.
[**] Tommaso Masaccio, 1400년대 피렌체 르네상스 초기의 화가로 원근법을 획기적으로 사용한 화풍으로 유명하다.

문학작품의 선구자 격이었다.

구텐베르크의 인쇄술은 당시로서는 누구도 예측하지 못했던 혁명적인 변화를 가져왔다. 출판을 통제하던 바티칸 성직자들은 이 새로운 테크놀로지가 몰고 온 상황에 속수무책이었다. 구텐베르크 이후 신의 세계는 교황의 규율로부터 자유로워졌다.

인쇄 매체 이후 가장 중요한 매체를 꼽으라면 인터넷일 것이다. 인터넷은 그 이전까지 있었던 모든 것을 아우르면서도, 가장 근본적인 방식으로 새로운 변화를 일으키고 있다. 누구라도 (넓은 의미에서) 작가가 될 수 있고 전 세계의 독자를 가질 수 있는 시대에서는, 많은 사람들이 실제로 그렇게 할 것이다. 인터넷은 미디어와 수익 모델에 대한 기존의 통념을 따라잡기조차 힘든 속도로 뒤집고 있다. 하향식 위계질서로부터 가장 민주적이고 가장 혼란스러운 무언가로 변해 가는 와중에서 '관점'을 유지하는 것은 어려운 일이다. 그러나 우리는 노력해야 한다. 그리고 그러한 노력이 가장 필요한 영역은 정보의 가장 오래된 형태인 뉴스일 것이다. 우리는 새로운 종류의 관점들을 갖게 될 것이고, 그것이 우리 모두를 위하는 방향으로 쓰이게 하는 방법을 알아나갈 것이다.

블로그 같은 오늘날의 매체들은 '피드백' 시스템이다. 거의 실시간으로 작동하며 우리 각자가 제공할 수 있는 다양한 생각과 현실을 (긍정적인 의미에서) 포착한다. 인터넷 공간에서 우리는 우리가 무엇을 알고 있으며 무엇을 공유하고 있는지에 의해 규정된다. 역사상 처음으로 피드백 시스템은 전 지구적이면서 동시에 거의 즉각적(실시간적)인 것이 되었다.

이 책의 목적은 저널리즘과 테크놀로지의 결합이 저널리스트, 뉴스메이커, 독자에게 큰 변화를 가져오고 있음을 알리는 것이다. 무언가 거대한 변화가 일어나고 있음을 보여 주는 강력한 증거들이 있다.

저널리스트들은 변화의 감을 잡기 시작했다. 내 블로그는, 생기고 나서 첫 3년간은 신문 저널리즘의 외로운 변경에 불과했다. 그러나 이제는 그렇지 않다. 또 몇몇 거대 언론사도 고급 블로그를 만들고 있다.

그러나 나는 거대 언론이 '가장 중요한 것'을 할 것인지에 대해서는 확신이 없다. 그것은 바로 귀 기울여 듣는 것이다. 우리(기자)는 여전히 하향식 시스템 안에 있고, 기자들이 일방적으로 강의하듯 하는 것보다 대화가 더 중요하다는 점을 깨닫지 못하고 있다. 나아지고 있기는 하지만 아직 충분치 않다.

새로운 커뮤니케이션 세계에서 자신들에게 어떤 일이 벌어지고 있는지를 이해하는 데 있어서는, 뉴스메이커도 저널리스트보다 별반 낫지 않다. (뉴미디어를 포함해서) 대중과 언론을 더 잘 상대하게 해 주는 도구를 그리 효과적으로 사용하지도 못하고 있다. 기업 임원 중에 새로운 환경을 잘 받아들이는 사람들도 있기는 하다. (특히 테크놀로지 기업의 임원들이 그렇다.) 풀뿌리의 힘에서 도움을 받는 정치인도 조금이나마 있다. (앞으로는 더 많은 정치인이 풀뿌리와 함께 할 것이다.) 홍보 업계에서도 새로운 환경에 관심을 기울이는 사람들이 있지만, 홍보 업계는 여러 가지 면에서 우려스러울 정도로 시대에 뒤떨어져 있다. 홍보 전문가들은 누구나 뉴스메이커에 대해 무언가를 알아내 공개적으로 이야기할 수 있다는 점 등과 같은 새로운 위험 요인들을 감지하기 시작했다. 비밀을 유지하는 것은 어렵고, 효과적으로 벽을 쌓는 것은 더욱 어렵다. 한편 홍보 업계는 (새로운 변화의) 잠재력도 보기 시작했다. 더 투명해질수록 거의 항상 더 득이 된다.

그러나 내가 가장 가치를 부여하는 것은 '기존의 청중'이다. 그들은 새로운 도구를 받아들여서, 그것을 예기치 못했던, 그리고 때로는 너무나도 훌륭한 저널리즘의 형태로 만드는 무한한 상상력을 보여 주고 있다. 물론 새로운 미디어는 신뢰와 공정성에 대한 새로운 문제점들을 야기했거나 악화시켰다. 앞으로 수십 년간 우리는 이러한 문제를 해결하려 노력해야 할 것이다. 그러나 나는 시민의 공동체가 전업 기자나 기타 관심이 있는 사람들의 도움으로 문제들을 해결해 나갈 수 있으리라고 확신한다.

기존의 청중은 새로운 시대에 가장 중요한 역할을 해야 한다. 단순한 뉴스의 소비자가 아니라 적극적인 뉴스의 사용자가 되어야 하는 것이다. 인터넷은 즉각적인 반응들을 분출시키는 것이 아니라 진지한 사고와 의미가 모인 곳이 되어야 한다. 정보에 기반한 시민은 가만히 앉아 있어서는 안 된다. 더 많은 것을 요구하고 더 큰 대화의 일부가 되어야 한다. 이렇게 되지 않으면 우리는 많은 것을 잃게 될 것이다.

이렇게 되지 않을 수도 있겠다는 생각이 들 때도 있다. 오늘날 우리는 이메일 리스트, 인터넷 사이트, 블로그, 단문 메시지, RSS 등으로 인해 더 많고 더 좋은 정보를 가지고 있다. 또한 이러한 도구들은 혁신을 촉진하는 네트워크 안에 뿌리를 내리고 있다. 정보가 자유롭게 흐르는 미래(그리고 자유로운 미래)로 가려면 열린 시스템이 핵심이다. 그러나 중앙 집중식 통제를 원하는 세력(정부, 거대 기업, 특히 저작권 카르텔)은 우리의 네트워크를 강하게 내리누르고 있다. 그들의 (디지털 세계에서는 점점 시대착오적이 되어 가는) 사업 모델을 유지하려면 혁신을 억눌러야한다. 그리고 궁극적으로는 그들 자신이 사업을 일구는 토대가 되었던바로 그 창조성을 억눌러야만 한다. 이것은 매우 위험한 상황이지만,사람들은 이에 대해 너무나 잘 모르고 있다. 부분적으로는 거대 언론이 이러한 내용을 적절히 다루지 못하고 있기 때문인데, 이것은 우연의 일치가 아닐 것이다.

나는 테크놀로지가 점차 승리할 것이라고 확신한다. 테크놀로지는점점 더 도처에 퍼져 나가고 있기 때문이다. 또 정치인들이 결국에는유권자들의 이해(선거 자금을 대 주었던 기업의 이해뿐만이 아니라)에 더 적절하게 관심을 갖게 될 것이라고 믿는다.

크리에이티브 커몬스

이 책을 쓰는 동안, 이 책에 대해서도 개방성에 대한 열정을 적용할것이냐는 질문을 여러 번 받았다. 물론 그렇다.

내가 저작권 자체에 반대한다고 생각하는 사람들이 있다. (내가 저작권을 반대하지 않는다는 증거도 많이 있었는데 말이다.) 나는 본래의 취지대로라면 저작권이 좋은 제도라고 생각한다. 저작권이 새로운 작품을 만들어 낸 사람들에게 노력에 대한 과실을 주는 제도가 되어야 한다고생각한다. 그와 동시에 이전에 이뤄진 일들에 기초해 더 새로운 일을창조하고 혁신을 만들어 낼 수 있는 능력, 탄탄한 토론, 궁극적으로는공공 영역 자체에 이득을 주는 사회적 과실도 안겨 주는 제도가 되어야 한다고 생각한다.

즉 나는 저작권이 가치 있는 제도라고 생각한다. 다만 저작권의 남용을 싫어할 뿐이다.

다행히 나는 저작권 제도를 인정하면서 그것을 적절하게 사용하는 방식으로 책을 출판할 수 있는 길을 알고 있다. 또한 다행히 이런 점을 잘 이해하고, 다른 출판사라면 일언지하에 거절했을 실험에 기꺼이 동참해 줄 출판사를 만날 수 있었다.

그 방법은 11장에서 언급한 '크리에이티브 커먼스 라이선스CCL'이다. CCL은 작품을 창조한 사람이, 다른 사람들이 그 창조물을 이용해 새로운 것을 만들어 내는 것을 허용하면서, 자신이 어떤 권리를 가질 것인지를 스스로 결정할 수 있게 해 주는 대안적 저작권 시스템이다. 일반적인 저작권 관련 공지는 "모든 권리는 저작권자에게 속합니다All Rights Reserved"라고 되어 있지만, CCL은 "몇 가지 권리는 저작권자에게 속합니다Some Rights Reserved"가 되는 셈이다. [1]

이 책에 대해 나와 내 출판사는 이렇게 하고 있다. 우선, 우리는 저작권 기간을 14년으로 정했다. 그것은 미국을 세운 사람들이 저작권법을 처음 만들었을 때 제시했던 것과 같은 기간이다. 11장에서도 언급했지만, 현재의 저작권법에 따르면 저작권 기간은 저자 사후 70년까지로 되어 있다. 저자에게 추가적인 유인을 주지 않을 정도로 너무나 긴 기간이다. 생기 있는 공공의 장을 우리에게서 앗아 가면서 말이다.

둘째, 이 책을 인터넷에서도 출판할 것이며, 서점에 나오는 것과 동시에 인터넷에서도 자유롭게 내려받을 수 있게 할 것이다. '자유롭게'라는 말은 이것을 제본하거나 재판매해도 된다는 뜻은 아니다. 책을 구입하지 않고도 (무료로) 내용을 내려받아 읽을 수 있다는 뜻이다. 물론 돈을 주고 책을 사 주신다면 더 좋다. 그러나 어쨌든 나와 출판사는 종합적으로 보아 우리가 판매 손실을 입지는 않을 것으로 보고 있다. 오히려 책을 무료로 내려받을 수 있게 하면 더 많은 수요를(더 적은 수요가 아니라) 창출할 수 있을 것이라고 생각한다. 만약 이 예상이 틀려서 재정적으로 어려움에 처하더라도 우리는 그것을 감수할 것이다.

이렇게 하는 데는 두 가지 이유가 있다. 첫째, 나는 저작권법을 신뢰하고 있으며 그것을 지원하고자 한다. 하지만 제대로 된 방법으로 지원하고 싶다. 우리가 무언가를 창조할 때는 우리보다 앞서서 무언가를 창조해 놓은 사람들에게 빚을 진다. 과거의 유산을 활용할 수 있는 길을 막는 것은 혁신을 막는 것이나 마찬가지다. 나는 '합리적인 수준의 저작권 보호'라는 개념을 '절대적인 통제'로 바꿔 놓은 사람들의 일원이 되고 싶지 않다.

둘째, 나는 이 책을 가지고 사람들이 무엇을 할 것인지 궁금하다. 로렌스 레시그의 최근 저서를 예로 들어 보자. (그의 책 역시 CCL로 출판되었다.) 어떤 사람은 그 책의 음성 버전을 만들었고, 또 다른 사람은 그것을 위키로 만들었다. 내가 이 책을 쓰는 목적 가운데 하나가 다양한 실험을 촉진하는 것이기 때문에 나는 사람들이 이 책을 (내가 갖고 있는 '몇 가지 권리'를 지켜 주는 한도에서) 대화를 확장하는 데 이용해 주었으면 좋겠다. 내가 미처 생각해 보지 못했던 방식으로 말이다. 나와 내 출판사는 이 책에 대한 웹사이트도 열 것이다. 그러나 나는 이것이 (전부가 아니라) 출발점이기를 바란다.

날마다 이뤄지는 변화들

이 책을 쓰는 데 어려움 중 하나(즐거움 중 하나이기도 했다)는 기술 변화의 속도를 따라잡는 것이었다. 기술의 변화가 얼마나 빨리 일어나는지를 보여 주는 새로운 웹사이트와 새로운 뉴스가, 날마다 생겨나는 것 같았다. 이 책이 서점에 나왔을 때쯤이면 또 새로운 것들이 나와 있을 것이다. 그래서 우리는 살아 있는 웹사이트(http://wethemedia.oreilly.com)를 만들었다. 이 웹사이트에는 혁신적인 새 도구나 중요한 소식에 대해 지속적으로 업데이트를 할 것이다. 이 사이트가 계속 발전할 수 있도록 여러분도 참여하시면서 도와주시기 바란다. 책은 이것으로 끝날 것이지만, 대화는 계속될 것이다. 이것은 나에게도 중요하지만 여러분에게도 중요한 일일 것이다.

이 책이 미디어의 전환과 대화의 폭발이 어떻게 이뤄지고 있으며 어디로 향해 가는지에 관해 여러분의 이해를 도울 수 있었기를 바란다. 무엇보다도, 여러분이 이러한 변화에 참여하고자 하는 마음이 들었기를 바란다.

여러분의 목소리는 중요하다. 여러분이 의미 있는 이야깃거리를 가지고 있다면, 이제는 누군가 그것을 듣게 할 수 있다.

여러분은 여러분 자신의 뉴스를 만들 수 있다. 우리 모두 할 수 있다.

시작해 보자.

에필로그

오픈 소스 저널리즘은 즐겁다

2004년 3월 10일 오후, 나는 이 책의 서문과 1장의 초고를 블로그에 올렸다. 독자들에게 사실관계가 틀린 것이 있다면 (되도록 전자우편으로) 알려 달라고 부탁했다. 또 중요한 주제 중 누락된 것이나 포함되었더라면 좋았을 적절한 사례 등도 알려 달라고 했다.

독자들은 반응을 보내 왔다. 틀리게 표기된 웹사이트 주소를 바로잡아 준 전자우편도 받았고(틀린 주소는 즉시 수정했다), 오픈 소스 소프트웨어를 다룬 절에서 내가 실수한 부분을 지적해 준 독자도 있었다.

이런 저런 부분은 좀 더 강조하면 어떻겠느냐는 제안을 해 준 독자도 있었고, 이런 저런 주제는 왜 다루었는지 물어 온 독자도 있었다. 내 블로그의 덧글란은 이 책에 대한 토론장이 되었다.

『우리가 미디어다!』에서 소개한 내용(오픈 소스 저널리즘, 참여 저널리즘 등)은 이 책 자체를 취재하고 집필하는 방법이기도 했다. 처음에는 어떻게 되어 갈지 예상하지 못했지만 지금은 분명히 말할 수 있다.

에필로그 413

이러한 과정은 매우 효과적이었다고.

여러분 모두에게 감사드린다.

개요와 주제

오픈 소스 저널리즘에 대한 나의 실천은 출발이 순조롭지는 않았다. 2003년 이른 봄, 나는 이 책의 개요를 올리고 독자들에게 전자우편으로 의견을 달라고 부탁했다. 내 '받은 편지함'은 전자우편으로 넘쳐났다. 그런데 작은 재앙이 닥쳐왔다. (독자들이 보내 준) 제안은 모두 '받은 편지함'에 별도의 폴더를 만들어 보관하고 있었는데, 몇 개월 후에 내용을 찾으려고 보니 사라지고 없는 것이다. 사라졌다고! 없어져 버렸단 말이다! 내 잘못이었는지, ISP 업체의 잘못이었는지는 지금도 모른다. 어느 쪽이건 간에, 나는 너무나 당황스럽고 걱정이 되었다. 좋은 아이디어들을 잃어버렸을 뿐 아니라, 아직 제안을 보내 준 분들 모두에게 감사 인사를 다 드리지 못했던 것이다. 그때는 내 하드디스크에 지금과 같은 로컬 백업이 되어 있지 않았다.

예전에 백업해 둔 것에서 몇 개는 되살려 냈고, 몇 개는 내가 보낸 답장에서 찾아냈다. 하지만 족히 수백 개는 될 수많은 전자우편의 내용이 영원히 사라져 버렸다. 없어진 전자우편을 보내셨던 분들께는 이 지면을 빌려 사죄 말씀을 올린다.

그래도 내가 찾아낼 수 있었던 전자우편 속의 의견들은(전 세계 각지에서 날아온 것들이었다) 이 책을 쓰기 위해 내 생각을 다지는 데 도움이 많이 되었다.

초기에 받았던 전자우편 중 사려 깊은 의견을 제시해 주었던 것으로는 톰 스타이즈(내 오랜 친구이자, 내 고용주가 되기도 했으며, 이후에 내가 저널리즘 분야에서 시금석이라고 여기게 되는 사람이다)를 꼽을 수 있다. 좋은 내용이 많이 있었지만 그중에서도 다음과 같은 내용이 있었다.

> 당신이 묘사하고 있는 것이 진짜로 미래의 저널리즘이라면, 나는 민주주의가 파국에 처하지 않을까 두렵습니다. 이렇게 경고성의 문장으로 전자우편을 시작한 이유는, 내가 이해하기로는 당신이 묘사하고 있는 것은 정치·시사 블로그를 통해 참여하고 있는 소수의 엘리트들뿐이기 때문입니다. 민주주의가 필요로 하는 '미래 저널리즘'은, 광범위한 독자에게 닿을 수 있고 광범위한 독자의 활동을 일으킬 수 있는 것이어야 합니다. 내가 말하는 '블로그 엘리트'는 정부나 기업의 권력층을 말하는 것이 아니라, 교육 수준이 높고, 테크놀로지에 정통하며, 업계의 돌아가는 이야기에 관심이 많은 사람들을 말하는 것입니다. 슬픈 진실은, 대다수의 사람들은 뉴스의 수동적인 소비자라는 점입니다. 이 사람들은 블로그가 어려운 용어들이나 업계 용어로 쓰여 있어서 블로그를 방문하더라도 거기 써 있는 것이 무슨 말인지 이해를 할 수가 없습니다. 학식이 높고 적극적인 뉴스 탐색자들은 매우 소수입니다. 나는 이 상황이 앞으로도 그리 많이 바뀌리라고는 생각하지 않습니다.

또 다른 독자들은 내가 (블로그에) 올린 개요에 직접 덧글을 달 수 있게 해 달라고 요청해 왔다. 위키의 형식을 사용하거나 덧글란을 열거나 해서 말이다. 나 역시 그렇게 했으면 좋았겠다고 생각한다. (전자 우편으로 받는 것보다) 그게 더 편리한 방법일 것 같기 때문이다.

〈마이크로독 뉴스Microdoc News〉(현재는 온라인상에서 볼 수 없다)의 엘윈 젠킨스는 내가 너무 저널리즘에만 초점을 맞춘 것이 아니냐는 지적을 해 주었다. 블로그에 올린 글에서 젠킨스는 이렇게 말했다. "블로거는 저널리스트가 아니다. 우리는 정보를 찾고 정보를 만들고 지식을 형성하는 사람들이다. 우리는 저널리스트라기보다는 선생님에 가깝다." 일리가 있는 지적이라고 생각하지만, 이 책은 전반적인 블로그 세계에 관한 것이 아니라 저널리즘에 관한 책이다. 그래도 (젠킨슨이) 나에게 더 넓은 맥락을 잊지 않도록 상기시켜 준 것은 매우 도움이 되었다.

참고가 될 만한 책, 인터뷰하면 좋을 사람, 생각해 보면 좋을 주제 등을 소개해 준 독자도 많았다. 크리스 걸커2)는 '자가 조직적인 편집국·뉴스 본부self-assembling newsrooms'라는 개념을 소개해 줬는데, 나는 이 개념에 매료되었다. 이 개념을 내 강연과 이 책에서 활용했다.

2003년을 보내면서, 나는 내 블로그를 이 책이 다루는 많은 개념에 대해 토론하는 장으로 활용했다. 관련된 뉴스를 발견하면 링크를 했고, 거대한 흐름을 보여 주는 작은 사례들에 대해 내가 관찰한 내용들도 올렸다. 그때쯤에는 덧글란도 열었는데, 독자들은 자신들이 알고 있는 유용한 내용을 가지고 덧글란을 채워 주었다.

초고, 그리고 그 밖의 글들

이 책을 시작하기 전에, 나는 데이비드 와인버거와 이야기를 나눴다. 나는 와인버거의 두 번째 책 『느슨하게 연결된 작은 조각들: 인터넷에 대한 통합된 이론』[3]을 매우 흥미롭게 읽었다. 인터넷에 대해 깊이 있는 고찰을 담은 책이었다. 그는 초고를 쓸 때마다 인터넷에 공개적으로 올려서 독자들의 의견을 듣는 식으로, 즉 완전히 열린 방식으로 그 책을 집필했다.

소프트웨어 개발자들이 쓰는 말 중에 "간밤에 만든 것nightly build"이라는 말이 있다. 어느 프로그램에서 가장 최근에 업데이트된 것을 말한다. 와인버거는 자신의 책을 매일 밤 업데이트한 셈이다. 그 과정이 효과가 있었는지 그에게 물었다.

"그렇게 하지 마세요." 그가 말렸다. 가치에 비해 문제가 더 많았다는 것이다. 그는 초고를 올리는 것은 좋은 생각이었지만, 이후에 수정한 사항까지 매번 계속해서 올리는 것은 좋지 않았다고 했다. 좋은 조언이었고, 나는 그 조언을 받아들였다.

이 책의 서문과 1장의 초고를 올리고 나서 이틀쯤 지났을 때, 『로마 센티널』 발행인인 스티븐 B. 워터스한테서 전자우편을 받았다. "관심 있으실지는 모르겠지만 몇 가지 코멘트를 했어요." 워터스가 보낸 첨부 파일은 이 책 1장을 MS워드 파일로 입력한 것이었는데, '메모 및 변경 내용track change' 기능을 써서 그가 변경·제안한 내용을 내가 알아볼 수 있게 되어 있었다.[4]

워터스는 그저 몇 가지 코멘트 정도를 한 것이 아니었다. 하나하나

세세히 뜯어 보면서 크고 작은 문제들을 지적했다. 마지막에 그는 이렇게 요약했다. "시의적절하고 주제도 좋군요. 하지만 이것보다 조금 더 잘 쓰실 수도 있었을 텐데요."

구겨진 자존심을 추스른 후, 나는 워터스가 이야기한 것들에 대해 생각해 보았다. 그리고 그에게 전화를 걸었다. 전화 통화와 이후에 주고받은 전자우편을 통해 나는 워터스에 관해 몇 가지를 알 수 있었다. 워터스는 역사학을 공부했고, 컴퓨터 전문가이며, 가족이 경영하는 신문 업계로 돌아온 사람이었다. 그는 블로그의 세계와 블로그가 할 수 있는 일들을 좋아한다. 좋은 아이디어를 많이 가진 사려 깊은 사람이고, 몇 가지 중요한 사안에 대해서는 그가 나보다 아는 것이 많다. 그는 내가 올리는 모든 내용에 대해 가상의 빨간펜을 들고 꼼꼼히 검토를 했다. 나는 그가 제안한 것들을 주의 깊게 살펴보았고, 상당 부분을 반영했다.

이 책에서 내가 언급한 사람들한테서도 연락을 받았다. 몇몇은 잘못된 부분을 지적해 주었다. 내가 바라는 바였다. 이러한 결과들에 나는 고무되었다.

기쁘게도, 우리의 과정(책을 참여 저널리즘의 방식으로 펴낸 과정)은 다른 저자들에게도 영향을 주었다. 비즈니스 블로깅에 대한 글을 쓰고 있던 로버트 스코블과 셸 이스라엘은, 이 과정을 자신들의 핵심 사례 중 하나로 인용했다.[5] 한 발 더 나아가 그들은 자신들의 책이 진행되어 가는 상황을 시간 순으로 상세하게 보여 주었다. 내가 보기에, 우리는 유용한 동향을 함께 일궈내는 쪽으로 서로에게 아이디어와 영감을 주고 있는 것 같다.

실수나 잘못된 부분 중 발견되지 않고 있다가 결국 인쇄된 책에 들어간 것은 없었는가? 물론 있었다. 독자들이 (책에서) 몇 가지를 발견해 지적해 줬다. 우리가 찾아낸 것도 있었다. 일본 〈아사히 출판사〉에서 나온 일본어판을 번역한 카주히로 타이라는 놀랄 정도의 세밀한 노력을 통해 몇 가지 오류를 찾아냈다. 그러나 우리가 그러한 (오픈 소스 저널리즘의 방식으로 독자와 소통하는) 과정을 밟지 않았더라면 이보다 더 많은 오류가 있었을 것이다. 그리고 이런 방식 덕분에 더 많은 아이디어와 의미가 이 책에 포함될 수 있었을 것이다.

어느 면에서 내 경험은 차세대 저널리즘에 대한 시험대였다. 새로운 저널리즘은 가능한 것으로 판명되었고, 나는 그 사실에 놀라지 않는다. 나는 이러한 차세대 저널리즘의 방식이 거의 누구에게나 도움이 되리라고 믿는다.

12장 및 에필로그 미주

1) CCL로 출판되는 작품들이 많아지고 있다. 자세한 것은 http://creativecommons.org을 참고할 것.

2) 크리스 걸커의 블로그: http://www.gulker.com

3) *Small Pieces Loosely Joined: A Unified Theory of the Web*, 페르세우스 북스, 2002년. [국역판: 『인터넷은 휴머니즘이다』, 신현승 옮김, 명진출판, 2003년]

4) MS워드는 유용하면서도 가끔 화를 돋운다. 매킨토시용 MS워드는 심각한 버그가 있는 것 같다. 그 때문에 나와 내 편집자는 무수히 곤란을 겪었다. 다른 쓸 만한 워드 프로세서가 있다면 당장에 그것을 사용할 텐데……. 나는 내 블로그에 내가 겪은 문제들에 대해 올렸고, 〈마이크로소프트〉의 고객 지원 담당자가 나에게 답변해 준 내용도 올렸다. (놀랍게도, 그들은 문서를 자사 제품인 MS워드 포맷으로 저장하지 말라고 조언했다.) 내가 블로그에 올린 글을 보고 〈마이크로소프트〉에서 매킨토시용 MS워드를 개발하는 데 참여했던 프로그래머 중 한 명이 전자우편을 보내 왔다. 그는 문제가 된 파일의 샘플을 보내 주면 무엇이 잘못된 것인지 파악해 보겠다고 했다. 나는 파일을 보냈지만 답을 듣지 못했다. 하지만 어쨌든 그가 그런 전자우편을 보내 왔다는 사실은 정보의 새로운 세계가 돌아가는 방식을 보여 주는 사례다. 그 사람은 적어도 온라인 세계에서 어떤 이야기가 오가는지에 관심을 기울이고 있었던 것이다. (이런 내용은 그 사람이 만드는 제품에 영향을 준다.) 이 점에 대해서는 나는 〈마이크로소프트〉에게 A를 준다. 비록 내가 겪은 소프트웨어 결함에 대해서는 C마이너스를 주겠지만 말이다.

5) http://redcouch.typepad.com/weblog/

감사의 말

우선 제 블로그에 의견을 달아 주고, 전화나 글로 제안을 해 주고, 잘못된 점을 지적해 주신 많은 분들께 감사드립니다. 말씀드렸듯이 날아가 버린 전자우편이 있기 때문에 모든 분들께 개인적으로 감사 인사를 드리지 못했습니다. (사라진 전자우편의 발송자들께서는 제게 연락을 주세요. 그러면, 온라인에 올릴 감사드릴 분들 목록에 추가하고, 책 추가쇄를 찍을 때도 추가하겠습니다.) 제가 잃어버리지 않은 메시지들을 보내 주신 분들은 다음과 같습니다. (몇몇 분들은 본명이 아닌 아이디로만 연락을 해 오셨어요.)

폴 앤드류스, 닉 아네트, 알프레도 아스카니오, 제리 애셔, 케빈 아일워드, 필 베이커, 알레시오 발비, 피터 바소핀, 빌 바우어, 모튼 베이, 앤드류 비치, 마이클 빈, 팀 비숍, 찰스 브라운스타인, 버즈 브러그먼, C. R. 브라이언 III, 스캇 버키, 케빈 버튼, 브라이언 W. 카버, 프랭크 카탈라노, 데이비드 카셀, 길버트 카토아, 길러모 세르소, 브라이언 클라크, 조 클라크, 마이클 오코너 클라크, 마이클 콜린즈, 조이스 콘크린, 제프 단지거, 톰 돌렘보, 데이브 도너휴, 존 도건, 스티븐 다운즈, 에이미 아이스만7, 그레그 엘린, 마크 페더만, 신 피츠패트릭, 존 플레크, 데이브 플래처, 트립 포스터, 비존 프리만-벤슨, 론다 제라시, 워드 젤라치, 존 길모어, 버니 골드바흐, 필 곰스, 그리프, 크리스 걸커, 스티브 하몬, 팀 하딩, 에스처 하기타이, 로드니 호프만, 데니스 하웰, 라이언 얼란, 테리 어빙, 조앤 제이콥스, 엘윈 젠킨스, 니콜라스 젠킨스, 데니스 저르츠, 모리 존스톤, 고든 조스로프, 크리스 카민스키, 로히트 카르, 수잔 키친스, 브라이언 크라우즈, 토니 레이시, 지오프 래폰, 래리 라슨, 레너드 린, 헤티 릿젠스, 스캇 러브, 트리스탄 루이스, 리처드 런드키스트, 잭 린치, 마크 맥브라이드, 마이크 맥칼리스터, 웨인 머시어,

짐 밀러, 빌 미첼, 닐 무어, 앤드리아 모로, 로버트 나일스, 모린 S. 오브리언, 마이크 오웬즈, 이반 오렌스키, 앤드류 올로브스키, 올라브 아 오브레보, 나이절 패리, 앤젤라 페니, 랄프 풀, 매트 프레스콧, J. P. 랜가스와미, 웨인 라사넨, 실리아 레드모어, 윌리언 리스키, 코르맥 러셀, 제이슨 살츠만, 롭 살츠만, 개리 D. 샌더스, 게리 샌토로, 댄 셜리스, 트루디 슈트, 팸 슈워츠, 쥐 교수님, 자넷 S. 스콧, 린다 시바흐, 빌 세이츠, 벤 실버만, 어느 마구잡이 인문 유목민, 케이틀린 스프래클렌, 스티브 스트로, 어니스트 스벤슨, 글렌 토머스, 폰즈 튄스트라, 마놀리스 차가라키스, 마이크 뱅크 발렌타인, 에드 바이엘메티, 테일러 웰쉬, 조나단 위버, 조슈아 와인버그, 댄 와인트라우브, 알렉스 윌리암스, 필 울프, 제이 우즈, 짐 젤머, 에단 주커만.

"하던 일이나 계속 하시지?"라는 류의 냉소적인 조언은, 특별히 그렇게 생각하시는 근거가 있지 않는 한 되도록 흘려 버렸습니다. 저는 제가 틀렸다고 말씀하시는 분들에게서 제가 옳다고 하시는 분들보다 더 많이 (아니면 적어도 비슷한 정도로) 배웠습니다. 근거를 가지고 비판하시는 분들의 의견은 주의 깊게 읽었습니다. 그래도 결국은 제가 동의하지 않는 경우도 있었지만요. 제 견해에 대해 (때로는 정말 혹독하게) 비판해 주신 분들께 감사드립니다.

많은 분들이 귀중한 시간을 할애해 주셨습니다. 저와의 대화, 인터뷰, 전자우편 교신 등을 통해 도움을 주신 분들은 다음과 같습니다.

크리스 올브리튼, 크리스 앤더슨, 아짐 아자르, 제프 베이트, 존 페리 발로, 카메론 배럿, 요차이 벤클러, 크리슈나 바랏, 버즈 브레그만, 웨스 보이드, 닉 브래드버리, 예일 브런스타인, 댄 브리클린, 존 브로크만, 케빈 버튼, 제이슨 맥케이브 칼라카니스, 마크 캔터, 제리 세포스, 잉 찬, 조 클라크, 에드 콘, 로버트 콕스, 마크 쿠반, 워드 커닝햄, 로브 컬리, 애닐 대쉬, 닉 덴톤, 호세인 데라크샨, 사만티 디사나야크, 코리 독토로, 잭 드리스콜, 에스더 다이슨, 벤 에델만, 르네 에델만, 찰스 아인젠드라트, 데이브 파버, 에드 펠튼, 러스티 포스터, 칼 프리쉬, 클렌 플레시만, 아담 가핀, 스티브 길모어, 윌리 길모어, 빈두 고엘, 필 곰스, 에이미 구즈만, 리치 고든, 제니퍼 그래닉, 매트 그로스, 타라 수 그립, 저스틴 홀, 피터 하터, 매트 호기, 스캇 히퍼만, 메리 호더, 멕 후리한, 정운현, 데이비드 아이젠버 그, 조이 이토, 제프 자비스, 스캇 존슨, 데니스 닐, 랜스 노블, 브루스 쿤, 하워드 커츠, J. D. 라시카, 이봉렬, 로렌스 레시그, 팀 레벨, 찰스 루이스, 앤드류 리, 칼린 링톤, 크리스 로크, 케빈 린치, 로브 말다, 데이비드 L. 마버거, 존 마르코프, 케빈 마크스, 카메론 말로, 조슈아 미카 마샬, 카틴카 맛슨, 로스 메이필드, 브록 미크스, 니코 멜리, 빌 미첼, 브라이언 몬로, 크레이그 뉴마크, 크리스 놀란, 오연 호, 스티브 아우팅, 레이 오지, 크리스 피릴로, 존 패츠코프스키, 리 레인, 미치 랫클리프, 데이비드 P. 리드, 그레그 라이내커, 글렌 레이놀즈, 하워드 레인골드, 존 로브, 피트 로하스, 짐 로메네스코, 제이 로젠, 잭 로젠, 스캇 로젠버그, 아비 루빈, 샘 루비, 켄 사카무라, 로버트 스코블, 할리 수이트, 닥 설즈, 웬디 셀저, 제이슨 쉘른, 클레이 셔키, 데이브 시프리, 브렌트 시몬스, 마크 스미스, 닐 스티븐 슨, 톰 스타이트, 어니 스벤슨, 제퍼 티치아웃, 조 트리피, 벤 트로트, 메나 트로트, 시바 바이드하나탄, 잭 발렌티, 요시 바르디, 마틴 보걸, 에릭 폰 히펠, 지미 웨일 즈, 크리스 워너, 밀버튼 월리스, 스티븐 B. 워터스, 데이비드 와인버거, 마이크 웬드랜드, 윌 휘튼, 이반 윌리암스, 필 윈들리, 데이브 와이너, 레너드 위트, 자예 드, 조나단 지트레인, 마르코스 물릿사스 주니가, 그리고 익명으로 의견 주신 몇몇 분들. 모두 감사드립니다. 제가 실수로 빠뜨린 분이 있다면 정말 죄송합니다.

이분들 중에는 제가 『새너제이 머큐리 뉴스』에 실릴 칼럼을 쓰기 위해 (『새너제이 머큐리 뉴스』의 온라인 사이트인 〈실리콘밸리닷컴〉과 모회사인 〈나이트 리더〉에 실린 칼럼도 포함) 인터뷰하면서 알게 된 분들이 있습니다. (칼럼 중 일부는 이 책에도 언급되어 있습니다.) 능력 있고 현명한 나의 동료 기자들은 내가 이런 것을 시도하는 게 미친 짓이라고 생각했을지도 모르지만 그렇게 내놓고 말하지는 않을 정도로 친절했습니다. 『새너제이 머큐리 뉴스』의 제 편집자에게 특히 감사의 말을 전합니다. 그는 제가 이 책을 쓰는 동안 파트타임으로 일할 수 있게 해 주었습니다.

에스더 다이슨, 다프네 키스, 크리스티나 쿠코스 등 〈릴리즈 1.0Release 1.0〉에서 일하는 분들께도 감사를 전합니다. 〈릴리즈 1.0〉의 뉴스레터에, 저는 블로그와 RSS에 대한 글을 쓴 적이 있습니다. 그 내용 중 일부는 이 책에도 실려 있습니다.

코리 독토로, J.D. 라시카, 래리 레시그, 웬디 셀처, 댄 샤퍼, 레너드 위트, 제프 자비스는 저의 초고를, 그리고 때로는 초초고를 읽어 봐 주고, 제가 옆길로 새고 있는지 제대로 가고 있는지 이해하는 데 도움을 주었습니다. 말씀드렸듯이, 스티븐 워터스는 내가 더 철저하게 일하도록 다그쳐 주었습니다. 제이 로센은 초고를 읽어 주고 긴 토론을 해 주는 수고를 해 주었을 뿐 아니라, 로센의 아이디어가 저의 생각에 큰 영향을 미쳤습니다. 하워드 라인골드의 통찰과 용기는 말할 수 없을 만큼 큰 도움이 되었습니다. 그리고 닥 설즈는 놀라웠습니다.

팀 오레일리(이 책의 출판사인 〈오레일리 미디어〉의 최고경영자이자 설립자)는 지성과 영혼의 너그러움이라는 덕목을 모두 갖춘 보기 드문 분인데, 저를 끊임없이 놀라게 했습니다. 2002년에 내가 이 아이디어를 이야기했을 때, 그는 그 자리에서 이 책을 출판하고 싶다고, 그렇지만 동부의 출판사를 잡는다면 글쓴이인 저로서는 금전적으로 더 유리할 것이라고 솔직하게 말해 주었습니다. 저는 뉴욕에서 에이전시를 잡지 못했는데, 되돌아보면 팀과 오레일리의 직원들과 함께 일하게 되어서 행운이었습니

다. 라엘 온페스트, 벳시 울리제브스키, 사라 윈지 등 오레일리 분들과의 작업은
유쾌하고 즐거웠습니다.

알렌 노렌(작가이자 오레일리의 편집자)은 이 책을 다듬고 편집해 주었습니다. 노렌
의 인내심과 사려 깊음, 그리고 좋은 감각에 저는 그저 놀랄 뿐이었습니다. 노렌은
이 책을 더 좋게 만들기 위해 끊임없이 의견을 내놓았습니다. 이 책이 좋은 책이라면,
그의 덕분입니다. 고마워요, 알렌.

노리코 타키구치는 평화와 즐거움이 마르지 않는 샘입니다. 그녀는 말도 안 되게
오래 걸리는 내 작업을 참아 주었고(수개월 동안 어이없을 정도로 이른 아침에 자명종이
울리는 것도 참아 주었습니다), 내가 늘어져 있을 때 추스르고 일을 하도록 내 등을
다독이며 떠밀어 주었습니다. 노리코는 내가 사리분별을 잘 하도록 해 주고, 내 인생
을 밝혀 주는 사람입니다.

웹사이트 목록

20six: http://www.20six.co.uk/
50 Minute Hour: http://www.50minutehour.net/
ActiveWords: http://www.activewords.com/
AllConsuming: http://www.allconsuming.net/
Amazon Light: http://www.kokogiak.com/amazon/
Amazon 웹서비스:
    http://www.amazon.com/gp/aws/landing.html/102-2039287-6152169
American Journalism Review: http://www.ajr.org/
Back to Iraq: http://www.back-to-iraq.com/
Jack Balkin: http://balkin.blogspot.com/
BBC iCan project: http://www.bbc.co.uk/ican/
Yochai Benkler: http://www.benkler.org/
Erik Benson: http://erikbenson.com/
Berkeley Intellectual Property Blog:
    http://journalism.berkeley.edu/projects/biplog/
BitTorrent: http://www.bittorent.com/
Blogads: http://www.blogads.com/
Blogger: http://www.blogger.com/
Blogging on the President: http://www.bopnews.com/
BoingBoing: http://www.boingboing.net/
Boston Online: http://www.boston-online.com/
Bush in 30 Seconds: http://www.bushin30seconds.org/
Center for Public Integrity: http://www.publicintegrity.org/
Chilling Effects Clearinghouse: http://www.chillingeffects.org/
Cluetrain Manifesto: http://www.cluetrain.com/
Columbia Journalism Review: http://www.cjr.org/
Columbia Journalism Review의 "CJRDAILY": http://www.cjrdaily.org/
Command Post: http://www.command-post.org/
Consumer Project on Technology: http://www.cptech.org/
Creative Commons: http://www.creativecommons.org/
Adam Curry: http://live.curry.com/
CyberJournalist: http://www.cyberjournalist.net/
Daily Kos: http://www.dailykos.com/
Howard Dean 블로그: http://blog.deanforamerica.com/
Dean Defense Forces: http://www.deandefense.org/

DeanSpace: http://www.deanspace.org/

DefenseLink: http://www.defenselink.mil/

Democracy Now: http://www.democracynow.org/

Nick Denton: http://www.nickdenton.org/

John Dowell의 MX Blog: http://www.markme.com/jd/

Matt Drudge: http://www.drudgereport.com/

Earth911: http://www.earth911.com/

Edventure Holdings: http://www.edventure.com/

Electronic Frontier Foundation: http://www.eff.org/

Engadget: http://www.engadget.com/

Fair and Accuracy in Reporting: http://www.fair.org/

FCC Spectrum Policy Task Force: http://www.fcc.gov/sptf/

FeedDemon: http://www.bradsoft.com/feeddemon/index.asp

Feedster: http://www.feedster.com/

Fleshbot: http://www.fleshbot.com/

Free Software Foundation: http://www.fsf.org/

Gawker: http://www.gawker.com/

Dan Gilmor의 블로그: http://dangilmor.typepad.com/

Gizmodo: http://www.gizmodo.com/

GNU Project: http://www.gnu.org/

Go Skokie: http://goskokie.com/

Phil Gomes: http://www.philgomes.com/blog/

GoogObits: http://www.googobits.com/

Google API: http://www.google.com/apis/

Groklaw: http://www.groklaw.net/

Chris Gulker: http://www.gulker.com/

Justin Hall: http://www.links.net/

Rex Hammock: http://www.rexblog.com/

Healing Iraq: http://healingiraq.blogspot.com/

Hoder의 〈Editor:Myself〉 블로그: http://hoder.com/weblog/

Dennis Horgan: http://denishorgan.com/

Meg Hourihan: http://www.megnut.com/

Indymedia: http://www.indymedia.org/

Interesting People Mail List: http://www.interesting-people.org/

Ipoding: http://www.ipoding.com/

IT Conversations: http://www.itconversations.com/

Joi Ito: http://joi.ito.com/

Junior Journal: http://journal.jrsummit.net/

Kataweb: http://www.kataweb.it/

Valdis Krebs' political book-bying analysis:
    http://www.orgnet.com/divided.html

Kristof Responds:
    http://forums.nytimes.com/top/opinion/readersopinions/forums/
    editorialsoped/opedcolumnists/kristofresponds/

Kuro5hin: http://www.kuro5hin.org/

Lawrence Journal-World: http://www.ljworld.com/

Ken Layne: http://www.kenlayne.com/

Sheila Lennon blog: http://www.projo.com/blogs/shenews/

Lawrence Lessig: http://www.lessig.org/blog/

LiveJournal: http://www.livejournal.com/

LockerGnome: http://www.lockergnome.com/

Donald Luskin: http://www.poorandstupid.com/

Macromedia: http://www.markme.com/mxna/index.cfm

Tom Mangan: http://tommangan.net/

Janet "StrollerQueen" McLaughlin: http://www.stollerqueen.com/

McSpotlight: http://www.mcspotlight.org/

Meetup: http://www.meetup.com/

Melrose Mirror: http://toy-story.media.mit.edu:9000

Memory Hole: http://www.thememoryhole.org/

Susan Mernit: http://susanmernit.blogspot.com/

Microsoft Channel 9: http://channel9.msdn.com/

Microsoft Newsbot: http://newsbot.msn.com/

Moreover: http://www.moreover.com/

Moveon: http://www.moveon.org/

Tom Murphy 블로그: http://www.natterjackpr.com/

MyYahoo RSS: http://my.yahoo.com/s/about/rss/index.html

National Debate: http://www.thenationaldebate.com/

NetNewsWire: http://www.ranchero.com/

News.com: http://www.news.com

NewsIsFree: http://www.newsisfree.com/

New Media Musings: http://www.newmediamusings.com/

New York Times forums: http://www.nytimes.com/pages/readersopinions/

Kaycee Nicole FAQ: http://www.rootnode.org/article.php?sid=26

Nieman Reports: http://www.nieman.harvard.edu/

Nublog: http://www.contenu.nu/

OhmyNews: http://www.ohmynews.com/

Online Journalism Review: http://www.ojr.org/
Ray Ozzie: http://www.ozzie.net/blog/
Pacific News Service: http://news.pacificnewes.org/news/
Patterico: http://patterico.com/
Pets911: http://www.pets911.com/
Pew Internet Project: http://www.pewinternet.org/
Tim Porter: http://www.timporter.com/
Public Journalism Network: http://www.pjnet.org/
David Reed: http://www.reed.com/
The Register: http://www.theregister.co.uk/
Glenn Reynolds (Instapundit): http://www.instapundit.com/
John Robb: http://jrobb.mindplex.org/
Jim Romenesko: http://poynter.org/Romenesko/
Jay Rosen의 Press Think:
    http://journalism.nyu.edu/pubzone/weblogs/pressthink/
Salon Blogs: http://www.salon.com/blogs/
Doc Searls: http://doc.weblogs.com/
Robert Scoble: http://scoble.weblogs.com/
Clay Shirky: http://www.shirky.com/
Sign On San Diego: http://www.signonsandiego.com/
SilverStringer: http://silverstringer.media.mit.edu/
Six Apart: http://www.sixapart.com/
Slate Fraywatch: http://fray.slate.msn.com/id/2099475/
Smart Mobs: http://www.smartmobs.com/
Marc Smith: http://research.microsoft.com/~masmith/
SocialText: http://www.socialtext.com/
Spokane Spokesman-Review: http://www.spokesmanreview.com/
Sreenath Sreenivasan: http://sree.net/
Ernest Svenson: http://www.ernietheattorney.net/
Tom Standage site: http://www.tomstandage.com/
Stanford Cyberlaw Clinic: http://cyberlaw.stanford.edu/
Andrew Sullivan: http://www.andrewsullivan.com/
Syndic8: http://www.syndic8.com/
Talking Points Memo: http://www.talkingpointsmemo.com/
Technorati: http://www.technorati.com/
Technorati Developers Center:
    http://www.technorati.com/developers/index.html
Times on the Trail: http://www.nytimes.com/pages/politics/trail/

Tobacco Control Archives: http://www.library.ucsf.edu/tobacco/
Tron Project: http://tron.um.u-tokyo.ac.jp/
Turnitin: http://www.turnitin.com/
Jon Udell: http://weblog.infoworld.com/udell/
Urban Legends: http://www.snopes.com/
UserLand Software: http://www.userland.com/
Siva Vaidhyanathan: http://www.nyu.edu/classes/siva/
Erich Von Hippel: http://web.mit.edu/evhippel/www/cv/htm
Wall Street Journal "Best of the Web": http://www.opinionjournal.com/best/
Washington Post Live Online:
　　http://www.washingtonpost.com/up-dyn/liveonline/
Washington Post White House Briefing:
　　http://www.washingtonpost.com/wp-dyn/politics/administration/
　　whbriefing/
We Media: http://www.hypergene.net/wemedia/weblog.php
Weblogs Inc.: http://www.weblogsinc.com/
Dan Weintraub 블로그: http://www.sacee.com/insider/
We the Media: http://wethemedia.oreilly.com/
Wil Wheaton: http://www.wilwheaton.net/
Wiki: http://c2.com/cgi/wiki/
WikiTravel: http://www.wikitravel.org/
Phil Windley: http://www.windley.com/
Dave Winer's Scripting News: http://www.scripting.com/
Wonkette: http://www.wonkette.com/
WordPirates: http://www.wordpirates.com/
World Intellectual Property Organization: http://www.wipo.int/
Yahoo Groups: http://groups.yahoo.com/

용어 설명

클라이언트 Client
클라이언트-서버 구조에서 서버로부터 데이터를 요청해 받아 보는 컴퓨팅 도구. PC, PDA, 휴대전화 등이 이에 해당한다. 예를 들면, PC의 웹브라우저로 인터넷을 보는 경우, PC가 서버로부터 정보를 받아 보는 클라이언트가 되는 것이다.

데이터베이스 Database
자료나 정보들을 구조화된 형태로 모아 놓아서 검색, 갱신, 질의 등을 통해 활용할 수 있게 한 것. 데이터베이스의 자료는 문서, 수치, 사진, 동영상 등을 다 포함할 수 있다.

프리 소프트웨어 Free Software
소스 코드가 누구나 공짜로 다운받아 보고 수정할 수 있도록 공개되어 있는 소프트웨어. 오픈 소스 소프트웨어라고도 불리며, 리눅스 운영체제가 대표적인 예다.

해킹 Hacking
프로그램이나 네트워크의 내부 구조를 파고들어 내부의 원리/정보를 알아내거나, 수정하는 것. 일부 해커들은 이를 악의적으로 사용해 '해커'라는 명칭이 부정적인 이미지를 갖게 만들었지만, (제조 업체가 공인하는 것은 아니지만) 제품의 품질을 향상시키는 데 활용하는 선의의 해커들도 있다.

HTML Hyper Text Markup Language
웹페이지가 브라우저상에서 어떻게 보일지를 지정해 주는 프로그램 언어. HTML을 보려면 웹브라우저에서 '소스 보기'를 클릭하면 된다.

리눅스 Linux
유닉스와 비슷한 오픈 소스 운영체제로 인터넷이 돌아가게 하는 많은 서버에서 사용되고 있다. 리눅스는 유닉스나 윈도 같은 비싼 운영체제에 대한 대안으로서 고안되었다.

메일링 리스트 Mailing list
특정한 주제에 관심이 있는 사람들끼리 이메일 주소 목록에 등록해서 정보를 공유하는 것. 어느 리스트에 등록이 되면 그 리스트로 발송되는 모든 이메일을 받아 볼 수 있다. 이 책에 나온 데이브 파버의 〈흥미로운 사람들〉 메일링 리스트가 그 사례다.

오픈 소스 소프트웨어 Open Source Software
협업을 통해 전 세계의 수많은 사람들에 의해 공동으로 개발, 유지, 유통되는 소프트웨어. 사례로는 리눅스 운영체제, 아파치 서버 소프트웨어, MySQL 데이터베이스 소프트웨어 등이 있다.

오픈 소스 소프트웨어는 공짜이고 공개되어 있다.

운영체제 Operating System
컴퓨터상의 모든 프로그램 작동을 조절하는 기본 소프트웨어. 리눅스, OSX, 유닉스, 윈도 등이 이에 해당한다.

P2P Peer to Peer
파일 공유를 가능하게 해 주는 커뮤니케이션 시스템의 일종. 대표적인 사례로는 〈냅스터〉 음악 공유 시스템을 들 수 있다.

RSS Really Simple Syndication
웹페이지상의 기사나 문서 등을 다른 웹사이트나 통신 기기에서 통합해 볼 수 있게 해 주는 프로토콜. RSS파일들은 뉴스 구독기 프로그램을 통해 한데 모아서 읽을 수 있다.

서버 Sever
클라이언트-서버 구조에서 문서, 음성, 동영상 등의 자료를 다른 컴퓨터 기기로 보내 주는 컴퓨터.

단문 메시지 SMS, Short Message System
휴대전화에서 널리 사용되는 문자 전송 시스템. 이것을 통해 휴대전화 사용자들은 문자 메시지를 서로 주고받을 수 있다.

블로그 blog
가장 최근 글이 가장 위에 올라오도록 역시간순으로 표시되는 온라인 일기.

위키 Wiki
누구라도 웹브라우저상에서 자유롭게 글을 올리고 (다른 사람이 올린 글을) 자유롭게 수정할 수 있게 해 주는 소프트웨어. 온라인 백과사전인 〈위키피디아〉(http://www.wikipedia.org)가 대표적인 사례다.

찾아보기

(ㄱ)

〈개닛〉 54
개인 저널리즘 47, 50, 63, 274, 275
거대 언론사 35, 37, 39, 51, 59, 182, 202,
    215, 237, 263, 287, 407
〈게티 이미지〉 119
고든 무어, 무어의 법칙 288, 289, 290
공정 사용 101, 351, 352, 370, 371, 375,
    378, 393
광대역 55, 92, 97, 100, 228, 388, 389,
    395, 396
〈구글〉 10, 22, 27, 75, 89, 107, 128, 136,
    152, 162, 176, 220, 265, 278, 286,
    296~306, 322, 327, 329, 351
구글 알림 297
〈구글〉 폭격 327
9·11 29, 30, 46, 72~75, 118, 145, 206,
    227
구텐베르크 406
규모의 경제 380
〈그루브 네트워크〉 154, 159
글렌 레이놀즈 38, 76, 77, 341
〈기즈모도〉 89, 172, 173, 276
도금 시대 49
깊은 링크 357, 358

(ㄴ)

나치오 32, 33, 34, 37, 256
낚시/낚시꾼/낚싯글 191, 218, 311, 323,
    324, 325, 345
〈냅스터〉 99, 100, 380, 403
『네이션』 50

넷뉴스와이어 103, 104
〈넷스케이프〉 183, 367
노무현 185, 235, 238
뉴미디어 24, 46, 149, 151, 233, 243,
    245,246, 264, 266, 298, 307, 407
〈뉴미디어 뮤징〉 278
〈뉴미디어 스트래터지〉 329, 336
뉴스 구독기 103, 299
뉴스 그룹 57, 78, 81, 87, 139, 152
뉴스게이터 152
뉴스메이커 34~38, 43, 112, 113, 117, 129,
    130, 141, 145~149, 326, 407
『뉴스앤드레코드』 185
『뉴올리언스 타임스피카윤』 23
『뉴욕타임스』 31, 54, 56, 57, 73, 82, 105,
    106, 130, 137, 144, 215, 226, 247,
    252, 284, 315, 317, 320, 333, 336,
    350, 353, 355, 356, 363, 390
니치 12, 26, 171, 172, 176, 200, 275, 277
닉 덴톤 172, 173, 275, 276, 277
닉 브래드버리 105
닐 스티븐슨, 『스노 크래시』 294

(ㄷ)

닥 설즈 22, 32, 33, 65, 131, 143, 334
단문 메시지, SMS 94, 95, 96, 107, 199,
    254, 293, 305
『더힐』 282
데니스 호간 222, 223
『데모크라시 나우!』 266, 267
데스크탑 출판 59, 283
데이브 시프리 107, 300
데이브 와이너 67, 68, 80, 81, 87, 92, 185

데이브 파버 73, 74, 86, 87
데이비드 리드, 리드의 법칙 290, 386, 398
데이비드 아이젠버그 85
데이비드 와인버거 65, 331, 332, 417
데이빗 브린 134
도널드 럼스펠드 145, 146, 177
DeCSS 358, 359, 360, 361
디쉬네트워크 123, 124, 133
DRM 382, 383, 384
디지털 밀레니엄 저작권법, DMCA 356, 359, 374
디지털 커뮤케이션 21, 213
〈디펜스링크〉146, 206
〈딕슨〉354

(ㄹ)

『라 리퍼블리카』262
〈라디오 유저랜드〉92, 159
라시아 J. D. 278, 279
〈라이브저널〉92
레이 오지 154
로드니 킹 97, 118
『로마 센티널』417
로브 맬더 323
로스 메이필드 273
『로스앤젤레스타임스』226, 227
〈로웨스〉52
로제타석 102, 103
〈로커놈〉102, 169
리누스 토발즈 69
리눅스 32, 69, 70, 79, 166, 257, 358
리블링 A. J. 50, 51
〈리스트서브〉150
리치 미디어 92
릭 르빈 65
링컨 스티픈스 49

마르코스 물릿사스 즈니가 178, 194, 195, 200
마샬 맥루한 64, 65, 197, 208

(ㅁ)

〈마이디디닷컴〉190
『마이애미 헤럴드』245
〈마이크로소프트〉15, 67, 68, 106, 119, 120, 128, 158, 160, 161, 168, 172, 215, 296, 297, 298, 299, 313, 357, 358, 381, 382, 383, 390, 391, 393, 420
마이크로프로세서 55, 288, 348
마이클 파월 145, 388, 396, 397
마크 쿠반 156
마틴 보겔 233
〈매크로미디어〉158
매킨토시 59, 67, 103, 119, 170, 383, 420
매트 드러지 247, 319, 339, 340
매트 스미스 135
〈맥도날드〉121, 122, 149
〈맥스포트라이트〉121, 122, 149
「멍청한 네트워크의 등장」85
메리 슈미히 312, 313
〈메모리홀〉123
〈메타필터〉330
〈멜로즈 미러〉261, 262, 264
명예훼손, 명예 훼손죄 36, 121, 131, 133, 149, 175, 230, 234, 337~347, 353, 385
몰래카메라 97, 368
무버블타입 90, 92
〈무브온〉196, 197, 199
『미디어의 이해』64
미러링 356
미키 마우스 371, 372

밀레니엄 버그, Y2K bug 115, 220
〈밋업〉 187, 188, 189, 253

(ㅂ)

발디스 크렙스 304
밥 멧캘프, 멧캘프 법칙 289, 290
방송 깃발 376, 377, 381
방화벽 114, 366, 390
『배론스』 346
버너스 리 62, 81
벤 챈들러 178, 179, 199, 278
벤저민 프랭클린 47
보도 자료 148, 162, 167, 168, 169, 172,
    175, 318, 324, 326, 327
『보스톤글로브』 56, 262
부시 W. 22, 23, 31, 112, 117, 134, 177,
    182, 184, 188, 196, 197, 254, 255,
    327
브라이언 툴란 222, 223
브러그만 33, 34, 35, 152
브록 미크스 337, 340
브루스 빔버 48, 78
〈블로그롤러〉 87
〈블로그스팟닷컴〉 366
〈블로그애드〉 179, 278
BBC 21, 73, 203, 228, 232, 233, 234,
    235, 242, 253, 274
비비에스 57, 58, 78, 183
비트 토런트 100
빅토르 나바스키 50

(ㅅ)

사무엘 모스 48
사스 86, 87, 95, 96, 116, 129

〈사이버저널리스트닷넷〉 218
『새너제이 머큐리 뉴스』 24, 73, 82, 220,
    298, 353, 424
『새크라멘토 비』 219
『샌디에이고 유니온 트리뷴』 95
『샌디에이고 트리뷴』 229
『샌프란시스코 위클리』 135
『샬롯 옵저버』 220
세계무역센터 72, 73, 119, 227
세그웨이 131, 143
세빗 172
수정헌법 제1조 40, 46, 47, 258, 260, 338,
    340, 342, 346, 355, 359, 372, 379,
    380, 401
스마트폰 104, 305
〈스타트랙〉 163, 164
스탠톤 클란츠 122
스톤 I. F. 50, 51, 268
스트롬 서몬드 111
스티브 올라프슨 221, 222
스티븐 존슨 85
스팸 메일 90, 168, 169, 192, 210, 250,
    335, 349, 368, 369, 387
『스포크맨 리뷰』 223
스핀 311, 326, 327, 328, 329
〈슬래쉬닷〉 89, 119, 120, 212, 218, 302,
    323, 324
『슬레이트』 215
시민 기자 9, 10, 21, 25, 35, 42, 43, 230,
    235~240, 254, 255, 330
시민 저널리즘 10, 12, 14, 19, 25, 28, 31,
    43, 79, 230
CBS 22, 23, 31, 52, 317, 335
CSS 358, 361
CNN 21, 55, 73, 77, 82, 117, 143, 221,
    228, 253, 333
『시카고트리뷴』 312
식스어파트 92

신디케이션 84, 102, 149, 299, 315
〈실리콘밸리닷컴〉 201, 220

(ㅇ)

(뉴스의) 아나키즘 41, 43
아날로그 홀 376
아놀드 슈워제네거 181, 182, 210, 219
아담 가핀 328
아르파넷 56
RSS 101, 102, 103, 104, 105, 106, 107,
    114, 151, 152, 155, 156, 158, 168, 169,
    170, 175, 297, 298, 299, 300, 408
RSS 피드 103, 104, 106, 107, 152, 168,
    169, 170, 175, 298, 299, 300
〈아마존닷컴〉 276, 320
아마추어 (저널리스트) 16, 19, 90, 227,
    241, 274, 275, 294, 319, 378
〈아메리카온라인〉 24, 61
『아메리칸 저널리즘 리뷰』 226
아부그라이브 117, 118
아이다 타벨 49
아이캔 프로젝트 203, 232, 233, 234, 235
〈아이튠〉 22, 115, 170, 383
아이팟 21, 125
알프레드 베일 48
애그리게이터 103, 299
애비 루빈 313
애완동물 911 205
애자일 라디오 400
〈애플〉 13, 14, 21, 22, 59, 67, 115, 119,
    120, 125, 169, 170, 303, 382, 383,
    403
액티브워즈 152
앨빈 토플러 65
〈야후〉 33, 87, 156, 198, 296, 298, 343,
    344, 347, 367, 390, 391

어니스트 스벤슨 162, 163
〈어드밴스닷넷〉 214, 246
〈어스 911〉 204, 205
업톤 싱클레어 50
에릭 폰 히펠 127
에스트라다 184
에이미 굿맨 266
ABC 뉴스 111
HTML 62, 63, 80, 81, 105, 190, 293, 331
〈AT&T〉 56
〈에코스타〉 133
FCC 376, 381, 388, 390, 392, 396~401
엔드 투 엔드 386, 387, 388, 395, 398
엔터테인먼트 업계 42, 98, 101, 165, 261,
    327, 365, 368, 373, 374, 376~381,
    393
『엔터테인먼트 위클리』 165
〈MSNBC〉 297, 337
『연방주의자 신문』 48
오레일리 네트워크 85
〈오마이뉴스〉 9, 12, 186, 213, 230,
    235~241, 246
오스본 56
오연호 9, 213, 236, 237, 238, 239
오프더레코드 255
오픈 소스 69~72, 125, 166, 196, 197, 198,
    205, 217, 257, 258, 267, 274, 275,
    331, 413, 414, 419
오픈 소스 소프트웨어 69, 70, 166, 196,
    198, 217, 257, 267, 413
오픈 소스 저널리즘 71, 217, 258, 413, 414,
    419
『와이어드뉴스』 179
와이파이 89, 171, 265, 397
〈왓이스닷컴〉 93
요차이 벤클러 70, 71
「우리, 곧 미디어」 231
워드 커닝햄 92, 93, 270, 272, 324

워드해적 331
『워싱턴포스트』 21, 27, 41, 54, 61, 110,
111, 145, 177, 192, 214, 216, 226, 403
워터게이트 41, 214
워터마킹 317
월가 39, 54, 129, 130, 318
『월드 온라인』 223
『월스트리트저널』 54, 73, 171, 219, 255,
332, 333, 348
월터 크론카이트 25, 30, 52
〈월트 디즈니〉 371, 372, 388, 389, 390,
391
웨스 보이드 197
웹강령 95 65, 66, 113, 131, 147
〈웹로그Inc〉 24, 277, 278
위키 71, 81, 92, 93, 94, 98, 107, 159, 175,
269, 270, 272, 273, 274, 324, 411,
415
위키드굿 328
〈위키트래블〉 93, 272, 273
〈위키피디아〉 93, 269, 270, 271, 272, 326
윈도 67, 68, 105, 120, 150, 152, 383
윌 휘튼 163, 164, 165, 166, 167
유명 인사 저널리즘 53
유비쿼터스 127
유즈넷 57, 78, 87, 115, 139
『USA 투데이』 209, 350
〈유저랜드 소프트웨어〉 68, 80
『이머전스』 85
이메일(메일링) 리스트 84, 86, 87, 88,
150, 151, 198, 254, 324, 408
〈이베이〉 40, 170
이봉렬 235, 239, 240
e-정부 203, 204
『2004년, 미국 대통령직 사들이기』 268
익명성 101, 320, 323, 345
〈인디미디어〉, 〈인디펜던트 미디어 센터〉
264, 265, 267

〈인스타펀디트닷컴〉 76, 77, 341
인터넷 서비스 업체, ISP 81, 99, 343, 369,
379, 391, 414
〈인텔〉 115, 288, 348, 349, 381, 383, 385,
386, 393, 397
『인포월드』 154, 169

(ㅈ)

자가 조직적인 편집국/뉴스본부 416
자넷 맥로린, 유모차 여왕 171, 172
자프루더 227
『저널월드』 223, 224
저스틴 홀 63, 68
저작권 카르텔 42, 365, 369, 381, 408
저작권법 28, 126, 166, 184, 317, 322, 327,
352, 356, 359, 369, 370, 374, 375,
379, 381, 382, 394, 410, 411
전미 공공라디오 방송국, NPR 82
전자 프론티어 재단, EFF 166, 351, 361,
363, 393
『정보와 미국의 민주주의』 48
정보의 자유법 123
정운현 237
『제3의 물결』 65
〈제너럴일렉트릭〉 52, 297
제이 로젠 89, 137, 244
제이슨 맥케이브 칼라카니스 24, 277, 278
제이슨 블레어 137, 144, 247, 317, 333,
350
제이콥 리스 50
『제인 인텔리전스 리뷰』 212
제프 베이츠 323, 324
제프 자비스 214, 246
조 클라크 170
조나단 리베드 129
조슈아 미카 마샬 89, 112, 282

조지 맥거번 후보 195
존 로브 207
존 마르코프 57
존 조한센 358, 359
존 케리 상원 의원, 와플 327
존 포드호레츠 112
존 포인덱스터 134, 135
존 F. 케네디 29, 30, 227
〈주니어 저널〉 262, 263, 264
(네트워크의) 주변부 38, 42, 55, 58, 83,
    85, 148, 167, 174, 179, 182, 184, 188,
    190, 196, 200, 207, 209, 264, 386,
    387
지미 웨일즈 270, 271
지적 재산권 261, 322, 352, 353, 354, 355,
    371, 383
진실 부대 114, 119, 138, 139, 140

(ㅊ)

찰스 코플린 60
참담한 실패 327
『참여 군중』 95, 96, 109, 184, 294
참여 매체 22, 269
채널 9 158

(ㅋ)

카메라폰 84, 97, 98, 117, 119, 241, 289,
    293
카메론 배럿 201
『캔자스시티 타임스』 58
〈커맨드포스트〉 267, 268
『커뮤니케이션스 데일리』 337
커트 보네거트 312, 313
『컬럼비아 저널리즘 리뷰』 226

〈컴캐스트〉 388, 389, 391
〈컴퓨서브〉 57, 62
케이시 니콜 330
켄 레인 330, 336
켄 사카무라 127
코리 독토로 372, 373, 381, 394
「코즈의 펭귄」 70
〈Kuro5hin〉 71, 267, 286
쿠키 367, 368
〈퀘스트 커뮤니케이션〉 32, 33
크레이그리스트, 크레이그 뉴마크 40
크리스 올브리튼 280, 281, 282
크리스 워너 204
크리스 피릴로 102, 169
크리스토퍼 로크 65
크리스토퍼 리든 98
크리에이티브 커먼스 라이선스, CCL 395,
    410, 411
크립톰 135, 136

(ㅌ)

타민 안사리 76
〈터킹포인트메모〉 89, 112, 200, 282
테드 터너 55
테크노라티 107, 108, 174, 176, 299, 300,
    301, 302, 303, 304, 306
토머스 제퍼슨 47
토머스 페인 46~48
톰 스타이츠 43
통신 교란 399
통합 정보 인식 프로그램 134, 135, 136
『투명한 사회』 134
트래픽 73, 100, 276, 379, 389, 394
트러스티드 컴퓨팅, TC 383, 384, 385
20식스 92, 170

(ㅍ)

『파이낸셜 타임스』 276
파파라치 11, 117
패트 로버트슨 238
〈퍼블릭 레코드〉 273, 274
〈퍼블릭 인티그러티 센터〉 268, 269
『펜실베이니아 가제트』 47
『편집과 출판』 217
포드캐스트 21, 22
〈포세 코미타투스〉 58
폴 크루그만 138, 139, 140
『표류와 지배』 123
풀뿌리 미디어 21, 25, 80
풀뿌리 저널리즘, 풀뿌리 언론 21, 24, 37,
　　38, 42, 60, 71, 72, 84, 101, 253, 262,
　　283, 294, 297, 307, 323, 338, 361,
　　365, 366, 371, 372, 380
프라이버시 134, 136, 367, 368, 378
프랑스국립우주연구센터/스폿 CNES/SPOT
　　74
프랭클린 루스벨트 29
프레스싱크
프레스싱크 89, 138
『프로비던스 저널』 219
프론티어(프로그램) 68
프리 소프트웨어 69, 70, 100, 257, 258
프리 소프트웨어 재단, FSF 258
프리덤 포럼 73
피드데몬 105
피드스터 106, 107, 108, 152, 174, 176, 299
PDA 84, 104, 288, 293
피라랩스 75, 88
P2P 28, 42, 99, 100, 101, 207, 368, 376,
　　377, 379, 380, 403
필 곰스 150, 151

(ㅎ)

하드머니/소프트머니 194
하워드 딘 38, 99, 133, 179, 180, 181,
　　186~194, 197, 200, 210
하워드 라인골드 95, 109, 184, 256, 291,
　　294
하워드 코블 의원 184, 185
하워드 쿠르츠 61
하이퍼링크 33, 324, 378
『하트포드 쿠란트』 222
한계 기업 129, 318
할리우드 117, 164, 165, 182, 184, 311,
　　373, 374, 375, 381, 386, 393
헨리 코프랜드 278
〈휴렛 팩커드〉 392, 393
『휴스턴 크로니클』 221, 222

옮긴이의 말

'우리'가 미디어다!

"왜 기자가 되고 싶은가?" 이 질문에 9년 전 함께 언론사 시험을
준비하던 한 친구가 이런 포부를 밝혔다. 공공의 담론에서 소외된
사람들, 입이 있지만 말하지 못하고 귀가 있지만 듣지 못하는 사람들,
자신의 목소리를 낼 수도 없고 낸다 해도 다른 이들에게 닿지 못하는
사람들을 대신해 다양한 목소리들을 사회에 전하겠다고. 이는 여전히
언론이 해야 할 중요한 역할 중 하나이고 많은 훌륭한 언론인들이
세계 곳곳에서 이런 일을 해내고 있지만, 마땅히 드러나야 할 목소리
가 드러나지 않는 문제의 해결책은 또다른 방향에서도 오고 있다.
개인용 테크놀로지의 도움으로 과거에는 자신의 생각과 이야기를 드
러낼 수단이 막혀 있던 사람들이 스스로 목소리를 낼 수 있게 된 것이
다. 그들을 "대신해" 줄 언론인이 없더라도 말이다.

　댄 길모어의 『우리가 미디어다!』는 뉴스의 생산자와 소비자 사이의
경계가 허물어지고 뉴스의 생산-유통-소비가 강의식에서 대화식으

로 변해가는 경향을 (아니면, 적어도 대화식 뉴스가 성장하고 있다는 것을) 다양한 사례와 함께 보여 주고 있다. "테크놀로지가 모든 것을 가능케 하리라"는 식의 기술 결정론적인 책이었다면 나는 『우리가 미디어다!』를 별로 좋아하지 않았을 것이다. 솔직히 나는 테크놀로지가 무언가를 이뤄 준다는 식의 전망을 별로 믿지 않는 편이다. 인터넷이 등장한 이래 사이버 공간이 진정한 민주주의를 실현시켜 줄 것이라거나, (이론상 온라인에서는 현실 세계에서 사람을 구분 짓는 범주가 드러나지 않을 수 있으므로) 남녀나 인종, 계급의 구분이 없는 평등한 공간이 될 것이라거나, 삶의 효율성을 획기적으로 높여 줄 것이라는 등의 낙관적 전망들이 쏟아져 나왔지만, 언제나 그에 반反하는 사례를 수없이 찾아낼 수 있었다. 또한 새로운 종류의 온라인 폭력이나, 사이버 공간이라고 예외가 아닌 상업화의 문제, 정보의 양은 많아지지만 질이 현저하게 떨어질 수 있는 가능성 등 인터넷에 대한 비관적인 전망 역시 만만치 않게 쏟아져 나왔다.

『우리가 미디어다!』의 장점은 테크놀로지가 가진 것은 "결정력"이 아니라 "잠재력"임을 분명하게 보여준다는 것이다. 잠재되어 있는 속성이 어느 시점에 어느 계기로 어느 요인들과 결합해서 어느 방향으로 드러나게 될지는 미리 알 수 있는 것이 아니다. 그러니까 무언가를 이루는 것도, 무언가를 악화시키는 것도, 결국은 "사람"이라는 뜻인 것이다. 그런 점에서 책 제목 '우리가 미디어다!'는 우리가 '미디어'라는 점뿐 아니라 '우리'가 미디어라는 점에서의 의미도 크다. 『우리가 미디어다!』가 제시하는 것은 개인용 테크놀로지가 풀뿌리 민주주의를 실현시켜 줄 것이라는 예측도 아니고, 그러한 예측이 옳으냐 그르냐에 대한 문제제기도 아니다. 이 책은 새로운 테크놀로지가 갖고 있는 풀뿌리 민주주의의 잠재성이 저절로 실현되는 것이 아니라는 점, 우리가 물어야 할 질문은 "우리가 어떻게 해 나갈 것인가"라는 점을 말해 준다. 이런 면에서, 이 책을 읽으면서 개인용 테크놀로지가 갖는 긍정적인 잠재력을 설명하는 부분보다, 그것의 실현을 가로막을 수 있는 수많은 장애물에 대한 저자의 설명에 더 많은 관심이 갔다. 또한 테크놀로지가 갖고 있는 부정적인 잠재성에 대해서도 놓치지 않고 언급하고 있다는 점도 이 책의 장점이라고 생각한다.

책을 번역하면서 테크놀로지 분야가 얼마나 빠르게 변하는 영역인지 어렵지 않게 실감할 수 있었다. 초판이 나온 지 4년여가 지났을 뿐인데, "미래에는 이렇게 될 것이다"라고 저자가 예측한 것의 많은 부분이 벌써 현실이 되어 있었다. 예를 들면 블로그에 멀티미디어가 결합되거나 동영상폰이 나오는 것과 같이 말이다. 사라진 회사나 링크가 깨어진 웹페이지도 많이 있었다. 일부는 저자와 상의하여 최근 현황으로 업데이트했지만, 상당 부분은 이 책이 2004년에 쓰여졌다는 것을 염두에 두고 읽어 주셨으면 좋겠다. 업데이트된 내용조차도 1, 2년 후면 또 지난 이야기가 되어 있을 것이다.

저자 댄 길모어는 새로운 테크놀로지들을 통한 사람들과의 소통을 실제로 잘 실천하고 있는 저널리스트다. 책의 내용에 대해 궁금한 점이나 추가해야 할 내용 등에 대한 질문이 있어서 이메일을 보내면 매번 한나절이 지나기 전에 제꺽 답변이 왔다. 한국어판 서문을 이러저러한 날짜까지 보내 줄 수 있겠느냐는 이메일에는 30분도 안 되어 답장이 왔는데 이렇게 쓰여 있었다. "말씀하신 날짜까지 가능합니다……. 시민 미디어의 현황에 대한 내용을 추가해서 보내드리겠습니다……. 지금 이동하는 중(에 휴대전화로 답장 드리는 것)이라서 오타가 나네요." 저자가 의미한 내용을 조금이라도 더 정확하게 살리고, 또 조금이나마 새로운 내용을 한국어판에 더 담을 수 있었던 것은 이렇게 새로운 테크놀로지를 통해 저자와 교신을 할 수 있었던 덕분이다.

법률 용어, 테크놀로지 용어, 그리고 몇몇 생소한 영어 표현 등을 번역하는 데 많은 분들의 도움을 받았다. (같은 학교에 다니고 있는 미국인 친구를 직접 만나서 도움을 받은 것을 제외하면, 도움을 주신 분들과의 연락도 모두 이메일이나 메신저, 블로그 안부글 등의 뉴미디어를 통해 이뤄졌다.) 이 지면을 빌려 감사의 뜻을 전한다.

2008년 11월 7일
시카고에서